高等院校学科教育学教材

语文课程与教学论

Yuwen Kecheng yu Jiaoxue Lun

主编　潘庆玉

中国教育出版传媒集团
高等教育出版社·北京

内容提要

本教材以《义务教育语文课程标准（2022 年版）》和《普通高中语文课程标准（2017 年版 2020 年修订）》为指导，结合统编语文教材，建构了语文课程与教学论的知识框架。本教材除绪论外，主要包括语文课程与教材、语文教学文本解读、识字与写字教学、阅读与鉴赏教学、表达与交流教学、梳理与探究教学、语文教学新形态、语文教学评价、语文教师专业发展等内容，旨在阐明语文课程与教学的基本问题，更好地支持教师的教和学生的学。

本教材可供中国语言文学专业、语文教育专业、小学教育专业和学科教学（语文）专业的本科生与研究生教学使用，也可供中小学语文教师学习和参考，还可供对语文课程与教学感兴趣的人士阅读。

图书在版编目（CIP）数据

语文课程与教学论 / 潘庆玉主编. -- 北京 : 高等教育出版社，2024.12. --ISBN 978-7-04-062540-0

Ⅰ. H193

中国国家版本馆 CIP 数据核字第 2024JV8520 号

策划编辑 贾玉玲　　责任编辑 贾玉玲　　封面设计 李小璐　　版式设计 马　云
责任绘图 马天驰　　责任校对 张　薇　　责任印制 刘弘远

出版发行 高等教育出版社
社　　址 北京市西城区德外大街 4 号
邮政编码 100120
印　　刷 唐山市润丰印务有限公司
开　　本 787 mm × 1092 mm　1/16
印　　张 19.75
字　　数 410 千字
购书热线 010-58581118
咨询电话 400-810-0598
网　　址 http://www.hep.edu.cn
　　　　 http://www.hep.com.cn
网上订购 http://www.hepmall.com.cn
　　　　 http://www.hepmall.com
　　　　 http://www.hepmall.cn
版　　次 2024 年 12 月第 1 版
印　　次 2024 年 12 月第 1 次印刷
定　　价 42.00 元

物 料 号 62540-00

前言

“语文课程与教学论”作为中国语言文学专业、语文教育专业、小学教育专业和学科教学（语文）专业的必修课程，一直承担着传授语文课程与教学理论知识、训练语文教学基本技能、培养语文教师人文素养的重要任务。党的二十大报告提出：“教育、科技、人才是全面建设社会主义现代化国家的基础性、战略性支撑。”新时代《语文课程与教学论》教材的编写，必须全面贯彻党的教育方针，落实立德树人根本任务。

本教材的编写以党的二十大精神为指引，把“培养什么人、怎样培养人、为谁培养人”作为教材编写的根本遵循，把“理论的人民性”作为教材编写的价值追求。教育理论建设要积极借鉴吸收国外的先进教育理念，但不能无视我国自身优秀的教育传统和历史经验，要站在人民的立场，学习借鉴，守正创新，“形成为人民所喜爱、所认同、所拥有的理论，使之成为指导人民认识世界和改造世界的强大思想武器”[①]。本教材坚持实事求是、一切从实际出发的原则，在吸收同类教材优点的基础上，向现代语文教育大家学习，向一线优秀语文教师学习，向朴实而精妙的语文课堂学习，融合众家之长，最终成于一统。为了应对新时代中小学语文教师专业发展的现实需求，凸显语文课程与教学在理论和实践上的结合与转化，本教材在编写上进行了创新与拓展。总体而言，本教材具有以下三个特色：

第一，面向实践需求，构建新的理论体系。本教材立足教师教学和学生学习的现实需要，通过对课程内容的整合和优化，实现理论阐述、案例解析与实践应用的对接。本教材在理论部分删繁就简，强化基础，突出实用，体现课程与教学改革精神，以基本概念和基本观点为中心展开阐述，注重逻辑脉络，以求学理通达；在案例部分精选名师经典课例和原创性课例；在实践应用部分强调策略的可操作性和实用性。总之，本教材力求体现“语文课程与教学论”的创新精神和时代气息。

第二，融入新课程理念，突出课程关键知识模块。文本解读和教学设计是“语文课程与教学论”学习的难点和重点，也是学生必须掌握的课程关键能力。为了满足学生深度学习、熟练掌握、实践应用的需要，本教材大幅度增加了语文教学文本

① 习近平．高举中国特色社会主义伟大旗帜　为全面建设社会主义现代化国家而团结奋斗：在中国共产党第二十次全国代表大会上的报告［M］．北京：人民出版社，2022：19.

解读与教学设计的内容比重，凸显了“语文课程与教学论”的应用性和实践性。此外，教师从事教学研究是教师专业发展的重要途径，也是新课程倡导的教师发展理念，本教材增加了相关内容以加强这方面的引导和训练。

第三，精准编配由课程团队研发的原创教学案例。为了提高教学案例的示范与阐释功能，本教材除精心选择名师课例外，还特别编配了由编写团队自主研发的原创课例以丰富课程资源，通过“互联网 +”技术，建设成立体化的新形态教材，实现教材内容的延展性、交互性和再生性。

本教材由绪论和九章内容构成。绪论对语文课程与教学论进行了概述，并介绍了语文教育的历史与使命、近现代语文教育名家和语文课程与教学论的学习方法。第一章介绍了语文课程与教材的相关内容。第二章介绍了语文教学文本解读的相关内容。第三章至第六章分别介绍了识字与写字教学、阅读与鉴赏教学、表达与交流教学、梳理与探究教学。第七章“语文教学新形态”主要包括：群文阅读教学、整本书阅读教学、跨学科学习。第八章和第九章主要介绍了语文教学评价及语文教师专业发展。

本教材是众多作者参与编写的集体成果，由山东师范大学潘庆玉教授担任主编，负责教材的整体策划、内容构思和组织编写。各章节编写分工如下。

绪论：潘庆玉。

第一章：第一节、第二节、第三节、第五节，董炜；第四节，徐萍。

第二章：第一节、第二节，潘庆玉；第三节、第四节、第六节，张露露；第五节，吕高超；第七节，桂涵悦；第八节，滕建丽。

第三章：董炜。

第四章：第一节、第二节，潘庆玉；第三节、第四节、第六节，张露露；第五节，吕高超；第七节，桂涵悦；第八节，滕建丽。

第五章：范维伟、唐旭。

第六章：第一节、第二节、第三节，宋宁；第四节，赵慧。

第七章：第一节，潘庆玉；第二节，高云琦；第三节，李辰雨。

第八章：吕高超。

第九章：第一节，付钰；第二节，潘庆玉；第三节，付钰。

本教材获得“山东师范大学校级规划教材”立项，是“山东师范大学中国语言文学山东省高水平学科 · 优势特色学科建设经费资助”项目，在此表示由衷地感谢。

本教材在写作过程中参阅了国内外大量相关研究成果，尽管已严格遵守了学术引用规范，但难免还存在疏漏之处，敬请有关作者包涵谅解，也欢迎读者批评指正，我们将在再版时加以更正。

编写组

2024 年 8 月

目　录

绪 论

我以为好的先生不是教书，不是教学生，乃是教学生学。教学生学有什么意思呢？就是把教和学联络起来：一方面要先生负指导的责任，一方面要学生负学习的责任。①

——陶行知

[学习目标]

1. 了解语文课程与教学论的学科性质和研究内容，把握语文课程与教学论的发展趋势。

2. 明确我国语文教育的发展历程，领悟语文学科的教育价值。

3. 熟悉近现代语文教育名家的教育思想和教育主张，结合当下的语文课程与教学改革思考其现实意义。

4. 掌握语文课程与教学论的学习方法，培养自觉运用这些方法主动学习和研究的习惯。

① 陶行知，陶行知教育文集［M］.2 版 . 成都：四川教育出版社，2007：42–43.

[知识导图]

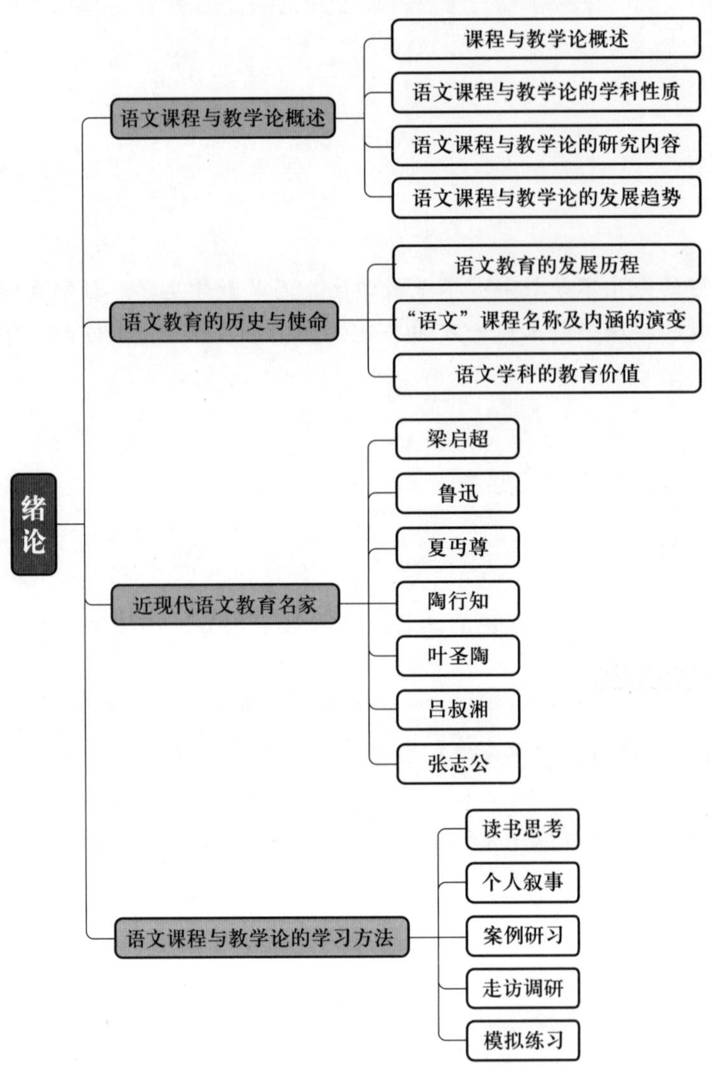
绪论
语文课程与教学论概述
课程与教学论概述
语文课程与教学论的学科性质
语文课程与教学论的研究内容
语文课程与教学论的发展趋势
语文教育的历史与使命
语文教育的发展历程
“语文”课程名称及内涵的演变
语文学科的教育价值
近现代语文教育名家
梁启超
鲁迅
夏丏尊
陶行知
叶圣陶
吕叔湘
张志公
语文课程与教学论的学习方法
读书思考
个人叙事
案例研习
走访调研
模拟练习

［案例导入］

“语文课就是基础工具课”“教书就是教育的具体任务”，社会上的这些认知与风气，在于漪老师这里行不通，她认为“教育不能只谈育分，不谈育人”。她在教育生涯中始终坚持语文课程的工具性与人文性统一。于漪老师曾讲过这样一个故事：

有个男孩子喜欢捉鱼捉虾，我指导他将鱼和虾放到办公室的盆里，培养他的耐心。情感是可以转移的，叫“移情”。兴趣也是可以转移的，因此我们有了共同语言，情感上不是他靠近我，而是我靠近他。后来，他写了一篇作文《乌龟与龙虾大战》，写得很好，但错别字很多。我把他请到办公室面批作文，并打印出来在全班讲解，他很受鼓舞。我们要让孩子跟语言文字有感情。教师的工作是铺路、搭桥，培养学生的兴趣，而不能代替学生。学生有了兴趣后，心静下来，才能学得好。离开生活学语文是学不好的，学语文既要读有字书，又要读无字书。语文水平的高低跟认识能力、生活经历、学习积累是紧密联系的。①

思考：

阅读了“人民教育家”于漪老师的这个案例后，谈谈你对语文课程“不能只谈育分，不谈育人”的认识。

第一节 语文课程与教学论概述

语文课程是一门学习国家通用语言文字运用的综合性、实践性课程。工具性与人文性的统一，是语文课程的基本特点。语文课程致力于全体学生核心素养的形成与发展，使其在文化自信、语言运用、思维发展与审美创造诸方面获得发展和提升。不仅如此，语文课程在推广普及国家通用语言文字、增强凝聚力、铸牢中华民族共同体意识，建立文化自信、培育时代新人，实现中华民族伟大复兴等方面具有不可替代的优势。语文课程的多重功能和奠基作用，决定了它在基础教育中的重要地位。语文课程与教学论，是专门研究中小学语文课程与教学相关理论与实践的学科。学好语文课程与教学论，是中国语言文学专业、语文教育专业、小学教育专业及学科教学（语文）专业学生将来从事语文教育教学工作的前提和基础。

语文课程与教学论是一级学科教育学下的二级学科课程与教学论中的一个研究方向，也可称为三级学科。自 1904 年语文独立设科以来，逐渐形成了研究和传授语文课程教法和学法的学科与课程，如新中国成立前的“国文教授法”“国文教学法”“国语教学法”等；新中国成立后的“语文教材教法”“语文教学法”“语文教学论”“语文教育学”等。1997 年 6 月，国务院学位委员会和国家教育委员会颁布《授予博士、硕士学位和培养研究生的学科、专业目录》，将“教学论”和“学科教

① 于漪 . 新时代语文教师的使命：节选［J］. 语文建设，2019（17）：78-80.

学论”两个二级学科调整合并为“课程与教学论”二级学科。在语文学科，课程名即为“语文课程与教学论”，相关教材名称则为《语文课程与教学论》。

在高等学校本科课程体系中，“语文课程与教学论”是中国语言文学（师范）专业教师教育类课程的专业必修课程，在提升学生语文教育理论认识、培养学生语文教学技能和提高语文教师素养方面发挥着核心作用。

一、课程与教学论概述

语文课程与教学论是课程与教学论的分支学科。课程与教学论的一般原理和研究方法对语文课程与教学论的建设与发展起着重要的指导作用。课程与教学论是一门研究如何设计和组织课程、如何有效地进行教学，以及如何评估学生学习成果的学科。教育史上第一个倡导教学论的人是拉特克。1612 年，拉特克向法兰克福诸侯呈交的学校改革的奏书中，自称“教学论者”，称自己的新的教学技术为“教学论”。[①]1632 年，夸美纽斯的《大教学论》问世，标志着教学论学科的真正建立。相比而言，课程论学科的建立晚于教学论。1918 年，博比特的《课程》一书出版，标志着课程论学科的诞生。1949 年，泰勒的《课程与教学的基本原理》一书在课程论学科发展史上具有重要的里程碑意义。在长期的历史发展过程中，教学论与课程论不断发生学科交汇和视野融合，形成了你中有我、我中有你的交叉互塑关系，“课程与教学论”学科由此形成。课程与教学论着重探索先进的课程与教学理念，研究课程与教学的基本问题和热点问题，积极推进课程与教学改革。

（一）课程

“课程”一词作为课程与教学论学科的核心概念，内涵丰富，在中西方有不同的发展历程。

“课程”一词在我国始见于唐代。唐代孔颖达在《五经正义》里为《诗经 · 小雅 · 巧言》中的“奕奕寝庙，君子作之”一句注疏时，最先使用了“课程”一词，“以教护课程，必君子监之，乃依法制”[②]。这里，“课程”的大意是工作或学习的范围和进程。宋代的朱熹在《朱子全书 · 论学》中也提及了“课程”，如“宽着期限，紧着课程”“小立课程，大作功夫”等，这里的“课程”指功课及其进程，大意是说教给学生的基础知识要尽可能地精简，以腾出时间和精力让学生进行大量的活动。

1904 年，癸卯学制颁布，其中所采用的“课程”一词已具有现代教育意义：“现定各学堂课程科学，皆量学生之年齿精力而定，实可无竭蹶之虞。……此次课程，既仿照外国办法，亦体察中国情形，较诸外国学堂课程减省已多。”[③]这里的“课程”是指大中小学堂中开设的各门“科学”（学科）及其相应的学习时间。1912—1913 年的“壬子 · 癸丑学制”变“科学”为“学科”，明确了各类学校的目

---

① 佐藤正夫 . 教学论原理［M］. 钟启泉，译 . 北京：人民教育出版社，1996：2.

② 钟启泉 . 现代课程论［M］. 上海：上海教育出版社，1989：227.

③ 舒新城 . 中国近代教育史资料：上册［M］.2 版 . 北京：人民教育出版社，1981：208.

的、任务与课程设置。此时“课程”是指各级各类学校中开设的所有科目及其教学安排。课程的这一含义一直沿用至今。

中华人民共和国成立后，尤其是改革开放后，我国的课程论理论研究和实践探索越来越深入，课程论研究已经形成了专业的研究团队，课程论作为教育学分支学科也逐步发展起来。[①]

在西方，“课程”一词最早出现在英国教育家斯宾塞于 1859 年发表的《什么知识最有价值？》一文中。它是从拉丁语 currere 一词派生出来的，意为“跑道”，因此，在许多英文词典中，“课程”被解释为“学习的进程”。现代学者认为，课程即学生个性化的学习体验和自我实现，强调个体认识的独特性和经验的自我建构。

由于不同的教育主张对课程的理解不同，因此至今没有关于课程概念的定论。学界较为流行的有两种说法：（1）课程即教学科目。广义的课程指学生所学的全部学科以及在教师指导下的各种活动的总称；狭义的课程指一门学科或一类课程。（2）课程即学习经验。美国教育家杜威认为，课程是学生在教师指导下或自发获得的经验或体验，其突出特点是把学生的直接经验置于课程的中心位置，一定程度上忽略了系统知识的重要性。

课程是一个发展的概念，它是由一定的育人目标、特定的知识经验（课程内容）和预期的学习活动方式（课程实施）构成的，蕴含着丰富、基本而又有创造性与潜质的计划和设定。从育人目标看，课程是培养人的蓝图；从课程内容看，课程是适合学生身心发展规律的、连接学生直接经验和间接经验的、引导学生个性全面发展的知识体系及其获取途径；从课程实施看，课程是学生在教师的指导下进行的独特的、个性化的、富有创造性的意义建构，价值体验与自我实现的过程。

（二）教学

教学是由教师的教和学生的学共同组成的活动。教学是学校进行德育、智育、体育、美育和劳动教育的主要途径，是学校的中心工作。通过教学，学生在教师有目的、有计划和有组织的指导下，掌握各类知识和技能，发展智力和体力，陶冶性情和审美情趣，形成良好的思想品德。

在我国古代，教学的内涵较为宽泛，包含两层含义：一是指知识传授活动。例如，《论语》中说：“颜由，颜回父，字季路。孔子始教学于阙里而受学，少孔子六岁。”二是指广义的教育活动。例如，《礼记·学记》中说：“玉不琢，不成器；人不学，不知道。是故，古之王者，建国君民，教学为先。”这说明，我国古代已经认识到教学具有教育性这一基本规律，开始重视教学活动的价值导向和社会教化功能。

1904 年，癸卯学制颁布后，采用班级授课制的现代学校（学堂）陆续出现，教学活动主要采用集中授课的形式，注重知识讲授的系统性和进阶性，以及教学效率和目标达成度。1919—1921 年，美国教育家杜威来华讲学，他主张让儿童在实践活动中获得直接经验，进行真实的思维和探究。其“以儿童为中心”的经验主义

---

① 徐继存，徐文彬，孙宽宁 . 课程与教学论［M］.2 版 . 北京：高等教育出版社，2021：8.

教育观在我国产生了很大影响，教学的内涵不再局限于传授知识，而是包含学生的主动探索和自由发展，教学观从以“教”为中心向以“学”为中心转变。

中华人民共和国成立初期，受苏联凯洛夫教育学的影响，人们对教学内涵的认识发生了变化，形成了“知识中心”观、“教材中心”观、“教师中心”观。20 世纪 80 年代以来，随着教育改革开放步伐的加快，我国学界对“教学”内涵的认识不断拓展和深化，提出“教师为主导”“学生为主体”，认为教学不仅是知识传授过程，而且是意义建构过程、教学双边互动过程、师生对话交往过程、自我实现过程、组织协同过程等。如今，随着信息化、大数据、虚拟现实、人工智能技术在教育场景中广泛而深入的应用，教学的内涵还在不断发展，教学不再局限于可见的空间，更是借助云端技术，进入了能够超前感知未来、触摸未知世界，广阔而深邃的新时空。

西方古代学者认为教学是教师帮助学生从他们自己的头脑中发现知识、理解事物意义的过程，并不是从外部输入信息和知识。他们认为要赋予教学活动积极的内生意义，注重学习者的主体性和创造性。

20 世纪四五十年代，西方涌现出各种现代主义思潮下的教学主张，主要有：以斯金纳为代表的程序教学范式，重视对学习结果的反馈和强化；以布卢姆为代表的掌握学习教学范式，重视对教学目标的分析和落实；以布鲁纳为代表的结构主义教学范式，强调学生的发现学习和认知建构。20 世纪 60 年代后，随着后现代主义思潮兴起，出现了后现代主义教学观，注重对教学的哲学反思和意义解释，认为“教学目标不是既定的，教学内容可以具有不确定性，教学方法不是保守的，教学过程也并非‘井然有序’；教学不应是教师教和学生学简单的机械式重复运动，而是不断摸索、不断反思、不断在互动中创生的过程；教学不断革新性和创造性地发展，依赖于教学过程中所有参与者的投入和努力”①。从现代主义到后现代主义，学者们对教学内涵的理解越来越开放、包容、富有批判性。

教学是学校教育的核心任务，它包括以下五个方面：（1）引导学生掌握科学文化知识和基本技能；（2）发展学生的认知能力，特别是培养学生的创新精神和实践能力；（3）提高学生的体质体能，提升学生的身心健康水平；（4）培养学生高尚的审美情趣和审美能力；（5）培养学生具备良好的道德品质、劳动素质和个性心理特征，形成正确的世界观、人生观、价值观。

（三）课程与教学论

课程与教学论即专门研究课程与教学理论和实践问题的学科，课程与教学论在课程论与教学论两个学科的基础上发展而来。课程论主要研究学校课程设计、编制、实施和评价等方面的理论和实践问题。教学论主要研究学校系统中教学工作的地位与作用、目的与任务、过程、原则、手段、方法、组织形式、效果评价等问题。课程与教学在实际的教育教学活动中相互交织，不可分割。课程与教学论的研

---

① 张须君，陈静漪．后现代主义教学观及其对我国硕士研究生教学之启示［J］．高等理科教育，2021（4）：96–103.

究应从整体入手，动态把握，辩证分析，综合考量，不能顾此失彼。

一般来说，课程论和教学论主要研究课程与教学领域中有价值的、需要探究的、带有普遍性的课程问题和教学问题，这些问题在时间和空间上延伸，构成了课程与教学论研究的主要对象。课程与教学论的研究大致可以分为三种类型：课程与教学论的事实问题，课程与教学论的价值问题，课程与教学论的技术性、策略性问题。课程与教学论的事实问题主要涉及课程与教学论的性质、状态、关系等，如课程与教学的起源与发展、概念变迁、基本特征、构成要素等。课程与教学论的价值问题主要涉及课程与教学的目的、价值、意义等，例如：中小学应该开设什么样的课程，课程开设的主要目的是促进学生个体发展还是服务于社会发展，什么样的知识能够促进学生核心素养的发展，教学改革应该坚持何种教学基本理念，等等。课程与教学论的技术性、策略性问题主要涉及课程内容的选择与编排、教学目标的确立与表达、教学内容的确定与生成、教学过程的设计与规划、教学模式的选择与调整、教学方法的选择与运用、教学资源的开发与利用、教学环境的营造与维护、教学效果的检测与评价等。

二、语文课程与教学论的学科性质

语文课程与教学论是“课程论、教学论与语文学科相联结的课程，呈现应用理论的性质，既探讨教育规律与法则，又进行教学实践操作与训练”[①]。语文课程与教学论的学科性质是复合性的，融基础理论研究与实践应用研究于一体，体现出综合性。学科性质的复合性、综合性，决定了语文课程与教学论研究内容的广阔性、研究层次的丰富性、研究人员的多元性以及研究方法的多样性。总体而言，语文课程与教学论的学科性质包括以下三个方面。

（一）复合性

复合性是语文课程与教学论学科的突出性质，主要表现在两个方面：第一，兼顾理论与实践。语文课程与教学论既研究语文课程与教学的一般原理、原则、策略与方法，又研究这些原理、原则、策略与方法在语文教育教学实践中的具体运用和效果反馈。二者同等重要，不可偏废。如果只关注理论本身的概念建构，忽视语文教育教学实践的复杂性、情境性和生成性，理论研究的成果就会僵化，指导作用就会弱化；如果只关注语文教育教学的具体操作流程，忽视语文教育教学实践背后的学理支撑和普遍性规律，那么总结出来的语文教学经验与技巧就容易流于表面和琐碎，缺乏系统性和深刻性，不利于方法的迁移和运用。第二，理论与实践的彼此转化。创造性的教育教学实践是激发语文课程与教学论理论创新的源头活水。语文教育教学实践为理论研究注入鲜活的思想灵感和创新支点，呼唤新的理论解释。同样，植根实践的理论探索可以借助概念系统的逻辑力量，打破固有的经验思维，激发语文教育教学实践的想象力和创造力，为语文课堂教学赋能。语文课程与教学论的复合性让语文课程与教学的理论和实践在对话中转化与共生，共同助力语文课程

---

① 孙丽曼．“语文课程与教学论”的价值认知与改革探索［J］．教育评论，2018，229（7）：37–40.

与教学的动态发展。

（二）交叉性

交叉性是语文课程与教学论学科的基本性质，主要表现在两个方面：第一，语文课程本身具有很强的交叉性，这就决定了以语文课程及其教学为研究对象的语文课程与教学论天然地带有交叉学科的性质。语文课程是一门综合性课程，它融语言学、文章学、文学、历史、文化及哲学等学科的知识于一体，无论是教材编写、教学实施还是考试测评，各种知识技能都没有各行其是，而是呈现出“你中有我、我中有你”的交叉学科的特点。学习者对一篇文章的阅读理解不仅涉及文本的语义解读，而且涉及语言积累、文章学知识、文学欣赏、历史常识、文化理解和哲学洞察等多种知识与能力。交叉与融合是语文课程的鲜明特征。因此，研究语文课程与教学论必须具备上述不同学科的基础知识与文化常识，并且能够根据需要加以灵活运用。第二，尽管语文课程与教学论属于课程与教学论学科下的一个研究方向，但这只是学科分类的标准。如果从学科内容的角度来看，它由中国语言文学与教育学两大学科群交叉形成，吸纳融合了两大学科群中的众多学科知识和技能。例如，现代汉语、古代汉语、文学理论、中国文学史、外国文学史、教师职业道德、教育心理学、教育学原理、课程与教学论、教育评价等学科，都为语文课程与教学论提供了深厚、扎实的专业基础。从交叉学科的角度看，众多学科的知识并不是杂乱无章地拼凑在一起，而是围绕语文课程与教学的核心问题交叉融合，构建为有机的知识体系，原有的学科知识退隐其后，成为缄默知识。语文课程与教学论多在本科三年级开设，其中一个重要的原因就是：它具有交叉性，需要学生具备一定的跨学科知识作为基础。

（三）开放性

开放性是语文课程与教学论学科的重要性质，主要表现在三个方面：第一，研究内容与层次丰富。语文课程与教学论的研究内容与层次十分丰富，从哲学视野、历史整理、课程政策、教材编写、教学规律、教学设计、教学实施、教学评价到教师专业发展、教学名师、语文大家、教学流派等，视野宏阔，内容多样。语文课程与教学论包括理论研究、应用研究、行动研究、案例研究等丰富的层次，从宏观到微观，从理论到实践，从时代到个人，从历史到现实，从流派到个案，层次分明、体系完整。第二，研究主体多元。从事语文课程与教学论研究的人员是开放的、变化的，包括高校学者、中小学语文教师、教学研究机构的教研员、出版社的编辑、新闻从业者、语文教育的爱好者，甚至还有专业作家、评论家。研究人员的身份不同、视角不同，对语文课程与教学论的观察和思考就会有所不同，容易碰撞出思维的火花。因此，语文课程与教学论这个学科在不同的历史时期都出现过“百花齐放”“百家争鸣”的学术盛况。例如，我国 21 世纪初的语文课程改革就是在 20 世纪末语文教育社会大讨论的背景下产生的。第三，研究方法多样。由于语文课程与教学论属于交叉学科，因此在研究方法上兼收并蓄，与时俱进，丰富多样。语言调查、文学鉴赏与批评、历史比较、文化批评等文学学科的研究方法，调查法、课堂观察法、案例分析法、行动研究法、叙事研究法等教育学学科的研究方法，在语文课程与教学论的研究中都得到了广泛地应用。这些研究方法的开放、多样与互补，开阔了语文课程与教学论的研究视野和领域，深化了语文课程与教学论的研究主题，有利于保持语文课程与教学论的学科繁荣。

三、语文课程与教学论的研究内容

语文课程与教学论的研究内容主要包括基础理论研究、实践应用研究、双向互动研究。

（一）基础理论研究

语文课程与教学论的基础理论研究是指对语文课程与教学领域的特定现象进行发现、探究和归纳，总结其中的规律，形成理论认识。语文课程与教学领域存在许多复杂的教育教学现象，这些现象看似是偶然的、不确定的、难以解释的，但它们的背后往往隐含着语文课程与教学的基本规律。基础理论研究就是要通过细致的观察调研、周密的研究设计、科学的研究方法、严谨的研究过程、洞察本质的哲学思辨、接近真相的历史还原，去发现并提炼其中蕴含的规律，形成基本的概念和理论体系，用以指导语文课程与教学实践，提高语文课程与教学质量。可以说，语文课程与教学论的理论体系正是建立在广博而雄厚的基础理论研究成果之上的。

语文课程与教学论的基础研究领域十分广阔，不仅关联众多相关学科，而且涉及对动态的、生成的、具有可塑性的语言学习、教材编制、课堂教学、教学评价等价值性活动的研究。因此，语文课程与教学论的基础理论研究需要多学科视角、价值自觉、敏锐眼光和创新取向，靠单一的研究视角和研究方法难以揭示语文课程与教学的深层规律。

例如，“语文”内涵的研究是一个基本的理论问题。“语文”到底是指“语言文字”“语言文章”“语言文学”“语言文化”的哪个层面或所有层面，这四个层面中的“语文”背后的学科依据是不同的：语言文字属于语言学层面；语言文章属于文章学或写作学层面；语言文学属于文学层面；语言文化属于文化学层面。从不同的层面研究语文的性质，会得出不同的结论；从不同的角度理解语文课程，语文教育也具有不同的目的、内容、方式和景观。我们认为，这四个层面都是语文应用的现象，而其核心应该是“语言文字”。文章的写作、文学的表达、文化的传承和创造用的都是语言文字这个媒介。文章的写作、文学的表达、文化的传承和创造是语文的应用领域，是语言的“功能性的变体”。语言文章、语言文学、语言文化都不是语文的本质，这就如同部分不能代替整体，不能将牛头、牛身、牛尾看作牛一样。①

（二）实践应用研究

语文课程与教学论的实践应用研究是指依据语文课程与教学基础理论研究得出的成果和结论，在语文课程与教学实践中进行课程开发、教材编写、教学设计、教

---

① 荣维东．语文课程属性的迷思与出路［J］．语文教学通讯，2020（31）：12–16.

学评价等实践性、应用性研究。语文课程与教学论的实践应用研究就是用“理论的眼睛”发现并解决语文课程与教学实践中存在的问题和困难。“理论的眼睛”对实践应用研究而言，具有预见性、指引性和启发性。语文课程与教学实践中出现的问题往往有着历史的、社会的、文化的、心理的等众多复杂原因，隐蔽而又深刻，要解决这些问题，如果离开基础理论研究的支撑，就容易迷失方向，陷入“头痛医头，脚痛医脚”的被动状态，难以从根本上解决问题。因此，实践应用研究是解决语文课程与教学现实问题、实现基础理论研究成果有效转化的重要途径。

例如，语境理论认为应结合词语出现的具体语言环境来研究词语使用的意义。“随文识字法”是语境理论在教学研究中的应用成果，是指在教师的引导下，学生积极主动地到具体的语言环境中识字，由字到词，再由词到特定的语句，甚至将语句纳入一段文字中理解。“随文识字法”把字、词放到特定的语言环境和具体的一篇篇课文中加以感知、理解和掌握，学生面对的生字都不是孤立的，而是有一定的语言环境。它改变了传统识字法的片面性与孤立性，对低年级学生的识字教学是十分有益的。

（三）双向互动研究

基础理论研究与实践应用研究之间并非截然不同的，而是彼此依存、相互转化的。语文课程与教学论的基础理论研究不能脱离语文课程与教学实践的现实需要，不能从概念到概念、从书本到书本，陷入虚幻的理论体系构建之中。语文课程与教学的实践动态为基础理论研究提供了鲜活的问题意识、反思精神和批判视角，来自实践的追问能够让理论研究始终保持现实的清醒和价值的警觉。同样，语文课程与教学论的实践应用研究要解决语文课程与教学中的现实问题，就必须建立在清晰的理论假设与验证之上，借助理论的预见性、深刻性和普适性，科学地制订问题解决方案，优质高效地解决问题。基础理论研究的最新成果往往能为现实问题的解决开阔视野，提供创新性的思路和手段。随着教育研究越来越综合化、一体化，基础理论研究与实践应用研究也在不断地交叉融合，相互之间发生转化，形成理论与实践的无缝对接和深度对话。在二者的积极互动之中，实践应用研究的发现和成果被提升转化为基础理论研究的学术话语，形成新的理论生长点和创新点；基础理论研究的新概念、新观点、新预见在实践应用研究中产生新模型、新方法和新经验，形成语文课程与教学的新形态。理论与实践的双向互动，让语文课程与教学研究的视野更加开阔，动力更加充足，创造性水平更高，成果更加丰硕。

例如，情境教育是语文教育家李吉林在1978年创立的，至今已近半个世纪。情境教育发端于语文学科的教学实践，后来拓展至各学科教学，最后运用到学校教育教学的各个领域。其研究过程经历了情境教学、情境教育、情境课程和情境学习四个阶段。通过40多年的实践研究，情境教育探索出“择美构境，以境生情，以情启智，情感与认知结合，引导儿童在情境中学、思、行、冶，促其素质全面发展”的教育教学模式。它吸纳古代文论“意境说”的理论，提炼出“真、美、情、思”四大元素，其相互作用的逻辑关系，决定了儿童主动学、乐于学的必然性。同时，情境教育借鉴先进教育理论，既具有本土文化特色又富有时代气息。可以说，李吉林的情境教育是中国原创的、经过数十年实践检验的、具有普适意义的高效的教育教学范式，被专家誉为“蕴含东方文化智慧的课程范式，回应世界教育改革的中国声音”。

四、语文课程与教学论的发展趋势

1904 年，癸卯学制颁布，语文独立设科。同年，刘师培发表《讲教授国文的法子》，专门探讨语文教学方法问题，可以说拉开了现代语文教学研究的序幕。随着时间的推移，语文课程与教学论积累了丰富的研究成果，形成了自己的学科体系。21 世纪以来，国际课程改革的浪潮风起云涌，语文课程与教学论顺应时代潮流，积极响应课程改革的时代呼声，着眼母语课程改革的发展趋势，立足我国语文教育的优秀传统，总结创新性的语文教学改革经验，在理论研究上为语文课程改革开辟出新的道路，呈现出一派勃勃生机。展望未来，新时代的语文课程与教学论呈现出以下三个方面的发展趋势。

（一）建构学科特色鲜明的语文课程与教学论的理论体系

传统语文课程与教学论的理论体系大多从教育学理论体系中借用过来，并结合语文学科自身的课程与教学实践经验进行阐述和论证。尽管许多学者在论述语文课程与教学论的理论体系时，已经有意识地强化语文学科属性，凸显语文课程与教学的特点，但由于整体框架的局限，这些创新性的尝试仍属于局部的、偶然的、个别的现象，难以突破原有的理论框架，呈现出崭新的面貌。为了弥补这些局限与不足，本书作为一种尝试，在理论体系的构建上以语文学科自身的逻辑为中心，凸显语文学科的自身需求，遵循语文教育的内在规律，建构学科特色鲜明的语文课程与教学论体系，旨在为未来一段时期的语文课程与教学论研究作贡献。

（二）围绕语文课程与教学的本质规律不断深化基础理论研究

语文教育是人类古老的教育事业之一，伴随着整个人类文明的发展进程，在漫长的历史演进中积累了丰富的教育经验。我国的语文教育有悠久的历史，但近现代至当代的语文教育只有 120 多年的短暂历程，且在发展过程中，不断出现争议、分歧和挑战，几乎在每个重要的历史时期都会产生“现象级”语文事件。语文教育现象纷繁复杂，但在它的背后一定隐藏着语文课程与教学的基本规律，需要我们站在理论的高度，运用马克思主义的历史观、实践论和辩证法加以审视、剖析、批判。通过理论研究、实践探索和哲学思辨，不断揭示语文课程与教学的本质规律，厘清语文教育与社会文化相互塑造的关系，建构语文学科育人的有效路径，探寻语文课堂的艺术密码，把语文课程与教学论的基础理论提升到时代的新高度。

（三）为解决基础教育语文课程与教学问题提供行动方案

语文课程与教学论研究必须致力于为基础教育语文课程与教学改革提供专业的高质量服务。语文课程与教学论作为实践应用学科，为一线语文教学提供问题解决方案是其义不容辞的职责与使命。教育不是“象牙塔”里的学问，教育者必须眼中有“人”，心中有“爱”，身上有“责”。语文课程与教学论研究的理论成果如果不能转化为中小学一线教师的理论认识与行动能力，其研究价值就会大打折扣。因此，要关注语文课程与教学实践一线的需求，了解真实的语文教育困境，借鉴先进经验，运用理论智慧设计问题解决方案，与一线教师形成研究共同体，在实践中研究，在研究中实践，通过研究解决问题，在解决问题的过程中提升理论研究的敏锐性、针对性和操作性，实现实践与理论的双赢。可以说，共同体的合作式研究将成为未来语文课程与教学论研究的主导范式。

第二节　语文教育的历史与使命

我国的语文教育具有悠久的历史。汉语以其独有的意象特征、交际功能、文化意蕴及审美情趣，穿越时空、跨越地域，成为维系中华民族的重要交际工具和精神纽带。在漫长的发展历史中，我国积累了丰富的语文教学经验，形成了鲜明的民族特色，汇集成源远流长的语文教育思想长河。重温我国语文教育的历史，可以深刻地感悟其中蕴含的丰富民族文化与人文思想。

一、语文教育的发展历程

我国语文教育的发展历程可以分为三个阶段：古代语文教育、近现代语文教育以及当代语文教育。

（一）古代语文教育

我国的古代语文教育始于三四千年前的甲骨文文字初创时期。如果以河南舞阳贾湖遗址出土的龟甲等器物上的契刻符号算起，距今则已经有八千多年。1904 年，清政府颁布《癸卯学制》，宣告了古代语文教育的终结。

1. 语文教育内容

古代语文教育的内容包括口头语言教育与书面语言教育两个基本方面。口头语言教育与生产生活息息相关。古人在劳动过程中，依靠口头语言学习生产技能。人们的口头语言不断得到发展，形成了口头文学，成为日后语文学习的重要内容。书面语言始于文字初创时期。印刷术出现之后书籍实现大规模出版，书面语言教育进入繁盛时期。

春秋战国是古代语文教育内容最早出现繁荣的时期。百家争鸣的时代精神催生了形式多样的各种散文，如哲理散文、历史散文等，作为后世语文教材选文主要来源的诸子经典就诞生在这一时期。汉代崇尚儒家学术，语文教育作为研读经学的重要手段，成为经学的附庸。魏晋南北朝时期，以王羲之为代表的书法创作与教育实践，对语文教育的美学品格产生了深刻影响。唐代诗歌创作繁荣，作诗成为语文教育的常规内容。宋代重视文教，程朱理学规范了语文教育的思想内容，唐宋八大家中的宋六家（苏洵、苏轼、苏辙、欧阳修、王安石、曾巩）继承了韩愈和柳宗元的衣钵，大力倡导古文运动，提升了语文教育的文学品位。元朝以汉文化和蒙文化为核心，兼容其他各族文化，语文教育向着实用性的方向发展。元曲繁荣一时，关汉卿等人的作品不仅丰富了文学的表现样式，而且为后世的语文教育提供了特色内容。明清时期，我国的民间文化有了较大的发展，特别是以四大古典小说（《西游记》《三国演义》《水浒传》《红楼梦》）为标志的古典文学得到了空前的繁荣和发展，为后世语文教育贡献了不朽的文学经典。

2. 语文教学方法

古代语文教育阶段，文言读写是主流。从认识汉字到语文阅读训练，“诵读”是非常重要的教学方法，不仅可以让学生在较短的时间内学习比较多的汉字，为日后的阅读训练打下基础，而且有利于训练学生的思维，启发他们的想象。但这种不重视讲解，只强调记忆的方法也有一定的弊端，如容易挫伤学生的积极性。

古代的语文教学方法，除重视“读”外，还重视“写”：一是练习写字，二是练习写文章。从汉代开始，语文教育就加强了对汉字书写和文章写作的训练。隋唐实行科举制，写作指导应运而生，专业化的写作教学也由此诞生。明清以来，科举制的负面效应越来越明显，八股取士的教育方式给语文教育带来很大的弊端。

3. 语文教材建设

古代的语文教材分为“选书型”和“文选型”两种。“选书型”教材是指以经典著作及其注疏作为教材内容的选择来源，主要包括我国的儒家经典“四书”（《论语》《孟子》《大学》《中庸》）、“五经”（《诗》《书》《礼》《易》《春秋》）以及相关注疏延展文献。“文选型”教材是指以历代文人学者所撰写的文质兼美的诗文作为教材内容的选择来源，始于《昭明文选》。《昭明文选》由南朝梁武帝长子萧统组织文人们共同编选而成，是我国现存最早的一部诗文总集。它打破了“选书型”教材一统天下的局面，具有深远的影响。比较而言，“选书型”教材不论是在教材的语言上还是在内容结构上都有着独特的艺术价值，对学生文学素养的提高和熏陶起到了积极作用；“文选型”教材为学生提供了阅读和写作的范例，有利于学生读写能力的提高。

4. 语文教育思想

我国古代语文教育重视“文以载道”和道德教化，把语文学习与人生修养、经世致用、齐家治国平天下等人生理想结合起来，强调语文教育的社会价值。古代语文教育也重视启发诱导，强调学生的自学、自得、自悟。古代的语文教育家主要有：孔子、墨子、孟子、庄子、荀子、王充、韩愈、柳宗元、欧阳修、苏轼、朱熹、王阳明等；主要的语文教育论著有：《论语》《墨子》《孟子》《庄子》《学记》《荀子》等。

（二）近现代语文教育

我国的近现代语文教育始于癸卯学制的推行，经历了“文学设科”和“国语国文”两个阶段。近代语文教育是指从语文独立设科到五四新文化运动，现代语文教育是指从五四新文化运动到新中国诞生。

1. 语文教育内容

1904 年颁布的癸卯学制确定了“语文”学科的独立，同时也规定开设“中国文字”和“中国文学”两门语文课程。1911 年，辛亥革命后，语文教育内容主要包括习字、文章、文学等，不久课程名称更名为“国文”。1919 年，五四新文化运动后，整个社会都受到了新思潮的影响，语文教育内容也发生了深刻的变化，不再仅是读经讲经、学习写八股文，更多地是掌握汉字、学习白话文，培养学生基于生活需要的写作能力。与此同时，语言学、修辞学和注音符号学等与语文学科相关的内容也不断被纳入语文知识体系。白话文取代了文言文成为书面语言的主要形式。这个时期的语文教育内容不仅有对传统文化的继承，而且有对古代语文教育内容的改造和更新，体现了鲜明的时代特征。

2. 语文教学方法

近现代语文教育力图打破传统上惯用的“灌输”方法，将“教”与“学”结合起来，改变“教”与“学”分离的状态。例如，1925 年，王森然先生以济南第一师范自编的《中学国文教学法》讲义为基础，加以修改和补充，编成了《中学国文教学概要》。他在书中倡导四大主张：实行“自动的”教学，反对“装罐头式”的教学；实行“经济的”教学，反对“玩赏解闷式”的教学；实行“问题的”教学，反对脱离现实的教学；实行“非战的”教学，反对无视平民疾苦、贵族式的教学。[①] 近现代语文教育阶段，语文教学开始把“教”与“学”进一步结合起来，出现了一些以学生为主体的新方法，语文教学方法逐步走向现代化。

3. 语文教材建设

随着社会的进步，近现代出现了新式语文教材。这一阶段，与封建专制相符合的旧式语文教材式微，反映近现代资本主义发展需求的新式语文教材大踏步地走上了历史舞台。五四新文化运动后，近现代新式语文教材在内容和编排上都进行了较大的改革。例如，1935—1938 年，夏丏尊和叶圣陶共同编写的语文教材《国文百八课》，“每课为一单元，有一定的目标，内含文话、文选、文法或修辞、习文四项，各个部分都打成一片。文话以一般文章理法为题材，按程配置；次选列古今文章两篇为范例，再次列文法或修辞，就文选中取例，一方面仍求保持其固有的系统；最后附列习问，根据着文选，对于本课的文话、文法或修辞提举复习考验的事项”[②]。从这一编排中可以看出，语文教材有了一定的系统性和科学性。这个时期的语文教材体现了时代特征，吸纳了当时主要的思想观念和文学思潮，可以说成了记录时代变化的晴雨表。

4. 语文教育思想

中国近现代语文教育由传统的文言文教学逐渐发展成以白话文教学为主导，开始发展学生的特长和个性。这个阶段的语文教育思想不仅强调传授知识，而且注重顺应时代的需要，启迪人们的智慧，为社会服务。在新思潮的影响下，新的教育教学思想进入语文教育领域，语文教育开始呈现出新的风貌。这个阶段的语文教育大家主要有：康有为、梁启超、蔡元培、胡适、叶圣陶、夏丏尊、徐特立、陶行知等。语文教学法学者及专著主要有：阮真与《中学国文教学法》、蒋伯潜与《中学国文教学法》、袁哲与《国语读法教学原论》、黎锦熙与《新著国语教学法》、王森然与《中学国文教学概要》等。

---

① 顾黄初，闻达 . 在“贫瘠”的土地上继续耕耘［J］. 语文学习，1992（5）：10-14.

② 叶圣陶 . 叶圣陶教育文集：第 5 卷［M］. 北京：人民教育出版社，1994：3.

（三）当代语文教育

1949 年 10 月 1 日，中华人民共和国成立，这是一个具有重大历史意义的标志性时刻，中国人民从此开始了新的生活，语文教育也翻开了新的篇章。当代语文教育是指从新中国成立一直到今天的语文教育。当代语文教育可以划分为改革开放前的语文教育和新时期以来的语文教育两个历史阶段。

1. 改革开放前的语文教育

改革开放前的语文教育经历了“语文”定名和曲折的发展。由于社会政治因素等影响，这个阶段的语文教育呈现出比较复杂的局面。

（1）语文学科建设时期

语文学科建设时期（1949—1958 年），主要经历了语文的定名和语言（汉语）、文学的分科。1949 年，叶圣陶先生在起草语文课程标准时开始使用“语文”这一名称。新中国成立后，中小学开始设置“语文”课，以此来替代之前的“国语”和“国文”课，结束了语文学科名称长期得不到统一的局面。

1953 年 12 月，中央语文教学问题委员会给党中央的《关于改进中小学语文教学的报告》中提到：“我国中小学的语文教学，原来都是把语言和文学混在一起教。这样教学的结果，不论从语言方面看，从文学方面看，都遭了很大的失败。”[①]1955 年，叶圣陶先生提出了语言（汉语）、文学进行分科教学的必要性和科学性。“从全面发展的观点看，中学的语文教学应该使学生有一定的语言修养和文学修养……再不能照老办法做下去了。我们必须符合国家的要求，适应学生的需要，一方面使学生受到充分的系统的语言教育，一方面使学生受到充分的系统的文学教育。我们必须实行语言文学分科了。”[②]1955 年至 1956 年秋季，汉语和文学分科教学最先在全国范围内选定了 74 所中学 27 000 多名学生进行试教。[③]1956 年秋季开始，在全国推行。后基于种种原因，1958 年 3 月，国务院决定把汉语、文学重新合并为“语文”，从当年秋季开始使用新的中学语文课本。

分科教学加强了中学的语言教育和文学教育，在一定程度上提高了学生的语文素养，同时也是我国语文教育科学化道路上一次有意义的探索，对深化我国的语文教育改革有着积极的作用。

（2）国民经济调整期的语文教育

1961—1965 年是我国的国民经济调整时期。为了纠正“大跃进”运动和人民公社化运动中的错误发展方向，克服国民经济困难的局面，中共中央提出了一系列方针对策。《文汇报》先后开展了关于“语文教学目的任务”和“怎样教好语文课”的讨论。1961 年，语文教育界提出了“加强双基”的口号。1963 年，张志公先生发表了《说工具》一文，教育部编订了新的《全日制中学语文教学大纲（草案）》，使语文教育走上了正确的发展道路。

---

① 叶圣陶 . 关于语言文学分科的问题［J］. 人民教育，1955（8）：27-33.

② 叶圣陶 . 关于语言文学分科的问题［J］. 人民教育，1955（8）：27-33.

③ 顾黄初 . 中国现代语文教育百年事典［M］. 上海：上海教育出版社，2001：369.

（3）“文化大革命”时期的语文教育

1966年“文化大革命”开始，我国的语文教育偏离了正确的方向，语文教育思想基本停滞。

2. 新时期以来的语文教育（1978年至今）

新时期以来的语文教育主要是指改革开放40多年来的语文教育，可以分为新课程改革前的语文教育与新课程改革以来的语文教育两个阶段。

（1）新课程改革前的语文教育

十一届三中全会之后，党和国家的工作重心转移到社会主义现代化建设上来，我国的教育事业重新步入健康发展的道路。随着整个社会教育事业的发展，语文教育进入了一个全新的改革发展阶段。人们对语文课程与教学进行反思，提出思想政治要指导语文课程，但是不能代替语文课程，语文课程有自己的性质和任务，并且有自身的规律。新课程改革前的语文教育呈现出蓬勃发展的趋势，在教材建设和教法改革等方面都取得了很大的发展。

第一，语文教育内容。这一阶段的语文教育内容适应了时代发展的需要，不断获得新突破。1978年，教育部制订了《全日制十年制学校小学语文教学大纲（试行草案）》《全日制十年制中学语文教学大纲（试行草案）》，这是对1963年《全日制小学语文教学大纲（草案）》《全日制中学语文教学大纲（草案）》基本理论的继承，正确处理了语文与政治的关系，并且重新规定了语文学科的基本任务是培养学生掌握和运用语言文字的能力。叶圣陶先生的《大力研究语文教学，尽快改进语文教学》和吕叔湘先生的《语文教学中两个迫切问题》两篇文章的相继发表，拉开了新时期语文教学改革的序幕。

1986年，我国的语文教学开始进行大规模改革，国家教委颁布《全日制中学语文教学大纲》，指出除培养语文运用能力、阅读现代文能力和初步阅读文言文的能力外，还要培养听说能力、文学鉴赏能力，发展智力。1993年，中共中央、国务院印发《中国教育改革和发展纲要》，明确提出“中小学要由应试教育转向全面提高国民素质的轨道，面向全体学生，全面提高学生的思想道德、文化科学、劳动技能和身体心理素质，促进学生生动活泼地发展”，提倡素质教育有利于学生语文能力和素养的真正提高。1996年，国家教委颁布《全日制普通高级中学教学大纲（初审稿）》，明确提出语文是“重要的文化载体”，强调语文教育在加强工具性的同时必须重视人文性。

第二，语文教学方法。这一阶段的语文教学方法灵活多样，追求创新和个性化，注重创设学习情境、激发学生的学习兴趣。例如，钱梦龙针对传统的语文讲读教学模式，创新性地提出了“三主”“四式”的导读教学模式；魏书生根据当时流行的凯洛夫的课堂五环节和赫尔巴特的教学四段论进行创新，提出“语文课堂教学六步教学法”；欧阳代娜提出阅读教学的“四步阅读法”；洪镇涛根据语感的不同，提出“语感教学四法”；潘凤湘提出“语文教读法”的六步程序；等等。

第三，语文教材建设。新课程改革前的语文教材更加贴近人们的生活，反映时代的进步。1978—1982年的人教版语文教材首次构建了读写训练体系。这套教材以读写训练为核心，按照表达方式的不同，分年级编排。这是新中国成立后第一套按照“记叙”“说明”“议论”三阶段、“初中”“高中”两次循环有序编排的语文教材。1982—1987 年以及 1987—1992 年的人教版语文教材都强调时代气息，以“降低难度、减轻负担、明确要求”为原则，提高语文教材质量。1992—2001 年的人教版语文教材重视语文的实用和实践能力。

第四，语文教育思想。这一阶段的语文教育思想尊重语文教育教学的基本规律，不断追求语文教育的科学化、现代化和民族化。1978—1985 年，语文教学改革渐渐活跃起来，出现了许多语文教学法教材。这个阶段的语文教育过于重视对知识的传授，忽视了对语文能力的训练。1985—1992 年的语文教学改革逐步扭转了这个局面，积极吸收西方先进的学习理论，重视学生听说读写能力的培养。1992 年至今，随着素质教育的提出和深入推进，我国的语文教育开始注重人的全面发展。

20 世纪末，社会上陆续出现了批评语文教育的声音，最终演化成语文教育的“社会大讨论”，对忽视语文课程的人文价值、过分强调工具性的应试教育进行了深刻的质疑和批判。这股社会思潮直接推动了新世纪的课程改革。自 2001 年至今，新课程改革已经走过了 20 多个年头，其间经过了两三次大规模的课程方案与学科课程标准的修订和完善。语文新课程倡导以学生为中心，以发展学生的语文核心素养为目标，改革课程体系，更新教学理念，明确评价导向，倡导自主、合作、探究的学习方式，我国的语文教育事业取得了长足的发展。

（2）新课程改革以来的语文教育

第一，语文教育内容。1997 年开始的“语文教育大讨论”推动了我国语文教学改革的深入发展，同时也是语文教育界迎接 21 世纪变革的前奏。2000 年颁布实施的《九年义务教育全日制初级中学语文教学大纲（试用修订版）》规定：“语文是最重要的交际工具，是人类文化的重要组成部分。”[①] 教育部于 2001 年颁布的《全日制义务教育语文课程标准（实验稿）》提出：“语文课程应致力于学生语文素养的形成与发展。语文素养是学生学好其他课程的基础，也是学生全面发展和终身发展的基础。”[②] 教育部于 2003 年颁布的《普通高中语文课程标准（实验）》指出：“高中语文课程应该进一步提高学生的语文素养，使学生具有较强的语文应用能力和一定的审美能力、探究能力，形成良好的思想道德素质和科学文化素质，为终身学习和有个性的发展奠定基础。”[③] 教育部于 2017 年印发的《普通高中语文课程标准（2017 年版）》提出：“从祖国语文的特点和高中生学习语文的规律出发，以语文学科核心素养为纲，以学生的语文实践为主线，设计‘语文学习任务群’……引导学生在运

① 中华人民共和国教育部 . 九年义务教育全日制初级中学语文教学大纲（试用修订版）：中华人民共和国教育部制订［J］. 语文知识，2000（7）：68–73.

② 中华人民共和国教育部 . 全日制义务教育语文课程标准：实验稿［M］. 北京：北京师范大学出版社，2001：1.

③ 中华人民共和国教育部 . 普通高中语文课程标准：实验［M］. 北京：人民教育出版社，2003：1.

用语言的过程中提升语文素养。”① 教育部于2022年印发的《义务教育语文课程标准（2022年版）》提出，义务教育语文课程要“强调内容的典范性，精选文质兼美的作品，重视对学生思想情感的熏陶感染作用，重视价值取向，突出社会主义先进文化、革命文化、中华优秀传统文化”②。

由上述语文教学大纲和课程标准的变化发展可以看出，我国新课程改革以来的语文教育内容符合时代的发展需要，坚持“立德树人”“以学生为中心”的思想，聚焦语文核心素养，重视价值取向，强调教学内容的整合和优化，在课程内容的组织与呈现上进行了创新。

第二，语文教学方法。新课程改革从2001年提出“自主、合作、探究”的学习方式，到2022年提出语文教学应“从学生语文生活实际出发，创设丰富多样的学习情境，设计富有挑战性的学习任务，激发学生的好奇心、想象力、求知欲，促进学生自主、合作、探究学习”③，体现了教学方法改革上的锐意、进取。新课程改革实施以来，涌现出一大批富有创新精神的语文教学名师及其教学方法，如窦桂梅的“主题教学”、王崧舟的“诗意语文”、余映潮的“板块教学”、王君的“青春语文”等，都取得了显著成绩。由此可以看出，新课程改革以来的语文教学方法改革出现了百花齐放的繁荣景象。

第三，语文教材建设。2001年新课程改革以来，国家开始实行“一纲多本”的审定制，针对初中阶段和高中阶段编写了若干套优秀的语文教材。语文教材强调语文的人文性，突出学生的主体精神，呈现出全新的面貌。2017年秋季开始，全国的中小学使用统编语文教材，突出了语文教材在形成文化凝聚力、培育文化自信方面的优势地位，提出了以学习任务群为指导编写语文教材的思想。

第四，语文教育思想。2001年实施语文新课程改革以来，语文教育倡导人文价值与工具价值并重，重视民族特点，提出发展学生的语文核心素养，倡导自主、合作、探究的教学主张，语文教育思想更加多元开放，越来越具有国际视野，富有时代气息。

二、“语文”课程名称及内涵的演变

语文作为学科的名称，其称谓有一个复杂的演变过程。近现代语文教育的发展历程，与语文名称的历史演变具有内在的紧密联系。

（一）“语文”课程名称的演变

1904年1月，癸卯学制颁布，这是我国较为系统完备的新学制，它是在1902年颁发的《钦定学堂章程》的基础上完善而成的。按照癸卯学制，原本综合性的语文教育从经学、史学中分离出来。初等小学堂设“中国文字”，高等小学堂和中学堂设“中国文学”，也就是文章之学，并在全国推行。语文教育第一次拥有了作为

---

① 中华人民共和国教育部.普通高中语文课程标准：2017年版2020年修订［M］.北京：人民教育出版社，2020：8.

② 中华人民共和国教育部.义务教育语文课程标准：2022年版［M］.北京：北京师范大学出版社，2022：3.

③ 中华人民共和国教育部.义务教育语文课程标准：2022年版［M］.北京：北京师范大学出版社，2022：3.

现代教育制度学科意义上的法定名称。

不久，梁启超等人认为，从近代西方的文体分类学来看，中国文学中的“文学”所指的应是小说、诗歌、散文、戏剧之类，而“中国文学”一科所要学习的内容，既有文学的又有非文学的，名实不符。他们提出不如把“中国文学”改名为“国文”，其内容可以更加广泛，也更加符合实际。梁启超在1906年创办长沙女子学堂时，就把课程名称改为“国文”。蔡元培在上海爱国女学执教时也将课程名称改为“国文”。1906年颁发的《学部订定优级师范选科简章》中采纳了“国文”的名称，用以统称“中国文字”与“中国文学”。辛亥革命后，蔡元培担任中华民国临时政府教育总长，颁发了“壬子·癸丑学制”（1912—1913年学制），要求中小学的语文课程一律改名为“国文”。

五四运动以后，言文一致、国语统一成为时代的要求。众多新派人物主张：用口语说话写文章，以口语表达促进文字表达，以国语教学促进国文教学，做到言文一致，我手写我口。1922年，北洋政府公布《学校系统改革案》，全国教育联合会组织新学制课程标准起草委员会草拟中小学课程体系，于1923年颁布《小学国语课程纲要》《初级中学国语课程纲要》《高级中学公共必修的国语课程纲要》《高级中学第一组必修的特设国文课程纲要》。其中规定，小学、初级中学将“国文”改称“国语”，主张小学生专学白话，初中生兼学白话；高中仍使用旧名“国文”，主要教文言文。1932年，国民政府颁布了正式的课程标准，小学称“国语”，中学称“国文”。1949年，叶圣陶任华北人民政府教材编审委员会主任时，将“国语”和“国文”合称“语文”。从此，“语文”成为基础教育中关于母语教育的课程专用名称，一直沿用至今。

（二）“语文”一词内涵的演变

“语文”一词出现于洋务运动时期，其内涵随着历史的发展而不断变化。“语文”是晚清洋务运动的产物，是“语言文字”一词的简称，最初主要指西方的语言文字。例如，1859年精通洋务的郭嵩焘上呈的《请广求谙通夷语人才》中说：“通市二百余年，交兵议款又二十年，始终无一人通知夷情、熟悉其语言文字者。窃以为今日御夷之窍要，莫切于是。”他认为国人不“熟悉其语言文字”是列强“无复顾忌”而我方不战先败的重要原因。目前可见的使用“语文”一词的最早文献是光绪十三年（1887年）六月十四日两广总督张之洞所呈的《创设水陆师学堂折》，张之洞陈述因张树声所办实学馆“肄习西洋语文、算法，……此外有关兵事诸端，未能肄及”，已下令“改名博学馆”，并奏请筹办水陆师学堂。此奏中还有“挑选博学馆旧生通晓外国语文算法者三十名为内学生”“其水师则学英国语文”“其陆师则学德国语文”“庸下之才，语文但取粗通”等数句。[①] 由此可见，“语文”一词是晚清以“中学为体，西学为用”为宗旨的洋务运动的产物，洋务派官员赋予了“语文”以语言救国的重任。[②]“语文”一词在20世纪上半叶已普遍使用，且已成为当时我

① 张毅．六十年“语文”史论：1887—1950［J］．教育学报，2013，9（6）：118-125.

② 张毅．六十年“语文”史论：1887—1950［J］．教育学报，2013，9（6）：118-125.

国母语教学界话语的关键词，其本义是“语言（口语）文字（书面语）”。

在国家教育文件中，“语文”一词最早出现在《奏定学堂章程》的《学务纲要》部分：“译学馆意在通晓各国语文，俾能自读外国之书，一以储交涉之才，一以备各学校教习各国语文之选。”①“语文”一词最初进入国家正式教育文件时多用来指外国语言文字，用来指中国语文是在20世纪30年代大众语文运动之后。如20世纪40年代，陕甘宁边区教育厅编辑审定的《初中国文课程标准草案》规定：“提高学生对大众语文和新社会一般应用文字的读写能力。掌握其基本规律与主要用途，获得科学的读、写、说的方法，养成良好的读、写、说的习惯——这是本科教学的基本目的。同时，适当配合各项课程，提高学生的思想认识，增进其各种知识。”②

1950年，“语文”成为我国母语课程名称，是新中国成立不久因编写新的母语教材开始用起来的。叶圣陶在后来写的《语文教育书简》中对此命名意图有过明确解释：“口头为‘语’，书面为‘文’，文本于语，不可偏指，故合言之。”③“语文”的命名体现了新中国成立初期具有代表性的母语教育思想：口头为语，书面为文，母语教学要言文一致。1956年，中央政府教育部决定，在中学、中等师范学校语文学科实行汉语、文学分科教学。语文课程的名称发生了变化，小学仍称“语文”，初中把语文分成“汉语”和“文学”两科，高中则称“文学”。1958年，中小学恢复了“语文”课程的名称，一直沿用至今。

综上所述，我们认为语文是以口头语言和书面语言为表现形式，包含文字、文学、文章、文化等多种元素在内的一个综合体。从历史发展的角度来看，“语文”一词内涵变革的基本走向是：由文言文独自发展到白话与文言并重，最后白话文占据主流；由文以载道、重视教化到重视语文的工具价值及生活价值。“语文”一词内涵的变化深刻地反映了语文教育现代化的发展方向。

三、语文学科的教育价值

语文学科的教育价值主要包括工具价值与人文价值。

语文学科的工具价值是指在语文教育教学过程中，引导学生在真实的语言运用情境中，通过自己的语言实践活动，积累言语经验，把握祖国语言文字的特点和运用规律，加深对祖国语言文字的理解与热爱，培养运用祖国语言文字的能力，提升综合素养，为学好其他课程打下基础。

语文学科的人文价值是指语文教育教学为学生形成正确的世界观、人生观、价值观，以及良好个性和健全人格打下基础；为学生的全面发展和终身发展打下基础；为传承和发展中华文化，增强民族凝聚力和创造力发挥独特功能，为培养德智体美劳全面发展的社会主义建设者和接班人发挥应有的作用。

语文学科的工具价值与人文价值是相辅相成、相互渗透、交互为用的关系。在

① 张百熙. 张百熙集［M］. 长沙：岳麓书社，2008：40.

② 陕西师范大学教育研究所. 陕甘宁边区教育资料：中等教育部分：上册［M］. 北京：教育科学出版社，1981：335-336.

③ 叶圣陶. 叶圣陶教育文集：第3卷［M］. 北京：人民教育出版社，1994：506.

语文教育教学实践中，要兼顾好语文学科的工具价值与人文价值，处理好语文知识技能学习与情感态度价值观培养之间的辩证关系，真正做到以文育人、以文化人、以文立人，履行语文学科光荣的育人使命。

第三节　近现代语文教育名家

从 1904 年清政府颁布癸卯学制算起，我国的近现代语文教育走过了将近半个世纪的历史，语文教育经历了翻天覆地的变化。五四新文化运动所主张的科学与民主精神，也成为语文教育的价值追求。语文教育的现代化，成为语文教育发展至今的主旋律。在语文教育历史变迁的背后，离不开一批又一批语文教育思想家的不懈探索与艰苦建设，在近现代历史上产生了重要影响的语文教育名家主要有梁启超、鲁迅、夏丏尊、陶行知、叶圣陶、吕叔湘、张志公等。学习他们的语文教育思想，有助于我们把握整个近现代语文教育思想发展的脉络。

一、梁启超

梁启超（1873—1929），中国近代维新派领袖、学者，字卓如，号任公，又号饮冰室主人，广东新会（今江门市新会区）人。他是我国近代著名的教育家和政治家，多年从事新闻教育事业，具有丰富的写作和教学经验。他倡导了文体改良的“诗界革命”和“小说界革命”。梁启超早年所作政论文，流利畅达，感情奔放，晚年在清华学校（今清华大学）讲学。其著述涉及政治、经济、哲学、历史、语言、宗教及文化艺术、文字音韵等，有《饮冰室合集》，今辑有《梁启超全集》。梁启超以其宽厚渊博的学识，在语文教育方面提出了很多开创性的见解，给后人留下了宝贵的思想遗产。

在识字教学方面，梁启超批评了当时的语文教育枉顾儿童学习规律的做法。他认为，在当时的中国教幼儿识字、造句、作文的方法与西方完全不同。西方的语文教育，一般是先识词，在实际生活中认识事物的名称。中国的语文教育一般是先学经，在讲经过程中模仿古文。梁启超认为，学生的学习应“先识字，次辨训，次造句，次成文，不躐等也”①。他认为在教学方法上要“如演戏法”“如说鼓词”，多采用歌谣俗语，使儿童乐知乐学，易于索解。他反对以儒家经典为主，让儿童不加技巧地诵记的武断做法。

关于语言与文字的关系，梁启超认为言文要一致，“言之能达，而后文之能成”“出之口而成文者也”②。也就是说，写文章就是写自己想说的话，话怎么说，文章就怎么写。这在桐城派古文独霸文坛的时代具有革命性意义。梁启超的文章汪洋恣肆，气势磅礴，读起来令人动容，如《少年中国说》，节奏明快，气势恢宏，脍炙人口，很好地体现了言文趋向一致的主张。

---

① 梁启超 . 梁启超论教育［M］. 北京：商务印书馆，2017：45.

② 梁启超 . 梁启超论教育［M］. 北京：商务印书馆，2017：54.

在阅读教学方面，梁启超提出了分组阅读的概念。他认为语文教学必须启发学生自主地在课堂以外进行预习。课堂上，教师不能篇篇文章都讲授，而要一组一组地讲授。在两三个星期内选择十篇文章组成一组，让学生阅读，教给他们阅读的方法，如作者观点如何体现，文章的时间与空间关系是什么样的。对十篇文章作比较，可以发现其中的规律，区分文章的不同类型。梁启超特别强调，不可用一篇课文逐字逐句逐段地解释，因为学生或多或少已经具备了阅读文章的能力，把他们已经懂得的知识再反复地讲个不停，只会让他们厌烦，也浪费时间。

二、鲁迅

鲁迅（1881—1936），中国文学家、思想家和革命家，原名周樟寿，字豫才，后改名为周树人，浙江绍兴人。他出身于破落封建家庭，青年时代受进化论思想影响，1902 年去日本学医，后从事文艺工作，试图用以改变国民精神。1918 年 5 月，他首次用笔名“鲁迅”发表中国现代文学史上第一篇白话小说《狂人日记》，揭露人性的阴暗与旧礼教“吃人”的本质，奠定了新文学运动的基石。五四运动前后，鲁迅发表多篇小说与杂感，猛烈抨击封建文化与封建道德，批判愚昧落后的国民性，坚持启蒙立场，成为新文化运动的伟大旗手。20 世纪 20 年代，鲁迅的《呐喊》《坟》《热风》《彷徨》《野草》《朝花夕拾》《华盖集》《华盖集续编》等作品集陆续出版，他的作品表现出彻底革命民主主义的思想特色。其中，中篇小说《阿 Q 正传》是中国现代文学史上的杰作。毛泽东曾评价：“鲁迅的方向，就是中华民族新文化的方向。”[①] 鲁迅的许多作品历来是语文教材的经典篇目，他的语文教育思想是我国现代语文教育思想的宝贵财富。

首先，在语文教学内容选择方面，鲁迅站在现代教育“立人”的价值立场，明确地批判“尊孔读经”的学习方式。1914—1915 年，国民政府提出在中小学增加读经一科，鲁迅对此甚为愤慨。五四新文化运动时期，鲁迅明确提出“打倒孔家店”的主张。在《狂人日记》里，他揭露了封建礼教吃人的本质和对儿童个性的摧残，发出了“救救孩子”的呼声，对“尊孔读经”的本质——愚弄人民——进行了坚决的批判。鲁迅的批判体现了他对语文教育现代性的深刻理解，这对语文教育的改革与发展，具有警醒鞭策的作用。

其次，在教材编写方面，鲁迅反对无视儿童兴趣、脱离现实生活的传统童蒙教材，倡导充满新思想、以儿童为本位的现代教材。鲁迅认为，社会是不断进化的，儿童所用的教材，当然也要跟着进化。因此，他批判那些宣扬传统教育旧思想的童蒙课本，认为内容古旧的童蒙课本脱离了社会的发展，不能引发学生的学习兴趣。在他看来，这些“旧的作品中，虽有古时候的感觉、感情、情绪和生活，而像现代的新的孩子那样，以新的眼睛和新的耳朵，来观察动物，植物和人类的世界者，却是没有的。所以我想，为了新的孩子们，是一定要给他新作品，使他向着变化不停

---

① 毛泽东 . 毛泽东选集：第 2 卷［M］. 北京：人民出版社，1991：698.

的新世界，不断的发荣滋长的”[①]。鲁迅对内容和思想古旧的教材的批判，对符合时代和社会发展的新作品的期待，体现了现代教育的儿童本位观，至今仍引人深思。

最后，在阅读教学方面，鲁迅提出，在学习的过程中，要改进旧的读书方法，拓展阅读的视野，提高辨别能力。第一，要读外国书。鲁迅认为，中国书与外国书都要多读，尤其是要阅读与人的实际生活相接触，可以做些实事的书，反对读那些内容杂陈、宣扬忠孝、不务实际、没有实用的书。第二，要读历史书，尤其读一些简明可靠的史书。在《随便翻翻》一文中，他说：“无论是学文学的，学科学的，他应该先看一部关于历史的简明而可靠的书。”[②] 第三，要读反面教材。在《关于翻译》一文中说：我是主张青年也可以看看“帝国主义者”的作品的，这就是古语的所谓“知己知彼”。[③] 在鲁迅看来，读反面教材便于比较，便于批判，对提高青年的辨别力有好处。第四，要多读本分以外的书，读活的书。在《读书杂谈》一文中，他说：“爱看书的青年，大可以看看本分以外的书，即课外的书，不要只将课内的书抱住。……即使和本业毫不相干的，也要泛览，譬如学理科的，偏看看文学书，学文学的，偏看看科学书，看看别个在那里研究的，究竟是怎么一回事。这样子，对于别人，别事，可以有更深的了解。”[④] 在《海上通讯》中，他告诫青年不要把自己关在校门里面，要和现实社会接触，使所读的书活起来。

鲁迅的上述观点，对语文教材文本的选择、教学方法的选用，以及语文教学目标的确立，都具有重要的指导意义。

三、夏丏尊

夏丏尊（1886—1946），中国作家、出版家，原名铸，字勉旃，号闷庵。浙江上虞（今绍兴市上虞区）人。夏丏尊早年留学日本弘文学院，1907 年（清光绪三十三年）回国，先后执教于浙江两级师范学堂、湖南第一师范、春晖中学、暨南大学等学校。他曾任开明书店总编辑、编辑所所长，于 1930 年创办《中学生》杂志，1936 年被选为中国文艺家协会主席，1937 年创办《月报》杂志，任社长。夏丏尊著有散文集《平屋杂文》，并译有意大利亚米契斯的《爱的教育》，有《夏丏尊文集》行世。夏丏尊提倡人格教育和爱的教育，对学生既严格要求又关怀备至，学生称他的教育为“妈妈的爱”。在语文教学上，夏丏尊提倡白话文，是中国最早提倡语文教学革新的人物之一。他有着丰富的语文教育实践，在推进语文教育现代化方面作出了卓越贡献。

1930 年，夏丏尊在开明书店主持创办《中学生》杂志，一年就使杂志的发行数量达到了相当可观的两三万册。1933 年，夏丏尊和叶圣陶合作编写《文心》读写故事，在《中学生》杂志上连载。他和叶圣陶、宋云彬、陈望道等人合编《开明国文讲义》（共 3 册），作为开明书店开办的函授学校的教材。1935 年，夏丏尊和

---

① 鲁迅 . 鲁迅全集：第 14 卷［M］. 广州：花城出版社，2021：156.
② 鲁迅 . 鲁迅全集：第 6 卷［M］. 广州：花城出版社，2021：77.
③ 鲁迅 . 鲁迅全集：第 5 卷［M］. 广州：花城出版社，2021：210.
④ 鲁迅 . 鲁迅全集：第 3 卷［M］. 广州：花城出版社，2021：244.

叶圣陶应教育部委托担任“国文”的讲演，先后在电台向中学生作过8次关于国文学习的广播讲话。同年6月起，夏丏尊、叶圣陶合编《国文百八课》，供初级中学国文教学及自修者使用。夏丏尊毕生为祖国的语文教育事业奋斗，为我们留下了宝贵的精神遗产。

夏丏尊认为语文学习要有一定的生活经验作基础。读书、作文，本身就是生活中的一些项目，是应付生活实际需要做的事情。语文学习者对生活中遇到的方块汉字、明星唱片、茶馆说书、日常对白等语文现象，都要留心观察、比较、鉴别、模仿。除读有字之书外，还要多读无字之书，即把所学习的内容与生活融为一体，“要使一切科目的学习与生活打成一片”，达到“整个生活的改进”这样一种学习目的。

夏丏尊重视阅读时的有感而发，即触发联想。他把理解、鉴赏、触发看作阅读的基本功，认为在理解和鉴赏的基础上要有所感触，在“森罗万象的事物上获得新的触发”[①]，即读有“新得”，由一件事感悟到其他的事。读书时，对书中的某一句话，觉得与自己平日所读过的书中的某处有关系，觉得与自己的日常生活有交涉，获得一种印证，觉得可以作为将来某种理论说明的例子，对目前经验中的事物、可发现旁的意思……这些都是触发。这种触发就是作文的好材料。因而，读书贵有新得，做文贵有新味，重要的是具有触发的功夫。

夏丏尊提倡一种阅读方法：把精读的文章或图书作为出发点，然后向四面八方延展开来，由精读一篇文章带读许多书，能够有效地扩大自己的知识面。今天提出的主题阅读、群文阅读、专题阅读等方法可被视为在这种阅读方法上进行的改进和发展。

四、陶行知

陶行知（1891—1946），中国教育家，原名文濬，后改知行，又改行知，安徽省歙县人。1914年，陶行知毕业于金陵大学，后留学美国哥伦比亚大学。陶行知回国后，任南京高等师范学校教授、教务主任，东南大学教育科主任，1920年任中华教育改进社总干事，推动平民教育运动，1926年起草发表《中华教育改进社改造全国乡村教育宣言》，次年创办试验乡村师范学校（即晓庄学校）。他认为“教育与政治是不能分离的，二者能同时并进，同时革新，国民革命才有基础和成功的希望”。陶行知改造了杜威实用主义教育学说，提出了“生活即教育”“社会即学校”“教学做合一”等主张，形成了“生活教育”思想体系。1931—1935年，他提倡普及教育。九一八事变后，他组织国难教育社，创办“山海工学团”，主张采用“小先生制”，实行“即知即传”。他发起组织生活教育社，1934年发行《生活教育》半月刊。一二·九运动后，陶行知积极参加抗日民主运动，与沈钧儒等联名发表《团结御侮》宣言，提出教育必须为民族革命和民主革命服务。1936年7月起，陶行知作为国民外交使节，先后到28国宣传中国的抗日救国事业。回国后，他致

① 夏丏尊，叶圣陶．文心［M］．北京：中国青年出版社，2022：81.

力于战时教育，在重庆先后创办育才学校和社会大学。1945 年，陶行知加入中国民主同盟，任中央常委兼教育委员会主任委员，其著作编为《陶行知全集》（12 卷）等。陶行知毕生致力于教育事业，为我国教育的现代化作出了开创性贡献。他不仅创立了完整的教育理论体系，而且进行了大量的教育实践，对推动平民教育与大众语文教育作出了创造性贡献。

陶行知的一生都在为普及教育而奋斗。正如他自己所说："我心中只有一个中心问题，这问题便是如何使教育普及，如何使没有机会受教育的人可以得到他们所需要的教育。"[①]20 世纪 20 年代初，陶行知积极从事以"除文盲，作新民"为宗旨的平民教育运动，和晏阳初等人在北京成立了中华平民教育促进会，创办了 100 多所平民学校，教劳苦工农识字读书。陶行知组织并亲自参加识字课本的编写工作，和朱经农等人根据 1 000 多个常用字和平民目标编写的《平民千字课》，全书 96 课，每天教授一课，总共 96 天或 16 个星期就可以教完。该教材简明易懂，富有趣味，引起读者极高的阅读兴趣。在短短的 9 个月里，推行到 20 个省市，使用者多达 50 万人，对普及识字教育发挥了极其重要的作用。

20 世纪 30 年代，陶行知已从"教育救国"的改良主义者逐渐成长为追求民主革命的坚强战士。他深刻地认识到唤醒工农大众觉悟的重要性，致力于普及大众语文教育，努力倡导大众语文运动。他认为，普及大众语文教育的一大障碍，就是远远脱离工农大众生活实际被新的士大夫垄断的白话文。陶行知尖锐地指出："现在通行的白话文只是把文言文的'之乎者也'换了'的吗啊呀'，夹了一些外国文法和一些少爷小姐，新士大夫的意识造成的。这种白话文，写起来大众看不懂，读起来大众听不懂。我们可以看出在中国文学运动里是有一个大黑幕：白话文不与大众语合一。"[②] 陶行知认为这种现象不利于大众语文的普及，必须尽快加以改变，把这种白话文解放成为大众易于了解并且高兴说、高兴听、高兴写、高兴看的语言文字，也就是大众语文。

生活教育是陶行知教育思想体系中的一个重要理论，它渗透在陶行知的一切教育活动之中。语文教育和生活相联系，是这一理论在语文教育中的具体体现。

第一，语文教材要和生活相联系。陶行知认为中国传统的语文教科书是以文字，而且是以不好的、零碎的文字为中心的。这种脱离了生活的语文教材和教育，只能培养出"书呆子"。他提倡编写有丰富生活内容的语文教材。他说："我们读《水浒》《红楼梦》《鲁滨孙漂流记》一类小说的时候，读了第一节便想读第二节，甚至于从早晨读到夜晚，从夜晚读到天亮，要把它一口气读完了才觉得痛快。"[③] 这就是丰富的生活内容的力量。因此。语文教材应该加强与生活本身的联系。陶行知提倡，尽量发掘和利用生活中的语文教材，如一张发票、一张书签等，都可以当作教材来阅读；车站上的展览、码头上的壁报、电影院里的新知识的插片、茶馆里

---

① 陶行知 . 陶行知教育论著选［M］. 北京：人民教育出版社，2015：384.

② 陶行知 . 陶行知全集：第 2 卷［M］. 长沙：湖南教育出版社，1985：683.

③ 陶行知 . 陶行知教育论著选［M］. 北京：人民教育出版社，2015：341.

说书的革新、戏园的小丑说白的讽刺、市集上的公共演讲表演，都可以作为语文教材来学习。陶行知还提倡，根据生活的需要编写语文教材。陶行知说："教人的人不可死靠课本，他必定要运用补充材料及临时材料，以适应特殊及当前生活之需要。"[①]

第二，语文读写要和生活相联系。陶行知认为读书不是目的，而是工具，是生活中必不可少的工具。他提倡生活需要什么知识，就读什么书，反对为读书而读书。陶行知把读书人分为两类：第一类，不但能够读书识字，并且会运用书中的道理来做事情，这就是活人读活书；第二类，像木鸡一样，整天读《百家姓》《三字经》，死记硬背，这就是活人读死书，越读越迂腐。陶行知号召大家读活人的书、做活人的事、过活人的生活。

五、叶圣陶

叶圣陶（1894—1988），中国作家、教育家、出版家、社会活动家，名绍钧，字秉臣，后改字圣陶，江苏苏州人。叶圣陶早年任小学教师并从事文学创作，五四运动前参加新潮社，1921 年参与组织文学研究会，1923 年起从事编辑出版工作，曾任商务印书馆编译所和开明书店编辑，1928 年创作长篇小说《倪焕之》，后主编《小说月报》和《中学生》杂志。九一八事变后，叶圣陶参加发起成立"文艺界反帝抗日大联盟"和"文艺界抗敌后援会"，曾主编《国文杂志》《开明少年》等，抗日战争胜利后任开明书店总编辑，中华全国文艺界协会总务部主任，1949 年任华北人民政府教科书编审委员会主任，后历任中央人民政府出版总署副署长兼编审局局长、教育部副部长兼人民教育出版社社长和总编辑、中央文史研究馆馆长等职。叶圣陶主张引导和启发的教学，对教育、小学语文教学、汉语规范化有独到见解。其著有《叶圣陶集》《叶圣陶语文教育论集》等，有"优秀的语言艺术家"之称。叶圣陶编辑过几十种中小学语文教科书，撰写过十多本语文教育方面的论著，毕生从事语文教育事业和语文出版编辑事业，为我国语文教育事业的发展和创新作出了卓越贡献。

叶圣陶明确指出语文的内涵不等于文学，他在《国文教学的两个基本观念》里说："国文的涵义与文学不同，它比文学宽广得多，所以教学国文并不等于教学文学。"[②] 也就是说，语文里面除有文学文本外，还有其他的一般性文章。在叶圣陶看来，无论是学习文学还是文章，目的都是"学习本国的语言文字"。

叶圣陶认为，语文是现代公民所必须具备的一种生活能力，是人生日用不可或缺的工具，并不是一种生活上的奢侈的要求。这是对现代语文教育价值的发现和肯定，与以科举应试为目标的传统语文教育有本质的不同。叶圣陶认为，语文适应语言的发展，需做到言文一致，应该教学语体文。他说，我们平时都用现代语言说话，用现代语言思想；因此，依据现代语言的语体，无论是在写作的人方面，还是

---

① 陶行知．陶行知教育论著选［M］．北京：人民教育出版社，2015：432.

② 叶圣陶．叶圣陶语文教育论集［M］．北京：教育科学出版社，2021：41.

在阅读的人方面，都最具亲切之感。这是普通教育必须教学语体文的根本理由。

叶圣陶认为，语文教材作为语文教学的凭借，只是精选出来供学生学习的一些例子，而不是教学的终点。在《谈语文教本〈笔记文选读〉序》里，他说："语文教本只是些例子，从青年现在或将来需要读的同类的书中举出来的例子，其意是说，你如果能够了解语文教本里的这些篇章，也就大概能够阅读同类的书，不至于摸不着头脑。"① 他还指出，语文教材中精选的例子，要切合学生的生活和程度，符合学生的学习心理，并富有一定的教育意义。最理想的方法是依照青年的需要，从青年生活上取题材，分门别类地写出许多文章来代替选文。语文教材好比一个锁钥，用这个锁钥可以打开无限的宝藏。② 叶圣陶为小学语文教材撰写了许多文章，有些成为小学语文教材中的经典课文。

叶圣陶特别注重语文技能的专门训练。他说："'五四'以来国文科的教学，特别在中学里，专重精神或思想一面，忽略了技术的训练，使一般学生了解文字和运用文字的能力没有得到适量的发展，未免失掉了平衡。"③ 他认为，语文教学要养成学生阅读和写作的良好习惯，学生所学的语文知识要在实践中进行广泛地运用。语文教学要培养学生自学语文的能力。语文能力的训练，不应限于课堂内，还应发展到课堂外，以及其他学科上。

叶圣陶提出语言和思维要并重。语言是一种工具，并不意味着是纯工具，不能割断其与思维之间的联系，不能忽略语文教育中的思维训练。在阅读教学里，语言和思维并重主要表现为"思路教学"，即紧扣作者的创作思路去阅读，一步也不要放松，真正弄清楚作者是怎样想、怎样说的，而不是知道大概，达到这个地步才叫作理解。在写作上，语言和思维并重主要表现为要在思想认识方面下功夫。作文修改表面上是语言文字之事，实际上是思想认识之事。只有想清楚了，才能够条理清晰地进行表达。

六、吕叔湘

吕叔湘（1904—1998），中国语言学家、语文教育家，江苏丹阳人。吕叔湘致力于语文建设和语法研究，在汉语语法体系建设上独树一帜，主持和参与了许多重大语文活动和语文工作计划的制订，对现代汉语的规范化作出了杰出贡献。吕叔湘著有《中国文法要略》《语法修辞讲话》（合作）、《汉语语法分析问题》《汉语语法论文集》等，其著译汇编成《吕叔湘文集》。

吕叔湘有关语文教学的观点，主要体现在他的《关于语文教学的两点基本认识》④ 一文中。他认为从事语文教学的人，要做到两个必须认清。

第一，必须认清教的是什么，这是语文学科的根本问题。吕叔湘旗帜鲜明地提出，语文课应当是语言文字课，不是文学课。中小学里学习文学作品，与大学

① 叶圣陶．叶圣陶语文教育论集［M］．北京：教育科学出版社，2021：136.

② 叶圣陶．叶圣陶语文教育论集［M］．北京：教育科学出版社，2021：133-137.

③ 叶圣陶．叶圣陶语文教育论集［M］．北京：教育科学出版社，2021：38.

④ 吕叔湘．关于语文教学的两点基本认识［J］．文字改革，1963（4）：1-6.

不一样，并不是为了评论这些作品的思想和地位，也不是为了模仿作品去学习文学创作，而是为了学习语言文字的实际运用。不恰当地强调所读的内容而把语言本身的规律放在次要地位，是违背语文教学规律的。他主张学校里的语文教学应该语言和文字并重，以语言为媒介，以文字为重点，达到语言和文字都能提高的目的。这里的语言指口头的表达，文字指书面的表达。吕叔湘认为，撇开语言教文字是一种“半身不遂”的语文教学。他明确提出，语言训练和文字训练应相辅相成，相互促进。

第二，必须认清人们学会语文的过程。吕叔湘反复强调，过去的错误认识是把语文课看作知识课，看作跟历史、地理或者物理学一样传授一门知识的课。其实学习语言不仅是学习一套知识，而且是学习一种技能，养成一种习惯。习惯只有通过正确的模仿和反复的实践才能养成，所以，他认为多练习、多实践是培养语文技能的基本途径。他反对拿讲课的好坏来衡量教师教学能力优劣，反对讲的内容越多就说明教师讲得越好的观点，反对那种“旁征博引”的教学法，而主张教师的任务是指点学生模仿什么、怎么模仿，检查学生的实践是否正确和熟练，教师的活动应该压缩到最低限度，以学生的活动为主。吕叔湘认为，教学，就是“教”学生“学”，主要的不是把现成的知识教给学生，而是把学习的方法教给学生。吕叔湘的上述看法体现了他重视知识的实践运用，以练为主、以学为本的语文教学思想。

七、张志公

张志公（1918—1997），中国语言学家，笔名张环一、纪纯，北京人，祖籍河北南皮。1945 年，张志公毕业于金陵大学外文系，曾先后任教于金陵大学、海南大学、香港华侨大学，1950 年后任北京开明书店编辑、《语文学习》主编，1955 年起任职于人民教育出版社，兼任国家语言文字工作委员会委员、中国语言学会常务理事、中国修辞学会会长等职。张志公毕生从事语言学研究和语文教育工作，对汉语语法修辞研究颇有建树，对建立汉语教学语法体系有重要贡献。其著有《汉语语法常识》《修辞概要》《语法学习讲话》《传统语文教育初探》《语文教学论集》等，汇编有《张志公文集》。

张志公认为，语文课是有思想性的工具课。教语文不但要教学生学习、掌握运用语言，而且要教学生从语文学习中得到思想上的教益、感情上的陶冶。他提出，语文教学“首先把语言文字弄清楚，从而进入文章的思想内容，再从思想内容走出来，进一步理解语言文字是怎样组织运用的”，即“带领学生从文章里走个来回”[①]。也就是说，语文教学要兼顾语言文字的内容与形式的统一。

张志公从语言文字的交际活动性出发，提出语文教学要在语文运用活动中进行。他说：“语言是一种活动。无论口头语言或者书面语言，都是一种活动——一方表达、一方理解的这么一种活动。语言既是活动，那就应当通过活动去学习它，掌握它。也就是说，要让学生通过自己的听、说、读、写的实际活动去学习听、

① 张志公. 张志公语文教育论集［M］. 北京：人民教育出版社，1994：549.

说、读、写。”①

张志公还就词语教学、语法教学、写作教学等提出了许多宝贵的建议。他指出：“学习语言，最重要的是学习词汇……要从生活里学……还可以从阅读的作品里学……学习词汇必须勤用词典……”他提出，要引导学生“注意话是怎么说的，文章里的一个个句子是怎么写的，这对学习语法很有帮助，这样学来的语法才是活的、有用的知识”②。关于作文教学，他指出，“中学语文教学所要培养的，是一个青年在工作、学习和生活中必须具备的一般的写作能力，也就是内容正确、文从字顺、条理清楚、明晰确切，能够如实的表达自己的有用的知识见闻、健康的思想情感的能力，而不是专门从事写作的文学家的文艺创作能力”③。张志公的上述观点，对我们科学地把握语文教学的边界具有重要的指导意义。

第四节　语文课程与教学论的学习方法

“语文课程与教学论”课程一般要在学生掌握了基本的中国语言文学专业知识、教育学与心理学基础知识之后开设，因此许多院校在本科三年级开设此课。由于语文课程与教学论的课程内容涵盖文学、语言学、教育学、心理学等众多学科领域，不仅要学习理论知识，而且要培养教学实践能力，因此，学习这门课程时要注重学、思、用、练的结合，做好学习规划，运用多种学习方法。

一、读书思考

首先，学习“语文课程与教学论”课程时，学生需要广泛阅读语文教育方面的专业报刊和相关著作，及时了解相关研究信息，能够结合教材内容自主搜集查阅相关文献，进行拓展性研读和学习，逐步形成自己对语文课程与教学基本理论问题的理解和看法。语文课程与教学论的专业期刊种类很多，为本课程的学习提供了大量鲜活的专业资讯。我们可在课余时间多阅读以下期刊：《课程·教材·教法》《语文建设》《中学语文教学》《语文教学与研究》《语文学习》《语文教学通讯》《语文教学参考》《中学语文》等。著名语文教育家吕叔湘、张志公、叶圣陶、夏丏尊、朱自清等前辈学者发表和出版的有关语文教育方面的文章经典论著，更是历久弥新，常读常新，给我们以深刻的启发和警示。当代语文课程改革过程中涌现了一大批优秀语文教育理论研究和实践探索方面的著作，尤其是各种语文教学流派的代表性论著，如雨后春笋般面世，呈现百花齐放、百家争鸣之势。例如，王崧舟的《诗意语文》、黄厚江的《语文课堂教学诊断》、肖培东的《我就想浅浅地教语文》、程翔的《语文课堂教学的研究与实践》、王国祥的《生命中最好的语文课》、潘庆玉的《富有想象力的语文课》等，主张鲜明，思想活泼，案例丰富，语言晓畅，深受读者欢

① 张志公 . 张志公语文教育论集［M］. 北京：人民教育出版社，1994：571.

② 张志公 . 张志公语文教育论集［M］. 北京：人民教育出版社，1994：316–317，318.

③ 张志公 . 张志公语文教育论集［M］. 北京：人民教育出版社，1994：325.

迎。阅读这些论著，有助于我们形成对语文教育的专业思考和洞察力，提升我们的专业理论素养。

二、个人叙事

语文课程是与母语相关的课程，从牙牙学语开始，每个人都有自己独特的语言学习经历和体验。对学生来说，研究语文课程与教学论，其自身的语文学习经验是最为直接和丰厚，也是最为便利的资源。学生在漫长的语文学习道路上积累的成功体验和失败经验，是深入理解语文课程与教学论的理论主张和实践策略的认知基础。因此，学习和研究语文课程与教学论，除读书思考外，我们还要反身内求，倾听自己内心深处的声音，发现语文生活的精彩瞬间。我们应挖掘自身的语文经验宝藏，撰写个人语文生活叙事，提炼思想的闪光点，凝聚专业性知识，逐步形成个体性的语文教育思想观念。语文教育的个人叙事，就是通过回忆、观察或记录自己语文学习的感受和思考，发现语文学习的规律和方法，为语文课程与教学论研究提供第一手的素材和资料。自己印象最为深刻的语文课，在课堂上所做的笔记，所写的作业、日记、作文，所开展的语文活动，所留下的相关资料及影像，与语文教师的聊天、对话和交往，校园里丰富多彩的语文生活，林林总总，各个方面都是我们进行个人语文叙事研究的珍贵材料，经过梳理增删后，从中可以发掘、提炼出富有启发意义的语文教学思想。

三、案例研习

“观千剑而后识器，操千曲而后晓声。”在课程与教学论研究中，案例研习越来越受到重视，因为它打破了传统的以理论知识学习为中心的单一讲授模式，把理论知识的获得融入对教学案例的观摩、分析、发现、比较和归纳的过程之中，让理论学习不再枯燥乏味、抽象单调，而是变得生动有趣，充满探究意识和创新精神。学习“语文课程与教学论”这门课程，需要研习大量的名师课例和教学实录，如果条件允许，最好能够在现场感受语文课堂的真实生命状态，发现语文教学的设计精妙与生成艺术。通过对大量优秀课例的研习揣摩、对问题课例的“问诊”矫正，可以感受语文课堂教学的复杂多变，熟悉经典课例背后的理念支撑，逐步形成自己的语文课堂教学观念。案例分析报告一般包括案例背景介绍、案例描述、案例分析与案例启发等部分。其中，案例分析最能体现案例的研究价值和理论意义。经常撰写案例分析报告，有助于内化吸收自己所学的语文教学理论，提高自身的理论分析能力和问题解决能力。案例研习不仅是职前语文教师培养的重要手段，而且是职后语文教师专业发展的重要途径和方法。

四、走访调研

走访调研是学习语文课程与教学论的重要方法，也是了解中小学语文课程与教学现状最直接的方法。我们通过文献阅读可以得到一些相关的信息和数据，但难以替代走访调研现场的直接感受和发现。为了获得有效的信息和数据，在走访调研前必须做好计划和准备工作，拟定采访提纲，编制问卷，准备好录音或录像设备；要结合语文课程与教学论的相关学习内容，聚焦某个主题，选定学校和采访对象，带着理论思考去观察、发现、追寻；最后通过数据分析形成调查结果，验证理论假设，发现新问题，并提出建议或问题解决方案。例如，我们以“统编初中语文教材‘活动·探究’单元的教学”为调研主题，通过实地走访、课堂观摩、问卷调查等方法了解教师和学生在教学与学习此单元时的体验和感受，发现统编语文教材在使用过程中存在的困难和困惑，为后续修订教材、改进教学提出自己的建议。

五、模拟练习

“纸上得来终觉浅，绝知此事要躬行。”学习语文课程与教学论，仅停留在理论理解层面是远远不够的。通过实践学习、模拟练习的方法来内化理论知识，习得教学技能，是语文课程与教学论学习的一项重要任务。教师专业素养的核心是具身化、缄默性的教学技能。教学技能需要我们将理论认识与实践行动合为一体，这需要经过较长时间的严格训练才能获得。教学技能不是单一的能力，而是由文本解读、教学设计、课堂机智、指导点拨、语言表达、板书设计、课件制作、教学评价等诸多能力汇聚而成的一种复杂能力。由于受到客观条件的限制，职前语文教学技能的训练与演示难以在真实的中小学语文课堂里进行，多采取模拟授课的方式，同学们彼此分工扮演教师和学生，在虚拟的课堂里进行教学演练。微格教学就是为此开发的专门课程模块，有专门的多媒体录播教室，可以为同学们提供及时的反馈。模拟授课需要专业教师进行指导，及时发现学生在教学设计及授课过程中出现的问题，后加以矫正、改进和完善，在下次授课时要特别注意这些容易出现问题的地方，力求次次有进步，课越上越顺畅。学习语文课程与教学论，应加强模拟授课的练习，夯实执教语文课堂的能力。

[微视频]
模拟授课
《迷娘》

[本章小结]

绪论对语文课程与教学论这门学科进行了概述，介绍了课程与教学论，语文课程与教学论的学科性质、研究内容和发展趋势。我国语文教育经历了古代、近现代与当代三个发展阶段，语文课程的名称也经历了从“中国文字”“中国文学”到“国文”“国语”并称，再到“语文”定名的一系列变化。近现代语文教育发展史上涌现出一批名家，包括梁启超、鲁迅、夏丏尊、陶行知、叶圣陶、吕叔湘、张志公等，他们的语文教育思想至今仍具有深刻的启示意义和现实价值。在学习语文课程与教学论时，应掌握读书思考、个人叙事、案例研习、走访调研、模拟练习多种学习方法，同时养成自主学习和研究的习惯。

[实践·思考·探究]

1. 学习“语文课程与教学论”课程对语文教师的专业发展有什么作用？

2. 语文课程名称经历了哪些变化？试分析其背后的学科、历史和社会原因。

3. 哪一位语文教育大家给你留下了深刻印象？查阅相关文献进一步深入了解其语文教育思想，思考其语文教育思想对今天的语文教学有何启示。

4. 王崧舟教授在《语文教师如何提升课堂境界》[①] 一文中提出语文教学有三重境界，阅读该文章，结合本章学习心得，完成文中空出的部分。

语文教师如何提升课堂境界

那么在我们的语文课堂教学当中，是否也存在着不同的境界呢？我想，我们不妨先来看一段话。这段话选自朱光潜先生的一篇文章《我们对于一棵古松的三种态度——实用的、科学的、美感的》。朱光潜先生在这篇文章中这样说：

假如你是一位木商，我是一位植物学家，另外一位朋友是画家，三人同时来看这棵古松。我们三人可以说同时都“知觉”到这一棵树，可是三人所“知觉”到的却是三种不同的东西。你脱离不了你的木商的心习，你所知觉到的只是一棵做某事用值几多钱的木料。我也脱离不了我的植物学家的心习，我所知觉到的只是一棵叶为针状、果为球状、四季常青的显花植物。我们的朋友——画家——什么事物都不管，只管审美，他所知觉到的只是一棵苍翠劲拔的古树。我们三人的反应态度也不一致。你心里盘算它是宜于架屋或是制器，思量怎样去买它，砍它，运它。我把它归到某类某科里去，注意它和其他松树的异点，思量它何以活得这样老。我们的朋友却不这样东想西想，他只在聚精会神地观赏它的苍翠的颜色，它的盘屈如龙蛇的线纹以及它的昂然高举、不受屈挠的气概。”

我们对古松的三种态度：第一是实用的，第二是科学的，第三是审美的。其实，实用的、科学的、审美的，不仅仅是面对一棵古松的三种态度，也同样会成为我们面对课堂教学的三种态度，而这三种态度也折射出三种不同的课堂境界。

面对课堂教学，我们可以停留在实用的境界。比如说，一堂语文课上下来，学生们识了多少字，背了几段文章，写了几句话，今后他们的考试成绩可能跟这些已经掌握的实用的东西有关系，这是第一种境界——实用的境界，也是我们课堂教学最基础的境界。第二种境界，那就是科学的境界。我的课堂教学，遵循学生的心理规律、认知规律，遵循课堂教学当中师生互动的基本规律，按照科学的方法和规律来实施我的课堂教学。于是，在实用的基础上，我的课可能会更有效率，更有效益，这是第二种境界——科学的境界。其实，课堂教学还有更高一层境界，那就是审美的境界。

____

____

____

____

如果说课堂教学有境界的话，大体上也存在这样三个层次的境界。而要提升课

① 王崧舟. 美所其美：王崧舟讲语文课怎么上［M］. 上海：上海教育出版社，2019：133–135.

堂教学境界，我们认为应该立足于基础的实用的境界，然后上升到科学的境界，最后上升到审美的境界，审美的境界就是生命的境界。

［拓展阅读］

1. 王荣生．语文科课程论基础：2021年版［M］．北京：中国人民大学出版社，2021.

2. 张志公．传统语文教育教材论：暨蒙学书目和书影［M］．北京：中华书局，2013.

3. 张隆华，曾仲珊．中国古代语文教育史［M］.2版．成都：四川教育出版社，2000.

4. 李杏保，顾黄初．中国现代语文教育史［M］.2版．成都：四川教育出版社，2000.

5. 顾黄初．中国现代语文教育百年事典［M］．上海：上海教育出版社，2001.

第一章　语文课程与教材

国文教学的目标，在养成阅读书籍的习惯，培养欣赏文学的能力，训练写作文字的技能。这些事不能凭空着手，都得有所凭借。凭借什么？就是课本或选文。有了课本或选文，然后养成、培植、训练的工作得以着手。[①]

——叶圣陶

［学习目标］

1. 了解语文课程与教材的发展历程，从宏观上把握语文课程在不同时期的发展变化，对各历史时期具有代表性的语文教材有所了解。

2. 把握《义务教育语文课程标准（2022年版）》和《普通高中语文课程标准（2017年版2020年修订）》的主要内容，能够对课程标准有更进一步的解读。

3. 准确把握语文学科核心素养，对核心素养的由来、内涵和内容框架有深入的理解。

4. 熟悉语文教材的基本构成与使用，对统编语文教材有充分全面的了解。

---

① 叶圣陶．叶圣陶语文教育论集［M］．北京：教育科学出版社，2021:14.

[知识导图]

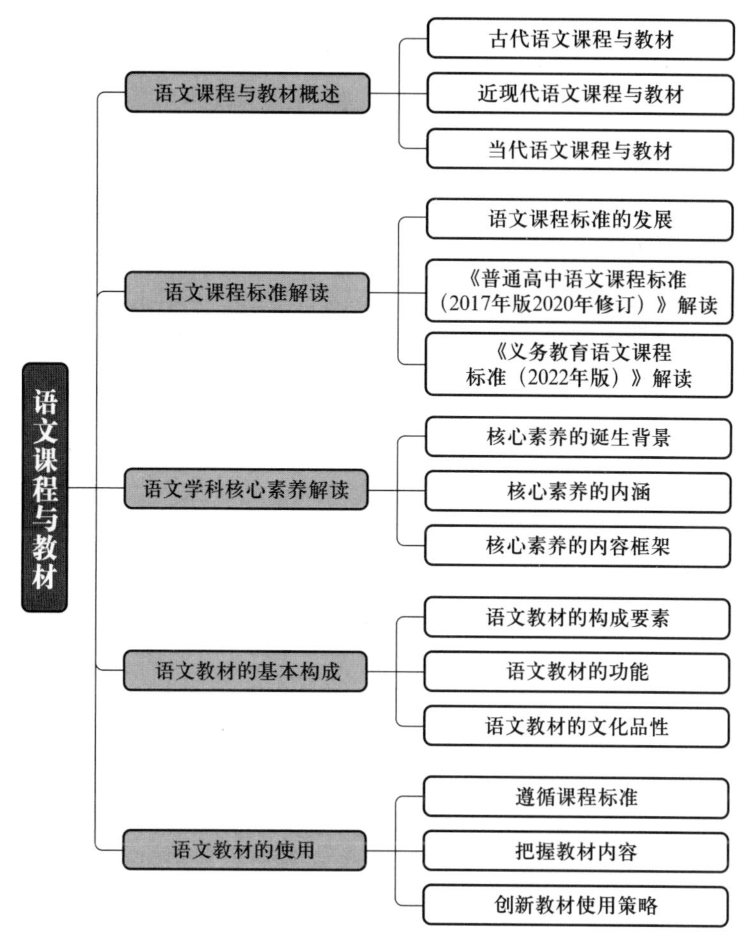
语文课程与教材
语文课程与教材概述
古代语文课程与教材
近现代语文课程与教材
当代语文课程与教材
语文课程标准解读
语文课程标准的发展
《普通高中语文课程标准（2017年版2020年修订）》解读
《义务教育语文课程标准（2022年版）》解读
语文学科核心素养解读
核心素养的诞生背景
核心素养的内涵
核心素养的内容框架
语文教材的基本构成
语文教材的构成要素
语文教材的功能
语文教材的文化品性
语文教材的使用
遵循课程标准
把握教材内容
创新教材使用策略

[案例导入]

请阅读统编高中语文必修上册第一单元的教学设计片段：[①]

通读本单元五首诗歌、两篇小说，感受不同时代年轻人的价值追求。

（1）朗读《沁园春·长沙》等五首诗歌，体会这些诗歌传递的情感，分别用一两个词语描述你的感受。

篇名	我的感受
《沁园春·长沙》	________
《立在地球边上放号》	________
《红烛》	________
《峨日朵雪峰之侧》	________
《致云雀》	________

（2）细读这五首诗歌，并借助意象把握诗歌意蕴。从诗歌意蕴的显与隐这个角度将诗歌排序，你还可以从诗歌意蕴的多元理解等角度给五首诗歌排序。与同学分享你的排序和依据。

（3）尝试将这五首诗歌分组，探究分类的多种可能性，再借助分类更好地帮助我们读懂诗歌的意蕴。例如，将《沁园春·长沙》《立在地球边上放号》《峨日朵雪峰之侧》分为甲组，《红烛》《致云雀》分为乙组，是否会帮助我们寻找到打开诗歌意蕴之门的钥匙？

（4）五首诗歌创作时间不同，作者创作这些诗歌的年龄不同，大致情况如表1-1所示。再查找资料，用简短的一两句话描述“诗人处境”。

表1-1 统编高中语文必修上册第一单元五首诗歌的情况

篇名	诗人	创作时间	诗人当时的年龄	诗人当时的处境
《沁园春·长沙》	毛泽东	1925年	32岁	
《立在地球边上放号》	郭沫若	1919年9—10月	27岁	
《红烛》	闻一多	1923年	24岁	
《峨日朵雪峰之侧》	昌耀	1962年8月2日初稿	26岁	
		1983年7月27日删定	47岁	
《致云雀》	雪莱	1820年夏	28岁	

① 郑桂华.追求必备品格与关键能力的融合：统编高中语文必修上册第一单元教学设计［J］.语文学习，2022（3）：23-29.

24 岁的闻一多写下了《红烛》，27 岁的郭沫若写下了《立在地球边上放号》，两位诗人都大量运用感叹词、感叹句和短句等语言形式，彰显出他们蓬勃的青春力量。

《峨日朵雪峰之侧》初稿可能是什么样的？47 岁的昌耀修改了哪些内容？尝试做一些推测。现实生活中，他选择一直生活在青海，结合这首诗，你理解他的选择吗？

借助上面的信息，你对这五首诗歌有哪些新的理解？关于“青春”的内涵，你会怎样阐述？

思考：

统编高中语文必修上册第一单元属于“文学阅读与写作”学习任务群，进行单元教学设计时，要围绕单元的人文主题“青春的价值”设计单元学习核心任务。结合教材内容，谈谈上述案例中的教师是如何利用教材中的单元导语、学习提示等信息进行教学设计的。

第一节 语文课程与教材概述

课程是按一定逻辑顺序和学生接受能力，组织某一学科领域的知识与技能而构成。广义的课程是指为实现各级各类学校的培养目标而确定的教育内容的范围、结构和进程安排。狭义的课程是指教学计划中设置的一门学科。我国古代没有独立的语文学科，语文教育与经学、哲学、史学、伦理学等的教育交织融合在一起。直到清末民初语文独立设科之后，语文才真正成为一门独立的学科。

语文教材是语文课程的载体，也是重要的课程资源。按照 1987 年国家教委关于颁发《全国中小学教材审定委员会工作章程》的通知[①]，广义的教材包括教科书、习题集、练习册、教学挂图、音像教材、教学软件、选修教材等，以及供教学用的教学指导书、教学参考书。其中，教科书在语文教材中占主导地位，因此，狭义的语文教材专指语文教科书。本章论述的语文教材采用的是语文教材的狭义界定，即语文教科书。

从古代发展至今，语文课程与教材经历了漫长曲折的历程。只有了解其历史轨迹，才能对现代语文学科有更加清晰、深刻的认知，从而更好地把握现行的语文课程与教材体系，最终提高语文教育教学的水平和质量。

一、古代语文课程与教材

我国古代虽然没有现代意义上的独立的语文课程，但是出现了相应的语文教材。张志公先生认为，传统的语文教育由三个阶段构成：开头是启蒙阶段，以识字教育为中心；其次是进行读写的基础训练；第三是进一步的阅读训练和作文训练。[②]中国古代的语文课程及教材也大致包含这几部分内容。

---

① 全国中小学教材审定委员会工作章程［J］. 课程·教材·教法，1988（1）：1-2.

② 张志公. 张志公文集：4：传统语文教学研究［M］. 广州：广东教育出版社，1991：19.

早在先秦时期，我国就出现了既是蒙学课本也是识字教学读本的《史籀篇》。据说它是周宣王太史籀所作，约成书于春秋战国之交。原书四字一句，编成韵语，便于蒙童习诵。《史籀篇》是我国历史上记载最早的儿童识字课本，也可以看作小学语文教科书的源头。先秦时期，诗歌、散文进入繁盛期，《尚书》《诗经》《楚辞》等逐渐成为阅读教学的典范。

秦朝统一六国后，以小篆统一全国各地文字，促使语文教育开始朝着以书面语言教育为主的方向转化，语文教育开始以文言文教育为主。秦汉时期代表性的识字写字教材有《仓颉篇》《急就篇》等，这些教材多注重每句押韵，便于诵读记忆。由于经学在两汉时期非常昌盛，“五经”（《诗》《书》《礼》《易》《春秋》）逐渐成为学校语文教学的主要阅读教材。

魏晋南北朝时期除继续沿用前代的识字写字教材外，还出现了《千字文》《开蒙要训》等教材。《千字文》为南朝梁武帝时的周兴嗣所著，全书 250 句，共千余字，四字一句，句法整齐，讲求声律，对仗工整，条理清晰，文采斐然。《开蒙要训》成书于东晋与齐梁之间，是蒙学课本，作者不详，主要对幼童进行品德教育。其撰法与《千字文》相近，但是流传度稍逊。在阅读写作教学方面，这一时期出现了《昭明文选》。《昭明文选》是南朝梁昭明太子萧统所编，按照序、书、论、赋等文体，选编了从周代到梁代的七百多篇诗文，开辟了按照文体编排教材的先河。《昭明文选》作为我国最早的一部文学作品总集，成为后代学子写文章的模板和取材来源，因此宋代有谚云：“《文选》烂，秀才半。”

隋代实行科举考试，对语文教育产生了巨大的影响。为适应科举考试的需要，唐代编纂了许多古书的注释本，如《经典释文》《五经正义》等。《经典释文》对《周易》《尚书》《毛诗》等十四部著作进行了辨音和释义，确定了读书的正音规范。《五经正义》是唐代孔颖达等奉敕编写的五经义疏著作，完成了《诗》《书》《礼》《易》《春秋》内容上的统一，被钦定为全国统一教材，作为科举考试的标准教科书。此外，由于唐代诗歌的繁盛，还出现了《文场秀句》等诗歌选本。

宋代的教育制度基本沿袭唐代并有所发展，无论是语文教育理论研究还是语文教学实践，都达到了我国古代语文教育的高峰。首先，在儒释道三家长期的相互影响下，最终形成了理学思想，对两宋时期的语文教育产生了极为深远的影响。其次，书院这一教育制度在宋代得以发扬光大，为语文教育的规范化奠定了坚实的基础。宋代理学家朱熹把教育分为“小学”和“大学”两个教育阶段。“小学”相当于现在的义务教育阶段，学子十五岁后接受“大学”教育。“小学”阶段重视识字写字、阅读、写作教学的紧密结合。“大学”侧重于经学教材的阅读。识字写字教材确立了“三百千”一系列的系统化教材，即《三字经》《百家姓》《千字文》。《三字经》取材典范，包括中国传统文化中的文学、历史、哲学、天文地理、人伦义理、忠孝节义等，核心思想主要包括“仁、义、诚、敬、孝”等。儿童在背诵《三字经》的同时，可以了解中国的常识、传统国学、历史故事以及故事中做人做事的道理。《三字经》通行本 1 200 多字，分为教学之要、幼学之序、读书次第、勤学典范、为学效果五部分。《三字经》全文用三言写成，简洁流畅。《百家姓》约在宋初编成，作者佚名，据称为江浙一带人士。《百家姓》一卷，通行本470余字，集姓氏四百多个为四言韵语，为“尊国姓”而以“赵”居首。《百家姓》虽无文理，但方便诵读，且利于童子晓知姓氏。明代有《皇明千家姓》，改以“朱”姓居首。清康熙时有《御制百家姓》，又以“孔”姓居首，但流行者仍为北宋时本。《百家姓》四字一句，隔句押韵，非常适合儿童诵读。上述三本书成为我国古代影响力最大的蒙学教材，也是中国传统蒙学三大读物。经学阅读教材主要有“十三经”和朱熹的《四书集注》等。除此之外，宋代还出现了专门指导初学写作者的文选和写作教材，影响较大的有真德秀的《文章正宗》、谢枋得的《文章轨范》等。

明清时期是我国传统蒙学教学的集大成时期。这个时期除对“三百千”进行改编外，还有其他韵语知识读物，极大地方便了蒙童从识字到阅读的过渡。这一时期有代表性的韵语知识教材包括明代程登吉的《幼学琼林》、清代李毓秀的《弟子规》等。《幼学琼林》博采自然、社会、历史、伦理等方面的知识典故，编为骈语，以便诵记。其知识性强，较少道德说教，内容包罗万象，流传甚广，成为整个明代风靡全国的常识类蒙学教材。《弟子规》通过学则学规的形式，三字一句，两句或四句连意，合辙押韵，不仅对蒙童进行生活、学习等指导，而且实现了思想道德教育。清朝时期的阅读写作教材，在前代积累的基础上，出现了姚鼐的《古文辞类纂》和吴楚材、吴调侯所编的《古文观止》等文选类教材，目的是给学子提供范文，开启古文写作之门。《古文辞类纂》选录了从汉代到明末的古文，共75卷、715篇，按照文体分为十三类，每类都有序目叙述文体的源流。《古文观止》共12卷，按照选文时代的先后顺序编排，选录先秦至明末的文章222篇，以散文为主，间收骈文。每个时代的文章又按照同一作家的文章集中编排，所收以名篇居多，且繁简适中，因此流传较广，成为初学古文的普及读本。此外，由于明清时期写作教学的主要目的是参加科举考试，因此当时也出现了指导八股文写作的书，如《钦定四书文》。该书是清代桐城派学者方苞根据皇帝旨意编定的，全书共选编明清两代700余篇八股文，是朝廷所定的八股文学习范本。

纵观我国古代的语文教材，虽然有许多不同的种类，但基本上以蒙学教材、经学教材和文选教材等为主体。各朝代的语文教材有其独特的文化史和教育史价值：蒙学教材在传授基本知识的同时进行道德教育，经学教材倡导做人的基本修养，文选教材开辟了语文教材的编排体例，等等。它们都为语文教材的发展奠定了深厚的基础。

二、近现代语文课程与教材

语文课程正式设科并独立编写教材始于清朝末年。1904年，清政府颁布《奏定学堂章程》，由于该年是癸卯年，因此又称“癸卯学制”。这是我国近代第一个正式颁布并以教育法令在全国推行的学制。癸卯学制规定，小学教育学制九年，分为初等小学堂五年和高等小学堂四年，中学堂学制五年。癸卯学制确立了国文课程单独设科，在中小学堂开设“中国文字”和“中国文学”课程，标志着现代意义上语文学科的独立。

随着癸卯学制的颁行，小学语文教材相应产生。此时小学语文教材采用“一章程多版本”制。分国定制和审定制审查。①

我国第一套正规化的小学国文教材是1904—1906年商务印书馆出版的《最新国文教科书》，它开辟了编写具有学科意义的语文教材的新纪年。这套教材分为《初等小学国文教科书》《高等小学国文教科书》，共18册，内容包括国文、诵读、作文等。另外，还编印了供教师使用的各章课文的教授法和详解。这套教材再版时，都在封面印有“学部审定”字样，并在护页印有“学部第一次审定”字样。这套教材，特别是前几册，经过当时不少专家，如蔡元培等人悉心研究，先拟定编写原则，再逐章反复讨论，质量较好，在当时教育界产生了很大影响。②

1906年，清政府学部为了普及并统一全国的初等教育，开始组织编写教材，其中语文教材包括《初等小学国文教科书》《高等小学国文教科书》《女子初等小学国文教科书》。这是我国第一套国定制小学教材。

与小学语文教材的编写相比，清末的中学语文教材出现稍晚，比较有代表性的是《中国文学教科书》《中学堂国文教科书》。《中国文学教科书》的编辑意图是：“编辑国文教科书，首明小学（六书之文），以为析字之基。庶古代六书文教，普及于国民，此则区区保存国学之意见。”这套语文教材共10册，先明小学之大纲，依次析字类，论句法、章法、篇法，总论古今文体，再配以选文。以语言文字知识为纲，打破了历来选文荟萃的文学读本的编法。③《中学堂国文教科书》由吴增祺编纂，商务印书馆于1908年出版。全套书共五册，每学年一册。教材按照文学史顺序逆推选文，分为清朝、金元明、五代宋、晋唐、周秦汉五编，共选709篇文言文。每编书眉有细批，题下有简单的述评，概括或提示其命意或重点所在。而且，每集之首，有例言总述其时文学之渊源及文章之优劣，目的在于让学生通过大量诵读，学会写作各类常用文章，并掌握文学史常识。

五四新文化运动后，顺应社会进步思想和现代语文教育发展的趋势，1920年，北洋政府教育部承认白话为“国语”，并于1923年相继颁布中小学课程纲要，规定小学、初中以“国语”取代“国文”，小学生专学白话，初中生兼学白话。高中生仍用旧名“国文”，主要学习文言文。这是中国近现代语文教育史上继“国文”单独设科后又一件具有里程碑意义的事件。胡适曾说，这一改革把中国教育的革新至少提早了二十年。

这一时期，代表性的语文教材主要有：顾颉刚、叶绍钧等合编的新学制初中《国语教科书》6册（商务印书馆1922年出版），沈星一编的新中学教材《初级国语读本》和《初级古文读本》各3册（中华书局1923年出版），穆济波编的新中

① 朱绍禹，庄文中．国际中小学课程教材比较研究丛书：本国语文卷［M］．北京：人民教育出版社，2001：389.

② 朱绍禹，庄文中．国际中小学课程教材比较研究丛书：本国语文卷［M］．北京：人民教育出版社，2001：389.

③ 朱绍禹，庄文中．国际中小学课程教材比较研究丛书：本国语文卷［M］．北京：人民教育出版社，2001：440.

学教材《高级国语读本》和《高级古文读本》各3册（中华书局1925年出版），等等。这些语文教材的编写出现了新的气象。首先，白话文与文言文并行于语文教材中，改变了以往文言文“一家独大”的现象。例如，沈星一的《初级国语读本》第一册中选编了大量五四时期文坛名家的典范白话文，如冰心的《笑》、鲁迅的《故乡》、郭沫若的《天上的街市》等。其次，语文教材中的课文分类也发生了新的变化，不再单纯按照文学史顺序或过去的文体分类法，而是按照新的文体分类法，把文章按照记叙文、抒情文、议论文、说明文等分类。

1929年，北洋政府教育部颁布中小学课程的课程标准，包括《小学课程暂行标准》《初级中学国文暂行课程标准》《高级中学普通科国文暂行课程标准》，这是以教育部名义颁布的、具有教育法规性质的第一套课程标准。随后，出版了一批质量较高的语文教材，如《开明国文读本》《国文百八课》等。《开明国文读本》由王伯祥编写，1934年出版。这套教材共六册，重在突出语文技能的培养：第一、二册囊括记叙文、应用文、议论文、说明文等体裁，教授学生叙述、表情达意等能力；第三、四册注重文章的组织及风格，教授学生作文技巧及欣赏文学作品等能力；第五、六册选读历代名著，为学生了解我国的传统文化奠基。1935年，夏丏尊、叶圣陶合编《国文百八课》，共四册、108课，每节课为一个单元，每个单元都有明确的教学目标。每个单元包含文话、选文、文法或修辞、习问四项内容。这套教材的出版标志着单元组合法的完善和成型。

全面抗日战争时期和解放战争时期，南京国民政府对文化加强了管制，教材的“自由编制”逐渐被“统一编制”取代，语文教材的编制缺少了以往的活跃性。但是也有几种具有时代特征的代表性语文教材。例如，国语、常识合编本的代表性教材《初级小学国语常识课本》；适应不安定的社会局势而编写的“自学课本”“进修课本”，如《基本国文》《模范国文》等。

与此同时，中国共产党领导的抗日根据地和解放区也在探索语文教育的发展方向，课程设置力求实际、精简，教材编写强调政治性、注重实效、力求精当，如《初级国语课本》（中央教育人民委员会1933年编印）、《劳动小学国语课本》（闽西苏维埃政府文化部1931年编印）等。1946年，陕甘宁边区教育厅统一编审出版了《初中国文》，这套教材注重结合实际，同时注意基础知识的训练。

近代以来，癸卯学制的颁布使语文终于从混沌的经史哲理等综合教育中分离出来，也摆脱了科举附庸的地位，开始迈入新纪元。作为一门独立的学科，语文名称的确定经过了一番曲折，初为“中国文学”，后为“国文”。经过白话文与文言文的论争后，“国语”“国文”名称并存。随着语文课程名称的演变，语文教材也在不断地摸索中。由于语文教育关系个人、社会，乃至民族与国家的命运，因此语文教育成为五四运动以来教育家、思想家重视的领域，各个时期的语文教材呈现出鲜明的时代特色，在语文课程与教材的发展史上留下了浓墨重彩的一笔。

三、当代语文课程与教材

新中国成立后，语文教育翻开了新的篇章。新中国成立初期，中小学语文学科

延续了“国文”“国语”的名称。1950 年，中央人民政府出版总署编审局出版了全国第一套统一的语文教材《初中语文》《高中语文》，从此“语文”这一名称被确定下来。关于“语文”，据叶圣陶解释，“语就是口头语言，文就是书面语言。把口头语言和书面语言连在一起说，就叫语文”[①]。

1956 年，教育部制定了我国第一套语文教学大纲，即《小学语文教学大纲（草案）》《初级中学汉语教学大纲（草案）》《初级中学文学教学大纲（草案）》《高级中学文学教学大纲（草案）》，提出了汉语、文学分科教学，并编写了《汉语课本》《文学课本》。分科教学从 1956 年秋季开始全面实施。初中主要学习《汉语课本》，教师系统地讲授汉语知识，包括语音、词汇、语法、修辞、文字、标点符号等六项内容。《文学课本》强调“文学史系统”和“纯文学”，分为初中、高中课本。所选课文体裁多样，并涉及中国文学史的基本知识。1958 年，由于政治形势的变化和教材自身的缺陷等问题，分科教学停止，再次恢复“语文”课程一名。总体而言，汉语和文学分科是我国当代语文教育史上的开创性改革，对汉语基础知识和文学常识的培养具有重要意义。

为适应“紧跟形势、联系实际”的原则，1958 年秋季，人民教育出版社在没有新的教学大纲的情况下出版了一套《语文》教材。这套教材突出政治性，每册仅选十几篇课文。

从 1961 年开始，我国进入国民经济调整时期，教育战线也逐步摆脱“左”的影响，陆续颁布了新的教学大纲，并开始修订和重新编写教材。1963 年，教育部制定颁布《全日制小学语文教学大纲（草案）》《全日制中学语文教学大纲（草案）》，明确语文学科的性质是“学好各门知识和从事各种工作的基本工具”。根据教学大纲的要求，全国统编语文教材。这套教材共 12 册，每册 30 篇课文，按照记叙文、说明文、议论文、应用文等文体编排，每单元有课文、联系、提示、知识短文等。这套教材把阅读教学、写作教学和语文知识教学结合起来，强调语文的工具性，重视语文能力的培养。

1978 年，党的十一届三中全会召开之后，教育问题被确立为实现民族振兴的关键。邓小平强调：“关键是教材。教材要反映出现代科学文化的先进水平，同时要符合我国的实际情况。”[②] 语文课程和教材的建设遵循着这样的改革方向，进入了新的时期。

1978 年，教育部颁发《全日制十年制学校小学语文教学大纲（试行草案）》《全日制十年制学校中学语文教学大纲（试行草案）》，这两个教学大纲与 1963 年的教学大纲一脉相承，起到了拨乱反正、统一思想的作用，重新明确了语文学科的性质、目的和任务。依照新的教学大纲重新编写的语文教材，先后经过 1980 年的微调、1983 年的大型调整之后，成为全国的通用语文教材。

随着时代的发展，新时期的语文教学观念发生了较大变化，迫切需要语文教材的改革。1986 年，国家教委召开了新中国成立以来第一次全国中小学教材审定会

---

① 叶圣陶 . 叶圣陶语文教育论集［M］. 北京：教育科学出版社，2021：102.

② 邓小平 . 邓小平文选：第 2 卷［M］. 北京：人民出版社，1994：55.

议。会议提出，为适应全国不同地区教育发展水平差异的客观需要，在教学大纲的统一指导下，各省、自治区、直辖市既可以使用统编教材，又可以自编教材。自编教材经过教材审定委员会审定后，便可正式出版使用。从此，我国语文教材的编写出版进入“一纲多本”时代，打破了长期以来教材编审合一的局面，有力地促进了语文教材的改革和建设。

1988 年，教育部颁发《九年制义务教育全日制小学语文教学大纲（初审稿）》《九年制义务教育全日制初级中学语文教学大纲（初审稿）》，将其作为编制试用教材的依据。根据国家教委的规划，由人民教育出版社编写面向全国大部分地区的六三学制和五四学制教材，由广东省、四川省等省市编写适合各地情况的“沿海版”“内陆版”等语文教材。其中人民教育出版社编写的两套教材在 1993 年出版，使用地区最为广泛，使用时间长达十几年。这两套教材的主要特点包括：一是发挥了语文学科综合训练的整体效益，将听、说、读、写的基本功训练和观察、思维、想象力的培养有机结合起来；二是教材选文既保留了传统课文富有教育意义和文质兼美的特点，又选编了一批富有时代气息的课文，如《黄山奇石》《圆明园的毁灭》等。

20 世纪八九十年代以来，随着全球化、信息化的到来，以及知识经济的兴起，教育面临着全新的挑战，世界各国都开始反思，新一轮的课程改革开始启动。为了推行素质教育，1999 年起我国正式启动基础教育课程改革。2001 年 1 月，教育部发布《关于启动国家基础教育课程改革实验工作的通知》，全国的基础教育开始进行课程改革。同年 6 月，教育部制定《基础教育课程改革纲要（试行）》，将其作为中小学课程改革的纲领性文件。其中，语文课程改革的基本理念是全面提高学生的语文素养，积极倡导自主、合作、探究的学习方式，努力建设开放而有活力的语文课程。当年还颁布了《全日制义务教育语文课程标准（实验稿）》。

随着课程改革的实施，国家也在逐步放开教材的编写权，许多出版社都拥有了编写教材的资格，各地区也可以根据《全日制义务教育语文课程标准（实验稿）》和自身实际情况编写不同的语文教材。2001 年开始，教育部向全国的中学推荐了三套依据《全日制义务教育语文课程标准（实验稿）》编写的语文教材，分别是：人民教育出版社出版的语文教材（简称人教版）、北京师范大学出版社出版的语文教材（简称北师大版）、江苏教育出版社和华东师范大学出版社联合出版的语文教材（简称苏教版）。

2012 年，根据中央要求，教育部开始组织编写新版语文教材，2017 年 9 月起在全国小学和初中开始全部启用，从此中小学语文教材正式迈入统编统用的新时代。统编语文教材最大的特点是突出德育为魂、能力为重、基础为先、创新为上的编写理念，具体表现在：双线组元，既发挥育人功能，又注重语文能力的培养；经典选文与新选文并存；综合学习更有语文性，也更具操作性；等等。

新中国成立以来，从人民教育出版社编写出版的全国通用教材，到“一纲多本”，再到使用统编教材，语文课程和教材的探索走过了 70 余年的历程，语文的课程建设和教材建设在全面贯彻党的教育方针基本方向的指引下，始终坚持“继承发展，守正创新”的发展途径，在探索改革中不断前进。

第二节 语文课程标准解读

语文课程标准是对语文课程的性质、理念、目标、内容、教学、评价、教材、资源等的要求与规定，是语文教学与评价的行动纲领和衡量标准，是教材编写和课程资源开发的凭借，是国家语文课程、地方语文课程、语文校本课程等开发、实施与管理的纲领性文件。[①] 目前，我国基础教育语文课程标准包括义务教育语文课程标准和普通高中语文课程标准。21 世纪以来，国家先后颁布了三个版本的义务教育语文课程标准，分别是《全日制义务教育语文课程标准（实验稿）》《义务教育语文课程标准（2011 年版）》《义务教育语文课程标准（2022 年版）》。[②] 普通高中语文课程标准也有三个版本，分别是《普通高中语文课程标准（实验）》《普通高中语文课程标准（2017 年版）》《普通高中语文课程标准（2017 年版 2020 年修订）》。[③] 只有正确深入地解读语文课程标准，才能更好地在语文教学实践中自觉地加以贯彻和执行。

一、语文课程标准的发展

“课程标准”这一名称最早出现于 1913 年的《中学校课程标准》。这一课程标准对各学科的教学课时、教学内容等做了简单列述。“课程标准”从此开始沿用下来，并不断充实完善。

新中国成立后，语文教学大纲取代课程标准，成为语文教学的纲领性文件。语文教学大纲主要包括教学目的、教学内容、教学要求和教学实施建议、评价等。从 1956 年教育部颁布《初级中学汉语教学大纲（草案）》《初级中学文学教学大纲（草案）》《高级中学文学教学大纲（草案）》开始，直到 20 世纪末，语文教学大纲共使用了 40 多年。在这期间，语文教学大纲通过不断地修订和完善，对我国语文教育的发展和人才培养发挥了重要作用。

随着 20 世纪末第一轮课程改革的推动，“课程标准”这一概念重新进入人们的视野。1999 年 1 月，我国出台《面向 21 世纪教育振兴行动计划》，要求形成现代化基础教育课程框架和课程标准，改革教育内容和教学方法等。2001 年 6 月，教育部颁布《全日制义务教育语文课程标准（实验稿）》，以课程标准的形式取代了此前长期使用的教学大纲。《全日制义务教育语文课程标准（实验稿）》的框架结构由前言、课程目标、实施建议和附录四个部分组成。这版课程标准有很多创新，对语文教育实践产生了重大影响，具体体现在以下三个方面：（1）明确了课程性质，首次提出语文课程的基本特点是工具性与人文性的统一；（2）课程目标由强调语文基础知识和基础技能的重要性，变为知识与技能、过程与方法、情感态度与价值观三

---

① 顾之川 . 新编语文教育术语手册［M］. 上海：上海交通大学出版社，2018：9.

② 后文所用“义务教育语文课程标准”如无说明，指的是“2022 年版”。

③ 后文所用“普通高中语文课程标准”如无说明，指的是“2017 年 2020 年修订”版本。

个维度，体现了对学生学习过程和学习体验的关注；（3）变革了学习方式，提出了积极倡导自主、合作、探究的学习方式，使分组讨论、小组合作等课堂教学方式迅速流行开来。

继《全日制义务教育语文课程标准（实验稿）》后，2003 年，教育部颁布《普通高中语文课程标准（实验）》。此版课程标准在课程性质方面，强调语文学科工具性与人文性统一的基本特点；在课程结构方面，改变了以往单一必修课的情况，致力于构建开放有序的课程结构，将课程分为必修课程和选修课程两种类型；在课程目标方面，围绕“积累 · 整合”“感受 · 鉴赏”“思考 · 领悟”“应用 · 拓展”“发现 · 创新”五个方面，分别规定了必修课程和选修课程的发展目标。必修课程由“语文 1”至“语文 5”五个模块组成，可安排在高一至高二两个学期半的时间内完成，也可以根据需要灵活安排。选修课程设计了诗歌与散文、小说与戏剧、新闻与传记、语言文字应用、文化论著研读五个系列，根据每个系列的目标可以设计若干模块。

随着课程改革的推进和深入，语文教育的理念和实践也随之发生变化，对语文课程标准的调整和完善呼之欲出。2011 年，教育部颁布《义务教育语文课程标准（2011 年版）》。这版课程标准的框架结构稍作调整，第二部分的标题从以前的“课程目标”改为“课程目标与内容”，附录中增加了《识字、写字教学基本字表》《义务教育语文课程常用字表》。《义务教育语文课程标准（2011 年版）》的内容修订主要体现在以下三个方面：（1）对语文课程做了概念性界定，提出“语文课程是一门学习语言文字运用的综合性、实践性课程”①，强调语言文字的运用；（2）在课程基本理念和教学建议部分，修正了之前对语文知识教学去知识化、技能化的倾向，重新重视语文知识的学习，对重建语文知识体系起到了促进作用；（3）在课程评价体系上，在促进学习评价观的指导下，明确了具体的评价建议，包括充分发挥语文课程评价的多种功能、恰当运用多种评价方式、注重评价主体的多元与互动、突出语文课程评价的整体性和综合性。

2017 年底，教育部颁布《普通高中语文课程标准（2017 年版）》，并于 2018 年秋季开始实行。《普通高中语文课程标准（2017 年版）》在课程性质、课程理念、课程目标、课程结构、课程内容等方面进行了调整。在课程性质方面，认为“语文课程是一门学习祖国语言文字运用的综合性、实践性课程”②。在课程理念方面，提出了“坚持立德树人，增强文化自信，充分发挥语文课程的育人功能”“以核心素养为本，推进语文课程深层次的改革”“加强实践性，促进学生语文学习方式的转变”“注重时代性，构建开放、多样、有序的语文课程”等。在课程目标方面，明确了要培养学生的语文学科核心素养。语文学科核心素养包括语言建构与运用、思维发展与提升、审美鉴赏与创造、文化传承与理解四个核心要素，并进一步细化为 12 个具体的目标。在课程结构方面，高中语文课程由必修、选择性必修、选修二

---

① 中华人民共和国教育部 . 义务教育语文课程标准：2011 年版［M］. 北京：北京师范大学出版社，2012：2.

② 中华人民共和国教育部 . 普通高中语文课程标准：2017 年版［M］. 北京：人民教育出版社，2018：1.

类课程构成，分别安排 7—9 个学习任务群。在课程内容方面，围绕语文学科核心素养构建了 18 个学习任务群，学习任务群内容丰富多样，有助于促进学生实践能力和独立学习能力的提高。

为深入贯彻党的十九届四中全会精神和全国教育大会精神，落实立德树人根本任务，完善中小学语文课程体系，2020 年，教育部组织对《普通高中语文课程标准（2017 年版）》进行了修订，颁布了《普通高中语文课程标准（2017 年版 2020 年修订）》。

2022 年，教育部颁布《义务教育语文课程标准（2022 年版）》。这版语文课程标准将语文课程性质修订为“语文课程是一门学习国家通用语言文字运用的综合性、实践性课程”。同时，基于培养学生核心素养的需要，在“课程目标”中增加了“核心素养内涵”部分，进一步把核心素养凝练为文化自信、语言运用、思维能力、审美创造四个方面。除此之外，这版语文课程标准还提炼了课程内容主题与载体形式，设置了 6 个学习任务群，研制了学业质量标准。

语文课程标准是一个逐步成熟、完善的过程。通过探讨语文课程标准的发展，梳理当前语文教育核心理念的来龙去脉，有助于了解当代语文教育改革不断深化的过程，深入理解课程标准的精神，进而把握课程标准实施的关键，更好地进行语文教育教学。

二、《普通高中语文课程标准（2017 年版 2020 年修订）》解读

《普通高中语文课程标准（2017 年版 2020 年修订）》由 7 个部分组成，分别是：课程性质与基本理念、学科核心素养与课程目标、课程结构、课程内容、学业质量、实施建议和附录。

《普通高中语文课程标准（2017 年版 2020 年修订）》认为：“语文课程是一门学习祖国语言文字运用的综合性、实践性课程。工具性和人文性的统一，是语文课程的基本特点。”提出了 4 项基本理念：（1）坚持立德树人，增强文化自信，充分发挥语文课程的育人功能；（2）以核心素养为本，推进语文课程深层次的改革；（3）加强实践性，促进学生语文学习方式的转变；（4）注重时代性，建构开放、多样、有序的语文课程。

这版语文课程标准指出，学科核心素养是学科育人价值的集中体现，是学生通过学科学习而逐步形成的正确价值观、必备品格和关键能力。语文学科核心素养是学生在积极的语言实践活动中积累与构建，并在真实的语言运用情境中表现出来的语言能力及品质。语文学科核心素养主要包括：（1）语言建构与运用；（2）思维发展与提升；（3）审美鉴赏与创造；（4）文化传承与理解。语文学科核心素养的四个方面是一个整体，它们相互依存，相互渗透。在普通高中语文课程中，学生的思维发展与提升、审美鉴赏与创造、文化传承与理解，都以语言建构与运用为基础，并在学生个体言语经验发展过程中得以实现。

普通高中语文课程的结构主要是以学习任务群来设计的。学习任务群是一个用来组织语文课程内容的宏观结构概念。《普通高中语文课程标准（2017 年版 2020

年修订)》规定，必修课程（包括必修课程和选择性必修课程）和选修课程均由若干学习任务群构成。必修课程的学习任务群构成普通高中语文课程目标、课程内容的基本框架，体现高中阶段对每个学生基本、共同的语文素养要求；选修课程的学习任务群是在此基础上的逐步延伸、拓展、提高和深化的，以满足学生对不同发展方向、不同发展水平语文素养的追求。普通高中语文课程由必修、选择性必修、选修三类课程构成，三类课程分别安排 7—9 个学习任务群，中华优秀传统文化、革命文化和社会主义先进文化方面的内容，始终贯串必修、选择性必修、选修。

必修课程设 7 个学习任务群：整本书阅读与研讨，当代文化参与，跨媒介阅读与交流，语言积累、梳理与探究，文学阅读与写作，思辨性阅读与表达，实用性阅读与交流。选择性必修课程设 9 个学习任务群：整本书阅读与研讨，当代文化参与，跨媒介阅读与交流，语言积累、梳理与探究，中华传统文化经典研习，中国革命传统作品研习，中国现当代作家作品研习，外国作家作品研习，科学与文化论著研习。选修课程设 9 个学习任务群：整本书阅读与研讨，当代文化参与，跨媒介阅读与交流，汉字汉语专题研讨，中华传统文化专题研讨，中国革命传统作品专题研讨，中国现当代作家作品专题研讨，跨文化专题研讨，学术论著专题研讨。

这版语文课程标准在课程内容部分，对 18 个学习任务群分别进行了介绍和说明，对每个学习任务群的学习目标与内容进行了详细的阐述，并根据每个学习任务群的特点，提出了富有针对性的教学提示。例如，学习任务群 1“整本书阅读与研讨”，给出了 4 项教学提示，其中第 2 项是：课时可安排在两个学期，宜集中使用，便于学生静下心来，集中时间和精力，认真阅读一本书。学生在反复阅读过程中，每读一遍，重点解决一两个问题，有些地方应仔细推敲，有些地方可以略读或浏览。阅读要有笔记，记下自己思考、探索、研究的心得。这些教学提示给教师的教学提供了思路和方法，具有较强的可操作性。

这版语文课程标准对必修课程、选择性必修课程和选修课程提出了明确的学习要求。例如，必修课程对阅读与写作提出了明确的学习要求：必修阶段各类文本的阅读量不低于 150 万字；45 分钟能写 600 字左右的文章；课外练笔不少于 2 万字；等等。

学业质量是学生在完成本学科课程学习后的学业成就表现。这版语文课程标准从核心素养的四个维度、分五个发展层级对学业质量水平进行了详细描述。

这版语文课程标准从 5 个方面提出了具体的实施建议：教学与评价建议、学业水平考试与高考命题建议、教材编写建议、课程资源的利用与开发、地方和学校实施本课程的建议。这些实施建议全面具体，具有很强的指导性，对普通高中语文课程改革的顺利实施具有重要的保障作用。

这版语文课程标准的附录由两部分组成：附录 1 是《古诗文背诵推荐篇目》，包括 32 篇文言文和 40 首诗词曲；附录 2 是《关于课外读物的建议》，旨在让学生在阅读中拓宽视野，领略人类社会气象与文化，体验中华优秀传统文化、革命文化和社会主义先进文化，提高语言文字运用能力与思想文化修养，丰富精神世界。

三、《义务教育语文课程标准（2022 年版）》解读

《义务教育语文课程标准（2022 年版）》包括课程性质、课程理念、课程目标、课程内容、学业质量、课程实施以及附录 7 部分内容。

这版语文课程标准对语文课程的性质作了如下规定："语文课程是一门学习国家通用语言文字运用的综合性、实践性课程。工具性与人文性的统一，是语文课程的基本特点。"① 这与之前语文课程标准的表述基本一致，反映了在语文课程性质问题上所取得共识的重申和强化。语文课程的工具性与人文性，二者相辅相成、相互依赖，任何一方都不可孤立的存在和发展。只有把工具性与人文性有机地结合起来，才能真正实现语文教育的目的。

语文课程理念是指导语文课程改革的根本指导思想，是体现语文教育理论的时代精神和教学实践价值取向的总纲。这版语文课程标准从以下五个方面阐述了课程理念：（1）立足学生核心素养发展，充分发挥语文课程育人功能；（2）构建语文学习任务群，注重课程的阶段性与发展性；（3）突出课程内容的时代性和典范性，加强课程内容整合；（4）增强课程实施的情境性和实践性，促进学习方式变革；（5）倡导课程评价的过程性和整体性，重视评价的导向作用。

这版语文课程标准要求语文课程围绕核心素养，体现课程性质，反映课程理念，确立课程目标。"核心素养是学生通过课程学习逐步形成的正确价值观、必备品格和关键能力，是课程育人价值的集中体现。义务教育语文课程培养的核心素养，是学生在积极的语文实践活动中积累、建构并在真实的语言运用情境中表现出来的，是文化自信和语言运用、思维能力、审美创造的综合体现。"② 核心素养的四个方面是一个整体。

这版语文课程标准的设计思路是九年一贯、整体设计。因为学生生理、心理以及语言能力的发展具有阶段性特征，在课程目标的"总目标"下，把"六三"学制的 9 年义务教育，按 1 ～ 2 年级、3 ～ 4 年级、5 ～ 6 年级、7 ～ 9 年级分为四个学段，根据学生的阶段性特点提出具体的学段要求，体现语文课程的整体性和阶段性。每个学段分别从"识字与写字""阅读与鉴赏""表达与交流""梳理与探究"四个领域提出具体的学段要求。"五四"学制各学段要求可以进行适当调整。总体而言，各个学段之间相互联系、螺旋上升、前后连贯，力求全面达成总目标，促进学生的发展。

这版语文课程标准的课程内容要求突出中华优秀传统文化、革命文化和社会主义先进文化三大主题。同时，还应选择反映世界文明优秀成果、科技进步、日常生活特别是儿童生活等方面的主题。各类主题的主要载体既包括各类文学作品，又包括口头和书面交流与沟通、跨媒介阅读与表达等语文实践活动。根据不同学段特点，统筹安排各类主题的相关学习内容。义务教育语文课程内容主要以学习

① 中华人民共和国教育部 . 义务教育语文课程标准：2022 年版［M］. 北京：北京师范大学出版社，2022：1.

② 中华人民共和国教育部 . 义务教育语文课程标准：2022 年版［M］. 北京：北京师范大学出版社，2022：4.

任务群的形式进行组织。设计语文学习任务，要围绕特定的学习主题，确定具有内在逻辑关联的语文实践活动。语文学习任务群由相互关联的系列学习任务组成，共同指向学生的核心素养发展，具有情境性、实践性、综合性。义务教育语文课程按照内容整合程度不断提升，分三个层面共设置 6 个学习任务群。其中第一层设“语言文字积累与梳理”1 个基础型学习任务群，第二层设“实用性阅读与交流”“文学阅读与创意表达”“思辨性阅读与表达”3 个发展型学习任务群，第三层设“整本书阅读”“跨学科学习”2 个拓展型学习任务群。根据学段特点，学习任务群安排可有所侧重。

学业质量是学生在完成课程阶段性学习后的学业成就表现，反映核心素养的要求。语文课程学业标准是以核心素养为主要维度，结合课程内容，对学生语文学业成就具体表现特征的整体刻画。依据义务教育四个学段，按照日常生活、文学体验、跨学科学习三类语言文字运用情境，整合识字与写字、阅读与鉴赏、表达与交流、梳理与探究等语文实践活动，描述学生语文学业成就的关键表现，体现学段结束时学生核心素养应达到的水平。四个学段的语文课程学业质量标准之间相互衔接，体现学生核心素养发展的进阶，为核心素养评价提供基本依据。

课程实施内容包括教学建议、评价建议、教材编写建议、课程资源开发与利用、教学研究与教师培训 5 部分。其中“教学研究与教师培训”是新增加的，课程标准对此提出了 8 项具体的要求。

附录由五部分组成：附录 1《优秀诗文背诵推荐篇目》主要包括古诗文 135 篇（段），侧重阅读和背诵的积累；附录 2《关于课内外读物的建议》提出义务教育阶段要激发学生读书兴趣，多读书、读好书、读整本书，养成良好的读书习惯，积累整本书阅读的经验；附录 3《关于语法修辞知识的说明》要求应根据语言文字运用的实际需要，从所遇到的具体实例出发进行指导和点拨；附录 4《识字、写字教学基本字表》主要作为第一学段教科书中识字、写字教学的重要内容；附录 5《义务教育语文课程常用字表》共收 3 500 个常用汉字。

第三节 语文学科核心素养解读

从 2015 年起，我国基础教育各学科课程标准开始进行系统修订，这标志着我国的基础教育课程改革进入了信息时代课程体系的新的发展阶段。基于信息时代社会和个人发展的新需求，教育部立足立德树人根本任务，充分借鉴国际课程改革的先进经验，确立了“核心素养”这一观念，将其作为课程改革的出发点和归宿。可以说，核心素养既是课程目标，又是一种全新的课程观。只有深入了解“核心素养”这一概念，才能更加有效地构建信息时代的语文课程体系。

一、核心素养的诞生背景

进入 21 世纪后，人类社会快速迈进信息时代，信息技术飞速发展并被广泛应用，社会经济运行模式和人类生活发生了深刻变化，同时也为每个独立的个体的自我实现带来了前所未有的机遇和挑战。在这样的背景下，传统工业时代的教育也需要随之发生变革，“核心素养”这一概念应运而生。

“核心素养”一词最早出现在经济合作与发展组织（OECD，以下简称“经合组织”）和欧盟理事会在2003年出版的研究报告《核心素养促进成功的生活和健全的社会》中，该报告将核心素养体系概括为“人与工具”“人与自我”“人与社会”三大方面。为了推动核心素养进入教育实践中，增强其可操作性，2005年，经合组织又发布了报告《核心素养的界定与遴选：行动纲要》。

为了应对信息时代和知识经济的挑战，2006年欧盟及其成员国批准了信息时代教育的纲领性文件《为了终身学习的核心素养：欧洲参考框架》，目的在于为欧盟成员国发展核心素养提供支持，着力开发欧洲社会所需的核心素养。该框架包括八大核心素养：母语交际、外语交际、数学素养和基础科技素养、数字素养、学会学习、社会与公民素养、首创精神和创业意识、文化意识和表达。

与此同时，随着世界经济的转型，美国提出了“21世纪学习框架”。该框架由“核心学科与21世纪主题”和“21世纪技能”两部分构成，前者侧重知识的吸收，后者侧重技能的培养，二者相互依存，彼此渗透。其中，“核心学科”包括英语、阅读或语言艺术，世界语言，艺术，数学，经济学，科学，地理，历史，政府与公民；“21世纪主题”包括全球意识，金融、经济、商业和创业素养，公民素养，健康素养，环境素养；“21世纪技能”包括学习与创新技能，信息、媒介和技术技能，生活与生涯技能。相较经合组织和欧盟的核心素养框架，美国的“21世纪学习框架”内容更为清晰完备，操作性也更强。

根据上述组织和国家对核心素养框架的界定，我们对信息时代人类所共同追求的核心素养可以达成以下共识，也就是可化约为四大素养，分别是协作（collaboration）、交往（communication）、创造性（creativity）、批判性思维（critical thinking）。[①] 核心素养具有时代性、综合性、跨领域性与复杂性等特质。核心素养的提出，体现了全世界对信息时代的人的发展和培养的共同关注，这也是全世界教育发展的趋势。

顺应此趋势，我国也构建了自己的核心素养体系，用以发展信息时代的教育。2016年，教育部发布了《中国学生发展核心素养》，作为教育理念的顶层设计，包括文化基础、自主发展、社会参与三个方面，人文底蕴、科学精神、学会学习、健康生活、责任担当、实践创新六大素养，并具体细化为国家认同等18个基本要点。《中国学生发展核心素养》明确提出，核心素养是以培养“全面发展的人”为核心。学生发展核心素养是指学生应具备的、能够适应终身发展和社会发展需要的正确价值观、必备品格和关键能力，是关于学生知识、技能、情感、态度、价值观等多方面要求的综合表现。核心素养最终需要落实为教育工作者可操作的、教学实践可运用的、具体的教育目标。

“语文素养”最早由叶圣陶提出，他认为，研究文艺和创作文艺“这两方面要

① 张华.论核心素养的内涵［J］.全球教育展望，2016，45（4）：10-24.

干到家，都得靠充实的生活，广博的经验，以及超越一般水准的语文素养”[①]。《全日制义务教育语文课程标准（实验稿）》指出：“语文课程应致力于学生语文素养的形成与发展。语文素养是学生学好其他课程的基础，也是学生全面发展和终身发展的基础。”[②] 这就要求全面提高学生的语文素养，正确把握语文教育的特点，积极倡导自主、合作、探究的学习方式，努力建设开放而有活力的语文课程。培养语感，发展思维，培养学生具有适应实际生活需要的识字与写字能力、阅读能力、写作能力、口语交际能力。

因此，作为基础教育阶段重要学科之一的语文学科既要承载培养学生核心素养的目标任务，又要体现语文学科的特色，构建一套以核心素养为中心的复合型语文课程目标体系。

二、核心素养的内涵

《普通高中语文课程标准（2017 年版）》首次对语文学科核心素养这一概念进行了界定和阐述。语文学科核心素养是《普通高中语文课程标准（2017 年版）》的基本指导思想，也是新时期课程改革的趋势反映。

《普通高中语文课程标准（2017 年版 2020 年修订）》指出：“学科核心素养是学科育人价值的集中体现，是学生通过学科学习而逐步形成的正确价值观、必备品格和关键能力。语文学科核心素养是学生在积极的语言实践活动中积累与构建起来，并在真实的语言运用情境中表现出来的语言能力及其品质；是学生在语文学习中获得的语言知识与语言能力，思维方法与思维品质，情感、态度与价值观的综合体现。”[③] 语文学科核心素养主要包括“语言建构与运用”“思维发展与提升”“审美鉴赏与创造”“文化传承与理解”四个方面。

此后，《义务教育语文课程标准（2022 年版）》保持了义务教育语文课程和普通高中语文课程改革的一体化和整体性，继续以核心素养理念为指导，更进一步对语文学科核心素养进行了阐述。《义务教育语文课程标准（2022 年版）》指出：“核心素养是学生通过课程学习逐步形成的正确价值观、必备品格和关键能力，是课程育人价值的集中体现。义务教育语文课程培养的核心素养，是学生在积极的语文实践活动中积累、建构并在真实的语言运用情境中表现出来的，是文化自信和语言运用、思维能力、审美创造的综合体现。”[④] 核心素养的四个方面分别是文化自信、语言运用、思维能力、审美创造。

1. 文化自信

文化自信是指学生认同中华文化，对中华文化的生命力有坚定信心。通过语文

---

① 叶圣陶 . 叶圣陶教育文集：第 2 卷［M］. 北京：人民教育出版社，1994：388.

② 中华人民共和国教育部 . 全日制义务教育语文课程标准．实验稿［M］. 北京：北京师范大学出版社，2001：1.

③ 中华人民共和国教育部 . 普通高中语文课程标准：2017 年版 2020 年修订［M］. 北京：人民教育出版社，2020：4.

④ 中华人民共和国教育部 . 义务教育语文课程标准：2022 年版［M］. 北京：北京师范大学出版社，2022：4.

学习，热爱国家通用语言文字，热爱中华文化，继承和弘扬中华优秀传统文化、革命文化、社会主义先进文化，关注和参与当代文化生活，初步了解和借鉴人类文明优秀成果，具有比较开阔的文化视野和一定的文化底蕴。

2. 语言运用

语言运用是指学生在丰富的语言实践中，通过主动的积累、梳理和整合，初步具有良好语感；了解国家通用语言文字的特点和运用规律，形成个体语言经验；具有正确、规范运用语言文字的意识和能力，能在具体语言情境中有效交流沟通；感受语言文字的丰富内涵，对国家通用语言文字具有深厚感情。

3. 思维能力

思维能力是指学生在语文学习过程中的联想想象、分析比较、归纳判断等认知表现，主要包括直觉思维、形象思维、逻辑思维、辩证思维和创造思维。思维具有一定的敏捷性、灵活性、深刻性、独创性、批判性。要培养学生有好奇心、求知欲，崇尚真知，勇于探索创新，养成积极思考的习惯。

4. 审美创造

审美创造是指学生通过感受、理解、欣赏、评价语言文字及作品，获得较为丰富的审美经验，具有初步的感受美、发现美和运用语言文字表现美、创造美的能力；涵养高雅情趣，具备健康的审美意识和正确的审美观念。

与《普通高中语文课程标准（2017 年版 2020 年修订）》相比，《义务教育语文课程标准（2022 年版）》在核心素养的表述上出现了一些重要变化。

第一，《普通高中语文课程标准（2017 年版 2020 年修订）》使用的是“语文学科核心素养”这种表述，彰显了不同学科在育人价值上的特点。《义务教育语文课程标准（2022 年版）》在核心素养前面不再加“语文学科”这个限定词，更加突出核心素养是从学生这个主体的角度表述的，强调的是学生或人的素养，而非学科或课程素养。强调核心素养是跨学科素养，不是某一门学科可以实现的。某一门学科可以达成某些核心素养，但是不完全等于核心素养。核心素养的内涵具有唯一性，它不是某一学科的单一目标，这样可以打破学科课程目标固有的单维度构成模式，有助于培养主体、培养指向、构成要素及衡量角度等的多种可能性。

第二，语文学科核心素养所包含的四个方面的名称发生了变化，由“语言建构与运用”“思维发展与提升”“审美鉴赏与创造”“文化传承与理解”，调整为“文化自信”“语言运用”“思维能力”“审美创造”四个方面。但是，这四个方面是一个整体的阐述没有变化，四者之间的关系表述也类似，都强调语言作为重要的交际工具，与思维发展相互依存、相互促进；语言文字既是文化载体，又是文化的重要组成部分；语言文字及作品既是审美对象，又是培养和提升审美品位的重要途径；其他三个方面都以语言运用为基础，并在学生个体语言经验的发展过程中得以实现。

第三，语文学科核心素养四个方面的排列顺序有所调整，与《普通高中语文课程标准（2017 年版 2020 年修订）》相比，《义务教育语文课程标准（2020 年版）》明确地把核心素养中的“文化自信”排在了首位，突出强调了语文课程在培根铸魂、启智增慧、以文化人等方面的独特价值和意义。习近平总书记在中国文联十大、中国作协九大开幕式上明确指出了文化自信的重要性："文化是一个国家、一个民族的灵魂。历史和现实都表明，一个抛弃了或者背叛了自己历史文化的民族，不仅不可能发展起来，而且很可能上演一幕幕历史悲剧。文化自信，是更基础、更广泛、更深厚的自信，是更基本、更深沉、更持久的力量。坚定文化自信，是事关国运兴衰、事关文化安全、事关民族精神独立性的大问题。"[①] 对我们的国家和民族而言，文化自信中所蕴含的文化包括中华优秀传统文化、革命文化和社会主义先进文化。这是中华民族最深层的精神追求，也是中华民族独特的精神标识。

三、核心素养的内容框架

《义务教育语文课程标准（2022 年版）》和《普通高中语文课程标准（2017 年版 2020 年修订）》中核心素养的内容框架主要包括三个价值领域和四个方面。

核心素养发展的三个价值领域，即"正确价值观、必备品格和关键能力"。三个概念带有"正确""必备""关键"这些不同程度的修饰词，更加能够指向学科课程价值的本质，起到引领性和支撑性的作用。《义务教育语文课程标准（2022 年版）》在阐述课程性质时指出，语文课程培养核心素养"为学生形成正确的世界观、人生观、价值观，形成良好个性和健全人格打下基础；为培养学生求真创新精神、实践能力和合作能力，促进德智体美劳全面发展及学生的终身发展打下基础"。这段话包含的三个层次，分别与核心素养的三个价值领域相呼应和参照。第一层次"学生形成正确的世界观、人生观、价值观"对应核心素养中的"正确价值观"；第二层次"形成良好个性和健全人格"对应核心素养中的"必备品格"；第三层次"培养学生求真创新精神、实践能力和合作能力"对应核心素养中的"关键能力"。这三个价值领域与过去倡导的"三维目标"的共同点是都包含知识、能力与价值观，都注重学生素养的培养，凸显语文课程的育人导向；不同点在于"三维目标"虽然指向的也是人的全面发展，但是更侧重于强调通过语文课程目标的重组来提高课程的实施效益，而核心素养是跨学科的，是所有学科课程价值的共同指向，更注重人的未来发展价值。

按照《义务教育语文课程标准（2022 年版）》的表述，核心素养在语文课程中表现为四个方面：文化自信、语言运用、思维能力、审美创造。其中，"文化自信"处于统领地位，是语文学科核心素养体系中的最高价值层，而其他三个方面的发展必须要根植于"语言文字"的运用之中。这四个方面是一个整体，但并非并列关系，在语文教材的编写与教学实施方面不能将它们做简单的线性排列，在教学时间的安排上也无法完全等同。尽管在某些阶段、某些具体的教学环节，这四个方面会有所侧重，但是不能割裂开来、单独培养。因为核心素养关系的是人的发展本质，具有终极性的意义。

上述三个价值领域和四个方面作为描述核心素养的体系，分别代表两个维度的指标。"正确价值观、必备品格和关键能力"是基于人的发展价值所提出的要求。

① 习近平．在中国文联十大、中国作协九大开幕式上的讲话［M］．北京：人民出版社，2016：6.

"文化自信、语言运用、思维能力和审美创造"是对语文学科的学习表现所提的要求。这三个价值领域和四个方面与《义务教育语文课程标准（2022 年版）》中的课程目标、学习任务群等前后关联，体现出核心素养的培养要求。

基于核心素养的课程目标体系如何建构?《普通高中语文课程标准（2017 年版2020 年修订）》把语文学科核心素养的四个方面转化为 12 项具体的课程目标，分别是：语言积累与建构，语言表达与交流，语言梳理与整合，增强形象思维能力，发展逻辑思维，提升思维品质，增进对祖国语言文字的美感体验，鉴赏文学作品，美的表达与创造，传承中华文化，理解多样文化，关注、参与当代文化。这 12 项具体的课程目标使核心素养在语文学科的教育教学中得以贯彻落实。《义务教育语文课程标准（2022 年版）》把核心素养的实现设置为 9 项总目标，分 4 个学段分别在识字与写字、阅读与鉴赏、表达与交流、梳理与探究 4 类语文学习活动中提出不同的学段要求，以此来落实核心素养的目标。

总之，核心素养作为我国教育改革的风向标，指向的是人的终身发展，以及发展的整体要求。核心素养为语文课程目标和内容的确定提供了重要依据。语文教学应坚持以核心素养为教育导向，以学生的语言生活为基础，创设真实而富有意义的学习情境和任务，构建有序、进阶的教学内容，深入推进自主合作探究式学习，全面促进学生核心素养的持续健康发展。

第四节 语文教材的基本构成

语文教材是个广义的概念，它有泛指、特指、专指之分。泛指的语文教材有着十分广泛的外延，社会、家庭、学校等凡是对人的语言文字修养产生影响的一切书面和非书面的语言材料，都可以算作语文教材，也就是我们经常说的"生活处处是语文"。特指的语文教材是指根据语文课程标准和教学需要编写或制定的、经中央或地方有关教育部门组织专家审查通过的、用于语文教学和与语文教学有关的材料，主要包括语文教科书、语文教学指导书、语文教学参考书以及语文教学挂图、音像材料、教学软件及语文活动教材、语文选修教材、语文课外辅导读物等。专指的语文教材是指在语文教材系列中占有重要地位的语文教科书，也就是日常语文教学所使用的语文课本。这里的"语文教材"主要是指"语文教科书"。

一、语文教材的构成要素

语文教材的内容是根据语文课程标准或教学大纲的要求进行编写的，但是由于编写者在知识、经验，以及对语文课程标准或教学大纲认识上的差异，不同的语文教材在内容、范围、数量、程度、编排顺序等方面会存在一定的差异。语文教材一般由四个相互联系的要素构成，这四个要素前后连贯形成四个系统，分别是：选文系统、知识系统、作业系统（或称练习系统）和助读系统。这四个系统通过合理编选和组织后，形成了语文教材的基本结构。

（一）选文系统

现在的语文教学中所使用的语文教材是文选型教材。选文是语文教材的主体部分，又称课文。选文系统是根据语文课程标准所规定的选文标准所选取的、供师生阅读与学习的课文系列。把选文作为语文教材的核心，并形成一个独立的系统，是语文教材区别于其他学科教材的一个突出特点。入选语文教材的文章要文质兼美，语言文字要合乎规范，在用词、造句、布局、谋篇等方面要具有典范性，题材和体裁要丰富多样，还要难易适度，适合教学使用。选文一般分为精读课文和略读课文，或者教读课文和自读课文。

王荣生经过对教材选文系统的研究，根据选文的不同功能，提出理想教材的编排应依据四个类型："定篇""例文""样本""用件"。"定篇"是指一篇完整的、没有经过任何删改的经典作品，目的是"使学生彻底、清晰、明确地领会作品"，这种方式生成的课程内容（或者说课堂教学内容、学生学习的内容）就是"文化、文学学者对该作品的权威解说"。学生重点学习经典作品的"丰厚内涵"，这种"丰厚内涵"以最权威的解说为主，并且这些解说要想方设法地固定下来，让每一批、每一代的学生都可以了解和掌握。"例文"要能够"足以例证知识"，材料不一定是完整的，也可以是片段。"样本"要注重典型性，"必须从学生现在在读的或将来要读的现实情境中真实取样"，"具体的学生""依了自己的经验""在与特定的文本交往过程中"，形成怎样读、怎样写的方法或能力。这种方法或能力，就是例文想要生成的课程内容。这样的课程内容不是约定俗成的、固定的，而是由学生在特定的情境中，在"通过形式把握内容"的过程中揣摩和发现的。"用件"的要求是要具有适用性，并提供足够的材料，即提供信息，介绍资料，使学生获知所讲的事物。"用件"的材料是引导性的、可替换的，有三种类型：一是语文知识文，二是引起议题文，三是提供资料文（可以是文，也可以是图、画等）。利用这些材料的目的是服务于要进行的语文学习活动。这样教师就可以明确选文所反映的课程内容是什么，在教学内容的选择上有明确的方向感。如"定篇"，教学中应注重选文本身的原生价值，在文本表达里追寻课程内容的体现；"例文"，就是注重教学规范性和共同性的知识；"样本"，就是寻求技能训练后的习得；"用件"，则注重从内容学习之后引申的实践活动的设计。①

关于教材选文系统，叶圣陶认为教材选文是"例子"。"语文教本只是些例子……从语文教本入手，目的却在阅读种种的书。"② "教材的性质同于样品，熟悉了样品，也就可以理解同类的货色。" ③ 关于教材选文的标准，叶圣陶强调：首先要文质兼美，尤其强调对语言形式的关注，体现出聚焦语文学科本体的科学态度。他根据语言发展规律和学生心理规律，从学生语文运用的实际需要出发，扩大了选文的范围，体现了民主教学的思想。叶圣陶丰富并发展了应区分精读和略读的语文教学

---

① 王荣生 . 语文科课程论基础［M］. 北京：教育科学出版社，2014：295.

② 叶圣陶 . 叶圣陶语文教育论集［M］. 北京：教育科学出版社，2021：136.

③ 叶圣陶 . 叶圣陶语文教育论集［M］. 北京：教育科学出版社，2021：149.

思想，体现了对学习心理科学规律的重视。①

顾振彪阐明了在选文时，“质”好、“文”好、适合教学三条标准之间的关系。“作为语文教材，语言文字好是最为紧要的，思想内容的重要性，谁也不可低估，但语文教材毕竟不是政治教材，因此，思想内容只要积极健康就合乎要求了。艺术水准很高的作品，思想内容稍有消极因素也可以少量入选教材。语言文字好这条标准则没有任何通融的余地，因为学语文主要就是要学习语言文字，语言文字一定要堪为楷模。新时期的课标实验教材，大都是按照人文专题编排的，有时为了适应专题需要，只看内容而忽视语言，把思想内容符合专题而语言文字较差的文章选入教材，这是非常不可取的。至于适合教学，是三足鼎立之一足，是硬条件，也不可忽视。”②

选文的体裁和样式应该丰富多样，各种文体分布匀称。19 世纪末 20 世纪初，我国引进西方的文章分类学把文章体裁分为文学类和非文学类：文学类文章分为诗歌、散文、小说、戏剧；非文学类文章分为记叙文、说明文、议论文和应用文等。现在西方的母语教材中，文学类课文的样式越分越细，如戏剧分为儿童剧、广播剧、家庭剧、滑稽剧、肥皂剧，小说除一般的短篇小说、长篇小说（节选）外，还有科幻小说、侦探小说、推理小说等。另有图像课文，主要是由连续的有故事情节的若干幅漫画构成。如《牛津英语教程》第三册有个专题“生死树”，选自乔叟的《坎特伯雷故事选》，用 33 幅图组成了一个连环画故事。随着科学技术的发展，非文学类实用性文章出现了科技说明文、科技小品、科技原理分析、科学研究论文等。随着商品经济的繁荣，非文学类实用性文章又出现了商业信件、项目策划书、市场调查报告、非连续性文本、广告、经济情报分析等。我国语文教材应当与时俱进，具备当代品格，从国情出发，丰富选文的体裁和样式，以适应学生学习和生活的需要。③

（二）知识系统

知识系统是语文教材中所提供的语文基础知识系统，是语文教材中不可缺少的部分。它主要包括以下内容：关于听、说、读、写等语文能力培养的知识；关于语言、文字的知识；关于文体的知识；关于文学的知识等。学习语文知识，不仅在于学习知识本身，而且在于掌握这些知识后去指导实践，有效地提高听、说、读、写能力。学习语言运用知识，最终是为了帮助学生形成语言运用能力。掌握必要、有用的语言运用知识，可以帮助学生提高语用训练的效率，避免语用能力只是在低水平能力上的简单重复，甚至陷入盲目试误的怪圈。同时，知识系统的作业也有助于学生培养语感，使学生不仅知其然，而且知其所以然。“在中学语文教学中，学习语文基础知识的根本目的不在‘知’而在‘行’，不在了解知识的本身而在掌握这些知识去指导实践，有效地提高听说读写能力。”④语文教材中知识系统的编排要

---

① 马磊，徐林祥．叶圣陶语文教材现代化思想的当代启示［J］．课程·教材·教法，2018（7）：54-60.

② 顾振彪．语文教材论［M］．济南：山东教育出版社，2021：263.

③ 顾振彪．语文教材论［M］．济南：山东教育出版社，2021：264-265.

④ 顾黄初，顾振彪．语文课程与语文教材［M］．北京：社会科学文献出版社，2001：82.

遵循精要、好懂、适用的原则。所谓“精要”，包括两层意思：一是就语文知识的“量”而言，要少而精；二是就语文知识的“质”而言，要让学生把握语文知识的内在、本质的规律。所谓“好懂”，也包括两层意思：一是语文教材所介绍的语文知识，要适合学生的年龄特征和认识水平；二是语文教材在介绍语文知识时，要力求深入浅出、化难为易、通俗易懂，变枯燥乏味为生动有趣。所谓“适用”，是指语文教材所介绍的语文知识要有助于学生形成语文能力，掌握好语文工具。

在语文教材中，每个单元都会提出相应的教学要求，有明确的知识训练要点，也就是每个单元所设置的语文要素。这部分内容主要包括阅读的方法性知识、写作的方法性知识、口语交际的方法性知识等，即有关于听、说、读、写的方法知识。这一类知识是知识系统的主要组成部分。首先，阅读的方法性知识，既有阅读过程的知识，如查找工具书、进行圈点勾画、自主批注、梳理文章结构层次等；又有阅读方式的知识，如朗读、默读、精读、略读、速读等。其次，写作的方法性知识，既有关于写文章的一般方法的知识，包括审题、立意、选材、谋篇布局和遣词造句等，又体现了对不同文体的具体写作方法的要求。主要在写作板块中呈现，与本单元的阅读策略密切关联。最后，口语交际的方法性知识分布于语文教材中的“口语交际”“综合性学习”等板块，主要训练学生的口语交际能力。

听、说、读、写的方法性知识主要是策略性的知识，除此之外，语文教材中也有文学知识、语言知识和文体知识等，所包含的知识内容非常丰富，都是紧随课文出现的，体现出随文而学的特点。在中学语文教材中，上述这些知识主要是以知识“补白”的形式呈现，虽较为零散，但也体现出融合、系统的特点，符合学生的认识规律，契合单元的学习内容。对语文教材中的知识“补白”，顾之川认为，“补白”是“利用选文后的空白，编入一些与选文有关的文字，以丰富教材内容，提供课文学习资源”[①]，具体包括语言知识、文学知识、文体知识，还有部分文化常识。如统编语文教材七年级上册第一单元，就在《春》《济南的冬天》两篇课文后，分别呈现了关于“比喻”和“比拟”的修辞知识，介绍了这两种修辞的内涵，并且借助课文中的具体实例，引入课外的实例，分析了它们的表达作用。教材中的语言知识除修辞知识外，还有相关的词汇、语法知识，如“词义与语境的关系”“词语的感情色彩”“短语知识的构成”等。在统编初中语文教材中，这类知识比较多，通过详细的知识点，扎实训练学生的语言文字运用能力。统编语文教材中的文学知识内容十分丰富，有介绍名家名篇的背景知识，有文学典故知识，还有文学鉴赏知识等。文学知识能积淀学生的文学素养。初中语文教材和高中语文教材中都涉及这类知识，如统编语文教材八年级上册第三单元有律诗的相关知识，八年级下册第三单元有对《诗经》的简介。统编普通高中语文教材必修上册在第三单元补充的知识是《人间词话》中“词的三种境界”，以辅助学生进行诗词的文学鉴赏。除此之外，还有相关的文体知识和文化常识，如统编语文教材七年级上册在《世说新语（二则）》后，有“敬辞”与“谦辞”这样的文化常识。统编普通高中语文教材中“单元学习

① 顾之川．语文教学论［M］．福州：福建教育出版社，2013：327.

任务”之后的知识补充，大部分都是关于不同文体知识的特征，如诗歌语言的跳跃性、议论文的针对性、散文的情景交融等。

（三）作业系统

作业系统，又称练习系统，是指语文教材为帮助学生复习、巩固所学过的语文知识，进而培养和提高其语文能力而专门设计的各种思考与练习。作业系统的设置，既要有利于教师对其教学效果和学生的学习效果进行检测，又要有利于学生巩固所学过的知识，通过各种练习将知识转化为素养和能力。学校要鼓励应用性和开放性作业的设置，不设置标准答案；教师要鼓励学生对作业有多种理解，以及多种解决问题的办法。作业系统的设置，还应该考虑学生的个性体验及其学习水平和需求，在注重作业内容统一性的同时，强调其层次性、递进性和灵活性，从而提高学生的语文素养并促进学生的全面发展。练习题是语文教材中作业系统的具体体现。编制练习题不仅要明确设置功用，而且要合理安排练习题的顺序，遵循循序渐进、螺旋上升的原则，使之与思维品质的训练结合起来，启迪学生去思考，使学生逐步获得独立学习的能力，提高解决问题的能力。

1. 作业系统的内容

关于教材作业系统的内容，小学统编语文教材的练习系统包括每篇课文后的阅读练习题，每个单元后的单元练习系统有“习作”“语文园地”“口语交际”。其中，“语文园地”部分在低年级包括“识字加油站”“字词句运用”“书写提示”“日积月累”“和大人一起读”五个部分；在高年级包括“交流平台”“词句段运用”“书写提示”“日积月累”四个部分，其中“词句段运用”可以视作综合性学习的练习。小学统编语文教材每一册中的“快乐读书吧”是对阅读的拓展延伸和具体指导，也可以视作阅读练习的一部分。

统编语文教材的练习系统由六大板块构成，分别是写作板块练习、口语交际练习、名著导读练习、综合性活动练习、活动探究练习以及课文练习。前四者以专题的形式呈现，活动探究练习以单元的形式呈现，课文练习则比较分散，分布在每篇课文的后面。在分散的课文练习中，穿插着不少写作练习、口语交际练习、课外阅读练习以及综合性活动练习。由此可见，课文练习涉及范围广，内容丰富，可以将其分为理解性题型、积累性题型、拓展性题型以及创作性题型。[①]

（1）理解性题型。理解性题型，是指课文练习中有关课文思想内容或文字形式理解的习题。

例如，统编语文教材八年级下册第三单元《〈诗经〉二首》的“思考探究　一”提出：

《诗经》多采用重章叠句的形式，即上下句或上下章基本相同，只是有几个字不同，造成回环往复的表达效果。选择本课中的一首诗，做具体分析。

（2）积累性题型。积累性题型，是指标记字词句篇以及积累语文基础知识的习题。

---

① 肖玲芝 . 统编本初中语文教材课文练习系统研究［D］. 长沙：湖南师范大学，2021：24-40.

例如，统编语文教材九年级上册第三单元《醉翁亭记》的“积累拓展　四”提出：

本文用了21个“也”字，有的表示判断，有的表示陈述。朗读下列语句，结合上下文体会“也”字表达的语气。

1. 环滁皆山也。
2. 望之蔚然而深秀者，琅琊也。
3. 作亭者谁？山之僧智仙也。
4. 名之者谁？太守自谓也。
5. 醉翁之意不在酒，在乎山水之间也。
6. 山水之乐，得之心而寓之酒也。

（3）拓展性题型。拓展性题型，主要是指课文内容拓展延伸而来的习题，包括课外阅读、拓展认识以及拓展活动等。

例如，统编语文教材九年级下册第二单元《变色龙》的“积累拓展　四”提出：

如果根据课文内容编演一个小品，由你做导演，你对警官奥楚蔑洛夫、巡警叶尔德林、首饰匠赫留金这三个人物的衣着、表情、语气、动作等，会进行怎样的设计？说说你的想法。

（4）创作性题型。创作性题型，是指需要学生在学习完课文后有所生成的习题。一般意义而言，创作性题型就是写作的习题。

例如，统编语文教材八年级下册第六单元《唐诗三首》的“积累拓展　五”提出：

任选一首诗，发挥想象，增加一些细节，改写成一则小故事。

教材的作业系统要体现课文学习流程，统编语文教材通过训练体系，不仅要把学习目标明示出来，而且要把抵达这些目标的学习流程相对固定下来，以便学习者按照练习题目安排的顺序，一步一步深入课文，一层一层接近学习目标，一点一点实现学习任务。请看下面的训练设计：

1. 从给出的四段文选中，让学生研究故事的四种不同的开头方法。
2. 让学生填写表格，摘出以上四段文选的细节。
3. 结合上述四个故事的开头和结尾，得出知识——说故事的人的两个视点（无所不知的作者和第一人称叙述）和两种方式（用书信的形式与用游记、日记形式的讲述）。
4. 学生写故事主角的日记两则。
5. 给出两篇选文，让学生分析故事的开头并说明作者所选择的视点。
6. 讲解说故事的人的其他决策：故事有哪些人物？故事在哪里发生？

这篇课文教学设计的意图十分明确，即让学生了解文章的叙述包括开头、结尾、人称、时间、地点、人物等要素。文后训练设计紧紧扣住教材设定的学习目标，来充分学习运用教材所给的材料，同时又把学习要求具体化、操作化。学生解答问题的过程，既是研读教材的过程，也是课堂学习的过程。教材研读完了，一系

列问题回答完了，教学目标也就水到渠成地实现了。[①]

2. 作业系统的变化

统编语文教材作业系统具有以下四点新变化：

（1）夯实基础，知识系统化。统编语文教材将知识序列化，条理分明地展示在课后习题，有目的地将训练目标切实落地，渗透到习题的字里行间。知识点的一课一得与能力的一一对应为教学目标的落实提供指引，为能力素养的提升打开空间。

（2）落实要素，目标明确化。人文主题与语文要素构成的“双线组元”结构使语文学习的“一课一得”更具针对性，语文要素为显，人文主题为隐。教师要做的是引导学生对语文要素的学习，从而感悟其中蕴含的人文主题，即“显中求隐，化隐为显”。

（3）提升思维，训练梯度化。统编语文教材将原来人教版语文教材课后的“研讨与练习”改为“思维探究”与“积累拓展”两个板块，在形式与内容上将课后练习的难度层级拉开差距，从深度与广度两个维度将思维的进阶与课外的拓展加以重构，呈现明显的梯度化与层次性。

（4）加强语用，素养核心化。统编语文教材将原先课后的“读一读，写一写”变为“读读写写”，给学生提供示范字，并画上了规范的田字格，对学生字体的规范、笔画的位置、字体的工美提出了一定程度的要求。[②]

（四）助读系统

助读系统是语文教材为帮助学生阅读、理解课文、锻炼和提高学生自读能力而提供的一系列辅助材料，是对整套书、整册书或其中的一个单元，一篇课文的学习目的、要求、重点、难点以及学习方式方法等所做的简单提示。语文教材的助读系统主要有注释类、提示类、目标类、图像类、评点类等。助读系统是语文教材不可或缺的部分，对学生的语文学习发挥着重要作用，为师生的语文教学和学习活动指明了方向。它不仅可以辅助阅读，为学生多角度、多层次读懂文章提供多方位的支持，而且可以培养学生的自学能力，使学生养成良好的自学意识和自学习惯。此外，插图、图像等助读资料还可唤起并激发学生学习语文的兴趣，使他们更加主动地参与到语文的学习过程中去。教师可以通过助读系统对整套语文教材有比较整体、全面的了解，知道要教什么、怎么教、按照什么程序来教。

助读系统的编制形式多种多样，如编辑说明、学习提示、单元学习要求、单元教学内容的分配比例表、课文学习重点、注解、资料附录，等等。其中也会涉及部分语文知识内容，其目的在于引导学生更好地学习新知识、训练语用能力。这些助读材料可以划分为两部分，一部分是帮助学生有效地进行自学活动的提示性文字说明，另一部分是帮助学生更好地理解课文内容、激活学生审美体验的图表，如课文的插图。文字材料的助读系统，在教材中的主要体现为学习提示和课文注解两部分。

---

① 郑桂华.语文教材训练系统的功能与结构：使用新教材的一个视角［J］.语文教学通讯，2005(14)：4–6.

② 俞燕，刘梦宇.统编语文教材练习系统的“三变”［J］.教学与管理，2020（22）：75–78.

在统编语文教材中，学习提示包括预习提示、课文旁批、阅读提示、作业提示。

预习提示位于课文之前，是指导学生预习课文的引导性材料，具有激发学生预习动机，确定预习内容，指导预习方法的作用。具体来说，预习提示的作用主要有三点。一是帮助学生简要了解作家、时代背景、作品意义等。如在《变色龙》（统编语文教材九年级下册第二单元第 6 课）课文的预习提示中，提示“契诃夫的短篇小说往往带有讽刺的意味”，引导学生从“讽刺”的角度把握作品的内涵。二是借助预习提示来确定常规的学习内容和课文的重点内容。常规的学习内容如字音、字形、字义，词的意义和用法等，不同体裁、不同作家的文章，往往都会在预习提示中体现其教学重点。如同样是鲁迅的作品，《从百草园到三味书屋》（统编语文教材七年级上册第三单元第 9 课）是一篇回忆性散文，其预习重点是“鲁迅有过怎样的童年时光”；《孔乙己》（统编语文教材九年级下册第二单元第 5 课）这篇小说的预习重点在于理解“孔乙己”这个人物形象。三是介绍预习方法，如勾画、想象、默读、先略读再细读等，指导学生进行预习的具体步骤。

课文旁批是指对文章做的批注。统编语文教材在自读课文中一般随文设置旁批，辅助学生对课文进行自主阅读，启发学生对课文进行思考。自读课文的旁批设置，既有对自读步骤的介绍，又有具体的自读策略指导。如有课文的写法指导，这符合学生的阅读思路，可辅助学生进行自主阅读，并在设疑解答中加深学生对课文的理解。

阅读提示可位于文本前、文本中或者文本后，是自读课文中为了帮助学生更好地了解作者、课文内容、课文重难点的引导性材料。“阅读提示或配合单元重点进行指导，或选取文章独到之处进行点拨，既指向学生的自主阅读、独立阅读，同时又尽可能向课外阅读和学生的课外语文生活延伸，增加学生的阅读量，培养其阅读兴趣。”①

作业提示是为给学生提供某些知识，指点解题途径，降低作业难度的引导性材料。例如，课文《老山界》后的“积累拓展”中有一道练习题：“文中有不少生动、细腻的描写。赏析下列语句，再找出一两处精彩的描写，做一些批注。‘除此以外，就是寂静。耳朵里有不可捉摸的声响，极远的又是极近的，极洪大的又是极细切的，像春蚕在咀嚼桑叶，像野马在平原上奔驰，像山泉在呜咽，像波涛在澎湃。’”这一段描写以声写静，但上课时教师不一定会讲到，学生也不一定理解。这里加以提示，使学生从课文描写中提炼出规律性的内容，让学生运用规律性内容做练习。这段作业提示，让学生从课文学习中得到的感性认识上升到理论，同时可以让学生在理论的指导下做习题，把知识转化为技能。

在中学语文教材中，课文注解作为语文教学的辅助，其内容十分丰富。课文注解一般包括课文的出处、作者简介、课文写作背景、字音字义、词语解释、典故来源以及情况说明等。语文教材中的课文注解，具有明晰、精要、简练等特点。以文

① 王本华 . 从八大关键词看“部编本”语文教材的编写理念［J］. 课程教学研究，2017（5）：31–35.

言文为例，对晦涩的字词语句，一般在特定的语言环境中进行释义，但同时避免解说过度，从而影响学生对整篇文言作品的解读。

图片和语言文字一样都可以作为一种表情达意的载体，同时也都是一种传达思想和展示美感的符号。[①] 图表类的助读材料是增加学生的审美体验，培养学生审美能力的凭借，语文教材中的插图如写意画、工笔画、书法作品等，具有写意、简约、真实的特点，切合课文内容的同时，也能启发学生的想象力。

二、语文教材的功能

语文教材在语文教学中具有十分重要的作用，它是构成语文教学活动的重要因素，是语文教学内容的载体，也是教师的教与学生的学之间的纽带。语文教材是学生基本的语文读物，是语文基础知识的来源，也是语文思维和语言训练、语文素质养成的典型范本。

（一）能力历练功能

《义务教育语文课程标准（2022 年版）》指出："义务教育语文课程实施从学生语文生活实际出发，创设丰富多样的学习情境，设计富有挑战性的学习任务，激发学生的好奇心、想象力、求知欲，促进学生自主、合作、探究学习；引导学生注重积累，勤于思考，乐于实践，勇于探索，养成良好的学习习惯；关注个体差异和不同的学习需求，鼓励自主阅读、自由表达；倡导少做题、多读书、好读书、读好书、读整本书，注重阅读引导，培养读书兴趣，提高读书品位；充分发挥现代信息技术的支持作用，拓展语文学习空间，提高语文学习能力。"因此，语文教材应是科学化、序列化的语文实践教材，它的基本功能应包括培养学生听、说、读、写的语文能力。

（二）知识积累与扩展功能

这里所说的知识，不仅指语文知识，而且包括自然的、人生的、社会的知识。统编语文教材中，不仅有反映古代文化的古典诗词，而且有介绍当代社会文化新知的《飞向太空的航程》；不仅有散文题材的《济南的冬天》，而且有小说题材的《祝福》；既有反映社会科学的《中国建筑的特征》，又有关于自然科学的《动物游戏之谜》；既有抒发细腻感情的《小狗包弟》，又有探讨人生哲理的《我为何而生》等。总之，大到历史发展、社会变化，小到鸟兽鱼虫、人生百态，远到古代的人文、科学知识，近到现代新的知识成果，以及学生提高语言实践能力所需的语文基础知识等，都融入了语文教材中。这有助于学生语言知识的积累与扩展，也有助于学生对社会和人生的认识。《义务教育语文课程标准（2022 年版）》提出："积极观察、感知生活，发展联想和想象，激发创造潜能，丰富语言经验，培养语言直觉，提高语言表现力和创造力，提高形象思维能力。"语文教材中蕴含丰富的智力因素，能够开启学生的心智，向学生传授知识并锻炼他们的各种语文能力。学生通过学习，不仅可以接受语言教育，掌握知识，而且可以发展智力，磨砺和提高思维品质。实际

---

① 王彦明. 中学语文课程与教学论［M］. 北京：人民教育出版社，2003：11.

上，学生运用语言文字进行听、说、读、写活动的本身，就是一种极为复杂的心智活动。

（三）育德功能

语文学科的性质决定了语文教材具有较强的育德功能，它在使学生形成正确的世界观、人生观、价值观，树立理想、信念和道德意识等方面，发挥着独特作用。语文教材的育德功能并不是外加的，而是天然的、内在的，是通过其中的典范语言作品来实现的。统编语文教材所选取的范文蕴含着丰富的历史传统、人生经验、道德情怀以及民族精神，它直接陶冶着学生的性情，影响着学生的言行，具有极大的教育价值。通过对这些范文的阅读和感受，学生不仅可以观察自己、思考人生、洞悉社会，而且可以提高思想品德修养，在语文学习的过程中形成对国家、民族、社会、自然、他人的正确认识。

（四）审美功能

语文教材具有丰富的美和美育的因素。语文教材中的文学作品，不仅是提高学生语言实践能力的凭借，而且是提高学生审美感受、审美鉴赏能力的素材。学生在学习这些文学作品时，不仅能够感受文章所展现的自然美、语言美，而且能够为蕴含于其中的创作主体的思想美、情感美和趣味美所感动。在这种美的感受中，学生仔细阅读、反复揣摩，再加上教师的适当点拨，就可以从中领悟作者感受美、鉴赏美、创造美的方法。由此，学生可以进行内化与迁移，将其运用到自己的审美实践中，从而有效地培养和提高学生的审美创造能力。

三、语文教材的文化品性

语文教材是有效组织语文教学活动的核心材料，更是国家意志、民族精神、传统文化等诸多内容在教育领域的集中体现。语文教材编写的总目标和基本功能，是帮助学生学习语文知识，培养学生的语文素养，养成相应的文化品性，为学生德智体美劳的全面发展提供支持。

（一）民族化文化品性

语文教育是一个民族的母语（即民族的语言）教育。民族的语言是一个民族思想、情感、精神生活的历史记录，是一个民族的文化精神宝库。语文教材要注重继承与弘扬中华优秀传统文化，注意增强学生的民族自尊心和爱国情感。语文教材在强调民族化的同时，还要注重多元文化的交流与融合。在不同文化的熏陶下，增强学生的民族化文化品性。

（二）时代化文化品性

语文教育的具体内容与时代的发展密切相关。社会生活的发展变化和意识形态领域的各种动态，都会直接影响语文教学，也影响语文教材的编写。语文教材的内容，一方面必须保持相对的稳定性，另一方面又应当贴合时代的脉搏。

（三）生命化文化品性

语文教材的生命化文化品性，是指把语文教材的功能定位为一个“对话者”，具体可阐述为以下三点：一是语文教材应具有一种“召唤力”。就像艺术品一样，

语文教材应具有内在的美，使学生产生学习的热情，召唤着学生投入其中，使其能够敞开心扉，并与语文教材展开精神对话。二是语文教材应具有一种主动走向学生、向学生靠近的姿态与倾向。语文教材应突出语文课程的特点，要便于指导学生自学，引导学生独立思考、拓宽视野、大胆质疑、善于探究。语文教材要主动走向学习者，应具有全方位的开放性、灵活的选择性和广泛的适应性。三是语文教材应是“境域化”的。语文教材的编写体例和呈现方式，应该灵活多样，避免模式化。

（四）典范化文化品性

语文教材的典范化文化品性，是指语文教材的选文“要具有时代性和典范性，富于文化内涵，文质兼美，丰富多样，难易适度，能激发学生的学习兴趣，开阔学生的眼界”。语文教材的选文要处理好三个方面的关系：第一，经典性与时代性之间的关系；第二，难易深浅之间的关系；第三，价值导向与阅读兴趣之间的关系。

第五节　语文教材的使用

在语文教育领域，语文教材不仅是知识传递的载体，而且是塑造学生认知和价值观的关键工具。叶圣陶曾说：“教科书，工具也，工具自当期其尽善，而如何使用工具，以达到所悬之目标，则视工具尤为重要。”[①] 在语文教学中，语文教材扮演着至关重要的角色。对语文教师而言，语文教材为其提供了详细的教学指南和内容框架，明确了教学目标、教学范围和教学重点，有助于语文教师进行课程规划和教学设计。同时，语文教材也为语文教师提供了教学方法的指导，例如，如何进行文学作品的分析、语言知识的讲解等，这有助于语文教师选择合适的教学策略。对学生来说，语文教材是学生学习语言知识和文学知识的主要来源，也是学生进行相关练习及实践和提升阅读、写作、听说等语文技能的基础。而且，语文教材按照一定的结构安排学习内容，为学生提供了学习目标和进度指引，帮助他们有序地进行学习。因此，教师必须深刻理解并充分利用语文教材的丰富资源，帮助学生开拓视野、培养能力、塑造未来。

一、遵循课程标准

课程标准作为语文教材编写的主要依据和参考，在使用语文教材时，它的重要性不言而喻。课程标准不仅规定了教师应该教授的内容，而且涉及教学方法和学生评估的标准。遵循课程标准有助于教师选择合适的教学方法，合理评估学生的学习成果。课程标准通常按照学生的发展阶段设计，确保学生在不同的学段能够顺利过渡，学习内容逐渐深入。遵循课程标准有助于维护教育的连贯性，确保学生的学习建立在稳固的知识基础之上。同时，课程标准通常会根据社会和文化的发展进行调整和更新，以满足不同时代学生发展的需要。遵循课程标准使用语文教材有助于使学生所学的知识和技能能够适应社会发展的要求。

---

① 叶圣陶．叶圣陶教育文集：第 2 卷［M］．北京：人民教育出版社，1994：246.

在使用语文教材时，教师首先需要深入且全面地掌握最新的语文课程标准，加深对语文教材编写理念和设计意图的理解，进而将课程标准的具体要求与语文教材的设计紧密结合，进行全面细致的考量。其次，教师需要考虑所在地区和学校的具体环境以及学生的实际情况，以确保语文教材的有效运用。只有在综合考虑的基础上，教师才能真正精准地运用教材，发挥其在教学中的最大效能。例如，《普通高中语文课程标准（2017年版2020年修订）》在“教学建议”部分强调，语文课程应促进学生语文学科核心素养的全面发展。《义务教育语文课程标准（2022版）》进一步指出，语文教学需立足于核心素养，彰显以文化人为导向的教学目标。语文教师应深入理解核心素养的内涵，全面掌握语文教学的育人价值，突出“文以载道、以文化人”的教学理念，并将立德树人作为语文教学的根本任务。

在实际语文教学中，将课程标准转化为具体的教学目标是非常重要的一环。课程标准是纲领性文件，因此，语文教师需要根据课程标准的要求，将其具体化为可操作的教学目标，以便更有效地指导教学活动。例如，《义务教育语文课程标准（2022版）》强调，学生应学会运用多种阅读方法并具备独立阅读的能力。基于此，教师的教学目标可以具体地设定为，通过阅读不同风格和体裁的文学作品，增强学生的文本解读能力，能够从多个角度理解和欣赏文学作品；通过开展多样化的阅读活动，如阅读日志、读书报告、小组讨论；等等。通过具体化的教学目标，教师可以更有针对性地设计教学活动，从而有效地促进学生的语文核心素养和独立阅读能力的发展。同时，具体化、可操作的教学目标还有助于教师更好地跟踪和评估学生的学习进展，确保教学活动与课程标准的紧密对接。

同时，在遵循课程目标设定具体教学目标时，教师要注意符合学生的发展阶段，考虑学生的年龄、认知水平和学习能力等因素。确保具体的教学目标既具有挑战性，又在学生的能力范围内，不仅能激发他们的学习兴趣，而且能够实现语文教学的最终目的。例如，在整本书阅读的教学目标设定上，如果教学对象是小学生，那么可以将教学目标设定为，口头或书面分享自己阅读整本书的体会。这样的教学目标既能够考虑到小学生表达能力的培养，又能够激发他们分享自身读书感受的兴趣。如果教学对象是初中生，那么可以将教学目标设定为，结合个人的阅读体会，尝试撰写文学鉴赏文章。这样的教学目标既适合初中生的认知水平和表达水平，又能进一步提升他们的文学分析和写作能力。通过这样的教学目标设定，教师能够更有效地引导学生在不同阶段达到适宜的学习成果，同时也有助于学生整体能力的提升。

二、把握教材内容

实现有效语文教学的一个关键步骤是对语文教材进行深入分析，这涉及对语文教材整体结构、单元设置、课文文本等的全面理解，以及对关键知识点和核心概念的准确把握。

首先，教师需要熟悉教材的总体结构和体例编排，包括对教材中各个单元的组织方式、主题和文体的全面了解。例如，教材可能按照文学流派、历史时期或文体来组织内容，如诗歌、散文、小说等。每个单元可能围绕一个特定的主题展

开，这些主题通常与学生的年龄和认知水平相适应。同时，不同的文体如记叙文、说明文、议论文等，各有其特定的语言特色和表达方式，对学生的语言能力培养有着不同的要求和影响。熟悉教材结构上的细节能够使教师更好地理解语文教材的整体教学框架和教学重点，进而能够有效地规划整体教学计划和单元课程。此外，对语文教材结构的深入了解还有助于教师在授课过程中灵活地调整教学内容和教学方法，更好地适应学生的具体需求，同时也为跨学科教学提供可能，使教师能够将语文教学与其他学科知识有效地结合起来。这样的语文教学不仅增加了学科之间的互动性，而且使学生能够在更加宽广的知识领域内进行学习和思考。

其次，统编语文教材多采用单元教学模式，分析每个单元的内容是理解和运用语文教材的重要环节。了解不同单元之间的逻辑联系和渐进性有助于教师构建起教学的连贯性，使学生能够在学习过程中进行知识的积累和深化。这就要求语文教师针对每个单元进行深入探讨，包括理解单元中包含的文本、主题和教学目标等。在此分析过程中，教师需要关注文本的不同类型，如诗歌、散文、小说、戏剧等，因为不同的文本类型在教学上有着不同的侧重点。例如，诗歌教学更加注重韵律、意象和情感的表达，而散文教学更加侧重语言的流畅性和表达的真实性。此外，每个单元的主题对构建学生的知识框架和价值观也至关重要。单元主题可以是具体的历史事件、自然景观、人生哲理等，有助于学生形成对世界和生活的深刻理解。通过这样的细致分析，教师能够设计出符合教学目标的课程计划，并采用适当的教学方法，以确保学生能够全面、深入地理解教材内容，同时培养学生的语文能力和批判性思维。这种对单元主题的分析不仅提升了语文教材的使用效果，而且为学生构建了一个丰富多彩的学习世界，能够激发他们的学习兴趣和思考能力。

再次，理解文本背景和作者相关信息是深化语文教学的重要环节，涉及对语文教材中每篇课文的历史背景、作者写作意图等的全面了解。这种全面理解使得语文教学不再仅限于文本本身的表层含义，而能延伸到文本产生的历史、文化和个人背景中。了解历史背景可以帮助学生将文本放置于更广泛的社会、历史语境中，从而使他们更好地理解文本中的事件、观点或情感是如何受到特定时代的影响和塑造的。同时，对作者写作意图的了解有助于揭示文本背后的个人经历和思想观念，如作者的生平经历、创作动机、思想信仰等，这些信息可以加深学生对文本的理解和感受。此外，探讨作者的写作意图有助于学生理解文本的深层次主题和目的，如探讨一个诗人通过诗歌表达的社会批判、情感抒发或哲学思考。这种对文本背景和作者的全面理解不仅丰富了学生的知识视野，而且提高了他们对文学作品艺术特色的鉴赏能力，从而使语文学习变得更加生动和有意义。

最后，教师还要注意将语文教材内容与学生的实际生活和经验相联系，以提高学生的学习兴趣和参与度，帮助他们更好地理解和吸收知识。语文作为一门实践性较强的课程，教师在教学时可以将语文教材中的概念、故事或情境与学生日常生活中的实际事例相联系。例如，在教授一篇关于自然环境的课文时，教师可以引导学生探讨他们所在社区的环境问题。同时，语文教师也可以在课堂上为学生提供机会，让他们分享与课文相关的个人经历或观点。这种互动不仅加深了学生对语文教材内容的理解，而且增强了他们的参与感和归属感。教师还可以设计与学生生活密切相关的案例研究或项目学习活动。例如，在学习一篇关于生活事件的记叙文时，教师让学生研究并报告他们在日常生活中遇到的类似事件。

三、创新教材使用策略

张志公曾说，“教科书是教材编辑工作者编写出来的，但是一旦编出来，印成了书，就成了一个客观存在的物，和音像设备等一样的置于教师支配运用之下的物了。到了这时候，教师有了双重性：既被教材所制约，又反过来制约教材，教材终于产生什么样的效果，在相当程度上取决于教师怎样使用它”①。特别是在语文教学领域，通过结合教科书内容运用多样化的教学策略，教师可以更加有效地激发学生的学习兴趣，培养学生的核心素养。

首先，积极开展自主学习和探究式学习相结合的方式。在使用语文教材时，教师应多开展不同的学习活动，引导学生在语文实践中学习，通过真实且意义深远的学习环境，激发学生的学习兴趣，培养学生的批判性思维、创新能力以及实践技能。自主学习能够使学生根据自己的兴趣和需求选择学习内容与学习方式，激发学习动机、培养自我管理能力。与此同时，探究式学习要求学生通过观察、提问、实验、收集信息和反思等步骤来探索知识，这不仅加深了学生对语文教材的理解，而且促进了学生批判性思维、解决问题的能力以及创新意识的发展。教师将自主学习和探究式学习相结合，意味着在教学过程中既要给予学生足够的自由来探索自己感兴趣的问题，又要通过精心设计的学习活动和教学任务，引导学生深入探讨语文教材中的主题、思想和艺术表现等。这种学习方式鼓励学生在自我驱动的基础上，通过合作分享、讨论交流共同建构知识，从而实现知识的深层次理解和应用。通过这样的语文教学实践，学生能够在参与、探究和反思的过程中，不断提升自己的语文素养和综合能力，为其终身学习和未来的社会生活打下坚实的基础。

其次，在当今的信息化时代，针对语文教材的应用与创新，尤其要侧重如何将现代信息技术与具体的语文教学内容和语文教学方法紧密结合。这种结合不仅要更新传统的语文教学理念，而且要探索如何有效地利用数字技术来丰富语文教学的手段和策略。例如，将数字媒体和互联网资源融入语文教学中，积极探索线上线下相结合的混合式语文教学。这种教学方式的重点在于如何将不同的技术手段与语文教材的内容结合起来，设计出既能吸引学生兴趣又能深化语文学习的教学活动。例如，通过虚拟现实技术重现古代文学作品的背景，或利用电子白板展示经典诗词的创作过程，教师可以更加直观地传达语文知识，使学生在互动和体验中深化对语言艺术的理解和感悟。总而言之，侧重语文教材的同时，教师应紧跟信息技术发展的步伐，采取多元化的教学手段，不仅能够提升教学效果，而且能够激发学生的学习

① 张志公.张志公文集：5：外语教学及其他［M］.广州：广东教育出版社，1991：51.

热情，促进学生的全面发展。

最后，教师在教学过程中要不断审视和评估语文教材的使用效果，并根据学生的反馈及学习成果及时调整教学策略。语文教师可通过观察、测试、问卷调查等多种方式评估学生对语文教材内容的理解和掌握程度，这一过程至关重要，因为它有助于确保语文教学活动能够满足学生的需求并提升教学质量，具体内容包括学生的学习进步、参与度以及对语文教学方法的反应。教师可通过开放式讨论、反馈表格或一对一交流等方式，了解学生对语文课堂教学、语文教材内容和语文教学方法的看法和感受，进而识别在语文教学过程中遇到的问题和挑战，如某些内容对学生来说是否难度过高、是否存在学生参与度不高的情况，以及语文教材内容是否能够满足学生的学习需求等。最终可根据评估结果和学生的反馈情况，调整语文教学方法、语文教学内容和语文课堂互动方式。例如，如果教师发现某个主题对学生来说过于抽象，就可以采用更多的实例和互动活动来增强学生的理解。

总之，在语文教材的使用中，教师需要将遵循课程标准、把握教材内容以及创新教材使用策略视为一个有机整体，这对提升学生的核心素养和综合能力至关重要。这一过程既实现了知识的传授，又是一种启发式的教学实践，旨在通过精心设计的教学活动，引导学生主动探索、合作交流，并使他们在此基础上形成深刻的思考和理解。具体到语文教材的使用策略，教师要结合自主学习与探究式学习的不同方法，有效地激发学生的学习兴趣和学习动机，使学习过程变得更加生动和有效。通过这种方式，学生能够将语文学习与实际生活经验相结合，为其终身学习和个人发展奠定坚实的基础。因此语文教材的有效使用要求教师要深刻理解课程标准和教材内容，同时灵活运用各种教学策略，以促进学生的全面发展。

[本章小结]

本章分别从语文课程与教材概述、语文课程标准解读、语文学科核心素养解读、语文教材的基本构成及语文教材的使用等进行了阐述。本章详细论述了我国古代语文课程与教材、近现代语文课程与教材、当代语文课程与教材的发展情况，介绍了语文课程标准的发展历程，并对高中语文课程标准和义务教育语文课程标准做了相应解读，尤其对语文学科核心素养做了详细解读，明确了核心素养的诞生背景、内涵和内容框架。最后对语文教材的构成要素、功能、文化品性进行了说明。教师在使用语文教材时，要注意遵循课程标准、把握教材内容、创新教材使用策略。

[实践·思考·探究]

1. 中华人民共和国成立至今，有哪些具有代表性的语文教材？
2. 简述语文课程标准的发展，根据课程标准的要求，结合你所任教的学段，设计一个语文教学主题。

3. 核心素养的内涵是什么？你是如何理解的？

4. 语文教材包含哪些构成要素？

5. 结合你所要执教的学段，思考如何正确有效地使用统编语文教材。

6. 阅读下面的《苏州园林》教学案例[①]，运用本章所学习的理论知识，思考这一教学设计如何立足教材，通过挖掘课文的审美细节，实现了文本理解与审美想象的有机统一。

笔者执教《苏州园林》时，采用了纵横交织、内外勾连、古今对话的设计，通过读写结合让学生沉浸在苏州园林的诗意栖居之中。对当时授课的初二学生来讲，他们大多没有去过苏州，也没见过真正的苏州园林，对苏州园林的美，只有一种抽象的概念和模糊的认识。如何通过对课文的深入学习，借助情境的创设，引领学生走进苏州园林的审美空间，产生身临其境、物我合一的体验，是一个教学挑战。首先，指导学生阅读第四自然段，重点感悟“才能使游览者攀登的时候忘却苏州城市，只觉得身在山间”“池沼里养着金鱼或各色鲤鱼，夏秋季节荷花或睡莲开放，游览者看‘鱼戏莲叶间’，又是入画的一景”这两句表达的思想：人与自然和谐相悦。其次，由“鱼戏莲叶间”引出古乐府《江南》，通过变换节奏进行范读，表现人鱼嬉戏的欢愉之情，引导学生从对园林之美的体验上升到对文学之美的体验。再次，追溯历史，讲述沧浪亭的来历，体会古人的山水情怀，朗读《沧浪亭记》的节选译文，对比原文，感受文言的表达魅力和人文情趣。最后，设置两种供选情境，学习引用“洒然忘其归”或“觞而浩歌，踞而仰啸”对课文进行续写补充。

［微视频］《苏州园林》教学片段（一）

［拓展阅读］

1. 郑国民，李宇明．义务教育语文课程标准（2022 年版）解读［M］．北京：高等教育出版社，2022.

2. 王宁，巢宗祺．普通高中语文课程标准（2017 年版 2020 年修订）解读［M］．北京：高等教育出版社，2020.

3. 耿红卫．中国语文教育史教程［M］．济南：山东教育出版社，2013.

4. 潘庆玉．把经典上成经典：语文课堂培育“文化自信”的思考［J］．语文建设，2022（10）：16-21.

5. 郑桂华．义务教育课程标准中“核心素养”之名与实辨析：以语文课程标准为例［J］．中国教育学刊，2023（2）：24-29，54.

① 潘庆玉．论语文学科高阶思维的培养［J］．语文建设，2021（23）：4-9.

第二章　语文教学文本解读

两个凝视夜空的人可能都在观看同一个星座，但是一个人将会看到一张犁，而另一个将会辨出一只长柄勺。文学本文中的“星”是固定的，连接它们的线条却是可变的。①

——沃尔夫冈·依塞尔

[学习目标]

1. 了解以作者为中心的解读理论、以文本为中心的解读理论和以读者为中心的解读理论的基本观点，辩证认识三种解读理论之间的关系。

2. 掌握诗歌、散文、小说、戏剧、古诗文等文学类文本的解读策略，能在文本解读实践中灵活运用这些策略。

3. 熟悉论述类文本、实用类文本的解读策略，能结合学段特点和单元要求，在教学实践中熟练运用这些策略。

① 依塞尔，肖明．阅读过程：一个现象学的方法［J］．当代电影，1988（5）：60-71.

[知识导图]

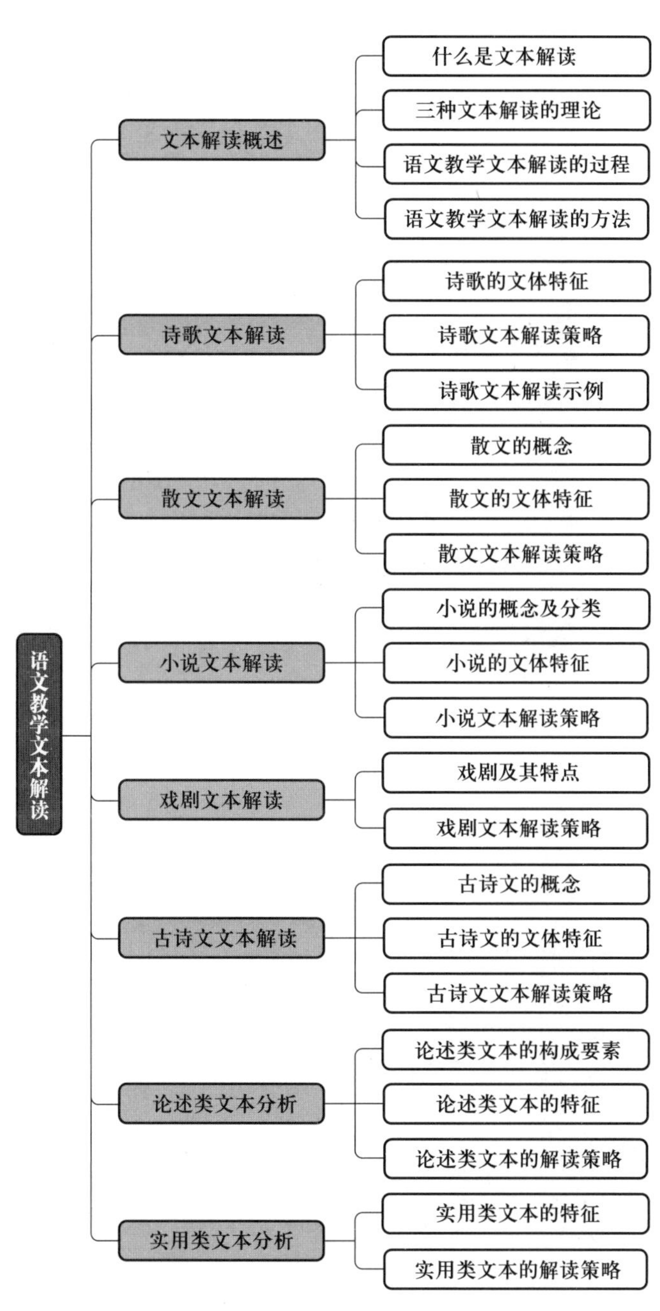
语文教学文本解读
文本解读概述
什么是文本解读
三种文本解读的理论
语文教学文本解读的过程
语文教学文本解读的方法
诗歌文本解读
诗歌的文体特征
诗歌文本解读策略
诗歌文本解读示例
散文文本解读
散文的概念
散文的文体特征
散文文本解读策略
小说文本解读
小说的概念及分类
小说的文体特征
小说文本解读策略
戏剧文本解读
戏剧及其特点
戏剧文本解读策略
古诗文文本解读
古诗文的概念
古诗文的文体特征
古诗文文本解读策略
论述类文本分析
论述类文本的构成要素
论述类文本的特征
论述类文本的解读策略
实用类文本分析
实用类文本的特征
实用类文本的解读策略

[案例导入]

[微视频]
《湖心亭看雪》
教学片段(一)

请阅读《湖心亭看雪》的教学实录片段:

师:接下来,我们再来看“湖上影子,惟长堤一痕、湖心亭一点、与余舟一芥、舟中人两三粒而已”一句。如果说上一句是正面描写雪景的话,那么这句话便是通过“湖上影子”侧面描写雪景。请这位同学来读一下这句话。

(生读。)

师:你读出了幽静和淡然,很有代入感。大家看,作者写堤啊、亭啊、舟啊、人啊,用的量词分别是“痕”“点”“芥”“粒”。这些量词有什么特点?

生:这些量词都很小。

师:除小外,还能感受到什么?

生:“痕”应该是很轻微或淡淡的那种隐隐约约快要消失的感觉。

师:那“点”呢?

生:“点”写出了湖心亭在水的中间,远看是一个小圆点。

师:这个“点”能让我们想象到什么?

生(杂):湖心亭就好像是浮在水面上;就好像是漂在水面上;就好像是泊在水面上……

师:“芥”是什么意思?先看看它的偏旁。

生:“芥”的偏旁是草字头。

师:由此可见,“芥”是什么?

生(杂):草;草的叶子。

师:那作者所写之“舟”像什么?

生:像水面上漂着的草叶一样。

师:运用“芥”字,作者写出了“舟”的什么?

生(杂):轻巧;轻盈;漂泊无定……

师:那“粒”呢,又写出了“人”的什么?

生:舟上的人像一个个小颗粒在滚动,作者好像从船上一下子来到了云端,俯瞰整个湖面,有种天人合一的忘我感觉。

师:同学们太了不起了,这么短的时间就把“痕”“点”“芥”“粒”四个量词背后的美赏读出来了。

思考:

通过阅读上述这段文言文教学实录,你认为“翻译”与“解读”有什么不同?进行文言文阅读时应注意些什么?

第一节 文本解读概述

文本解读是语文教师的一项基本功。除文学作品需要进行深入的理解外,那些非文学作品，在它们的字面意思之外，往往也会有作者尚未完全说出来的思想和情感，即“言外之意”和“弦外之音”，需要认真地揣摩和体会。语文教学中的文本解读以文学作品为主。本章所说的文本解读，主要探讨文学作品的解读。

一、什么是文本解读

要探讨文本解读，就要了解“文本”的内涵。“文本”是结构主义文学批评的术语，来自英文 text 一词的翻译，又译“本文”。它是指语言符号按照一定的规则组合而成的、具有多层次结构的代码系统。我们在语文教学中所指的文本，主要指课文文本，它是由语言文字按照写作或创作规则组合而成的个性化的言语作品，一般称文学文本为文学作品。

现代形式主义文学理论认为，文学作品一旦生成，便与作者分离而成为一种客观存在。作者并不是作品意义解读的权威，作品的意义存在于文本特殊的语言组合形式即文本结构之中，作者的写作只是为读者提供一个具有能指功能、可供解释的客体。在整个阅读过程中，文本意义的最终实现必须建立在文本与读者的交流之上，以读者文本解读的过程为载体。

西方接受美学将文本存在形式区分为第一文本与第二文本：未经过读者阅读的作品只能是第一文本；经过读者阅读后的作品才是第二文本。第二文本“经过了读者主观的润色、加工与改造，渗透着读者的思想感情”[①]。第一文本指“现象”文本，第二文本指“生成”文本。由此可见，作者提供的只是被赋予了表面形式的现象文本，只有经过读者的理解后，现象文本才能获得自己的本质性存在，成为生成文本。换句话说，文学作品最终是由读者参与、在读者的接受过程中完成的。

形式主义的文本观对我们深入地理解文学文本的客观性，重视读者的阅读参与在文本价值实现过程中的作用具有深刻的指导意义。但我们也不应局限于形式主义的文本观，在具体的文学作品解读过程中，既要关注文本自身的思想内蕴、构思行文与语言风格，又要重视作家的创作意图、心理特质、社会背景与价值取向等因素对作品产生的潜在影响。

什么是文本解读呢？一般来讲，文本解读是读者通过对文本的语言文字进行感受、理解、分析与综合，准确提取文本表达的思想内容，深入把握文本语言运用的个性与特色，对作品做出自己内在的反应和评价。文本解读的核心，是紧紧抓住语言文字这个入口，沉浸于文本的字里行间，通过咀嚼涵泳，让文字在解读的过程中“活”起来，“立”起来，贯通起来。读者应打开感官，唤醒感觉，倾心感受文本中描绘的形象，展开自由联想和想象，对文本形象进行心理描绘，尽可能完整清晰地将作品形象投射到自己的意识屏幕上，赏析蕴含其中的意义和情味，发掘文本中隐藏的生活之真、德性之善、文学之美。

---

① 薛永武．西方美学论稿［M］．济南：山东文艺出版社，2000：536.

二、三种文本解读的理论

艾布拉姆斯认为，总体而言，文学批评理论的建构分别侧重作者、文本、世界、读者四要素。其中，作者、文本与读者是三个实体性的基本要素。基于这三种视角，历史地形成了文本解读的三种基本理论：以作者为中心的解读理论，以文本为中心的解读理论，以读者为中心的解读理论。

（一）以作者为中心的解读理论

西方传统文学理论认为，一部文学作品的意义来自作者寄寓在作品之中的原意。作者创作了作品，从而赋予作品意义，决定作品的价值。德国解释学的先驱施莱尔马赫是这种理论的代表人物，他认为“读者对作品的理解就是一种由读者理解作品时的心态向作者创作时的心态复原的心理转移。读者解释的对象，就是作者创作作品时的心理状态或心理境界”①。这是一种印证式的解读理论，以历史背景以及作者的思想与人格、写作动机为依据，去追踪作者创作作品的原初意义，以此作为文本的终极意义，作为衡量文本解读是否正确的标准。以作者为中心的文本解读理论，有着悠久的历史传统。在古代，人们创作的主要目的是“文以载道”，《尚书·尧典》中说“诗言志”，罗马诗人贺拉斯在《诗艺》中说“寓教于乐”，即通过文章实施教化功能，惩恶扬善。因此，中西方都十分仰慕“代圣人立言”的作者，文本解读也总是围绕着作者而展开。历史上，无论是对《四书》《五经》的注疏，还是对通俗作品的解说，都是围绕着如何发现作者的原意而进行。显然，这一理论具有明显的局限性。文本意义是一种历史性的存在，它是在读者与文本的对话中产生的，个体的解读是一家之言，谁都无法摆脱自身的局限，客观上也无法验证是否符合作者的原意，因为作者已然缺席；即便作者在场也未必奏效，因为作品表达出来的思想与作家力图要表达的思想之间存在着难以避免的距离和偏差。既然如此，以作者为中心的解读理论为何长盛不衰呢？这是因为文字是对思想的记录，思想是对客观现实与历史经验的反映。人们追怀历史、渴望真相，希望了解历史的本真面貌，所以对作者的原意有一种原始的、天然的理解需求。在语文教学中，以作者为中心的文本解读，主要表现为知人论世、以意逆志，它们是被广泛运用的文本解读方法。

例如，在阅读《桃花源记》时，如果不追寻作者的创作意图和其所处的社会现实，不知道陶渊明不为五斗米折腰、弃官归隐的史事，不了解晋宋之际战火遍地、饿殍遍野、普通百姓怨声载道的现实，而随意指责陶渊明回避现实，虚构人世间并不存在的空想社会，就不可能引导学生认识到《桃花源记》作为现实的一面镜子的反讽价值，也就无法深入理解课文的思想及其意义。

（二）以文本为中心的解读理论

以文本为中心的解读理论虽然古已有之，但它的发展和成熟是在 20 世纪 20

---

① 金元浦. 作者中心论的衰落：现代西方文学批评史上的一次重大转折［J］. 文艺理论研究，1991（4）：23-29.

年代前后。随着科学主义在20世纪的迅猛发展，将文学本身视为科学，立足文学自身的研究成为不可避免的趋势和潮流。俄国形式主义、英美新批评理论和结构主义等为以文本为中心的批评范式作出了自己的贡献。英美新批评理论认为，作品文本是独立自主的客体，一首诗、一篇小说或散文，都是独立的审美客体、一种美学形式。“文学作品是纯形式的，它不是物，不是材料，而是材料之比，正如任何比一样，这种比是零度比。”① 它的意义由文本自身呈现出来，与作者的意图无关，也与读者的理解无关。新批评者认为，作者意图和文本意义是两回事，以作者意图推断文本的意义，会产生一部分的荒谬性；文本意义和读者阅读效果也不容混淆，如果以阅读效果评判作品，那么也会产生感受谬误，因为读者是各式各样的，所以难以将其个人的阅读感受作为评判作品的依据。显然，以文本为中心的解读理论试图通过排除作者的权威以及读者理解的主观性、随机性，来确立文学作品作为科学研究对象的独立价值。以文本为中心的解读理论对反对庸俗的牵强附会的社会学解释，具有积极的进步意义，但它阻隔了文学与社会生活的联系，局限于纯形式分析的狭隘视域。尽管如此，以文本为中心的解读理论仍具有难以磨灭的思想价值，它重视文本细读、主张咬文嚼字，强调对语言文字进行深入分析和系统研究，对语文课文的解读具有重要的启发价值。

案例

例如，在执教《春酒》一课时，教师从文本理解的视角设计了两个问题：“猜一猜，和村子里的其他人家比，琦君家的经济状况如何？”“琦君所写的童年喝春酒、会酒的故事，大约应该发生在什么时期？”对这两个问题，学生很难凭借自己的生活经验和自身阅历作答，因为课文中描写的喝春酒、会酒等习俗发生在1925—1930年的浙江温州一带。因此，问题一提出，学生就感受到思维的挑战，但也激发了他们一探究竟的热情。教师鼓励学生大胆猜测，到课文中去寻找直接证据。学生细读文本，从课文中寻找能反映琦君家经济状况和时代背景的信息，一点一点地积累证据，支持自己的猜测。学生发现，文章中提到了琦君家过年时撤下来的贡品能装满一大缸，任由孩子吃；琦君家有从外地寄来的各种稀罕物品；村子里只有琦君家会酿八宝酒；琦君家有一个大花厅，常借给乡邻聚会喝会酒；琦君家竟然有一个专门管理花厅的花匠……大家最后得出结论：琦君家是村子里的富裕人家。学生又发现琦君家的金丝蜜枣是从北平寄来的，猜测故事应该发生在新中国成立之前的民国时期。

教师设计第一个问题的目的是为后文分析母亲的人物形象作铺垫：琦君家比其他人家富有，但母亲对待乡邻却是那样平易近人、热情好客、乐于助人，一点也没有歧视别人、为富不仁的思想，可见这是一位多么仁慈、善良、纯朴的母亲。教师设计第二个问题的目的是唤起学生对语言信息的敏感度，“北平”这一地名称谓背后隐藏着有关时代背景的大量信息。如果没有经历对

① 陆梅林．美学文艺学方法论［M］．北京：文化艺术出版社，1985：51.

这两个问题的思考探究，那么学生自己阅读这篇课文是很难注意到语言文字背后所隐含的丰富、深邃、细密的历史文化信息的。[①]

（三）以读者为中心的解读理论

走出作品中心论的视野，把读者纳入文本解读理论的体系中心，是文本解读理论发生的第三次变革。以读者为中心的解读理论自20世纪60年代以来甚为流行，以德国接受美学和欧美读者反应批评理论为代表。读者不再把作者看作高不可攀、可望而不可即的“彼岸世界”，也不再把作品看作一个独立存在、与世界绝缘的客体。读者不仅是作者创作动机的最初激发者，而且是创作的最终完成者；作品不是作者创作的一座永久性的纪念碑，而是一部乐谱、一首乐章，在不同的时间和地点，由不同层次的读者来演奏，它会产生不同的音乐。正如德国学者沃尔夫冈·伊塞尔指出的那样，作品的意义只有在阅读过程中才能产生，它是作品与读者相互作用的产物，而不是隐藏在作品之中、等待阐释学去发现的神秘之物。文学解读“本身不是一个消极的接受过程，而是一个生产性的反应”[②]。对读者中心论者而言，对作品的解读，作者并不比读者具有优先权。

以读者为中心的解读理论重塑了读者的积极形象。读者作为审美过程的活动主体，作为审美意义的发现者和接受者，他们不应该是被预先设定好的装载意义的“容器”，而应该是审美活动的主动探寻者和参与者。因此，以读者为中心的解读理论带来的阅读教学解读观是尊重读者主体地位、邀请读者积极参与、激励读者进行创造性想象的体验主义的解读观。这种解读观是对传统的以语言分析、语义综合与文学知识演绎为主要方法的阅读教学解读观的超越。传统的以语言分析、语义综合与文学知识演绎为主的解读观把文本语言看作文学意义的透明载体，通过对“字”“词”“句”“篇”“语”“修”“逻”“文”的层层递进式解读，把对文学作品的理解概念化、知识化与程式化，忽视了文学文本理解的多样性、混沌性与体验性特征，压制了学生作为解读主体的个人感悟与创造性体验。以读者为中心的文本解读，意味着沉默的文本向学生的想象力与创造性发出热情邀请。“审美经验是想象性的。”[③]“艺术让观众像哲学家一样看待生活，真正参与到艺术作品中，对经验和自我进行超越性的反思。”[④]阅读教学应对此作出积极的、建设性的回应。

案例

20世纪30年代，诗人卞之琳与批评家李健吾对诗歌《断章》的解读发生了分歧。作为作者的卞之琳说，《断章》原本是从长诗里面截取出来的一节，写的是一刹那的意境：“很可能上半年在日本京都将近半年的客居中偶得的一

① 潘庆玉．激发教学想象力：语文教学设计的创新策略［J］．语文教学通讯，2019（12）：14-18.

② 童庆炳，马新国．文学理论学习参考资料新编：下［M］．北京：北京师范大学出版社，2005：2773.

③ 杜威．艺术即经验［M］．高建平，译．北京：商务印书馆，2005：45.

④ 温辉，彭正梅．审美经验最具教育性：基于杜威美学思想的研究［J］．教育科学，2021，37（5）：12-20.

闪念。”[①] 诗人想表达的是，这个世界，你中有我，我中有你，换个角度看，背景也是风景，风景也会变成背景。作为读者的李健吾却从这首诗的“装饰”一词中里读出了无限的悲哀，认为作者对人生的解释都是“装饰”。“装饰”意味着隔阂和外在的联系，而非存在意义上的休戚与共，所以有一种生活在他处的错位的悲凉之感。李健吾认为这首诗的文字是那么单纯，情感是那么凝聚，诗面呈现的是不在意，暗中却埋着说不尽的悲哀，因而赞叹这首诗写得含蓄、蕴藉。作者卞之琳读到读者李健吾的评论后，认为他理解错了。李健吾反驳说：“一个读者和一个作者，甚至属于同一环境，同一时代，同一种族，也会因为一点头痛，一片树叶，一粒石子，走上失之交臂的岔道。一个作者，从千头万绪的经验，调理成功他表现的形体；一个读者，步骤正好相反，打散有形的字句，踱入一个海阔天空的境界，开始他摸索的经验。这中间，由于一点点心身的违和，一星星介词的忽略，读者就会失掉全盘的线索。”[②]

三、语文教学文本解读的过程

文本解读是语文教材研读与分析的重要环节。语文教学要在实践中综合运用上述三种理论灵活地、创造性地解读课文文本。语文教学中的文本解读既要遵循文本解读的一般规律，又要考虑语文教学的实际需求，为促进学生的阅读理解、思考探究和审美体验搭建有效的教学框架。一般而言，语文教学文本解读的过程可以分为自然性阅读、反思性解读和教学性研读三个阶段。

（一）自然性阅读

自然性阅读，也称素读，是指语文教师作为一个普通读者，在不借助参考书和相关资料的情况下对文本进行阅读和理解，获得对文本的原初感受和体验。自然性阅读的目标主要是通过对课文文本内容进行分析和概括，初步把握作者的写作意图和文章主旨。在阅读过程中，语文教师要初步把握文本的字、词、句、段之间的关系和相互作用，领会课文文本在特殊的词句组合中包含的基本意思。语文教师在阅读课文文本时，应将默读、诵读、品读结合起来，抛开功利性目标，沉浸其中，捕获阅读的陌生化感受，唤醒独特的审美体验。尤其是比较熟悉的老课文，语文教师更要保持一颗初心，不受原有印象和阅读经验的干扰，悬置成见，重回原点，再度起航。自然性阅读是让语文教学保持常教常新的重要方法。

（二）反思性解读

反思性解读主要指的是文本细读与批评反思。在自然性阅读的基础上，教师运用自己已有的文学知识、语法知识、语用知识与文史知识，对课文文本进行更加深入全面的分析和解读，做到咬文嚼字、因声求气，洞察文本的弦外之音、言外

---

① 卞之琳．卞之琳文集：中卷［M］．合肥：安徽教育出版社，2002：208.

② 李健吾．李健吾文集：文论卷 1［M］．太原：北岳文艺出版社，2016：122.

之意。课文文本中的词语运用，并不像日常语言或科学语言那样通常只使用词典意义，而是要传达一份情味，显示一种旨趣，特别是在一些关键之处，作家常常打破语言的常规，在特殊的语境中赋予词语以新的含义。语文教师在对课文进行反思性解读时，尤其要注意这些关键的地方。如朱自清在《背影》中多次说“我那时真是聪明过分”“那时真是太聪明了”，这几处表达有什么言外之意？研读这些反语，我们不难体会朱自清在回忆往事时的阵阵愧疚之情。又如，我们都熟悉的“红杏枝头春意闹”，王国维在点评这句诗时，认为着一“闹”字而境界全出，何以如此？这需要我们立足整体语境，细心体味揣摩，挖掘这个字背后的拟人化、情境化审美效果。假如我们不能通过细心探索体会其中的情味和妙处，也就浅尝辄止了。

此外，我们还要对课文文本的美学趣味、社会意义、文化价值及哲学启示等作出分析和判断。例如，我们只有对鲁迅选择“弃医从文”的人生道路有比较清楚的了解，才可能理解为什么他能写出《狂人日记》《阿Q正传》《孔乙己》那样的小说，才会对这些小说中的人物命运有更深刻的认识，对中国当时的社会状况有更切实的了解，对造成人物悲剧命运的社会与文化原因进行深刻的批判。

（三）教学性研读

教学性研读是指教师在前两种解读的基础上，根据语文教材对课文的单元定位与阅读提示，参照《语文教师教学用书》对课文的介绍和分析，结合学生语文学习的实际情况，从确立课文文本最佳语文教学价值的角度，重新研读课本，初步提炼教学内容，尝试确立教学目标，评估教学重点、教学难点，为教学设计作准备。教学性研读是任务性解读、聚焦性解读、换位性解读。任务性解读，即教师的文本解读是为学生的语文学习服务的，要考虑学生的学习，考虑这篇课文对发展学生语文核心素养的特殊价值在哪里。聚焦性解读，即教学解读要围绕语文教学的目标进行，要对自然性阅读、反思性解读所获得的感受与体验，进行选择、提炼和概括，聚焦语文教学目标的达成。换位性解读，即要从学生的视角看待教学解读内容的科学性、适用性和实效性问题，要把教师文本解读的成果有效地转化为学生阅读的体验、思考的问题与学习的内容。这充分体现了语文教师教学性研读的专业性和指向性，与一般读者的阅读存在着本质的不同。

四、语文教学文本解读的方法

刘勰在《文心雕龙·知音》中说：“缀文者情动而辞发，观文者披文以入情，沿波讨源，虽幽必显。世远莫见其面，觇文辄见其心。”意思是说，作家在创作时，总是由内而外，即先有客观现实的感发而后产生内在情态，这种情态通过辞章表达出来，阅读文章的人通过文辞了解作者所要表达的感情，沿着文辞找到文章的源头，即使是文章中幽深的意思也将显现，为人所理解。对年代久远的作者，固然不能见面，但阅读了他们的作品后，也就可以看到作者的内心了。语文教学文本解读的方法主要有四种。

（一）咬文嚼字，因声求气

咬文嚼字，即文本细读，就是要对文本中的语言文字进行深入的分析、揣摩和推理。因声求气是指要读出文本中的语言文字背后所隐含的表达口吻、语气、情势和态度。咬文嚼字和因声求气是语文教学文本解读的基本方法，具体包括：读题目；读标题；抓文眼；抓关键词句；抓情感词；抓标点符号；寻找文本跳跃处、穿插处、转折处、递进处和矛盾处；挖掘潜台词；进行心理独白；等等。

朱光潜曾经讲过郭沫若改文章的一个小故事。郭沫若的剧本《屈原》中是这样写婵娟骂宋玉的："你是没有骨气的文人！"在话剧上演时，郭沫若在台下听，觉得这句话表达不够，想在"没有骨气的"后面加"无耻的"三个字。这时一位演员提醒他，可以把"是"改为"这"，"你这没有骨气的文人"就可以表达清楚了。郭沫若读后大为佩服，连说："改得好，改得好！"

范仲淹作《严先生祠堂记》，收尾四句是："云山苍苍，江水泱泱，先生之德，山高水长。"他的朋友李太伯读后告诉他："公此文一出名世，只一字未妥。"范仲淹问何字，李太伯说："'先生之德'不如改为'先生之风'。"范仲淹读后很高兴，就依着改了。朱光潜认为，"德"字与"风"字在字面意义上固然不同，但重要的分别还在读音上面。"德"字读声喑哑，没有"风"字读来那么沉重响亮。此外，《论语·颜渊篇》说："君子之德风，小人之德草。"风具有鲜明的意象特征，可触可感，它能够把抽象概念"德"化作在宇宙里自由飘荡的天地长风，更具审美效果。

因此，在文本解读的过程中，教师要对重点的字、词、句仔细分析。《荷塘月色》中有一个关键句子："我且受用这无边的荷香月色好了！""且"是暂且的意思，为什么只能暂且享用这美好的时光？这里呼应了前文"这几天我心里颇不宁静"。世事烦扰，难得清静！这里为什么不用"享用"？"受用"有一种被美好的事物一点一点地感化的意思，是被动的，"享用"是主动的、一般性的表达。"受用"把朱自清先生赏玩时那种散漫闲淡的心境准确地勾画出来。抓住这一句，也就抓住了本文写景抒情的心理主线。

（二）比较还原，弦外有音

从多个角度、多个层面对文本语言进行比较分析，是文本解读的重要方法。作品的创作都有一个修改完善的过程，作品的定稿与初稿往往有较大的差别。通过对这些差别之处的比较分析，可以还原作者修改文本时的心理感受和创作过程，从中读出更丰富、更深刻、更隐蔽的思想内容。同样，对课文的语言表达进行改写，对比原稿并加以分析，可以拓展读者的想象和思维，发现语言文字的妙处和用心之处。语言比较已经成为语文教学文本解读的常用方法，具体包括：草稿与定稿的文字比较；不同时期版本的文字比较；教师改写与作者原文的文字比较；影视剧改编与原文的比较；绘画、插图与原文文字描述的比较；文中所描写的客观事物、真实历史事件与原文表述的比较；等等。

如《阿Q正传》的原稿中有这样一句话：

天色将黑，阿Q睡眼朦胧的在酒店门前出现了，他走近柜台，从腰间伸出手来，满把是钱，在柜上一扔，说："现钱！打酒来。"

《阿Q正传》的修改稿中把这句话改为：

天色将黑，阿Q睡眼朦胧的在酒店门前出现了，他走近柜台，从腰间伸出手来，满把是银的和铜的，在柜上一扔，说："现钱！打酒来。"

"满把是钱"，只是一句一般性的说明，缺少形象感。修改稿中的"满把是银的和铜的"，把钱写得有声有色，富有质感。在柜上一扔的时候，我们甚至能够听到满把的银圆和铜钱碰撞柜台时发出的清脆声音，看得到它们"哗"地一声摊泄在台面上的样子。改写后的句子，把阿Q那种小人物一夜暴富后不可一世、狂妄自大的变态心理淋漓尽致地刻画出来了。

张岱的《湖心亭看雪》中有一句描写雪景的话："天与云与山与水，上下一白。"语文教师进行文本解读时，可以让学生比较：这一句是否可以改为"天云山水，上下一白"。通过对比，引导学生理解"与"字的作用：因为"与"字的插入与隔离，呈现出一幅幅流动着的天、云、山、水交汇融合在一起的阔大深远的画面，它放缓了作者欣赏雪景的脚步，体现出闲散悠游的心态，丰富了湖心亭雪景的层次，为后面的"上下一白"作了铺垫和准备。

由此可见，通过文本语言进行多种角度、多个层次的对比分析，可以揣摩作者寄托在字里行间里的细腻情感，想象不同的语言表达所带来的不一样的阅读体验和思维过程，领会游走在文本内外的言外之意、弦外之音，从而抵达作品情思世界的最深处。

（三）知人论世，以意逆志

知人论世，以意逆志，是指解读教学文本时，要发挥读者的能动性、创造性，沿着文本的情思文脉，依靠对作者与现实世界的了解，主动地去感悟和探求作者的内心世界。"知人论世"出自《孟子·万章下》："颂其诗，读其书，不知其人可乎？是以论其世也。"这句话的意思是：吟咏他们的诗，读他们的书，不知道他们到底是什么人，可以吗？所以提醒我们要研究作者所处的社会时代。"知人论世"是由这句话演化出的，是指要理解作品的意义，必须了解作者的性情、人格、创作境遇、写作动机。知人论世与以意逆志，这两种文本解读方法往往结合在一起，加以综合运用。"以意逆志"出自《孟子·万章上》中的"故说《诗》者，不以文害辞，不以辞害志；以意逆志，是为得之"。这句话是说：解说诗的人，不要拘于文字而误解词句，也不要拘于词句而误解原意；用自己切身的体会去推测作者的本意，这就对了。从中可以看出，"意"指的是读者的切身体会，"志"指的是作者创作的本意，"逆"指的是推测。"以意逆志"强调在文本解读过程中，读者要发挥自己的主观创造性，积极地进行感知、体验、思考和评价。

案例

王安石的《泊船瓜洲》："京口瓜洲一水间，钟山只隔数重山，春风又绿江南岸，明月何时照我还？"从文字表面来看，诗歌主要写客船停靠在瓜州时，作者所看到的江南春光美景，寄托其思乡之情，尤其是"春风又绿江南岸"一句，一般的解读都注意"绿"字，谈论用字之妙，却很少有读者看到春风的多层意蕴。如果联系作者当时的处境，那么对诗歌的理解将会更加深入。诗歌写作于王安石第一次变法失败被贬，再度被朝廷起用之后。一个“又”字，暗示着诗人已多年未归家。此次泊船瓜州，紧邻南京，迫近家乡江南，而自己仍不能回家。面对着家乡江南如此美好的春色，思乡之情油然而生。触景生情的思乡之愁，又反映出诗人政治生涯的坎坷与艰辛。同时，这里的春风，还含有变法要再度实施的意思。“春风又绿江南岸”，既在写景，又在写事，联系作者的政治生涯和人生经历去解读这首诗，我们会读出更为丰富的诗意和社会内涵。

（四）辩体明旨，阐幽发微

辩体明旨，阐幽发微，是指文本解读要把宏观的分析与微观的品赏加以贯通与统一，做到浑然天成，圆融无碍。文体是文章的体制、样式和规格。古往今来，各类不同的文体，因人际交往的需要形成了一些共同的特点，从而逐步地定型化、规范化；又因社会时代和作者个性的不同，保持着特殊性、变异性。王蒙曾经说过：“看一个作品的文体就好比是看一个人的胖瘦、高矮、线条、姿态、举止、风度、各部分的比例以及眼神、表情、反应的灵敏度与速度等。文体是个性的外化。文体是艺术魅力的冲击。文体是审美愉悦的最初的源泉，文体使文学成为文学。”[①] 文本解读，从文体入手，可以窥见作者的精神人格之一斑，作品的体例框架及作者所蕴藏的意图、所应用的技巧，也会洞然大开。对文本主旨的把握，除从宏观的文本体式入手进行解析外，还应该抓住文本的细节、空白与矛盾之处，进行阐幽发微，比类联想，推理求证。也就是说，文本解读，应该把“致广大”与“尽精微”紧密结合起来，大处着眼，小处入手，以大观小，以小见大，做到丝丝入扣，圆融、浑然而有生气。

案例

下面以《愚公移山》的教学为例予以说明。许多教师在教《愚公移山》的时候，只关注到这是一篇以叙事为主的文言文，而忽视了《愚公移山》作为寓言的文体特征。寓言有什么特点呢？寓言是文学作品的一种体裁，字数不多，但言简意赅，常带有讽刺或劝诫的性质，多用假托的故事或拟人手法说明某个道理或教训。寓言的类型有两种：一种是用夸张的手法，勾画出某类人的特点和思想；另一种是用拟人的手法，把人类以外的动植物或非生物人格化，使之具有人的思想感情或某种人的特点。围绕寓言的这些特点，结合《愚公移山》中的内容，教师可以提出下面的问题：

（1）愚公的做法在现实世界中能行得通吗？你赞成吗？

（2）这个故事是真实的吗？哪些地方有悖常理？

（3）通过这个故事，作者要讲什么样的道理？

（4）作者为什么要用这种夸张和虚构的方式来讲道理？

［微视频］
《愚公移山》
教学片段

---

① 童庆炳. 文体与文体的创造［M］. 昆明：云南人民出版社，1994：序言 1.

愚公“年且九十”，这显然是夸张的说法。“遂率子孙荷担者三夫，叩石垦壤，箕畚运于渤海之尾……寒暑易节，始一反焉。”这句话说明移山的人力少，装备差，周期长，可见效率会比较低下，而工作对象却“方七百里，高万仞”，两者形成了夸张的对比、巨大的反差，其意何为？由此，课文的“寓言”特征呼之欲出。课文通过夸张的描述给我们讲述的并不是一个真实的故事，而是一种象征情境：人类向横亘在自己面前的、看似不可能战胜的困难发起挑战。从愚公身上，我们自然会产生一种联想，他敢于超越现实的局限，不怕艰难险阻，勇于战胜困难，隐含着一种英雄主义精神和牺牲精神。这个故事讲述了一个普遍的人类文化母题——人与自然如何相处？蕴含着一种普遍的哲理沉思——面对看似不可战胜的困难，人类如何把握自身的命运？愚公移山的喜剧结尾并不是偶然的，它与中国传统文化中“人定胜天”的乐观主义信念有关。所以，通过辨别文体，审视文本的细节、夸张、矛盾以及不合情理的地方，能够解读出文本深处的寓意和寄托，发掘出它的言外之意、弦外之音。

第二节 诗歌文本解读

诗歌是一种表达人类情感、思想、信仰和理想的文学形式，具有丰富的想象力、深刻的启示性和强烈的感染力。在众多的文学文体中，诗歌具有特殊的地位。诗在不同民族中总是被看成可以涵盖一切文艺样式审美本质的、最高的艺术审美形式，[①] 就连有关诗歌的文学理论也通常被称为“诗学”。我国向来有着重视“诗教”的优良传统，“不学《诗》，无以言”。吟诗作赋是古代读书人的基本文化修养，诗歌在中小学语文教材中一直占据着十分重要的位置。不过，诗歌语言具有含蓄朦胧、简约跳跃、言近旨远的特点，给诗歌文本的解读带来不小的挑战。掌握诗歌文本的解读策略，有助于我们全面、深入地走进诗歌的思想与艺术世界。

一、诗歌的文体特征

诗歌的文体特征首先表现在若隐若现的思想内容上。巴尔扎克说：“真正懂诗的人会把作者诗句中只透露一星半点的东西拿到自己心中去发展。”[②] 林庚说：“什么是诗？诗的本质就是发现。”[③] 诗歌借助语言的暗示在读者心中架起了一座通向未知世界的桥梁。阅读诗歌就是要感悟诗人对自然、人生、宇宙的深刻体验和对人生真谛、美的真谛的诗意发现。如杜甫的《哀江头》开篇“少陵野老吞声哭”，一个“吞”字，把人物满腔的哀情伤痛诉诸笔端，在读者心头涌起的是一片令人压抑的

① 王耀辉．文学文本解读［M］．武汉：华中师范大学出版社，1999：14.
② 巴尔扎克．幻灭：上［M］．傅雷，译．北京：团结出版社，2021：84.
③ 林少华．雨夜灯［M］．青岛：青岛出版社，2019：214.

灰蒙蒙的历史，“吞”字背后隐含着国破家亡的悲怆遭遇。公元756年秋天，杜甫前去投奔刚即位的唐肃宗，不巧被安禄山、史思明的叛军抓获，带到沦陷的长安，旧地重见，满目疮痍，触景伤怀，诗人的内心无比痛苦。第二年春天，诗人沿着长安城东南的曲江行走，不禁感慨万千，哀痛欲绝，于是写下了这首《哀江头》。读者解读的过程就是发现“吞”字背后的沧桑历史与哀痛人生，体味杜甫内心深处的伤悲和酸楚。

从思想内容的角度来说，诗歌的文体特征主要表现在以下两个方面：（1）蕴含真情。诗人要有赤子之心，敢于在诗歌中抒发自己的真感受、真性情、真见地，不能有一丝一毫的虚伪与做作。脱离真情实感，诗歌的生命就会委顿，再华丽的语言也无法唤醒读者心中的珍贵诗意。艾青说：“诗与伪善是绝缘的，诗人一接触到伪善，他的诗就失败了。”[①]（2）意新旨远。诗歌不只是为了抒一己之情，其在情感背后隐藏着深刻的思想。诗歌创作应该有独特新奇的发现和感受。一首诗歌的生命力不仅取决于语言的创造力，而且取决于凝结在语言形式之中的生活姿态与思想境界。立意新颖、旨趣幽远，是一首好诗的内在品质。

诗歌的文体特征还可以从形式的角度来把握。诗歌打破了日常语言运用的散文形式，词语凝练新奇，结构跳跃多变，富有节奏和韵律。诗歌借助这种语言表达上的创造，不仅能以丰富的情味感染读者，而且能唤起读者视觉和听觉上的美感。王维的《使至塞上》中的名句“大漠孤烟直，长河落日圆。”通过对仗的语言形式，把大漠、孤烟、长河、落日四种景象生动地展现在读者眼前，在空间上，广阔无垠的浩瀚大漠与九曲长河，形成了鲜明对比。在时间上，滚滚升腾的狼烟划开长空，直插云汉，最终消散在茫茫天际。缓缓下坠的硕大浑圆的落日，在长河里洒下余晖，波光闪烁。这时，读者从“直”与“圆”的对比之中不仅获得了视觉上的强烈冲击，而且感受到了时间的流动，一分一秒都是那么清晰和真切。这种大美之境，只有诗歌语言才能创造出来。

从形式的角度说，诗歌的文体特征主要表现在以下四个方面：（1）分行排列，讲究音律。诗歌是通过语言节奏表现思想情感的艺术。分行是在空间上营造诗歌的节奏，音律是在时间上表现诗歌的节奏。分行和音律不仅赋予了诗歌特有的语言物理属性，而且反映了其内在的精神气质。现代诗在分行和音律方面进行了新的探索，其表现形式更加开放和多样。（2）联想丰富，想象充沛。诗歌是通过具体的意象来传达思想情感的，意象的塑造靠诗人的联想和想象，借助比喻、拟人、对仗、排比、通感、典故等修辞手段，或通过白描、比兴、衬托等表现手法，赋予普通事物以新的艺术形象和感情色彩，创造出新的审美意境。（3）跳跃穿插，虚实相应。诗歌的创作充满不确定性，它不是按部就班的叙述，而是在诗人的创造性直觉的驱动下展开的思想和情感的“冲浪式”探索。因此，诗歌往往在思维的跳跃中进行，内容虚实相间，主题或隐或现，呈现出朦胧缥缈、神秘莫测的特点。（4）迂回复沓，意境幽深。诗歌在意境的构造上一般不会平铺直叙，而是通过重章叠韵、一咏

---

① 刘萍，吕进．艾青“诗的散文美”理论的再思考［J］．重庆大学学报（社会科学版），2005（6）：6-69.

三叹的方式进行迂回递进、层层渲染、酝酿升华，给人诗意弥漫、情感氤氲、意境幽远的感受。

二、诗歌文本解读策略

诗歌文本的解读，应从审美、文化、语言、形象、经验等诸多层面来进行。解读诗歌语言，要抓住关键词句，立足整体语境，聚焦修辞作用，诠释诗句的弦外之音。解读诗歌形象，要发挥联想和想象，发现事物的特点，感受其中蕴含的思想情感，实现从物象到意象的升华。解读诗歌，还需要调动读者已有的阅读经验和生活经历，与文本展开多个层面的对话，收到触类旁通的效果。解读诗歌的关键一环是审美鉴赏，即对诗歌进行审美化解读——打通语言、形象、经验、思想情感等各个层面，汇聚生成整首诗歌所营造的意境，深度体验其中蕴含的思想情感，并能从理性的角度去分析和评价诗歌的艺术水准。对诗歌的文化解读是指立足我国悠久的历史文化传统，放眼五彩缤纷的世界文化，通过知人论世，打开诗歌背后的历史文化空间，在历史与现实之间建立一种积极的、开放的对话关系，实现优秀文化基因的传承。总之，诗歌解读是一个充满了个性化、创造性与不确定性的文学接受活动，在具体解读过程中，应灵活运用以下三种策略。

首先，诗歌文本解读要回归诗歌本身的语言艺术，赏析诗歌的奥秘。诗歌不仅是语言艺术，而且是语言艺术中富有奇幻、精粹有力的那部分。奥地利诗人里尔克在《现代抒情诗》中说："只有当个人穿过所有教育习俗，并超越一切肤浅的感受，深入到它的最内部的音色当中，他才能与艺术建立一种亲密的内在关系，成为艺术家。"[①] 解读诗歌语言，要透过格律修辞的表面去聆听附在诗句之后的灵魂的舞步、心灵的歌唱与大自然的呼吸。

其次，诗歌文本解读要特别注意诗歌思想内容丰富的层次性和多种可能性，不能把诗歌解读当作诗歌翻译——把内涵丰富多变的诗歌语言翻译成浅白直接的生活语言——而是要在诗歌解读中呵护诗歌的神秘感和多义性，包容诗歌的矛盾、含混与晦暗。诗歌是心灵自由的象征，诗歌解读的过程就是超越语言文字的羁绊和隔膜，获得心灵自由与思想解放的过程。"任何阐释都不是眺望大海的最后一道海岬。"[②] 要保持诗歌解读的开放性和包容性，正像波德莱尔所说："诗不可同化于科学和伦理，一经同化，便是死亡和衰退。"[③] 诗歌具有魅力，恰恰是因为它给读者带来了更多的阅读期待和思想感悟，使其思想内蕴变得更加醇厚悠远。

最后，诗歌文本解读要从意象的赏析到达诗歌的整体意境，敏锐地捕捉意象之外的韵味。意象就是客观物象经过诗人独特的情感活动而创造出来的一种艺术形象，它渗透着诗人的思想情感，变为情景交融的诗意状态。意境是由一系列的意象按照情感发展线索组合汇聚而成的一种"情感场"，能够形成浓郁的诗意氛

---

① 里尔克，永不枯竭的话题：里尔克艺术随笔集［M］. 史行果，译. 上海：东方出版社，2002：44–45.

② 王家新，刘聪. 把诗歌教成诗歌［J］. 语文建设，2016（7）：4–8.

③ 伍蠡甫，蒋孔阳，翁义钦，等. 西方文论选：下卷［M］. 上海：上海译文出版社，1988：215—216.

围，营造出特定的思想空间或诗意背景。诗歌所描绘的生活图景、所寄寓的思想情感，在诗歌意境之中达到水乳交融、浑然一体的状态。对诗歌意境的探索和建构，意味着诗歌解读要超越感性层面的审美经验抵达精神顿悟的最高层次。在优秀的诗歌作品中，诗人往往隐身在意象之中，营造出一种无我之境，为读者留下丰富的创造性空间。

三、诗歌文本解读示例

《登高》是杜甫的代表作。该诗作于唐代宗大历二年（767年）秋天，杜甫当时在夔州（今重庆市奉节县）。这时安史之乱虽然已经结束四年了，但地方军阀又趁势而起，相互争夺地盘。杜甫本入严武幕府，但是不久后严武病逝，杜甫失去依靠，只好离开成都草堂，买舟南下。本想直达夔州，却因病魔缠身，途中在云安待了几个月后才到达夔州。多亏当地都督的照顾，杜甫在此住了三个年头。就在这三年里，杜甫的生活比较困苦，且疾病缠身。某天，杜甫独自登上夔州白帝城外的高台，登高眺望，百感交集。眼中所见之景，激起杜甫心中的感触；萧瑟的秋江景色，引发了杜甫对自己身世飘零的感慨，注入了杜甫老病孤愁的悲哀。于是，杜甫在自身处境十分困窘的情况下，写下了这首被誉为“七律之冠”的《登高》。可以说,《登高》是对杜甫一生悲苦经历的整体写照。作者把写景、叙事与抒情巧妙地融合在一起，使整首诗达到了水乳交融、浑然天成的艺术境界。

《登高》是经典作品，古往今来的解读者较多，但大多数的解读者侧重从作者生平经历、作品布局结构、作品创作风格等角度进行解读，使得对本诗歌的解读出现了脱离文本进行深度挖掘和多元阐释的倾向。广大语文教师在教学这首诗时也会受各种解读观点的影响而疏离文本。这种状况容易导致学生只记住对诗歌的外部分析和定性评价，而忽视对诗歌文本自身的感受、体验和想象，最终造成文学审美活动的缺失。基于此，我们拟从文本细读的角度解读《登高》。

本诗从整体上可以分为两部分：诗的前四句写景，营造了一种肃杀悲凉的气氛；诗的后四句写作者的生平回忆及现实感触，充满悲苦绝望之情。诗的前四句中，八种不同的景物交替呈现，构成了跌宕起伏、流连辗转的意象组群。作者不是孤立地为写景而写景，而是在描绘景物的字里行间倾注了自己内心深处的情感体验；诗的后四句是集中抒情的部分，作者从对自己生平的苦难回忆入手，转入对当下自身穷困潦倒的现实境遇的叹息，实现了思想时空的大跨度转换，使得诗歌的情感表达曲折迂回、沉郁顿挫、感人肺腑。

诗的前四句可分为两个层次。第一个层次是首联，“风急天高猿啸哀，渚清沙白鸟飞回”，从宏观角度描绘了诗人登高望远时的周围环境和代表景物，以及诗人当时拖着病痛的身体孤独地站在高处仰天长叹的情形。“风急天高”写出了诗人处于此时此地时，内心凄凉无助的感受。“风急”一词似乎在催促着诗人尽快走完这残存的、无望的生命旅程；“天高”一词似乎是指残酷的社会现实已经把诗人遗弃在一个无人问津的绝境。“猿啸哀”是指一声凄厉的猿鸣划过空寂的长空，触发了作者壮志难酬、羁旅他乡、孤独无依的隐痛。从“渚清沙白鸟飞回”可以看出，

作者失望地把目光从遥不可及的高空慢慢转向脚下的旷远大地。不远处有浩浩荡荡的大江流经此地，掩映在清冷波光中的一道道渚岸沙滩横卧在江面上。在沙滩的上空，有几只水鸟迎着扑面而来的疾风艰难地飞向泛着白光的沙地，找寻自己的栖居之所。这些鸟儿都可以有一个暂时的栖居地来躲避外界的侵袭，而此时的诗人却只能孤苦伶仃地独自站在这高台上，默默地仰望着长空，不知道自己的明天将归于何方。

第二个层次是颔联，“无边落木萧萧下，不尽长江滚滚来”，从微观角度重点描写了落叶和长江，进一步渲染强化了首联所形成的肃杀悲凉之气，突出表现了作者登高望远时所产生的愁肠郁结的心理感受。“无边”一词写出了空间上的旷远；“萧萧”一词写出了落叶随着急风的裹挟而飘忽无定的姿态。这两句诗，作者似乎让我们聆听到一曲凄凉哀怨的生命挽歌，感受到生命逝去的无可奈何。诗歌首联的六种物象所营造的秋天的肃杀之气，通过一片片随风急转而下、飘忽不定的落叶得到了强化和渲染，一派凄凉冷寂的景象宛若在眼前。“不尽”一词写出了时光的永恒与人生的短促所构成的矛盾。“滚滚来”与“萧萧下”在声响与动作上形成了强烈的对比。飘忽不定的落叶给我们带来的是惆怅和哀伤，滚滚而来的长江水为我们营造了一种强大的视觉和听觉冲击力，给愁苦悲凉的氛围注入了沉痛悲怆的情绪。时光如梭，时不我待，诗人已经步入暮年却报国无门，壮志难酬。面对滚滚长江，作者的愁苦和绝望被无形地放大了，并郁结在胸，难以化解。

诗的后四句也可分为两个层次。第三个层次是颈联，“万里悲秋常作客，百年多病独登台”，这是作者对自己一生颠沛流离、郁郁寡欢的悲苦生活的回忆。“万里悲秋常作客”一句，从空间距离上的遥远隔绝写出了诗人长期生活不定、辗转流浪的经历。“百年多病独登台”一句用时间的漫长写出了自己因生活上的长期穷困而导致病痛缠身的不幸遭遇。“万里”与“百年”的落脚点是“独登台”，这三个字把诗人的思绪从回忆带到现实之中，两种愁苦哀思在这里紧紧交织并融会在一起，形成浓重的心理暗影。在首联和颈联所描绘的八种现实肃杀景象的基础上，作者在这里又涂抹了一道更加深入、彻底的悲凉凄怆的心理底色，把作者的孤独感生发得催人泪下，无以复加。

第四个层次是尾联，“艰难苦恨繁霜鬓，潦倒新停浊酒杯”，这里作者回到了现实，描绘了自己穷困潦倒的窘况，道出了内心深处难以排解的苦闷和绝望。“艰难苦恨”四个字高度概括了诗人一生的困顿遭际，每一个字都极其沉重，浓缩了诗人无数次彻夜难眠的叹息声以及为理想和生计而四处奔波的足迹。“繁霜鬓”用一个特写镜头把“艰难苦恨”的人生遭遇深深地刻画在一张老迈病衰的脸上，显得更加沧桑凄凉。一个“繁”字写出了白发的多和乱，体现了诗人此时内心的百无聊赖，无所寄托。“潦倒新停浊酒杯”一句，写出了作者此时黯然神伤、无以排遣内心愁苦的身体动作和面目神情。因身体病痛，诗人新近已戒酒，可此时唯有一杯淡酒才能抚慰诗人无可化解的愁苦。我们似乎可以看到，诗人刚举起酒杯（其实空无一物，仅一个动作而已）又徒然放下，本想借酒浇愁，哪想杯到唇边时，刚刚退潮的愁思却又以更加迅猛、令人窒息的力量突袭诗人的心头，真是欲哭无泪，欲罢不能。诗人只好徒劳地放下酒杯，任凭潮水般的凄凉愁思一点点地把自己淹没。最后以一个“杯”字收尾，这空荡荡的酒杯，不正像作者此时此地那凄怆隐忍的内心，空虚而绝望！杯—悲同音，也在无意中道出了那声久久萦绕在整首诗歌中的惆怅哀调。

第三节　散文文本解读

散文在语文教材中占有很大的比重，是与诗歌、小说、戏剧等并列的一种文学样式，包括抒情散文、叙事散文、哲理散文、杂文、游记等。散文在中小学语文教学中特指“现代散文”，“形散而神不散”是其突出特征。散文看似语言表达和情感抒发一如平常，但要真正理解其中的审美意蕴和艺术魅力，需要我们在语文教学中进行多维度、深层次的解读和品味。

一、散文的概念

散文并不是一种严格意义上的文体概念，它只是在文学实践过程中约定俗成的文类概念。[①] 散文是文学的一大样式。六朝以来，为区别于韵文和骈文，把凡不押韵、不重排偶的散体文章，包括经传史书在内，概称“散文”。后又泛指除诗歌以外的所有文学体裁。现代散文与小说、诗歌、戏剧等并称为最重要的文体。散文有广义和狭义之分。广义的散文包括杂文、小品文、随笔、报告文学等；狭义的散文专指表现作者情思的叙事、抒情散文。散文以表现性情见长，形式自由，结构灵活，表现手法丰富多样，抒情、叙事、议论各主其事，也可兼而有之。

二、散文的文体特征

（一）主体抒情性

散文创作以“感乎外物，情动于中”为缘起，以抒发主体情感和内心体验为指归，这决定了它必然具有抒情性的特征。[②] 散文是作者饱含酣畅淋漓的情感写出来的，没有情感的散文读起来味同嚼蜡，无法引起读者的共鸣。郁达夫认为：“现代的散文之最大特征，是每一个作家的每一篇散文里所表现的个性，比从前任何散文都来得强……现代的散文，却更是带有自叙传的色彩了。”[③] 由此可见，散文是一种主体性很强的文体，言我之志，抒我之情，它强调作者主体意识和真实情感的坦诚流露，倾注着作者对人生、对生活、对自然、对世界的独到理解和浓郁情怀。《背影》之所以感动读者，其重要之处就在于作者表达情感的真挚：离别之际，朱自清目睹父亲佝偻的背影，从内心深处真正感受到父亲对自己的爱护与体贴，由此生发出无限的感激和愧疚之情，他面对父亲家信时闪烁的“晶莹的泪光”能够抵达每一位读者的灵魂深处，使之与作者和文本产生强烈的情感共鸣。

---

① 潘庆玉 . 激发教学想象力：语文教学设计的创新策略［J］. 语文教学通讯，2019（12）：14-18.

② 万福成，李戎 . 语文教育美学论［M］. 青岛：青岛海洋大学出版社，2001：186.

③ 蔡元培，等 .《中国新文学大系》导言集［M］. 贵州：贵州教育出版社，2014：184.

（二）自由开放性

散文的文体潇洒，在内容和形式上具有自由开放性，主要表现为以下两点：一是取材广泛，内容丰富。散文的内容横亘中外，纵贯古今，包容大千世界，涵括人世百态，可以写人、叙事、写景、咏物、阐理，一草一木、一人一事皆可成文。二是写法自由，体式不拘。散文写作无边界，可兼采诗歌、小说、戏剧、实用类文章的要素，也可混合记叙、描写、抒情、说明、议论等多种表达方式，写法不拘一格，任意起止。例如，《故都的秋》在宏观上采用“横式结构”，用“秋晨之景”“秋槐之景”“秋蝉之景”“秋雨之景”“秋果之景”五幅画面来描绘故都的秋景，看似画面之间独立跳跃、关联不大，放置在一起却构成了一幅立体流动、点面兼顾的秋天图景；在微观上，《故都的秋》在每一幅具体的画面中使用了意象的拼接，如第一幅画面中的“破屋”“浓茶”“驯鸽”“牵牛花”“秋草”，在强烈的跳跃感中增强了意象之间的张力，给读者留下了广阔的审美想象空间。

（三）优美凝练性

散文往往被称为“美文”，其语言或清新自然、质朴无华，或绚丽多彩、文采斐然，或发自肺腑、动人心彻，都会做到生动优美、自然流畅，有时寥寥数语就可以描绘出立体的形象，勾勒出动人的场景，显示出深远的意境，力求写景如在眼前，写情沁人心脾。在《荷塘月色》的“曲曲折折的荷塘上面，弥望的是田田的叶子，叶子出水很高，像亭亭的舞女的裙”一句中，朱自清将自然舒展的荷叶比作舞裙，生动形象地描绘出荷叶优美、灵动与摇曳的身姿；句子中叠词的运用，朗读起来节奏鲜明、音律和谐，给人一种音乐感。

三、散文文本解读策略

（一）披文入情，唤醒情感共鸣

散文创作是作者把内心积累和触发的所思、所感、所悟化作文辞表达出来的由内而外的过程；散文解读是读者通过反复涵泳作者苦心经营的妙笔，触摸其当时的创作心境和独特的生命状态，从而实现与作者和文本的情感共鸣。这里要特别强调的是，散文文本的解读要尊重读者对文本的初读体验，尽量不要让教参、名家对该文本的解读观点先入为主，而是“让自己的双眼和心灵直接面对文本，让该文本的语言文字与我们的心灵感知反复相遇和交融，直到这一过程唤醒了我们生命的某种稳定而真切的阅读体验”[①]。这种充满感性和心灵共振的审美阅读方式，使读者运用“人同此心，心同此理”的共情能力，去感受作者寄寓在语言文字中的内心感动，从整体上把握文本的情思脉络，从而实现以散文文本为桥梁的读者、作者跨越时空的生命共振。

读者要想与作者和文本实现情感共鸣，可以通过知人论世、联系上下文两种方法进行。

---

① 荣维东 . 语文文本解读实用教程［M］. 北京：北京大学出版社，2016：219.

1. 知人论世

散文是作者真实性情、生活、精神、思想等的原生态再现，也是作者生存的特定社会的具体反映。知人论世，就是要了解作者、了解其所处的时代背景。例如，在解读《故都的秋》这篇散文时，我们不仅要感受北国之秋的清、静、悲凉，读懂作者对北国之秋的偏爱之情，而且要走近郁达夫本人，触摸他的自身气质和美学追求。郁达夫幼时丧父，家境贫寒，从小饱尝生活的窘迫与艰辛；成年后去日本留学，在异国他乡遭遇歧视。《故都的秋》写于1934年，在这个山河分裂的多事之秋，心系家国的郁达夫辗转千里再次来到北平，看到的是平常之景，勾勒的是清静之秋，流露的是悲凉之情，表达的是对故都的深深眷恋。作者把北平秋天的“清”“静”“悲凉”看作一种美和一种难以割舍的情结，其中的家国之思，正是作者生命的体味。

2. 联系上下文

散文最大的特点之一是“形散神聚”，虽然在形式上没有固定的章法结构，但它的主题立意和思想情感是鲜明集中的，有一条贯穿始终的情感主线。所以教师在解读文本、批文入情的时候，要避免割裂文本的整体语境，学会联系上下文，遵循作者情思脉络的自然发展。例如，《背影》一文中一共出现了四次“背影”，这四次“背影”是相互关联的：点题背影—刻画背影—惜别背影—再现背影。每一次背影的出现都有着不同的意义和价值，不能彼此取代。从第一次背影到第四次背影，朱自清对父亲的态度在悄悄地发生变化，对父亲的理解也在不断地增加。正是背影一次又一次地出现，父爱的主题才得到一层层的渲染和强化。解读此文，应该去发掘其中父子情感发展变化的脉络，而不是切断它们之间的有机联系。另外，文章在写印象最深的这次背影之前，用将近一半的篇幅讲述父亲为我送行的件件琐事，写父亲的“迂腐”和“我”的“聪明”，这些内容看似与背影没什么关系，不必花时间解读。恰恰相反，正是前面作了这么多看似闲笔的铺垫，父亲过铁道买橘子时攀爬月台的笨拙背影才能打动人心。因此，解读《背影》一文，不能眼中只见背影，不见上下文。

（二）文本细读，品味语言魅力

一篇好的散文，其语言或优美生动，或质朴自然，或含蓄深刻，或凝练传神，都值得读者细细品味，咀嚼揣摩。例如，《记念刘和珍君》的语言锋利如匕首，《荷塘月色》的语言绚丽如彩虹，《我与地坛》的语言凝重如深潭。散文文本的解读过程，不仅是从文本中不断地提取信息进行意义建构的概念化思维过程，而且是基于读者的语感积累、背景知识和生活阅历，积极唤醒生命体验、自觉生成语象，深刻把握语意，洞悉隐喻象征和顿悟玄思哲理的体验感悟过程。① 因此，在解读散文文本时，教师要引导学生在反复诵读中感知散文的语言风格，赏析散文语言表达的特点，探寻其中的意蕴；还要展开想象的翅膀，描绘作品的意境，体会散文文本的言外之意和意外之情。

---

① 潘庆玉．课文解读应注意的问题［J］．山东教育，2013（Z2）：91-92.

1. 反复诵读，探寻意蕴

散文具有优美多姿的语言、真挚细腻的情感、含蓄蕴藉的意境、形散神聚的特质，是比较适合诵读的文体之一。读者只有通过有感情地反复诵读，才能读出语言之美，感知文本内容，体会作者的所思所感，进入其营造的意境中，最终完成文本细读的第一步。细读文本，首先要反复诵读关键的、含义丰富深刻的语句。例如，《故都的秋》文章开头一句是“北国的秋，却特别地来得清，来得静，来得悲凉”，这是能概括文章主旨的关键语句，要在此基础上理清行文思路，把握文本中心。其次，要反复诵读生动优美、运用富有特色的修辞手法的语句。例如，《荷塘月色》一文中的“微风过处，送来缕缕清香，仿佛远处高楼上渺茫的歌声似的”，这句话运用通感的修辞，将嗅觉与听觉有机地融为一体，给迷人的境界增添了无限的韵致。除此之外，还要反复诵读“非常态”的词语和表达。例如，《故都的秋》的题目为什么不用“北平的秋”呢？这个题目蕴含着深意：“北平”这个词任何人都可以用，而北平作为“故都”，只属于这里的居民，由此道出了作者深切的眷恋和思念之情；“故都”的“故”字含有“过去”的意思，北平作为曾经的首都，此时已经繁华褪尽，道出了历史的沧桑与落寞；“故都”较之“北平”更有诗意和古典韵味，与“秋”结合，构成了一种人文景观与自然景观的融合之美。

2. 发挥想象，领略意境

散文又被称为“无韵之诗”，其优美的意境可以与诗歌相媲美。散文的意境往往隐藏在字里行间之中，读者如果僵化、机械地解读文本，就会使原本幽美独特的意境变得支离破碎，使原本“只可意会不可言传”的内在意蕴变得枯燥无味。读者在解读文本时，不能只停留在文字表面所描绘的语音、意象、语意层面，不明就里地运用各种抽象概念和模式化的分析框架肢解文本，而是要发挥自己丰富的想象力、敏锐的感受力和深刻的领悟力，在文本蕴含的深层语境中创造升华，真正领略散文的内在美。例如，在研究《荷塘月色》的修辞时，不能只是把比喻、拟人、排比、通感这些概念的标签及其作用，对号入座地贴在相应的句子上就算完事，而是要从语词入手，步入具体的修辞思维中，体验并想象作者在写作时所经历的内心感受、意象生成、语意唤醒和思维转换的过程。在读“叶子出水很高，像亭亭的舞女的裙”时，不能就事论事，停留在“荷叶像舞女的裙”这个层面上，而是要打开“舞女的裙”后面隐含的整体的审美情境：静谧的荷塘就像是一个朦胧神秘、曲折幽深的舞池，一株株荷花亭亭玉立，像纯情的少女，在淡雅的月光下，伴着微风的节奏，她们时而紧紧簇拥，时而徐徐疏散，时而迎风飘举，时而颔首提裙，这是一幅多么柔情似水、情致怡人的画面！在这里，我们由荷塘联想到舞池，由荷叶联想到整株荷花，由舞女的裙出水很高，联想到亭亭玉立的少女，联想到她们婀娜多姿的身影。①

（三）由浅入深，挖掘深层内涵

统编语文教材中编选的散文大多都是文质兼美的文章，这样的散文往往蕴含着

① 潘庆玉．课文解读应注意的问题［J］．山东教育，2013（Z2）：91-92.

作者对自我、对人生、对世界的深入思考，汇聚着古今中外的人类思想。对这样的文章，不能仅满足于对其表层意义的提炼与概括，更要由表及里、由浅入深地解读出其中所蕴含的深刻、广阔的象征意蕴。

例如，朱自清的《背影》历来被认为是表现深厚父爱以及父子之间真实情感的经典之作。但这篇散文的成功之处不仅仅在于此，其背后还蕴含着较大的阐释空间，一些语文教师对其深层内涵进行了进一步地开掘和提炼。有教师指出“背影”所蕴含的历史文化意蕴：“‘背影’还具有另一种隐喻性。大凡人在一场相遇、一次团聚、一阵相与之后，时过了，席散了，人走了，‘背影’作为最后的印象留在人们心目中。它总是让人翘望，留恋，怀想，期待，甚或感伤。‘背影’也就自然而然地成了‘离别’的意象。”[①] 由父亲的“背影”延伸到父与子的“离别”，由自古以来的离别之苦，牵引至生死诀别之痛，赋予了《背影》这篇散文沉重的沧桑感。有教师将《背影》上升至生命主题的高度：“祖母、朱父、朱自清、朱子，四个人物，串起一根完整的链条，这根链条名叫‘生命’。这条‘生命链’，血脉流通，既坚韧，又脆弱！……这不是一个简单的‘父子情深’故事，这是一个祖、父、子、孙，又祖、父、子、孙的生命之水不息流淌、不断传递的故事！”[②]

第四节 小说文本解读

小说是一种侧重于刻画人物形象、叙述故事情节的文学样式。小说作为一种“集大成”的文体，包含了诗歌的真挚和抒情，散文的洒脱和自由，戏剧的凝练和冲突，而它自身又具有反映生活的广阔性，故事情节的曲折复杂性，人物刻画的生动立体性，情节、人物、环境的完美交融性等审美特征，再加上精妙的语言、独特的构思，是深受读者喜爱的文体。

一、小说的概念及分类

“小说”一词最早出现在《庄子·外物》中的“饰小说以干县令，其于大达亦远矣”。庄子所谓的“小说”，是指琐碎的言论，与今日的“小说”观念相差甚远。小说是文学的一大样式。它以叙述为主，具体表现为人物在一定环境中的相互关系、行动和事件以及相应的心理状态、意识流动等。小说从不同的角度塑造人物，表现社会生活。在各种文学样式中，小说的表现手法最丰富，表现方式也最灵活，叙述、描写、抒情、议论等多种手法可以并用，也可有所侧重；一般以塑造人物形象为基本手段。中国的小说历史悠久，《庄子·外物篇》《汉书·艺文志》均有记录，唐传奇、宋元话本及明清章回小说，都是中国近现代小说发展的先河。五四新文化运动后，小说成为现代文学最有代表性的文体。从上述定义中，人们归纳出了

---

① 陈日亮．如是我读：语文教学文本解读个案［M］．上海：华东师范大学出版社，2011：163.

② 韩军．生之背，死之影：不能承受的生命之轻（上）:《背影》新解码［J］．语文教学通讯，2012（2）：41-44.

小说创作和欣赏的三要素：人物、情节、环境。根据作品的题材性质，可分为武侠小说、历史小说、爱情小说、科幻小说、侦探小说等；根据作品的篇幅长短，可分为长篇小说、中篇小说、短篇小说和微型小说；根据作品的语言特点，可分为文言小说与白话小说；根据作品的体裁结构，可分为章回体小说、自传体小说、书信体小说、日记体小说等。

二、小说的文体特征

小说的文体特征主要有四个。

（一）生动典型的人物刻画

生动典型的人物形象是构成小说艺术魅力的核心要素，经典的小说作品都刻画了许多栩栩如生、令人难忘的经典人物，如《祝福》中的祥林嫂、《范进中举》中的范进、《故乡》中的杨二嫂、《老人与海》中的圣地亚哥等。小说在刻画人物时，一般会运用肖像、神态、动作、语言、心理描写等人物描写手法，还会在人物关系中对比衬托人物形象，或是借助物象、环境侧面烘托人物形象。在小说中，有的人物形象性格特征比较单一，没有变化，这类人物被称为“扁平人物”。如一提到《变色龙》里的奥楚蔑洛夫，读者脑海中就浮现出媚上欺下、见风使舵的人物形象。还有一类人物形象更为复杂，而且是发展变化的，被称为“圆形人物”。如《孔乙己》中的孔乙己，虽然他迂腐偷窃、好吃懒做，但是本性善良、诚实守信；前期有着读书人的清高，辩驳窃书不算偷，被打折腿后面对嘲讽不再反抗，心理防线崩塌。

（二）曲折复杂的情节安排

情节是小说的重要组成部分，一般包括开端、发展、高潮、结局四部分，用来叙述一系列事件发展和变化的过程。平淡无奇的情节很难吸引读者的阅读兴趣，只有那些曲折复杂、跌宕起伏的情节，才能抓住读者的眼球。叙述一波三折的情节，可以通过巧设悬念、情节突转、意外迭生、制造误会等方法，旨在打破读者的惯性思维和心理预期，引人入胜、扣人心弦，增强小说的戏剧性和可读性。例如，契诃夫的《变色龙》的情节始终围绕“是不是将军家的狗”这一核心话题运转，经过奥楚蔑洛夫的三次“变色”，将读者的思维聚焦在“狗主人是不是将军”这一问题上，如果最终揭晓的答案是肯定的，就会给读者带来强烈的心理冲击。所以从第 21 自然段开始，小说的情节突然偏离了主干：这不是将军家的狗，但这是将军哥哥家的狗。这一情节的安排出乎读者意料，但又在情理之中，再次抓住了读者的眼球，让小说情节变得摇曳多姿。

（三）具体充分的环境描写

环境是小说的叙事舞台，与小说中的人物和情节密不可分。小说中的环境描写分为自然环境描写和社会环境描写。自然环境指的是人物活动的时间、地点、天气以及周围的自然景物；社会环境是指人物活动的历史背景、社会情态、阶级关系等。具体充分的环境描写，让小说中的人物有了立足之地，有利于人物形象的塑造和故事情节的发展。除此之外，环境有时候还能够渲染气氛，对小说的思想主题有着深化作用。例如，鲁迅在《故乡》一文的开头交代了故乡现在的环境：“苍黄的天底下，远近横着几个萧索的荒村，没有一些活气。”寥寥几笔就写出了旧中国农村毫无生机、日益凋敝的景象，一下子把读者带入一个特定的环境中。小说中间穿插着“我”对记忆中故乡的环境描写，前后的对比更加烘托出“我”此时的悲凉心境，也对后面描写闰土起到铺垫作用，预示着他的凄惨命运。

（四）变化无穷的叙述和关照生活的虚构

“小说的本质特征是叙述和虚构。”① 小说是叙述性文体，叙述是小说的基本要素。小说的叙述一般包括叙述视角、叙述人称、叙述技巧、叙述顺序等。其中叙述视角分为全知视角、内视角、外视角；叙述人称有第一人称、第二人称、第三人称；叙述技巧包含线索、对比、悬念、衬托、伏笔、照应、突转、铺垫、抑扬等；叙述顺序有顺叙、倒叙、插叙、补叙和平叙。虽说叙述是小说的灵魂，但小说的叙述是建立在虚构基础上的。虚构不是哄骗读者的胡编乱造，而是为了更好地揭示生活的真相，是作者根据自己对生活的认识和对某一类人角色的理解进行的创造，让读者在虚拟世界中体验不同的人生。这是因为小说的目的并非真实地记录生活、还原生活，而是通过一定长度的虚构叙事，使文本源于生活又高于生活，观照生活又引导生活。例如，《祝福》中的祥林嫂是作者虚构出来的人物，在现实生活中没有这个人；但是祥林嫂现象却是真实的大量存在的，祥林嫂是旧中国农村劳动妇女的典型代表。

三、小说文本解读策略

（一）关注叙述视角，理解作者用意

叙述视角是叙述语言对故事情节进行观察和讲述的特定角度。同样的事件从不同的角度看，可能会造就不同的面貌，在不同的人看来也会有不同的意义。叙述视角一般分为全知视角、内视角和外视角三种。

1. 全知视角

全知视角也称“上帝视角”或“零视角”，在全知视角叙述中，叙述者＞人物，全知全觉，也就是叙述者比小说中的任何人物都知道得多，包括所有人物的心理动态，而且不必向读者解释这一切自己是如何知道的。例如，《史记》《范进中举》在叙述时运用的就是全知视角。全知视角的明显优势在于叙述者的视野无限开阔，适合表现时空浩大、矛盾复杂、人物众多的题材，因此颇受史诗性小说的青睐。这种叙述视角的缺陷也较为明显：无所不知的叙述者不断插入故事中来，告诉读者所有的真相，破坏了故事的幻觉，而且留给读者的想象空间十分有限，不太符合现代读者的阅读兴趣。

2. 内视角

在内视角叙述中，叙述者＝人物，也就是说叙述者所知道的内容与小说中的人物知道的内容一样多，叙述者只是借助小说中某个人物的感觉和意识，从他 / 她的

① 王荣生．小说教学教什么［M］．上海：华东师范大学出版社，2015：14.

视觉、听觉及感觉的角度传达一切。在内视角中，叙述者进入故事发生的场景，讲述自身亲历或转述见闻，其话语的可信度和亲切度自然而然胜过了全知视角。内视角包括主人公视角和见证人视角两种，前者带有更强的真实感和亲切感，有利于揭示主人公的心理动态，如丹尼尔·笛福的《鲁滨逊漂流记》在叙述时就使用了主人公视角；后者是由次要人物进行叙述，可以更客观地作出情感反应和道德评价，如鲁迅的《孔乙己》在叙述时就采取了见证人视角。

3. 外视角

在外视角叙述中，叙述者＜人物，是指叙述者所知道的东西比小说中的人物知道的东西要少，仅仅在其他人物后面向读者叙述其他人物的行为和语言。小说叙述时采用外视角的明显优点是极富戏剧性，而且它的“不知性”使得叙事富有悬念，令读者欲罢不能。但外视角的缺点也较为突出：叙述视角的局限性导致难以进入人物内心，不利于全面深刻地刻画人物，所以较少出现在教材的小说选文中。

在小说文本的解读过程中，对叙述视角的深入剖析可以帮助学生更好地理解作者的创作意图，进而有利于明确行文思路、把握人物形象、领悟小说主题。在叙事视角的运用上，以鲁迅的《孔乙己》为例进行说明。这篇小说以咸亨酒店的小伙计作为叙述者，以第一人称讲述孔乙己的故事，形成了三个层次的“看与被看”结构：一是掌柜、酒客与孔乙己之间的“看与被看”；二是“我”与孔乙己、掌柜、酒客等小说中其他人物之间的“看与被看”；三是读者与包括“我”在内的小说所有人物的“看与被看”。理清这三个层次的“看与被看”，不仅能让学生深入把握文中的人物形象，弄清文中出现的复杂人物关系，而且能对解读小说的思想主题起到重要的促进作用。

（二）细读文本语言，品析典型人物

小说的语言包括文中人物的语言和作家叙述的语言，需要细细品味，才能揭示人物的性格特征和内心世界，从而全面深刻地理解人物形象。细读人物语言，要重点关注小说中的人物对话。例如，《孔乙己》中有一段描写孔乙己想要教小伙计写字的对话：“你读过书么？读过书，……我便考你一考。茴香豆的茴字，怎样写的？不能写罢？……我教给你，记着！这些字应该记着。将来做掌柜的时候，写账要用。”“谁要你教，不是草头底下一个来回的回字么？”“对呀对呀！……回字有四样写法，你知道么？”这段对话反映出孔乙己这一人物形象丰富而多元：一方面，孔乙己本性善良，他有一副乐于助人的热心肠；另一方面，孔乙己内心虚荣，他以自己会读书识字为荣，以懂得一些他人不懂的“无用”知识而感到骄傲。除此之外，我们还可以看出孔乙己是在得到小伙计“读过书”的肯定回答后，才继续了后面的对话，他以为在这个酒馆里终于找到了一位可以诉说的对象，但随着小伙计的不耐烦、努嘴离去，他失去了这个有可能成为“知音”的人，孔乙己始终是这个酒馆里孤独的“边缘人”。

叙述语言是小说的主体，包括对故事情节的叙述、对人物心理的描述、对环境的描写以及作者的抒情议论等，需要我们通过辨析词句的方法来品读文中刻画的人物形象。如《孔乙己》中的“排出九文大钱”和“摸出四文大钱”，“排”字表现出孔乙己有钱时的炫耀和洋洋自得，写出了他虚荣而穷酸的本相；“摸”字说明孔乙己穷困潦倒到了极点，也描绘出他此时拿钱的困难；从“排”到“摸”前后动作的对比，鲜明地表现出孔乙己每况愈下的悲惨境地。

（三）对比同类题材，挖掘深层主题

教师在解读小说作品时，可以与同类题材的作品联系起来进行群文阅读，在参照对比中挖掘作品之间的异同之处，进行比较分析和综合评价，由此深化对每一篇小说作品人物形象的感知、表达方法的赏析，重要的是深化对思想主题的理解。

在教学《孔乙己》时，可以与《范进中举》进行对比阅读，两篇小说中的主人公都是热衷功名的知识分子，是深受封建科举制度毒害的读书人，也是生活穷困潦倒、遭人嘲讽的社会底层人物。在人物性格上，范进懦弱自卑、甘受委屈、能放下读书人的架子，孔乙己虽穷困落魄却保有读书人的傲气；范进沾染了世故圆滑的世俗之气，孔乙己还透着一股清高的腐儒之风；范进说着言不由衷的话虚与委蛇，孔乙己还存有善良守信的优秀品质。在表达方法上，《范进中举》运用夸张、讽刺的手法，着力描写了范进中举前后在心理、地位、生活上的变化；《孔乙己》运用朴素生动的白描手法，叙述了孔乙己科举考试失败后的悲惨境遇。在思想主题上，两篇文章都对封建科举制度进行了抨击，揭露了封建社会的黑暗腐朽和冷漠无情。但不同的是，《范进中举》还批判了趋炎附势的世态人情，《孔乙己》则揭露了社会对穷苦人的凉薄以及看客们的“吃人”本质。通过两篇小说的对比，读者不难发现，鲁迅创作《孔乙己》并不是为了简单地抨击封建科举制度，而是有其更加深刻的主题。

对小说主题的理解是阅读和学习小说的终极目的，需要我们一步步挖掘，进而将对主题的理解引向深入和多元。

第五节　戏剧文本解读

戏剧作为集合多种艺术要素的文学形式，具有区别于其他文体的独特魅力。在戏剧文本中，矛盾冲突激烈，语言性格化、口语化特点突出，能够高度集中地反映社会生活。解读戏剧文本，应当抓住戏剧文学中的人物冲突，将对戏剧文本中的矛盾剖析作为文本解读的关键，同时还需关注戏剧文本中不同类型的戏剧语言，了解戏剧语言的基本样式，了解舞台说明、人物语言的不同作用，从对戏剧语言的深刻解读中品鉴人生百味。

一、戏剧及其特点

（一）什么是戏剧

戏剧是综合艺术的一种，是由演员扮演角色，当众表演情节、显示情境的一种艺术，多由古代的傩祓祭祀、宗教礼仪和歌舞伎艺演变而来，后逐渐发展为由文学、表演、音乐、美术等多种艺术成分有机组成的综合艺术。戏剧的基本要素是情节性的动态造型，通过从空间到时间、从视觉到听觉的对观众的多方面作用，引起演员与观众、观众与观众之间的反复交流，进入集体的心理体验。在我国，戏剧是戏曲、话剧、歌剧等的总称。戏剧按作品类型可分为悲剧、喜剧、悲喜剧、正剧等；按题材内容可分为历史剧、现代剧、情节剧、哲理剧、寓言剧、童话剧等。在戏剧艺术中，基础因素是文学，因为戏剧的基础构成要素是文本，这里指的是我们通过阅读所接触到的戏剧文学。戏剧文学，指的是戏剧舞台演出时所使用的戏剧剧本。从广义上看，戏剧文学包含戏曲、歌剧、话剧等多种艺术形式；从狭义上看，戏剧文学专指话剧剧本。

悲剧、喜剧、正剧三种戏剧类型是戏剧评论中常被研究和运用的戏剧概念。与此同时，在美学中，喜剧、悲剧、正剧也作为独立的研究范畴，在对其他艺术作品的分析过程中得到广泛应用与推广。

悲剧，是戏剧的主要体裁之一，因其反映的多是重大的社会矛盾冲突，所以具有极其强大的震撼力。一般认为，悲剧主要表现主人公所从事的事业由于客观条件的限制、恶势力的迫害及本身的过错而致失败，甚至引发个人毁灭，但其精神却在失败和毁灭中获得了肯定，因此它具有肃穆、壮烈、悲愤的情调。在悲剧的情节中，主人公的命运往往发生逆转，进而能够更加强烈地引起观众的悲痛与同情。

在悲剧中，主人公往往是具有代表性的一类人，他们或是社会中人们理想的代言人，或是湮没在时代洪流中的落后者。悲剧的意义在于主人公悲惨结局背后的深意，它揭示的是藏在现实生活中的难以发现的罪恶。悲剧展示的是符合读者或观众价值认同的主人公走向毁灭的过程，作者正是利用了文学重构世界的特性，使读者看着戏剧中的主人公逐步接近灭亡却无能为力，正是这种“无力感”可以引发观众的思考，激起观众的悲愤，由此强化观众对悲剧核心概念的理解，从而达到提高思想情操的观剧目的。鲁迅先生对悲剧有过一句精辟的评价：“悲剧将人生的有价值的东西毁灭给人看。”[①] 悲剧会使读者产生心理和情感上的失衡，当作者将在剧中塑造与呈现的真、善、美毫不留情地撕碎在读者面前时，悲剧震撼人心的力量便显而易见了。

喜剧是戏剧的一种类型，一般以夸张的手法、巧妙的结构、诙谐的台词以及对喜剧性格的刻画，引人发出不同含义的笑，来嘲笑丑恶、滑稽的现象，肯定正常的人生和美好的理想。由于描写对象和手法的差别，喜剧一般分为讽刺喜剧、抒情喜剧、荒诞喜剧、闹剧等样式。喜剧冲突的解决一般比较轻快，往往以代表进步力量的主人公获得胜利或如愿以偿为结局。欧洲最早的喜剧是古希腊喜剧，代表作家是阿里斯托芬；16—17 世纪以莎士比亚和莫里哀的喜剧作品为代表；18 世纪意大利的哥尔多尼和法国的博马舍是欧洲启蒙运动时期的喜剧代表人物；19 世纪俄国的果戈理和奥斯特洛夫斯基等人的喜剧作品具有批判现实主义精神。现代西方某些喜剧作家则常把世界、人生、历史、自我作为嘲弄对象，刻意表现整体性的荒诞和滑稽。中国传统戏曲在理论上并没有悲剧与喜剧的严格分类，但仍不乏接近于西方喜剧特性的作品。

---

① 鲁迅．鲁迅全集：第 1 卷［M］．广州：花城出版社，2021：100.

喜剧对人物的塑造通常带有夸张的效果，剧中主人公的行为或言语往往引人发笑。喜剧的特点是“寓庄于谐”，一个“庄”字，反映的是喜剧主题中的深刻内涵，读者在“谐”的场域下会对喜剧中所映射的社会现状产生思考。但总体来说，“谐”仍然是喜剧的主要特点，观众在观看喜剧的过程中笑料不断，这种“谐”并不会刺痛读者，哪怕其中有某个部分会引人深思，但喜剧中的滑稽成分是无伤大雅的。

正剧，又称悲喜剧，是悲剧成分与喜剧成分的结合，是在悲剧与喜剧之后形成的第三种戏剧体裁。正剧的主要特征在于人物与事件的完满性。与悲剧相似的是，正剧的主人公都与社会洪流有着完全不同的思想和行动倾向，因而其经历往往也是一波三折；与喜剧相似的是，正剧中的主人公能够在对自我的批判与否定过程中收获完美的结局。正剧的结局往往能够符合读者或观众的心理预期，对社会现象的反映和提供社会问题的解决策略有独特作用。

（二）戏剧的特点

戏剧主要有三个方面的基本特点。

一是戏剧高度集中地反映社会生活。戏剧作为一种文学体裁，其特征之一在于它的舞台性。也就是说，戏剧文本关注舞台表演的时间、空间、语言等条件，所以必须高度集中地反映社会生活。首先，戏剧篇幅不能过长，包含每一幕的篇幅都要适度、合理。一般来说，独幕剧演出时间多在一小时之内，多幕剧演出时间一般不超过三小时；其次，时空必须集中，戏剧中的人物不宜过多，并且需要搭建起比较明确的关联，使人物同时出现在一个或几个时空下；最后，戏剧的故事情节不宜太复杂，但需有较为深刻的社会指向性。戏剧的场景必须鲜明，戏剧中的人物性格要通过简明清晰且具有强烈个人性格色彩的台词展现出来。戏剧的最终目的是通过剧中人物的人生起伏揭示现实生活的矛盾冲突，因此，戏剧来源于社会生活，也必须高度集中地反映社会生活。

二是戏剧有强烈的冲突，这也是戏剧的灵魂。戏剧的矛盾尖锐、夸张，表现为在一定时间阶段内的不可调和。戏剧不仅高度集中地反映社会生活，而且戏剧冲突也高度集中。戏剧冲突可以有比较长的铺垫，但是冲突一旦发生就必须迅速、集中、尖锐、不可调和。例如，戏剧《雷雨》就将冲突浓缩到午夜至后半夜这极短的时间内，在周公馆的客厅中，周朴园与蘩漪、侍萍、鲁大海，周萍与蘩漪、四凤等人物之间多种错综复杂的矛盾骤然显现，将戏剧推向高潮，并产生了强烈的戏剧效果。

三是戏剧语言有鲜明的性格化、口语化特征，以及较强的动作性和抒情性。在戏剧文本中，故事情节的发展并不是靠作者的旁白叙述，而是靠剧中人物的台词与对话来进行的。因此，戏剧语言必须是口语化的。如戏剧《屈原》中有一句指责宋玉的台词原是“你是无耻的后人！”后来在演出时，将这句词改为“你这无耻的后人！”这两句话虽然只有一字之差，但是在口语表达中，“这”字有更强的对象指向性，也更能体现戏剧人物的强烈情感。实际上，这两句话的表意相同，但若从戏剧人物的口中说出，便有了截然不同的表达效果。戏剧语言还具有强烈的剧场性，戏剧人物说出来的话，包括语气、腔调、动作等，都要符合此情、此境、此时、此地，能够反映戏剧人物的意志与动向，这就是戏剧语言传情性、动作性与性格化的完美结合。在悲剧和喜剧中，戏剧语言还具有抒情性，注重表达人物的情绪和情感。

二、戏剧文本解读策略

在了解了什么是戏剧和戏剧的特点后，我们应如何解读戏剧文本呢？可以从以下两个方面进行。

（一）分析戏剧矛盾冲突

戏剧的核心是矛盾冲突，可以说，没有矛盾冲突就没有戏剧。因此，在解读戏剧作品时，最先要着眼于戏剧中的矛盾冲突。戏剧是通过矛盾冲突的展开塑造人物形象的，它讲究情节性，只有仔细分析戏剧情节，才能真正把握戏剧冲突。戏剧中的矛盾冲突并不是凭空捏造的，一是需要有一定的社会基础，二是需要在戏剧情节中铺垫出明确的矛盾线索，包括矛盾是如何产生的、矛盾的性质如何、矛盾的发展进程等。戏剧的冲突发生在剧中人物身边，包含不同人物之间、人物与环境以及人物的自我冲突等。戏剧中的矛盾冲突实质上是性格冲突，作者设置了跌宕起伏的故事情节，就是希望通过不同人物之间人生观、世界观、价值观的碰撞展现矛盾冲突的不可调和，由此揭示深刻的主题思想。

例如，《雷雨》中周朴园和鲁侍萍之间的矛盾，就是在人物双方不断摩擦的过程中逐步变得激烈的。周朴园一上场就被侍萍认出，然而周朴园却没有认出侍萍，所以从周朴园的台词中，我们可以发现他给自己塑造了一个多情、正直的形象。然而周朴园对侍萍的怀念是建立在侍萍已死的前提下，所以当侍萍又出现在他的面前时，他给自己塑造的完美形象便立刻土崩瓦解了。在他的世界观认知中，侍萍此时的出现一定会威胁到他的利益，所以他立马暴露本性：

周朴园 （徐徐立起）哦，你，你，你是——

鲁侍萍 我是从前伺候过老爷的下人。

周朴园 哦，侍萍！（低声）怎么，是你？

鲁侍萍 你自然想不到，侍萍的相貌有一天也会老得连你都不认识了。

周朴园 你——侍萍？（不觉地望望柜上的相片，又望侍萍）

鲁侍萍 朴园，你找侍萍吗？侍萍在这儿。

周朴园 （忽然严厉地）你来干什么？

鲁侍萍 不是我要来的。

周朴园 谁指使你来的？

鲁侍萍 （悲愤）命！不公平的命指使我来的。

最后，周朴园希望能用金钱平息三十年来的爱恨情仇。然而在侍萍的世界观中，金钱并不能填补情感的空缺。侍萍正直、善良、刚毅、坚定的性格不允许她的人格受此侮辱，所以她将支票撕得粉碎，也将周朴园虚伪的面具撕得粉碎。在激烈的矛盾冲突中，我们可以看到人物之间的性格冲突和世界观的差异，从而对戏剧矛盾冲突的本质产生深入思考。

解读戏剧文本中的矛盾冲突时，语文教师还应放宽眼界，以开放的眼光进行分析解读，观察矛盾产生的相同与不同之处。例如，语文教师可以将《窦娥冤》和《雷雨》进行对比解读。《窦娥冤》描写的是封建社会劳动妇女与社会恶势力及封建统治之间的强烈冲突。窦娥是封建社会女子的典型代表，她信守贞节、安分守己，却仍然免不了残酷的命运。《雷雨》中的侍萍与四凤同样如此，侍萍是"下等人"的女儿，年轻时虽与周朴园相爱，却仍旧摆脱不了悲苦的命运。同样，侍萍的女儿四凤也是"下等人"，她想要冲破束缚却爱上了自己的亲哥哥。窦娥、侍萍、四凤的悲剧，实际上是中国封建与半封建社会中女性的悲剧。从她们的遭遇中，我们看到的是中国古代和近代底层妇女的血泪史。但《雷雨》中又有近代戏剧冲突中特有的新特征，那就是蘩漪的自我冲突，这构成了《雷雨》戏剧艺术的高潮。作为一个无法改变自己命运的旧式妇女，她有着极其强烈的自我意识，通过"雷雨"一般激烈的冲突与反叛与以周朴园为代表的封建势力同归于尽，她的反抗与结局又有西方悲剧所具有的悲壮之美。

（二）分析戏剧语言

戏剧语言是构成戏剧文本的主体，是塑造艺术形象的重要手段。我们探究艺术形象，主要从分析戏剧语言入手。戏剧里有两种语言，一是舞台说明，包括人物、时间、地点、布景的说明，动作、表情、声调的说明，幕起、幕落的说明；二是人物语言，戏剧称为台词，包括对白、独白、旁白等。分析戏剧语言，就是对以上两种语言的分析。

1. 分析舞台说明

舞台说明是戏剧文本从案头走向舞台的桥梁。钱谷融指出："戏剧主要是通过自身台词和动作来塑造性格、发展冲突、表现主题的。"① 也就是说，舞台说明起到辅助作用，好的舞台说明可以增加戏剧的文学色彩，使读者和演员都能更加深入地理解人物。例如，《雷雨》第二幕开场的舞台说明如下：

午饭后，天气更阴沉，更郁热，低沉潮湿的空气，使人异常烦躁。

短短几个字，简明扼要地描述了故事发生的舞台氛围。读者读至此处，不安、焦躁的情绪油然而生，为后文矛盾冲突的骤然爆发作了良好的铺垫。

2. 分析人物语言

戏剧文本主要是由人物语言构成的，人物语言可以塑造人物形象、表达戏剧主题。我们分析人物语言，可以关注人物的个性化语言、动作化语言以及人物的潜台词，以求对戏剧文本有更深层次的解读。

一是分析人物的个性化语言。戏剧中的人物语言要能够准确地反映人物的身份、经历、气质以及文化水平等，人物语言应当是个性化的，每一句话都应符合人物的性格和特定的情境。通过人物的语言，我们可以揣摩他们复杂的心理过程和个性特点。例如，《雷雨》中的周朴园，表面上是一个深情、道德的形象，而实际上却是一个道貌岸然的伪君子。从人物语言的前后变化，我们能够感受到，当周朴园

① 钱谷融．曹禺戏剧语言艺术的成就［J］．社会科学战线，1979（2）：233-252.

和侍萍相遇，周朴园还不知道侍萍的身份时，周朴园仍然佯装深情：

周朴园 嗯，——我们想把她的坟墓修一修。

可是当周朴园认出侍萍后，却立马变了一副嘴脸：

周朴园 （忽然严厉地）你来干什么？

……

周朴园 谁指使你来的？

……

周朴园 （冷冷地）三十年的工夫你还是找到这儿来了。

所以，由此延伸，我们可以从个性化的人物语言中感受人物性格的多重性，体会戏剧主题的深刻性。

二是分析人物的动作化语言。好的戏剧语言应当与戏剧中人物的言行举止紧密联系，要能够看出人物的动态走向。如在《哈姆莱特》中，主人公哈姆莱特在不同阶段所展示的完全不同的动作化语言就恰到好处地体现了其矛盾、延宕的性格，从台词中，我们可以看出他在不同情境和心理状态下的神情举止和心理活动。剧中，哈姆莱特自小便在人文主义思想的熏陶和教育下长大，所以在他的世界观中，平等、善良以及作为统治者要爱戴百姓是正常的事情。所以在面对“人类应该如何定义”这个问题时，哈姆莱特动情地说道：

哈姆莱特 人类是一件多么了不得的杰作！多么高贵的理性！多么伟大的力量！多么优美的仪表！多么文雅的举动！在行为上多么像一个天使！在智慧上多么像一个天神！宇宙的精华！万物的灵长！

从上面慷慨激昂的话语中，我们可以感受到，此时的哈姆莱特依然相信人文主义思想的真理性，对人性的善良保持着极大的信心。然而之后他所面对的一系列波折都和其人文主义理想相悖，他看到了社会的黑暗和人性的不堪，承担着重塑自己价值观的痛苦和不得不对自身信念进行重构的压力。他反叛却又陷入自己思想的牢笼，他想挣脱却无法摆脱道德的羁绊，但他是激烈的、理智的，所以在面对母亲的改嫁时，他说出了和前文完全不同的决绝的话：

哈姆莱特 脆弱啊，你的名字就是女人。

他还是秉承着自己原有道德思想中的孝顺和善良，但是却选择用语言的刺刀去表达自己的不满与愤恨。从这两处前后对比明显的动作性语言中，我们可以看出人物性格的变化，由此理清人物性格发展变化的心路历程。人物的形象就是在心理活动的过程中逐渐清晰展开的。

三是分析人物的潜台词。潜台词是将话语中所蕴含的隐晦、有深意的意思通过简单的话语表现出来的文学语言，在戏剧中极为常见。戏剧文本的艺术性之一就在于语言的言外之意、弦外之音。所以在解读戏剧文本时，我们要充分关注文中的潜台词，发挥自己的想象力品读台词的真正含义。戏剧中的潜台词含蓄深刻、简洁凝练，也正因潜台词的存在，戏剧文本才更有张力和意味深长的朦胧之美。如《雷雨》中的一句：

蘩漪 他现在还没起来吗？

这个“他”指的是周萍，这是一句不易被发现的潜台词，看似普通，实则大有深意。表面上看，这只是一句母亲对继子的询问，然而如果联系一下蘩漪与周萍之间的关系，那么就能看出蘩漪在周家的牢笼中，只能通过这种压抑的、隐晦的语言表达自己正常的欲望。所以，透过潜台词，我们可以看到隐含在日常话语中最为真实的人性。同时，同一个人物的性格表现有许多侧面，我们也可以通过潜台词多角度地品读人物。潜台词像一层半透的窗纱，掀开这层窗纱，我们看到的是蕴含在文本中的言外之意和世态人情。

第六节　古诗文文本解读

古诗文是指中国古代用文言文写成的诗歌和散文，其历史文化内涵丰富，具有极高的文学价值和审美价值。从统编语文教材的编选上看，古诗文的篇目较多，在语文教学中占据着极其重要的地位。但由于古诗文距今时间较远，文辞含蓄内敛，解读起来有一定的难度。要想让学生深度理解古诗文的文本，真正领会古诗文中的文言、文章、文学和文化内涵，教师需要在实际的教学实践中不断探究古诗文文本解读的有效策略。

一、古诗文的概念

古诗文一般是指 1919 年五四运动之前的古代诗歌、散文等各类文章，它以文言文为基础进行写作，讲究音韵、措辞雅正、句法骈俪，包含诗、词、曲、八股、骈文古文等多种文体。古诗文是中华民族特有的语言形式，是传承中国古代优秀文化与文明的重要载体，记载着先贤们的人生智慧与文化品格。

二、古诗文的文体特征

古诗文具有四个文体特征。

（一）文辞隔膜，音韵和谐

相对现代文而言，古诗文最大的阅读障碍是语言。一是其时代久远，随着社会生活的发展，古代的官场制度、生活方式、交往习惯、思想行为等与今天相比有着巨大的差异，导致如今对文本内容的理解有难度。二是由于语言表达的变迁，古诗文使用的一些词语已经消失，还有许多字词在今天的语境中意义上已经发生了变化，这就形成了古诗文独有的“历史隔膜”。

古诗文讲究押韵，追求音韵和谐及气韵饱满，在平声和仄声的交错组合、跌宕起伏中，具有一种节奏感和音乐美。如刘禹锡的《陋室铭》：“山不在高，有仙则名。水不在深，有龙则灵……苔痕上阶绿，草色入帘青。谈笑有鸿儒，往来无白丁。”文章一韵到底，节奏明快，和谐悦耳，便于吟唱。

（二）措辞雅正，言简意丰

“雅正”指的是文章典雅、内容正统。古诗文措辞雅正，体现出书面语的特色，炼字炼词，讲求文采。除此之外，相较现代文而言，古诗文篇幅较短，言简意丰，起止都恰到好处。如张岱《湖心亭看雪》中的“湖上影子，惟长堤一痕、湖心亭一点、与余舟一芥，舟中人两三粒而已”一句，作者用精练简约的文墨，塑造了一个清新脱俗的意境：淡淡的、若有若无的、一点点黑色的点缀，朦朦胧胧，如梦似幻，眼前宛然一幅雪后西湖的黑白山水画。“一痕、一点、一芥、两三粒”把雪中之景描绘得精妙绝伦，令人叹为观止。

（三）句法骈俪，对仗工整

“骈”是并列的意思，“俪”指成双成对；“骈俪”指的是文章中的对偶句法，注重对称性，多用于古诗文中的骈体文。古人写文章，十分讲究对仗工整、注重对应，爱用对偶、排比等修辞手法。如《陋室铭》全文以骈句为主、骈散结合，使用了大量的对偶修辞，对仗工整、节奏分明，读起来错落有致、抑扬顿挫，给人一种乐曲的美感。

（四）传承文化，蕴含智慧

古诗文简约凝练，承载着中华民族的优秀传统文化，其中有儒家的济世情怀、仁爱精神，有道家清静无为、天人合一的哲学境界，有陶渊明以他的隐士精神为士大夫建立的心灵堡垒，有苏轼以他的旷达胸襟为文人树立的荣辱不惊的人生范式，有司马迁“究天人之际，通古今之变，成一家之言”的理想追求，有杜甫“大庇天下寒士俱欢颜”的博大胸襟……古诗文蕴含着中国古代文化中的生活智慧，为后代的读者带来精神上的启发。

三、古诗文文本解读策略

（一）因声求气

“因声求气”是清代桐城派作家刘大櫆提出的文本解读策略，“声”指的是节奏、押韵、音调平仄，“气”指的是情感、气势，“因声求气”就是通过感受古诗文语言的节奏来把握作品的精神。刘大櫆认为：“（读书）烂熟后，我之神气即古人之神气，古人之音节都在我喉吻间，合我喉吻者便是与古人神气音节相似处，久之自然铿锵发金石声。”[①] 反复的吟诵可以使我们进入古人的精神世界，把握作品的精髓，进而使自己的心灵在古诗文充满灵性的世界中畅游，实现“文我同一”的境界。中国古典文学研究专家叶嘉莹也曾说道：“吟诵，是中国旧诗传统中的一个特色。我以为，它是深入了解旧诗语言的一个很好的方法，因为它能够培养出在感发和联系中辨析精微的能力。当你用吟诵的调子来反复读这十九首诗的时候，你就会‘涵泳其间’，也就是说，你会像鱼游在水里一样，被它的那种情调气氛整个儿地包围起来，从而就会有更深的理解和体会。”[②] 例如，诵读李白《将进酒》中的“天生我材必有用，千金散尽还复来”一句时，读“必”的时候要重读，读出作者的那种自信，尽管怀才不遇但他仍渴望积极入世，对自己充满信心，也对未来持乐观态度，表现出顽强的生命力量；后半句的“还”要用拖音，意为“还是”，尽管黄金千两

① 刘大櫆.论文偶记［M］.北京：人民文学出版社，1959：12.
② 叶嘉莹.迦陵文集：第8卷［M］.石家庄：河北教育出版社，1997：85.

一挥而尽，但还是能够再得来，这又是一个高度自信的句子！诵读这句古诗时，要调整自己的心态和神态，把自己想象成李白，通过反复揣摩体会，读出李白深蕴在诗句里的豪情。汉语音、形、义三位一体的特点，决定了声音的感觉先于意义的理解，古诗文因声求气的合理性即在于此。

（二）比较异同

比较是认识、鉴别事物较为朴素的基础方法，也适用于古诗文的文本解读，既可以在同类型的文章中比较细微的差别，又可以在不同类型的文章中找寻共同的因素。有比较才会有思考和理解，学生才能更加直观、深入、全面地解读每一篇古诗文的文本特点和古人的写作风格。首先是同主题、同题材、同体裁的不同文本间的比较，致力于发现不同作品的独特性。如同样是描写秋天，大多数古诗文都是悲秋之作，而刘禹锡的“我言秋日胜春朝”、毛泽东的“一年一度秋风劲，不似春光。胜似春光，寥廓江天万里霜”却是赞秋之作，诗歌的情感特征更加鲜明。其次是同一文本不同表达样式的比较，如草稿与定稿的比较、不同版本的比较等，小至字词，大到结构、手法，通过比较分析，有利于领悟作者的匠心独运。如《泊船瓜洲》中“春风又绿江南岸”中的“绿”字，据说王安石在草稿上修改了十几次，先后用“到、过、入、满”等字，最后才决定用“绿”字。“绿”字原本是表示颜色的形容词，在这句话中变成了使动用法的动词。比起“到、过、入、满”等字，“绿”字更富有色彩感和动态感，给人以视觉上的形象美；另外从修辞上看，这句诗运用了通感的修辞，风一般通过听觉和触觉来辨别，但现在用“绿”字来描绘春风，化不易感知的听觉、触觉为视觉，即看见春风给江南水乡带来的春意盎然的变化，给人以强烈的美的感受。还有是同一作家、同一题材的不同作品的比较。如苏轼的《赤壁赋》与《念奴娇·赤壁怀古》，一篇是古诗，一篇是古文，描写的都是赤壁风光，并且都写了与赤壁有关的历史人物，但是二者在景色风格、人物成败、情感基调、抒情方式等方面又截然不同，将二者进行比较解读，有利于全面了解苏轼的创作风格和思想境界。

（三）知人论世

对学生而言，古诗文作品有着天然的时代距离感和文辞隔膜感，如果在阅读前不了解作者生活的时代背景和创作心境，就难以真正地走进文本、理解作者抒发的情感。所以在进行阅读前，教师适当地介绍相关作品的背景知识，是必不可少的，也就是要做到知人论世。知人论世指的是在理解作品前，必须先了解作者和其所处的时代，不仅要了解作者的生平、思想、遭遇、创作背景等，而且要了解作者所处年代的政治、经济和文化方面的知识。只有立足于文本，理性地结合作品所处的历史环境和作者的创作心境对文本进行审视，学生才能走近作者、走进文本，融入作者营造的情感世界，理解作品传达的深刻思想。

案例

在学习《记承天寺夜游》这篇课文时，学生可能会对“但少闲人如吾两人者耳”中的“闲人”的理解不够深入。这就需要教师适时补充相关的作品背景，搭建学生理解文本的“脚手架”——这篇文章写于宋神宗元丰六年，此时的苏轼已经被贬黄州四年了。四年前，北宋发生了历史上著名的“乌台诗案”，有人摘出苏轼《湖州谢上表》中的语句和此前所作诗句，以诽谤新政的罪名将他逮捕入狱。经过四个多月的审问，苏轼获释出狱后，被贬到黄州任团练副使，做着有职无权的闲官。在这种情况下，作者写作了《记承天寺夜游》。“闲人”原义是无所事事的人，但在文中，它承载了作者郁郁不得志的悲凉心境，因为他本身并不愿做一个无所事事的人，而是渴望在仕途上施展抱负、建功立业，奈何惨遭贬谪、流落黄州。夜半赏月的“闲人”自得，不过是“闲人”被贬后的自我安慰罢了，“闲人”一词抒发了作者的自解、自矜、自嘲之情。如果学生不了解苏轼的遭遇，那么就不会明白他内心的苦闷，更不会理解作者半夜赏月的行为。

（四）以意逆志

“以意逆志”指的是学生在阅读古诗文时，要充分调动自己的生活经验和情感体验，设身处地地感受、领悟文本创造的意境，推测、体会作者在文本中所寄寓的情感，从而理解古诗文的内容和主旨。只有在“知人论世”的基础上做到“以意逆志”，学生才能设身处地透过作者的眼光来看待作品中描述的人、事、景、情、理，学生的情感体验才会尽可能地靠近作者。

在解读古诗文的文本时，尽管读者沿着作者的眼光出发，但最终的理解成果由自己的认知水平和情感体验所决定，并不会完全重现文本意义或作者意图，主要原因有以下三点：一是从文本的角度讲，文学语言具有隐喻性、模糊性、多义性等特点，且文本本身具有互文性，从某种程度上说，文本从一开始就没有明确的、固定的中心意义；二是从作者的角度讲，作者在创作过程中，文不言意、文不尽意的情况是普遍存在的，其最终落笔完成的文本并不能如实代表作者创作的本意。就如郑板桥所说的“其实胸中之竹，并不是眼中之竹也。因而磨墨展纸，落笔倏作变相，手中之竹又不是胸中之竹也”①。三是从历史的角度讲，古诗文作为历史的产物，难免有一定的历史局限性，它所蕴含的传统文化中也掺杂着落后的文化。因此更多的时候，我们只需沿着作者的指引去体验和思考，并非要以作者的意图为准。所以，教师在用“以意逆志”的方法解读古诗文时，既要尊重作者本意和文本意义，又要走出它们的限制，引导学生做出合乎当代社会思想道德标准和审美标准的解读。

第七节 论述类文本分析

论述类文本，是指以议论为主要方式，以阐述观点、说明道理、分析事实、辩驳旧说、介绍新见等为主要内容，包含时评、短论、书评、社会科学论文、自然科学论文等类型，具有观点鲜明、议论性较强、材料涉及面较广等特点的文本。论述

---

① 郑板桥．郑板桥诗文书画全集［M］．北京：中国言实出版社，2006：375.

类文本常用的论证结构有并列式、对照式、层进式和总分式等。

一、论述类文本的构成要素

论述类文本有三个构成要素，分别是论点、论据和论证方法。

论点，又叫论断，是作者对所论述的问题提出的见解、主张。论点分为中心论点和分论点，它是整个论证过程的中心，承担“论证什么”的任务。

论据，又称论证材料，是用来证明论点的材料，也即“用什么来论证观点”，分为事实材料和理论材料两种。事实材料，是指具体或概括的事实，包括代表性事例、确凿的数据、可信的史实等，具有典型性特征，在论述过程中作用明显。理论材料可以是众所周知的典籍、名人名言，也可以是警句、俗话、谚语、定理、公式等，还可以是社会普遍认可的道理，它的特点是能和论点建立联系，并恰当地证明论点。

论证方法，是用严密的论据来证明论点的方法和过程。论证方法有立论文和驳论文两种类型。常见的论证方法主要有举例论证、对比论证、引用论证、比喻论证、类比论证、因果论证等。

二、论述类文本的特征

（一）语言的辩论性

从根本上说，论述类文本语言的辩论性，源于对论题的辩证分析、严密的推理和科学的论证，而所有的分析、推理和论证都是靠语言来表达的，因此，论述类文本的语言富有辩论性。

论述类文本语言的辩论性具体表现在以下三个方面：（1）语言的准确性，即论述类文本辩论中的每个概念、判断和推理表述要十分确切，不可更易。（2）语言的鲜明性，即作者在论述中支持什么、反对什么、肯定什么、否定什么，明快决断，简洁犀利。（3）语言的生动性，论述类文本中的语言形象富有感染力，句式灵活富有表现力，用词严谨富有情趣。

论述类文本为学生提供了丰富的语言实践环境，学生通过主动的梳理、积累和整合，可以逐步掌握祖国语言文字的特点及其应用规律，形成个体言语经验，培养在具体的语言情境中正确有效地运用祖国语言文字进行沟通交流的能力。

（二）结构的逻辑性

论述类文本多以事理的逻辑发展顺序为线索，这反映了事物自身与其他事物之间内在、本质的联系。任何事物的形成或产生，都有其自身或外在的原因，论述类文本的目的就在于揭示这种联系或原因，向读者说明，让读者信服的同时赞同作者的态度。

在分析论述类文本结构的逻辑性和作者观点论证的形成过程中，通过感悟作者敏捷性、灵活性、深刻性、独创性、批判性的思考，学生的逻辑思维与辩证思维能力可以获得极大提升。在语文学习实践中，尤其是高中语文学习阶段，论述类文本是“思辨性阅读与表达”学习任务群的主要承担载体。

（三）内容的说理性

任何一篇论述类文章，总是针对作者所处的现实生活中的某些现象或问题，直接提出观点或主张，并通过对事实或理论的分析和论述，证明作者观点或主张的正确性，达到让读者理解、信服或接受的目的。

作者的观点或主张因其现实的针对性，通常带有明显的时代与文化印记，具有特定的价值和意义，论述类文本的解读要抓住这一特征，在了解时代特点的基础上，实现对不同时期文化的理解。

三、论述类文本的解读策略

（一）以文本生成为序，梳理文本内容

1．分析文本的结构

论述类文本的结构，可以从两个角度进行理解。一是指文本的篇章结构，这是从文章学的角度出发；二是指文本的逻辑结构，也称论证结构，这是从逻辑学的角度出发。二者所归属的范畴不同，内容也不相同。

论述类文本的篇章结构，包括文本开头、中间、结尾三部分，从文体特点看，大致与议论类文本的序论、本论、结论相适应。序论部分属于提出问题部分，本论部分属于分析问题部分，结论部分属于解决问题部分，也可以把这种结构形式归结为“总—分—总”结构。这是论述类文本结构的一种基本形式，它反映了人们认识问题、阐述观点并解决问题的一般思维过程。

论述类文本的论证结构是指用材料证明观点的总体设计和总体布局。其中包括处理好论点和论据（观点和材料）之间的关系，中心论点和分论点（观点和观点）之间的关系，论据和论据（材料和材料）之间的关系，最后形成一个合乎逻辑思维规律的行文思路进而展开论证。论证结构没有一套固定不变的模式，这与序论、本论、结论的位置不容颠倒的议论类文本的篇章结构并不相同。

常见的论证结构主要有以下四种：

第一种，并列式。在这种论证结构中，文本的几个层次或段落之间的关系是平行的。这里又有两种情况：一种是分论点的并列，如《反对党八股》中“党八股”的八项具体内容；另一种是论据的并列，如《劝学》中所列举的五种事例，最终得出了“君子博学，则知明而学无过”结论。

第二种，对照式。在这种论证结构中，把两种事物（或意思）加以对比，或者用另一种事物（或意思）来衬托某一种事物（或意思），其中一方为重点，另一方起陪衬的作用。如《过秦论》，贾谊将秦国与六国对比、六国与陈涉对比、陈涉与秦国对比。

第三种，层进式。这种论证结构呈现为“是什么—为什么—怎么做”，这种文本的层次与层次之间是层层深入、步步推进的关系；还可以将中心论点分解为几个不同的分论点，分论点内部由此及彼、由浅入深，论点层次的顺序有严格要求，不能随意改动。

第四种，总分式。这种论证结构的段落和层次之间有总分关系：或先总后分，

或先分后总，或先总后分再总。如顾颉刚的《怀疑与学问》是先总后分的结构，中心论点是“学则须疑”，分论点是“怀疑是辨伪去妄的必要步骤”和“怀疑的建设新学说、启迪新发明的必要条件”。

上述四种论证结构可用于全篇，也可用于局部。有时，全篇或局部可交叉运用不同的论证结构。

2. 分析论点

论点是作者对所论述问题所持的观点和主张，它是全文论述的中心，是文本的“灵魂”。深入地分析论点，是分析论述类文本的中心环节。

要分析论点，就要准确地把握论点、找准论点。论点一般出现在文本的四个位置：

一是在文本的标题。文本的标题如果表示出比较完整的意思，那么一般就是论点。如《反对党八股》的标题就是论点。

二是在文本的开头。从在全文中所起的作用来看，文本开头即提出中心论点，往往具有提纲挈领的作用，这叫“开门见山”式。如《最苦与最乐》在文本开头提出论点：“我说人生最苦的事，莫苦于身上背着一种未来的责任。”

三是在文本的中间。这种论点一般在论述的过程中逐渐显现出来，因此具有一定的隐蔽性或者在开头引述问题，然后针对问题提出论点；或者先对问题作某些分析，进而提出论点展开论述，这叫“承前启后”式。如《〈礼记〉二则》中的《虽有嘉肴》通过弗食嘉肴、“不知其旨”类比引入弗学至道、“不知其善”的问题，通过学知不足、教后知困，不足自反、知困自强逐层论证，得出“教学相长”的道理，最后再用引用作结，这样就使论点“教学相长”位于文本中间。

四是在文本的结尾。文本通过层层分析和论证，最后得出结论，这叫“画龙点睛”式。如《〈孟子〉三章》中的《生于忧患，死于安乐》在列举事例的基础上，通过层层分析，最后得出结论“然后知生于忧患而死于安乐也”。

还有一种议论类文本，文本中没有现成的语言形式直接提出论点，而是把论点渗透或者是隐含在全文的论述之中，由读者体会并进行抽象与概括，这可以叫作“弦外之音”式。

论点的确定问题单从位置上寻找是靠不住的，关键是要通过逐段阅读、逐段分析了解文本大意、理清文本脉络。具体来说，我们可以采用对文本中各个自然段文字边阅读、边分析、边概括的方法，明确各个自然段的大致内容，研究各个自然段之间的意义联系，然后将文本归纳为几个比较大的意义段，在此基础上再综观全文，明确论述的中心问题，文本对这一中心问题所持的观点或主张，也就是全文的论点，这是确定论述类文本论点扎实可靠的方法。除此之外，了解文本的写作背景和作者的写作意图，也有助于读者找准论点。历史背景是论点提出的客观依据、写作意图是论点提出的主观动因，这二者与文本的论点提出有直接联系。

（二）解析文本特征，分析文本内在逻辑

通过分析作者论证方法的选取与运用，可以体会文本思维的严密性，进而理解其说理框架的建构。

1. 分析论证方法

论证方法是运用论据证明论点的方法，是论点和论据之间逻辑联系的纽带。一篇论述类文本要把道理阐述得清楚透彻，使读者信服，除论点要正确、论据要充分、论证结构要严谨外，还要有十分恰当、得力的论证方法。论述类文本中常用的论证方法很多，从不同的角度分析，主要有四类。

第一，从论证性质说，有立论法和驳论法。立论法是针对客观事物或问题，直接提出自己的见解和主张，阐明理由，表明自己的态度。驳论法是通过先驳斥对方论点，证明它是错误的、荒谬的，从而证明自己观点正确的一种论证方法。驳论法的批驳方式有驳论点、驳论据、驳论证三种。在一篇文章里，立论法和驳论法往往是相辅相成的："先破后立""边破边立"，立论有时需在"破"的基础上进行。立论是论述的重心，论述类文章都需立论，驳斥他人的论点也是为了确立自己的论点。

第二，从论据特点分，有例证法、引证法等。例证法即举例论证，是根据需要例举一定的事实来证明观点正确的方法，事实要求充分、确凿、有根据性，如《生于忧患，死于安乐》的开头用"舜发于畎亩之中，傅说举于版筑之间，胶鬲举于鱼盐之中，管夷吾举于士，孙叔敖举于海，百里奚举于市"来举例论证"天将降大任于是人也，必先苦其心志"的道理。引证法即引用论证，是引用正确的科学原理，如马克思主义经典著作中的精辟见解、古今中外的名言警句以及人们认定的定理公式等来证明观点，如《虽有嘉肴》一文就在文本最后引用《兑命》中"学学半"来论证"教学能相长，实践出真知"的道理。

第三，从逻辑推理的形式上讲，有归纳法、演绎法、类比法。归纳法即从个别的事例或者道理中归纳出一般性知识的论证方法，如《劝学》由"青出于蓝、冰寒于水、直木輮轮、木受绳直、金就砺利"五个事例归纳出"君子博学，则知明而学无过"的道理。演绎法是从一般性的事实或道理推导出个别事实或道理的论证方法，如《得道多助，失道寡助》中先提出论点"天时不如地利，地利不如人和"，再用一系列具体事实证明这个观点。类比法是一种通过已知事物或事例与跟它有某些相同特点的事物或事例进行比较类推，从而证明论点的论证方法，如《虽有嘉肴》开头用"虽有嘉肴，弗食，不知其旨也；虽有至道，弗学，不知其善也"来类比论证实践对探求真理的重要性。

第四，从论证的表现手法分，有对比法、喻证法、反证法、归谬法等。对比法即对比论证，将一个事物的正反意见或优劣情况进行对照分析来证明观点的方法，顾颉刚的《怀疑与学问》多处运用对比论证，例如，"我们信它，因为它'是'；不信它，因为它'非'"，从正反两方面阐明"我们对于传说的话，不论信不信，都应当经过一番思考，不应当随随便便就信了"的原因。喻证法即比喻论证，用人们熟知的事物来作比喻以证明观点。反证法是先假设与原命题相反的结论成立，再根据条件推导出假设的命题不成立，继而得出原命题成立的结论。归谬法是首先承认对方说的是事实，然后直接根据原命题向下推导，如果推导出错误，那么进而可以推倒原命题得出结论。例如，在《中国人失掉自信力了吗》中，作者先承认错误观点

“中国人失掉自信力了”，但通过分析事实后，发现对方要说的其实不是自信力的问题，而是“自欺力”，由此可以看出，对方的观点是立不住的。

许多论述类文章，为了深刻透彻地说明道理、论述观点，常常不只采取一种论证方法，而是把几种论证方法结合起来，交错运用。如经典驳论文《拿来主义》中，就运用了例证法、因果证法、喻证法等多种方法，在前面“破”的部分采用因果论证的写法，得出“拿来”的结论，并且用比喻论证，将文化遗产比作“大宅子”、文化遗产中的精华部分比作“鱼翅”、文化遗产中精华与糟粕互见的部分比作“鸦片”、文化遗产中的旧形式比作“烟枪和烟灯”、只供剥削阶级欣赏享用的腐朽的东西比作“姨太太”。多种论证方法并用使文章显得生动活泼，增强了论证效果。分析论证方法，要结合对上述种种论证方法在概念上的明确认识，同时懂得课文所运用的论证方法在论证过程中的具体作用，使论证方法的教学落在实处。

2. 分析文章的语言

论述类文章的语言富有论辩性，有重点、有针对性地对其进行语言分析，对提高学生的语言表达能力有很大作用。

第一，分析关键性词语，掌握用词的准确性，了解语言的论辩性。关键词包括表示范围、程度的词，表示时间、结果的词，表示肯定、否定的词，指示代词及表示推断的词等，阅读中要抓住这种表达思想观点的关键词语，才能够领会其准确、精当之处。如《实践是检验真理的唯一标准》中的“唯一”一词，用得斩钉截铁，毫无余地，强调了真理对实践的依附关系，十分清楚和准确地表达了马克思主义认识论的一个基本原理。

第二，分析表示限量的词语和句子的序列，了解在逻辑推理的过程中，用词造句的严密性。如《改造我们的学习中》中说：“这种作风，拿了律己，则害了自己；拿了教人，则害了别人；拿了指导革命，则害了革命。”这三句话次序分明，不能倒置，体现了逻辑推理的严密性。

第三，分析修辞手法，了解语言的生动性。论述类文章的语言，一般来说比较抽象概括，但也不是一味板着面孔说教，往往是把逻辑论证与形象性的表述结合起来，使语言生动活泼。如毛泽东在《纪念白求恩》中对具有毫无自私自利精神的人的热情赞颂：“一个高尚的人，一个纯粹的人，一个有道德的人，一个脱离了低级趣味的人，一个有益于人民的人。”这种排比句式，不但增强了语势，而且使语言具有强大的感染力。

第四，分析语言的感情色彩，学习语言的鲜明性。论述类文章既然是表达作者的观点和态度，就一定会显示作者的爱憎感情，而这种爱憎感情是通过鲜明的语言表现出来的。如恩格斯的《在马克思墓前的讲话》中，当讲到各国政府和资本主义者对马克思的诬蔑、诽谤时说，“他对这一切毫不在意，把它们当作蛛丝一样轻轻拂去”，充溢着对马克思这种无畏无私的革命精神的热情赞颂，语言鲜明有力。

第八节 实用类文本分析

实用类文本也称应用类文本，它与现实生活关联紧密，更加注重观点的明确和事实的准确表达。实用类文本是人类在社会交往的长期实践中所形成的一种能够精准适用于现实信息传递的文本类型，人们常用它来处理事务、交流信息，有时也用作重要事件的凭证或依据。随着社会的发展，人们在日常生活中使用文字交流的范围日益广泛，类型不断增多，实用类文本的具体样式也越来越丰富，具体包含传记、新闻、报告文学、科普文章等。

实用类文本大致可以分为社会交往类、新闻传媒类和知识性三类。社会交往类实用类文本包括会谈、谈判、活动等常见文书，也包括演讲、致辞等；新闻传媒类实用类文本包括新闻通讯、访谈以及比较复杂的非连续性文本等；知识性实用类文本包括复杂的说明文、科普读物等。

一、实用类文本的特征

具体来看，实用类文本主要有四个特征。

（一）实用性

实用性是实用类文本的首要特点。实用类文本之所以出现，是要满足适应生活、服务生活的需要。从实用类文本的写作目的来看，实用类文本是要解决实际生活中出现的问题、方便人们的交往交流而出现的一种文体。所以实用类文本要能够最大程度地服务于工作、服务于社会。如为了报道最新的事件而出现了新闻；为了方便人们在不同时空中的交流而出现了书信；为了对某个人物有更深的了解而出现了专访……身处信息时代，我们每天都要与各种各样的实用文打交道：开会的通知、寻物的启事、促销的广告、远方的来信等。总的来说，实用文已经应用到我们生活的各个角落。所以可以想象：如果没有实用文，那么我们的生活将会发生怎样的变化。正如叶圣陶所指出的：学生不一定要懂得写作小说、诗歌，但必须要学会写出工作与日常生活中需要用到的实用文，并且非要写得通顺扎实不可。

（二）规范性

实用类文本在长期的使用与实践过程中形成了相对固定的写作格式和比较鲜明的文体特征。实用类文本的写作规范有些是有明确规定的，有些是在人们的应用实践中约定俗成的。实用类文本的规范性是为了提高使用效率、方便读者抓取信息而形成的文体特点。例如，如果我们要撰写一则新闻消息，那么它的结构通常包括标题、导语、主体、结尾几部分：标题是用简短的文字来概括、评价新闻内容的，应当有较强的吸引力；导语位于新闻的首段，有传达新闻主要内容、引导阅读的作用；主体是对新闻消息的内容展开具体阐述的部分，包括事件发生的背景、过程、结果等；结尾要对事件做一个概括总结，可以发表评论，也可以对未来进行展望。掌握新闻消息的写作规范，我们就能在阅读中快速提取想要了解的信息。推而广之，我们了解了实用类文本的写作格式后，可以加快我们的阅读速度与效率，能快速地抓住文本重点，辨别信息。

（三）真实性

实用类文本是针对现实生活中的人和事进行交流所使用的工具，人们在使用实用类文本工具时是不允许添加自己的想象的，实用类文本的基础就是尊重事实。例如，法律文书属于实用类文本范畴，律师必须以事实为依据且按照规定的格式进行撰写，否则就是违规；又如，生活中的“产品说明书”是介绍产品的工具，要按照国家的规定进行撰写；中学语文教材内的实用类文本主要以科普类说明文为主，[①]科普文具有传递知识的重要作用，所以实用类文本真实性的特点承载着知识传授的重任。

（四）约束性

实用类文本对文本使用的双方都具有很强的约束作用。换句话说，实用类文本实用性、规范性和真实性的特点，规定了实用类文本的作者必须对自己所撰写的、具有传播性的内容负责。实用类文本是生活中表达自己认识的工具，但它又是建立在法律基础上的工具，因而具有约束性。

二、实用类文本的解读策略

在新课程背景下，实用类文本学习的重要性日益提升。学生对语文知识的学习和理解离不开广泛的阅读，因此，统编语文教材在选文时收录了众多实用类名篇佳作，同时还设计了相关活动单元。

相对文学类文本而言，实用类文本的文本语义更为单纯，大都可以通过文字表层含义进行理解，这与实用类文本实用性和真实性的文体特点相关。面对这样的文本，我们在进行文本解读时要进行深度解读，理清文本结构，关注文本中所反映的社会现象。这既是实用类文本解读中现存的问题，又是实用类文本解读策略探究的改进方向。

（一）解析文中概念，深挖文本内涵

相较文学类文本的多义性特点，实用类文本偏重知识信息；对比文学文本语义的情感丰盈、主题深刻来说，实用类文本的语义更加清晰明了。虽然实用类文本语义有简单、易懂的特点，但是，语文教师在解读实用类文本时仍然不能仅仅依附于文字表面的意思，要对文本背后的深意进行挖掘。实用类文本解读要做到这样，需要关注以下两点：

1．准确理解实用类文本中的基本概念和基本观点

在实用类文本中，知识性概念或事实性原理构成了文本的主要内容。语文教师在解读实用类文本时，最先要解读文章中出现的概念，只有知道实用类文本到底写了哪些内容，才能对文本生出准确的理解，这也是对实用类文本进行深入理解的第一步。为此，在阅读过程中，语文教师一定要结合实用类文本的内容对相应的概念做出准确的判断。只有准确地理解了这些基本概念后，才能更好地深入作品，探寻

---

① 靳彤．语文教学能力实训课程［M］．北京：高等教育出版社，2006：127.

作品的深层意义。虽然实用类文本的语言并不像文学类文本的语言那样隐晦，而是更加直截了当，但是面对内容较为深奥的实用类文本时，语文教师仍然应当抓住“读”这个抓手，对“文章究竟在讲些什么”这一问题作出精准的概括。

其次，“读”包括读什么、怎么读都很有讲究。实用类文本的篇幅往往较短，语文教师可以抓住文章开头、结尾或过渡处的关键词句，对文本中的关键事件进行分析探寻，准确地概括文本的中心思想。

需要注意的是，对实用类文本内容的摘取和概括并不是一个简单的事情，要做到“知其然”，就必须对实用类文本的主要观点和基本倾向做出客观且明确的判断，不能主观臆断、主次颠倒、以偏概全。对实用类文本的材料进行处理与评析是解读实用类文本的必由之路，也是对实用类文本进行深入分析的最初基础。

2. 揭示文本选材和表达所隐含的深层含义

解读实用类文本除要将文本中的信息准确整合外，更要深入品读文本的内在思想和精神实质，并对文本对应的可能会产生的社会影响进行分析把握。

从表层来看，实用类文本偏向于实际工作，注重知识的整理，但语文教师在进行文本解读时不能仅仅着眼于知识的整理。例如，新闻类作品在实用类文本的选文中占比不小，新闻的特点之一是“新”，在于能够迅速准确、简明扼要地描述当时当地所发生的事件。如统编语文教材八年级上册《消息二则》一文，这二则消息分别是《我三十万大军胜利南渡长江》和《人民解放军百万大军横渡长江》，是对同一事件的描述。如果新闻的作用仅在于快速准确地描述信息，那么面对同一事件，我们仅需要一则新闻即可。但事实却不是这样的，以这两篇课文选文为例，同样是人民解放军渡江战役这一事件，不同的写法与表达可以展现出不同的写作意图。虽然这两则消息的内容相似，但是侧重点不同。第一则新闻《我三十万大军胜利南渡长江》的主体是“我”，作者的喜悦之情溢于言表，另外，“胜利南渡”也表明了结果。第二则新闻《人民解放军百万大军横渡长江》中的“人民解放军”更加正式客观，“百万大军”和“横渡”更显气势恢宏，适合此时“渡江仍在进行中”的现状。

所以，面对同样一个事件，不同的选材应当对应不同的文本表达，以求达到准确的效果。同时，我们学习新闻，并不只是学习此篇新闻所表现的历史事件，而是要去体会不同新闻类型的写法，以求获得在日常生活中的实际作用。语文教师在解读实用类文本时，不但要明白作者写了什么，更要引导学生去品读作者这样写究竟有怎样的深意，从而使学生学会多角度地观察和体验生活，在信息洪流中始终保持敏锐的眼光，学会运用简洁生动的语言，说明复杂的事理，达到微言大义的效果。

（二）把握行文顺序，分析文本结构

实用类文本有属于自身的结构特点，例如，新闻消息一般是先说结果，再根据事实主次分别说明内容；而传记则一般以人物的生平经历顺序来组织行文。

实用类文本比较注重文本中说明顺序的建构，它有两个方面的功用：一是搭建文本，通过合理的结构表达体现文章主旨；二是帮助读者建构知识的框架。所以语文教师在进行实用类文本解读时，要对文本结构中的“明线”和“暗线”进行解析。以《苏州园林》一文为例，有人认为《苏州园林》属于文学游记类文本，并不属于实用类文本，但如果从行文结构上解读本文，那么便不会产生这种结论。此文虽然在阅读时也会有似行踪、游览之感，但游记多是以作者的行踪贯穿全文，如《壶口瀑布》和《在长江源头各拉丹冬》两篇课文，便是分别跟着作者的视线，采用定点换景和移步换景的手法架起全文结构。然而《苏州园林》则大不相同，其整体结构是总—分的层次：亭台轩榭、假山池沼、花草树木、门窗雕镂，一切的远景近景、细小角落、色彩搭配，全都可以用一句“总之，一切都要为构成完美的图画而存在，绝不容许有欠美伤美的败笔”总结概括。文章的架构主要来源于园林空间的布局，而并非作者主观情感的具体呈现，这就是知识性说明文的基本特点。

同时，语文教师在解读实用类文本时还需要把握“暗线”，即内容中知识的框架。如《苏州园林》一文，叶圣陶并没有就某个园林进行细致的分析，而是写苏州园林在风格上的一般原理。[①] 读完此文，学生在头脑中构建的是苏州园林整体的知识框架，是一般性的、可供迁移的知识性内容，这也是实用类文本解读时应注意的方面。

［微视频］
《苏州园林》
教学片段（二）

（三）着眼文本细节，关注实用类文本的“真”与“新”

1. 语言的“真”与“新”

实用类文本有其独特的语言特色。所谓语言特色，即文本呈现出来的语言个性，也就是说，文本语言究竟是叙述性的还是描写性的，是平实的还是绚丽的，是严肃的还是诙谐幽默的，是艰涩的还是通俗易懂的，包括修辞、说明方法等，都属于语言特色的范畴。

实用类文本的语言讲求“真”和“新”。“真”就是真实，即补充各种说明保持现场的真实感。“新”一是指时效新，二是指思路新。时效新不必多说，思路新讲究的是作者往往采用与常规思路相偏离的语言来增强文章的力量。

例如，《以工匠精神雕琢时代品质》作为一篇新闻评论，既具有议论性文章的特点，又有新闻作品的属性；既需要保证文章所写新闻事件的真实性与实效性，又需要结合时代特点深入阐述工匠精神的内涵，点明时代价值，具有很强的现实意义。文章思路具有很强的逻辑性，什么是工匠精神？在自动化程度越来越高的现代社会，传统社会所孕育的工匠精神是否还有坚守的必要？如果有，我们应当怎样践行？当然，语言是行文思路搭建的基础。

2. 内容的“真”与“新”

在实用类文本中，有《苏武传》这样距离我们现实生活年代较远的文章，也有像《以工匠精神雕琢时代品质》这样的现代名篇。面对这些不同时代的文本内容，语文教师同样应该保持“真”与“新”的眼光去进行文本解读。

如在解读《苏武传》时，除探寻苏武的人生经历外，语文教师也可以从生命的视角对其进行创造性解读。苏武的生命历程何尝不是一种艺术，饥寒交迫、枯草萋萋，苏武用十九年的艰辛苦楚换来了他名垂青史的英雄故事。解读苏武，更重要的是解读苏武身上关于敬畏生命的人格光辉，只有我们在为苏武的不卑不亢、有血有

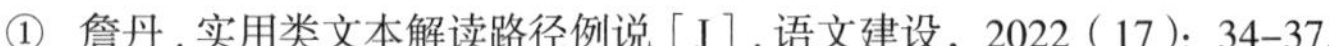

① 詹丹. 实用类文本解读路径例说［J］. 语文建设，2022（17）：34–37.

肉、忠贞不渝而深深感动时，才能说是真正读懂了苏武、读懂了《苏武传》。

语文的本质在于生命的绽放。面对古代作品，应当旧文新读，在尊重历史事实的基础上，找寻历史经验，联系现实问题进行思考；面对现代作品，应当主动探寻历史渊源，进行新的创造。也就是说，语文教师在进行实用类文本解读时，应以革命性的眼光对文本进行分析，同时关注古代实用类文本解读的经典性与时代性，注重文化传承，增强文化自信。

[本章小结]

本章主要介绍了文本解读的一般理论知识和不同文体文本的解读策略。文本是由语言文字按照写作或创作规则组合而成的个性化的言语作品。文本解读主要有以作者为中心的解读理论、以文本为中心的解读理论和以读者为中心的解读理论三种基本理论。语文教学要在实践中综合运用三种解读理论，灵活地、创造性地解读文本。语文教学文本解读的过程可以分为自然性阅读、反思性解读和教学性研读三个阶段。诗歌、散文、小说、戏剧、古诗文等文学类文本的解读要注重对文学形象的感受、对人物情感的体验、对思想主题的挖掘、对语言艺术的赏玩；论述类文本、实用类文本的解读要注重对语言表达清晰性、规范性和逻辑性的分析，对行文思路的剖析，对作品社会意义的探讨。

[实践·思考·探究]

1. 比较以作者为中心的解读理论、以文本为中心的解读理论和以读者为中心的解读理论的基本观点，结合语文教学的实际，谈谈它们各自的价值和局限。

2. 阅读下面的教学案例，运用本章所学习的文本解读理论，分析其中蕴含的解读理念与方法。

《春酒》是一篇抒情性的叙事散文，文中运用了多种表达方式，有叙事、说明、描写、抒情和议论。如何让学生领会不同表达方式之间的表达作用的差别，是该单元的重要教学目标。如何把语文知识的学习设计成富有趣味性与挑战性的学习任务，凸显语文知识的理性价值与思维难度？笔者进行了如下的一个任务设计：把文章中有关八宝酒的信息改写成一张《八宝酒说明书》，内容包括酿制者、酿制起始时间、原材料、儿童饮用标准、动物醉酒表现等方面。学生改写得不亦乐乎，当他们发现儿童的饮用标准是“一指甲缝”，动物醉酒的表现是“呼呼大睡”时，都开心地笑了起来。等到大家完成了这张趣味十足的说明书，笔者突然发问：“大家把课文中有关八宝酒的叙述和我们填写的说明书比较一下，看看哪些内容消失了，你阅读它们二者的感觉有什么不同？”这一问，把刚才填写说明书的趣味游戏瞬间提升到了高难度的语文知识分析水平上来。学生这才发现，填写说明书是个诱饵，对比“说明”与文章所运用的“记叙”“描写”“抒情”等表达方式之间的表达效果的不同，才是真正的目的：“故事消失了”“语句不如原来连贯了”“只有冷冰冰的信息”“趣味感下降了”“没有了细节”……这种知识指向明确、富有思维挑战性的发现正是富有想象力的语文教学设计所致力追求的。[①]

3. 运用你所掌握的散文解读策略，尝试解读统编语文教材七年级下册《老王》一文。

[拓展阅读]

1. 曹刚．探索文本解读的路径［M］．上海：上海教育出版社，2020.

2. 周璐璐．基于语文核心素养的文本解读［M］．青岛：中国海洋大学出版社，2021.

3. 潘庆玉．富有想象力的语文课［M］．广州：广东教育出版社，2019.

4. 王崧舟．崧舟细讲文本：小学语文教材文本解读与教学设计［M］．武汉：长江文艺出版社，2021.

5. 孙绍振．经典小说解读［M］．上海：上海教育出版社，2018.

① 潘庆玉．激发教学想象力：语文教学设计的创新策略［J］．语文教学通讯，2019（12）：14–18.

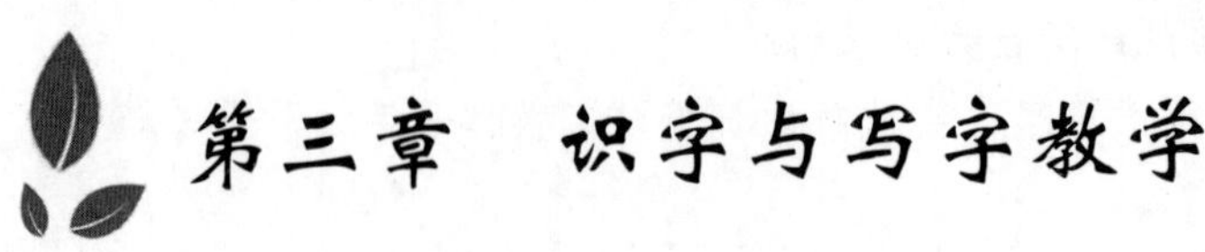

第三章　识字与写字教学

欲书之时，当收视反听，绝虑凝神，心正气和，则契于妙。心神不正，书则欹斜；志气不和，字则颠仆。[①]

——虞世南

［学习目标］

1. 明确《义务教育语文课程标准（2022年版）》对识字与写字的教学目标，把握各学段对识字与写字教学的具体要求。

2. 了解语言学、心理学、教育学、书法艺术理论等在识字与写字教学中的应用，以便更加有效地对识字与写字教学进行理论指导。

3. 熟悉识字教学的基本方式与写字教学的基本内容，能结合学段特点和学情，在教学实践中灵活运用。

① 虞世南 . 虞世南文集［M］. 杭州：浙江古籍出版社，2012：65.

[知识导图]

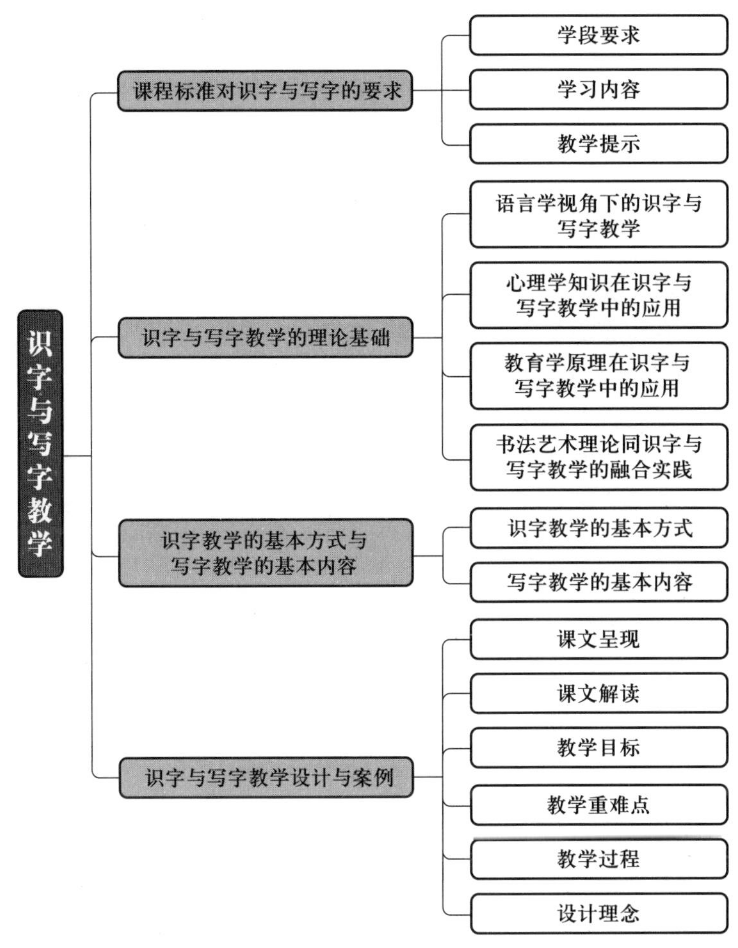
识字与写字教学
课程标准对识字与写字的要求
学段要求
学习内容
教学提示
识字与写字教学的理论基础
语言学视角下的识字与写字教学
心理学知识在识字与写字教学中的应用
教育学原理在识字与写字教学中的应用
书法艺术理论同识字与写字教学的融合实践
识字教学的基本方式与写字教学的基本内容
识字教学的基本方式
写字教学的基本内容
识字与写字教学设计与案例
课文呈现
课文解读
教学目标
教学重难点
教学过程
设计理念

[案例导入]

请阅读统编语文教材二年级上册课文《妈妈睡了》教学实录片段：①

师：自己先来读读第1自然段，注意读准字音、读通句子。

（出示）“妈妈睡了。妈妈哄我午睡的时候，自己先睡着了，睡得好熟，好香。”

师：谁想把这一段读给大家听？

（生读）

师：你的字音读得真准！还有谁想读？

（生读）

师：老师想问问大家，小时候，妈妈是怎么哄你睡觉的？

生：妈妈把我抱在怀里，一摇一摇地哼着歌，我就睡着了。

师：（将“哄”字标红）看“哄”这个字，左边是口字旁，右边是“共”，就仿佛是妈妈用嘴哼着歌，两只手抱着你，哄你睡觉的样子。大家继续交流。

生：妈妈会躺在我身边，用手拍着我的背，唱着摇篮曲，我就慢慢地睡着了。

师：难怪是口字旁呢！课文中的妈妈是怎样哄孩子睡觉的？谁来读读课文中的句子？

（生读）

师：你读懂了什么？

生：文中的妈妈没等小朋友睡着，就自己先睡着了。

师：（将“先”字标红）没错，文中的妈妈在哄孩子睡觉时，自己先睡着了。回忆一下，妈妈有没有比你先睡着的时候啊？

生：有一天，妈妈哄我睡觉的时候，给我讲故事。讲着讲着，她自己先睡着了。

师：她睡得怎样？

生：睡得好熟，好香。

师：你能用课文中的句子“妈妈……”试着说一说吗？

生：妈妈哄我睡觉的时候，给我讲故事，讲着讲着，自己先睡着了，睡得好熟，好香。

师：哦，妈妈真是太辛苦了！我们一起再读读这个长句子。

（生齐读）

师：长句子能读好，相信字也能写好！你们看，“哄”和“先”都是本课要学习书写的字，你觉得哪个字好写，哪个字不好写想让老师来指导？

生：“先”字好写，“哄”字不好写。

师：老师先教大家写“哄”字。其实写好“哄”字是有方法的，先观察一下，

---

① 周瑾，慈树梅．巧用方法，识字学文：《妈妈睡了》（第一课时）教学实录及评析［J］．小学教学（语文版），2022（12）：64–68.

这个字是什么结构？

生：左右结构。

师："哄"字哪边窄？哪边宽？

生：左边窄，右边宽。

师：是的。在田字格中书写"哄"字时，要将口字旁写得小一些。伸出手跟着老师写，（范写，生书空）口字旁写在左半格略靠上的位置，右边的"共"字注意第二横穿插到"口"下面。最后的一撇、一点要写在横的正下方。再看"先"字，你一定会写笔顺，请你边说边跟着老师写。

生：（边说边书空）撇、横、竖、横、撇、竖弯钩。

师：是的，竖要压在田字格的竖中线上，下面的"儿"字要写得舒展一些。请大家在学习单上将这两个字各写一遍。

（生写，师提醒坐姿）

师：谁想展示一下自己写的字？

（生展示）

师：你们看，这个同学写的字既干净，又漂亮。他注意到了"哄"字的左窄右宽，"先"字最后一笔竖弯钩的转笔写得多好啊！老师奖励他两颗星。同桌之间互相看看哪个字写得好，相互学习。

思考：

通过阅读上述识字与写字教学片段，你认为进行识字与写字教学时应注意些什么？识字与写字教学可以采用哪些方式？

第一节　课程标准对识字与写字的要求

《义务教育语文课程标准（2022年版）》指出："识字与写字是阅读和写作的基础，是第一学段的教学重点，也是贯串整个义务教育阶段的重要教学内容。"识字与写字，顾名思义，就是能正确认识汉字，能规范书写汉字。识字与写字作为语文课程的重要组成部分，在语文教学中占有重要地位。其重要性不仅体现在学科教学层面，为学生的阅读和写作奠定基础，而且深刻地体现了语文学习的人文性，关系到中华优秀传统文化的传承。

《义务教育语文课程标准（2022年版）》在"总目标"中对"识字与写字"教学的要求是："认识和书写常用汉字，学会汉语拼音，能说普通话。主动积累、梳理基本的语言材料和语言经验，逐步形成良好的语感，初步领悟语言文字运用规律。学会使用常用的语文工具书，运用多种媒介学习语文，初步掌握基本的语文学习方法，养成良好的学习习惯。"以"总目标"为纲领，《义务教育语文课程标准（2022年版）》从学段要求、学习内容、教学提示等方面分别对识字与写字教学展开了详细的阐述和说明。

一、学段要求

《义务教育语文课程标准（2022 年版）》对四个学段的“识字与写字”教学有着不同的要求。

第一学段（1 ～ 2 年级）

（1）喜欢学习汉字，有主动识字、写字的愿望。认识常用汉字 1 600 个左右，其中 800 个左右会写。

（2）学会汉语拼音。能读准声母、韵母、声调和整体认读音节。能准确地拼读音节，正确书写声母、韵母和音节。认识大写字母，熟记《汉语拼音字母表》。

（3）掌握汉字的基本笔画和常用的偏旁部首，能按基本的笔顺规则用硬笔写字，注意间架结构，初步感受汉字的形体美。努力养成良好的写字习惯，写字姿势正确，书写规范、端正、整洁。

（4）学习独立识字。能借助汉语拼音认读汉字，学会用音序检字法和部首检字法查字典。

第二学段（3 ～ 4 年级）

（1）对学习汉字有浓厚的兴趣，养成主动识字的习惯。累计认识常用汉字 2 500 个左右，其中 1 600 个左右会写。有初步的独立识字能力。能用音序检字法和部首检字法查字典、词典。

（2）写字姿势正确，养成良好的书写习惯。能用硬笔熟练地书写正楷字，做到规范、端正、整洁。用毛笔临摹正楷字帖，感受汉字的书写特点和形体美。

（3）能感知常用汉字形、音、义之间的联系，初步建立汉字与生活中事物、行为的联系，初步感受汉字的文化内涵。

第三学段（5 ～ 6 年级）

（1）有较强的独立识字能力。累计认识常用汉字 3 000 个左右，其中 2 500 个左右会写。感受汉字的构字组词特点，体会汉字蕴含的智慧。

（2）写字姿势正确，有良好的书写习惯。硬笔书写楷书，行款整齐，力求美观，有一定的速度。能用毛笔书写楷书，在书写中体会汉字的优美。

第四学段（7 ～ 9 年级）

（1）能熟练地使用字典、词典独立识字，会用多种检字方法。累计认识常用汉字 3 500 个左右。

（2）写字姿势正确，保持良好的书写习惯。在使用硬笔熟练地书写正楷字的基础上，学写规范、通行的行楷字，提高书写的速度。临摹、欣赏名家书法，体会书法的审美价值。

总体而言，《义务教育语文课程标准（2022 年版）》对识字与写字教学内容注重螺旋式进阶，这就要求语文教师要基于学生的认知发展，关注识字与写字教学内容之间的横向呼应和纵向衔接，以及不同学段之间的关联性和连续性。可以发现，随着学段的升高，课标对识字与写字的数量和要求都在逐渐增加。这种螺旋式进阶的教学内容，不仅体现在识字与写字的数量规定上，在不同学段识字与写字的能力目标、养成目标和情感目标上同样如此，都体现出逐级递升的关系。

除此之外，课程标准中包含了附录4《识字、写字教学基本字表》、附录5《义务教育语文课程常用字表》。其中，附录4《识字、写字教学基本字表》共收录300个汉字，并指出："这些字构形简单，重现率高，其中的大多数能成为其他字的结构成分。先学这些字，有利于打好识字、写字的基础，有利于发展识字、写字能力，提高学习效率。"①

二、学习内容

《义务教育语文课程标准（2022年版）》按照内容整合程度不断提升，分三个层面设置学习任务群，识字与写字属于第一层"语言文字积累与梳理"基础型学习任务群。这一学习任务群旨在引导学生在语文实践活动中，积累语言材料和语言经验，形成良好语感；通过观察、分析、整理，发现汉字的构字组词特点，掌握语言文字运用规范，感受汉字的文化内涵，奠定语文基础。②"语言文字积累与梳理"这一学习任务群对不同学段规定了不同的学习内容，其中包含有识字与写字的相关学习内容。

第一学段（1～2年级）

（1）认识有关人的身体与行为、天地四方、自然万物等方面的常用字；认识家庭生活、学校生活、社会生活中的常用字；学习书写笔画简单的字，初步体会汉字结构的主要特点。

（2）先认先写基本字，学习部首检字法，尝试发现汉字的一些规律，初步学习分类整理课内外认识的字；在生活中主动识字，发展独立识字能力。

（3）认读拼音字母，拼读音节，认识声调，借助汉语拼音认读汉字，学习音序检字法；在日常交际情境中学习汉语拼音和普通话。

（4）诵读、记录课内外学到的成语、谚语、格言警句、儿歌、短小的古诗等，感受中华优秀传统文化，养成自主积累的习惯。

第二学段（3～4年级）

（1）在真实的语言文字运用情境中独立识字与写字，初步梳理常用汉字形、音、义之间的联系。

（2）关注校园内外汉字和标点符号的正确使用情况，整理自己的发现并和同学交流，互相正字正音。

（3）诵读、积累成语典故、中华文化名言、短小的古诗词和新鲜词语、精彩句段等，丰富自己的语汇，分类整理、交流，初步认识中华优秀传统文化蕴含的思想；在语言积累和运用过程中，体会同义词、反义词等词语的作用，发现、感受语言的表现力和创造力。

---

① 中华人民共和国教育部．义务教育语文课程标准：2022年版［M］．北京：北京师范大学出版社，2022：66.

② 中华人民共和国教育部．义务教育语文课程标准：2022年版［M］．北京：北京师范大学出版社，2022：20.

第三学段（5～6年级）

（1）主动通过多种方式独立识字，按照汉字字形结构等规律梳理学过的汉字。丰富自己的词语积累，注意词语的感情色彩。

（2）开展校园内外讲普通话、写规范字、正确使用标点符号情况的调查，整理、分享自己的发现。

（3）诵读优秀诗文，分主题梳理自己积累的成语典故、格言警句、对联等语言材料，并尝试运用到日常读写活动中，增强表达效果。

第四学段（7～9年级）

（1）在语言文字运用情境中，发现、感受和表现语言文字的魅力。围绕汉字、书法、成语典故、对联、诗文等方面内容，策划并开展语文学习、展示和交流活动，加深对语言文字及其文化内涵的认识和理解。

（2）梳理学过的语言现象，欣赏优秀作品的语言表达技巧，初步探究语言文字的运用规律。学习按照词类梳理字词，学习整理典型的语法、修辞应用实例。

（3）继续丰富自己的积累。分类整理、欣赏、交流所积累的词语、名句、诗文等，并在日常读写活动中积极运用，提升自身的中华文化修养。

三、教学提示

《义务教育语文课程标准（2022年版）》针对“语言文字积累与梳理”学习任务群给出的教学提示，其中第（1）（2）（5）条主要指向识字与写字教学。

（1）根据学生的年龄特点和认知规律，紧密联系学生的生活实际，结合识字内容，选择适宜的学习主题，创设学习情境；激发学生识字、写字、诵读、积累、探究的兴趣，并注意将语言积累、梳理与体认社会主义先进文化、革命文化、中华优秀传统文化相结合；引导学生在识字、写字、语言积累中感受中华文化的魅力，激发热爱中华文化的情感。

（2）识字与写字是阅读和写作的基础，是第一学段的教学重点，也是贯串整个义务教育阶段的重要教学内容。识字与写字教学应结合学生的生活经验，采用形象直观的教学手段，创设丰富多彩的学习情境，综合运用随文识字、集中识字、注音识字、字理识字等多种识字方法，逐步发展学生的识字、写字能力。第一学段应多认少写，要求学生会认的字不一定同时要求会写，合理安排识字与写字的量。一年级第一、第二学期会认的字大致安排250个和350个，其中二分之一的字会写。应先认先写《识字、写字教学基本字表》中的字，充分发挥这些字构形简单、重现率高、组字构词能力强的特点，打好基础，举一反三。应重视学生的写字姿势，引导学生掌握基本的书写技能，养成良好的书写习惯。

（5）识字评价要考察学生认清字形、读准字音、掌握汉字基本意义的情况，在具体语言环境中运用汉字的能力，借助字典、词典等工具书查检字词的能力，帮助学生养成写规范字的习惯，减少错别字。第一、第二学段应多关注学生主动识字的兴趣，第三、第四学段要重视考察学生独立识字的能力。写字评价要考察学生对要求‘会写’的字的掌握情况，重视书写的正确、端正、整洁，在此基础上，逐步要求书写流利。语文知识的概念不作为考试内容。

在上述教学提示中，课程标准明确了“多认少写，识写分开”的识字与写字教学理念，契合汉字的自身规律。课程标准对识字与写字分别提出了要求，既能提高学生识字的效率，又能减轻学生识字与写字的压力。我国最早对识字与写字教学做出区分是在2000年颁布的《九年义务教育全日制小学语文教学大纲（试用修订版）》中，该文件首次明确指出，识字包括“会认”和“学会”两种不同的要求。“会认”的字，只要求读准字音，不抄不默不考。要求“学会”的字，能读准字音，认清字形，了解字在词句或短文中的意思，并能正确、熟练地书写。以后的课程标准都延续了这一要求，最新的课程标准也同样贯彻了这一理念。

第二节 识字与写字教学的理论基础

汉字是汉语的书面符号系统，承载着中华文明的深厚文化底蕴。在开展识字与写字的教学过程中，教师既要关注其作为一种符号系统的功能，又要深入理解其所蕴含的丰富文化意义。正如叶圣陶所指出的那样：“汉语和汉字有自己的特点。这种语言和文字，从教和学的角度看，有比别的语言文字容易的地方，也有比别的语言文字难的地方。究竟什么地方容易，什么地方难？这些难点现在正在用什么办法去对付，这也是应当调查的项目。”[①] 这一观点深刻地揭示了识字与写字教学的复杂性和挑战性，也为教师深入探讨和研究识字与写字教学的方法提供了方向。因此，为了更有效地开展识字与写字教学，语文教师需要综合应用语言学、心理学、教育学及书法艺术等相关理论。通过这些理论的综合运用，语文教师能够更好地理解汉字的特性，选择科学、有效的教学方法，帮助学生掌握汉字的识别和书写技能，深入理解汉字的文化意义。

一、语言学视角下的识字与写字教学

文字大致可以分为表音文字和表意文字两种基本类型。表音文字是指标记语言单位声音的文字，这是世界上大多数国家使用的文字类型。表意文字是指通过符号或图形的组合表达语言意义单位的文字。汉字作为一种独特的文字系统，兼有表音和表意两种功能，每个字都有其特定的形态、音韵和意义。这一特性在识字与写字的教学过程中非常重要。理解汉字的这种双重性质，有助于学生更加全面地掌握汉字的含义和发音，从而更有效地进行识字与写字教学。汉字的这些特点在语言学的形态学和语音学研究中得到了深入探讨。

（一）形态学视角下的汉字构造与认知

形态学是语言学的一个分支学科，专注于研究汉语词汇的内部结构、构词规则以及不同的构词方法。在汉字结构的研究中，形态学的应用尤为显著，它帮助学习者深入理解汉字的组成及其深层意义。汉字的形态结构是理解其意义的关键，其中

① 叶圣陶．叶圣陶教育文集：第3卷［M］．北京：人民教育出版社，1994：214.

偏旁部首扮演了极其重要的角色。偏旁部首不仅是汉字分类的基础，而且其本身往往蕴含着特定的含义，从而为理解整个汉字提供线索。例如，偏旁“氵”出现在多个与水有关的汉字中，如“洋”“河”“海”等字都与“水”有直接的联系。这种偏旁部首的使用，不仅使得汉字在视觉上具有一致性，而且在语义上增强了汉字的表意性。此外，汉字的字形结构也是其意义理解中不可或缺的部分。汉字的字形结构具有多种类型，包括独立结构、左右结构、上下结构、左中右结构、上中下结构、包围结构和半包围结构等。这些结构类型不仅赋予了汉字独特的视觉形态，而且与其意义紧密相关。例如，“休”字结合了“人”字旁和“木”字，形象地表达了“人靠在树下休息”的场景。这种结构上的巧妙设计，不仅让汉字成为一种高度表意的文字，而且赋予其独特的美学价值。

总之，形态学在汉字结构研究中的应用极为重要。它不仅帮助学生理解汉字的视觉和语义结构，而且揭示了汉字作为一种独特文字系统的深层次文化和历史价值。通过对汉字形态学的深入研究，学生能够更好地把握汉字的构词规律。

（二）语音学原理在识字与写字教学中的应用

作为研究语音的语言学分支，语音学在识字与写字教学中扮演着至关重要的角色。它专注于汉字的发音特征，包括声母、韵母和声调的研究，这些都是理解和记忆汉字不可或缺的要素。在汉字的发音系统中，声母和韵母的组合构成了汉字的基础音节。例如，“国”的声母是 g，韵母是 uo。正确地识别这些音节成分，有助于学生准确地发音，进而影响其对相关汉字的认识和记忆。此外，汉语作为一种声调语言，其特点在于通过不同的声调来区分相应的意义。汉语中的每个音节都有其特定的声调，声调的变化可以使得相同音节的词汇具有完全不同的含义。例如，“妈”和“骂”，尽管它们的声母和韵母相同，但声调不同，就表达了截然不同的概念。

在识字与写字教学中，将语音学的原理融入其中是非常重要的。通过这种方式，教师不仅可以帮助学生理解汉字的视觉形态，而且能掌握其音韵结构。例如，在教授“国”字时，可以强调其声母 g 的发音方法，以及 uo 韵母的特点，再结合二声的声调特征完整地呈现这个字的发音。这样的教学方法不仅有助于学生正确地发音，而且能增强他们对汉字的整体理解，从而在记忆汉字时更为高效。

在识字与写字教学中，形态学和语音学的理论都非常重要。形态学理论有助于学生把握汉字的构造和意义；语音学的知识与汉字的正确发音和理解语言的音韵特征相关。结合形态学和语音学的学习，不仅能够增强学生对汉字的记忆，而且能够提升学生对汉字文化和语言结构的整体认识。例如，在教授“林”字时，可以指出其由两个“木”字组成，体现了树木聚集的意义，并且其发音为 lín，声调为二声，有助于学生全面理解和记忆这个字。通过这种综合的识字与写字教学方法，学生可以更深入地理解汉字的美妙和复杂性。

二、心理学知识在识字与写字教学中的应用

心理学在识字与写字教学中主要涉及认知心理学和发展心理学。认知心理学主要研究如何通过视觉识别汉字的形状，记忆汉字的结构和意义，以及如何将这些信

息进行加工、存储和检索等。发展心理学主要关注不同年龄阶段学习者的汉字学习特点和规律。

（一）认知心理学对识字与写字教学的影响

在认知心理学领域，识字与写字教学的过程是多维度且复杂的，涉及视觉加工、记忆与回忆、认知负荷理论以及多感官学习等多个方面。识字就是形成字的音、形、义三要素的统一心理结构，并将其与实际语用联系起来，以达到“四会”（会读、会写、会讲、会用）的目标。

识字与写字教学首先依赖学习者对汉字形状、结构和笔画的视觉感知，这需要视觉神经系统对复杂图形的有效分析和解读。例如，在学习“明”字时，学生首先要识别该字由“日”和“月”两个部分组成，这涉及视觉对形状的分辨和对结构的理解。然后，大脑将这些视觉信息转换为语言信息，这个转换过程需要视觉皮层与语言处理区域之间的协调工作。在识别汉字之后，学生需要利用短时记忆暂时存储这些信息，并通过重复和练习将其转移到长时记忆中。例如，在学习“江”字时，学生可能需要多次重复阅读和书写，以牢固记忆其形状、发音和意义。长时记忆中存储的汉字信息在阅读、写作或交流时需要得到有效地检索，这就要求学习者有良好的记忆组织和检索策略。

在识字与写字教学过程中，如何有效地管理认知资源，如注意力和工作记忆，也是非常重要的。为减轻学习者的认知负荷，教学方法可以采用分步骤教学和使用图像辅助记忆。例如，教师在教学“河”字的书写时，可以先教授基础笔画，然后逐渐构建完整的字形，最后结合图片或实物使学生加深理解。此外，在识字与写字教学过程中，教师还要注意利用视觉、听觉和触觉等多种感官，这样可以更好地加工和固化汉字信息。例如，当学生学习“森”字时，他们可以同时看到该字的书写过程、听到该字的发音，甚至亲手书写“森”字来感受笔画的运动，从而促进对该字的整体记忆和理解。

识字与写字教学是一个涉及认知心理学领域的复杂过程，教师通过理解认知心理学的理论，将它们应用到教学实践中，进行更加有效的教学，以满足不同学生的需求，从而提高识字与写字教学的效率和效果。

（二）发展心理学对识字与写字教学的影响

在识字与写字教学中，了解学生在不同年龄阶段的能力水平至关重要，包括视觉感知能力、记忆力和认知处理能力等。

首先，视觉感知能力在学生的成长过程中不断发展，这直接影响学生对汉字结构的理解。低年级的学生可能倾向于识别汉字的整体轮廓和基本形状，如将“口”字视为一个方框。随着年龄的增长，学生能更加细致地识别更为复杂的笔画和结构，如分辨“国”字的内部结构。其次，记忆力在识字与写字教学中扮演着重要角色，学生需要记忆汉字的形状、发音和含义。例如，通过反复练习和应用，“日”字的形状和“太阳”的含义可以被学生熟练掌握。学生的短时记忆能力和长时记忆能力不同，这会影响他们学习和记忆汉字的效率。最后，认知处理能力是学生理解汉字和使用汉字的关键，包括对汉字的语音、语义和书写形式的处理。随着学生认知能力

的发展，如注意力集中、逻辑推理和抽象思维能力的增强，他们对汉字的理解也会更加深入。例如，年龄稍大的学生能够理解同音字，如“海”和“还”的不同用法。

综上所述，在考虑学生的语言发展时，识字与写字教学应被视为一个多层次、动态的过程。教师需要根据学生在不同年龄阶段的发展特点，采用适应性强、包容性广的教学方法。例如，对年幼的学生，可以采用图画书和游戏化学习来激发他们对识字与写字的兴趣；对年龄稍大的学生，可以通过故事讲述和角色扮演来加深他们对字词含义的理解。通过这种综合的、个性化的方法，不仅能够提升学生的识字与写字能力，而且能够确保每个学生在学习过程中得到充分的支持和鼓励。

三、教育学原理在识字与写字教学中的应用

教育学为识字与写字教学提供了丰富的理论和实践方法，旨在指导教师更加有效地组织教学内容、选择合适的教学方法和教学材料，以及评估学生的学习成效等。

在教学内容的有效组织方面，教师可以采用如下策略：首先，根据学生的认知发展水平和学习能力，将识字与写字教学进行层次分明的安排。从基础字形的学习开始，逐步过渡到复杂汉字的掌握，确保学习过程既有系统性，又符合学生的认知发展规律。其次，将识字与写字教学与学生实际的生活语境紧密结合。例如，通过故事讲述、日常对话等形式进行识字与写字教学，不仅能够增强学生学习汉字的实用性，还能提升学生学习汉字的趣味性和互动性。最后，在识字与写字教学过程中，教师可以采取跨学科教学模式，积极融入文化、历史、艺术等多个学科的知识元素。这种教学方式不仅能够拓宽学生的知识视野，而且能够丰富他们的学习体验，激发他们对汉字学习的兴趣。

在识字与写字的教学过程中，教师可以采用多种教学方法，如直观教学（图片、视频）、互动教学（小组讨论、角色扮演）、游戏化学习等，以适应不同学生的需求。同时，教学材料的选择或创制要适合学生的年龄和认知水平，如图文并茂的教科书、互动软件和在线资源等。另外，语文教师也可以利用现代科技手段，如在线学习平台，增加学习的互动性和趣味性。

在评估学生的学习成效方面，教师应注意多维度评估的运用。教师不仅要评估学生的识字与写字能力，而且要考察他们对汉字含义的理解、运用汉字的能力以及创造性使用汉字的能力。同时，教师可定期进行小测试、口头测验和作业检查，以便及时反馈学生的学习进展和存在的问题。最后还要有综合性评估，教师可结合笔试和互动评估方法，全面了解学生的汉字学习成就。

通过这些教育学原理的应用，识字与写字教学可以变得更加系统、有效和有趣。教师通过灵活地运用各种教学方法和教学材料，结合学生的实际需要，提高识字与写字教学的效果。同时，通过全面、多元的评估方法，教师能够更好地掌握学生的学习情况，从而做出相应的教学调整，以确保每个学生都能在识字与写字教学中取得进步。

四、书法艺术理论同识字与写字教学的融合实践

汉字的书写不仅是一种语言表达，而且是一种深刻的艺术形式。书法艺术理论在识字与写字教学中扮演着重要角色，它涵盖了字体风格、笔画顺序和笔力运用等多个方面。

汉字书法有多种字体风格，如篆书、隶书、楷书、草书、行书等，每种字体风格都有其独特的特点和审美价值。例如，楷书规整、清晰，适合初学者学习和日常书写；行书流畅、自然，体现了书写的节奏和韵律；草书潇洒、自由，但同时也更难掌握。选择不同的字体风格，可以体现书写者不同的个性和情感表达。例如，隶书常用于庄重、古典的文本，草书则常见于个人笔记和自由表达。同时，正确的笔画顺序对识字与写字至关重要，它不仅帮助记忆字形，而且影响书写的速度和流畅度。例如，在书写“永”字时，其笔画顺序和笔势的规范性对练习其他基本笔画有很大的帮助。在识字与写字教学过程中，强调正确的笔画顺序可以帮助学生形成良好的书写习惯，并为学习更加复杂的字形打下坚实的基础。此外，笔力的运用也是书法艺术的核心之一。不同的压笔、提笔、转笔技巧，可以创造出不同的字形美感。例如，楷书中的“提、按、顿、挫”等技法对字的结构和节奏非常重要。通过笔力的变化，书法作品能够传达出书写者的情感和个性。另外，轻重、快慢的笔触变化也能反映书写者的心境和风格。

[微视频]《墨梅》教学片段

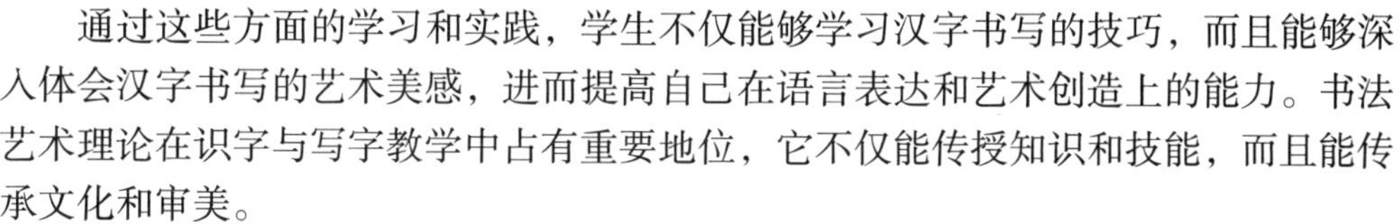

通过这些方面的学习和实践，学生不仅能够学习汉字书写的技巧，而且能够深入体会汉字书写的艺术美感，进而提高自己在语言表达和艺术创造上的能力。书法艺术理论在识字与写字教学中占有重要地位，它不仅能传授知识和技能，而且能传承文化和审美。

综上所述，识字与写字教学的理论基础涵盖了语言学、心理学、教育学以及书法艺术理论四个重要领域。通过语言学的视角，我们能够深入了解汉字的声韵结构和形态构成，揭示汉字的表音和表意特征。心理学关注学生的认知过程，包括记忆、认知发展和学习动机等，为教学方法提供依据。教育学策略的讨论，着重于有效的教学方法和理论，包括教学设计、学习评估和差异化教学等。书法艺术理论的融入，不仅丰富了汉字教学的内容，而且强调汉字书写的美学价值和技巧训练。这些理论与实践的交融，为识字与写字教学提供了一个多维度、深层次的理论框架，能够帮助教师更加全面、有效地进行识字与写字教学。

第三节　识字教学的基本方式与写字教学的基本内容

识字与写字是古代儿童学习的启蒙阶段，能为读写训练的进一步发展打下基础。我国最早在商代就有了识字与写字教学的萌芽。到了春秋战国时期，识字与写字教学已经成为一门单独的课程，如孔子办学时所开设的课程有礼、乐、射、御、书、数，其中的“书”主要是指识字与写字教学。古往今来，识字与写字教学一直是我国基础教育教学阶段的重要教学内容，我国的基础教育也曾探索并实践运用了

很多行之有效的教学方式。《义务教育语文课程标准（2022年版）》指出："识字与写字教学应结合学生的生活经验，采用形象直观的教学手段，创设丰富多彩的学习情境，综合运用随文识字、集中识字、注音识字、字理识字等多种识字方法，逐步发展学生的识字、写字能力。"

一、识字教学的基本方式

识字教学一般包括读音、字形和意义三个方面。但是，在识字教学的初级阶段，学生识字的困难主要来自识记字形。语文教材上最初出现的生字大多数是常用的实词，相较而言，虽然学生对这些字的"音"和"义"并不陌生，但是因为没有接触过字的"形"，所以很难将读音和字形搭配起来，他们也不具备独立分析字形的能力。因此，教师在教学过程中，要遵循学生认识事物的规律，着重指导学生认清字形，识字教学应当以字形为主。关于识字的教学方式，自古至今，人们进行了很多有益的探索，下面介绍六种常见的方式。

（一）集中识字

集中识字，是指先把汉字集中起来让学生学习，争取以较少的时间识得较多的汉字，在他们大量识字之后再进行阅读。集中识字是我国古代社会常用的识字方式，蒙童进入私塾之后的第一件事是识字，如《三字经》《百家姓》《千字文》是古代儿童常用的集中识字读本。这种先集中识字再读书的方式一直延续到明清时期。

1958年，辽宁省黑山县北关实验学校对集中识字这一识字教学方式进行了改革实验。当时这一方式是为了落实小学低年级学生以识字为重点，采取"先识字、后读书"的思路，运用"同音归类""基本字带字"等方法集中学习一批汉字，然后再阅读课文。例如，以"包"为基本字，可带出"苞、胞、饱、抱"等一系列的字。集中识字的具体做法是：教师教学生先写好拼音、基本字，以及笔画、笔顺、偏旁部首等，再用基本字带动分批识字。学完一批汉字后，阅读几篇课文，起到巩固字词、初步阅读的效果。同时，运用识字带词的方法，通过组词、扩词、造句等训练，达到读写的共同发展。

教师在进行集中识字的教学时常把一组具有相同部分的字组成字串，让学生通过比较不同的偏旁部首识记生字，提高了识字效率。但是，脱离课文具体语境的大量集中识字，会导致识字过程较为单调，而且如果不及时巩固，就会较快遗忘。

（二）分散识字

分散识字，是指把字、词放在特定的语言环境中，让学生去感知、理解并掌握。现在小学中常用的随文识字教学方法就属于分散识字。随文识字是指在具体课文的语境中识字，教师指导学生借助拼音读准字词，理解字义，识记字形。

1958年，江苏省南京师范学院附属小学的斯霞老师曾对分散识字的教学方式进行过实验。她在当时语文教材的基础上，在教学过程中增加看图识字，编写短语和句子，补充短文，大大增加了学生的识字量。分散识字的特点是"字不离词、词不离句、句不离文"，以多种方式加强字词练习，把识字与阅读联系起来。具体做法是：依据课文内容出现的字词依序学习；先学习课文中的主要生字词；理解课文内容后再学习生字。

在具体语境中进行分散识字，不仅增强了趣味性，而且汉字音、形、义的结合有助于学生更好地运用所学汉字。同时，分散识字把识字与阅读、语言训练等有机组合起来，可以综合提高语言能力。但是，分散识字也存在一定的缺陷：大多情况下它是随课文识字，教师很难充分利用汉字的造字规律展开教学。

（三）注音识字

注音识字，是指按照《汉语拼音方案》给字注音进行识字的教学方式。注音识字教学方式由黑龙江省教育学院在1982年提出并展开实验。实验的总体构想是“注音识字，提前读写”。注音识字的具体做法是：学生先学习并掌握拼音，具有直呼音节和书写音节的能力，使汉语拼音成为提前读写的工具。提前阅读分四步进行：（1）阅读拼音课文；（2）阅读汉字注音课文；（3）阅读汉字难字注音课文；（4）阅读汉字课文。提前作文分三步进行：（1）拼音写话；（2）拼音、汉字混用作文；（3）汉字作文。

注音识字以拼音为媒介，使学生提前进入读写阶段。入学初在学生识字有限的情况下，教师运用汉语拼音提前进行听说读写的全面训练，有助于促进儿童语言和智力的发展。但是，注音识字扩大了拼音功能，淡化了汉字的形义关系，会导致儿童容易出现错别字。

（四）字理识字

字理识字，是指运用汉字的组织结构和演变规律进行识字。字理识字依据的是“六书”原理，根据汉字的形义关系分析文字的构件及功能。字理识字古已有之，20世纪90年代，湖南省岳阳市教科所又对其进行了探索，通过改革实验，验证了字理识字的教学方式符合儿童的认知规律。统编语文教材一年级上册《日月水火》一课就是以图文对照的方式学习“日、月、水、火、山、石、田、禾”八个象形字，从而使学生对汉字造字规律有初步了解，增强识字的趣味性。

字理识字的教学方式突出了汉字形义结合、见形明义的特征，有助于学生分辨并准确记忆。教师使用字理识字的方式进行教学时要注意：可以适当地给学生讲解某些汉字的形义原理，但是一定要遵循字形原则，严禁对汉字进行随意联想和拆解。例如，有教师把“福”字拆解为“一个人有衣服穿，有一口田，就幸福了”。但是“福”字左边并不是“衣”字旁而是“示”字旁。这种讲解就是对汉字进行了随意联想和拆解，违背了汉字的造字原理。

（五）字族文识字

字族文识字，是指根据汉字构字规律，以具有相同“构形母体”、音形相近的汉字组为一“族”，再为这“族”字创编课文，这篇课文即“字族文”，以此实现识字的目的。字族文识字的教学方式是四川省乐山市井研县教育局开展教学实验和研究的成果，于20世纪90年代初基本成型。按照实验主持者的概括，字族文识字教学方式的具体做法是：“组字为族，因族设文，族为文统，族文相生；学文识字，披文见族，族字类推，环环扩展；以读促识，以识促读，文熟字悉，一矢两的。”

字族文识字的代表课文为统编语文教材一年级下册的《小青蛙》。

小青蛙
河水清清天气晴，
小小青蛙大眼睛。
保护禾苗吃害虫，
做了不少好事情。
请你保护小青蛙，
好让禾苗不生病。

这篇字族文中的族为母体字“青”，从而带出合体字“请、清、情、晴、睛”。字族文识字通过“字形类联”“字音类聚”“字义类推”等，实现了识字的“集约化”，达到了汉字音、形、义三者的统一，在一定程度上简化了儿童识字的心理过程，举一反三，有利于引申拓展。但是，字族文识字也存在局限，那就是现代汉字的声符表音度较低，字族文难以编写，因此只能作为一种识字的辅助手段。

（六）部首识字

部首识字是指引导学生通过掌握某一偏旁所蕴含的意义，由此及彼地类推，从而认识同一部首的更多相关汉字。例如，统编语文教材一年级下册的识字课文《操场上》呈现的是同学们在操场上运动的情景，其中可以归类识记与提手旁有关的汉字，如“操、打、拔、拍”等。统编语文教材二年级上册的识字课文《树之歌》，提供了 11 种树木实景图，其中可以根据部首归类识记带“木”字旁的汉字。

部首识字的教学方式可以引导学生发现并初步感受汉字的形义联系，进而发现规律并运用规律。部首识字不仅能加快学生的识字速度，而且有助于培养学生的逻辑思维能力，不过这种识字方式只适用于部分汉字。

除此之外，还有韵语识字、谜语识字、图画识字、游戏识字等多种识字方式。这些识字方式虽各有其利弊，但是都积累了宝贵的经验，我们在教学实践中，应博采众长，综合、灵活地运用多种识字方式，不必囿于一种方式。

二、写字教学的基本内容

写字教学是在识字教学的基础上进行的，属于基本技能的训练。所以，写字教学也可以看作识字教学的继续。写字教学不仅要求学生能够认清字形，把字写正确，而且要求学生必须了解字的读音和意义，以保证所学汉字的正确性。

我国传统的语文教学历来十分重视写字教学，自儿童入学开始，教师就非常重视写字的练习，唐代已经有较为正规的写字教材。我国古代的写字教材一般遵循两个原则：一是笔画简单，儿童易认易写；二是包含汉字的基本笔画。据清代人记载：“小儿习字，必令书‘上大人，丘乙已，化三千，七十士，尔小生，八九子，佳作仁，可知礼’也。”

《义务教育语文课程标准（2022 年版）》在“语言文字积累与梳理”的“教学提示”中明确指出：“第一学段应多认少写，要求学生会认的字不一定同时要求会写，合理安排识字与写字的量。一年级第一、第二学期会认的字大致安排 250 个和 350 个，其中二分之一的字会写。应先认先写《识字、写字教学基本字表》中的字，充分发挥这些字构形简单、重现率高、组字构词能力强的特点，打好基础，举一反三。应重视学生的写字姿势，引导学生掌握基本的书写技能，养成良好的书写习惯。”① “多认少写”“识写分开”的原则在一定程度上减轻了学生识字与写字的学习压力，可以提高识字效率，能够保持较快的识字速度。与此同时，写字从基本笔画写起，有助于打好写字基本功，符合写字规律。在写字教学时，尤其要注意写字姿势和写字基本功的训练。

（一）写字姿势

培养正确的写字姿势是写字教学的第一步。正确的写字姿势包括坐姿和执笔方法。

写字时的坐姿，要做到头正、肩平、腰直。胸部离课桌一拳距离，双脚平放在地上，眼睛与课桌保持一尺左右距离，双臂平放在课桌上。

就中小学生常用的硬笔书写而言，写字时的执笔，要做到右手拇指和食指握住笔杆下端，距离笔尖一寸左右，中指在内侧面抵住笔杆，无名指和小拇指支撑住中指。握笔要不松不紧。笔杆上端稍向右倾，贴近虎口，与纸面呈 45° 倾斜。

（二）写字基本功的训练

写字教学的任务是培养学生的写字技能，写得正确是写字教学的基本要求。这就要求学生在写字时要辨清字的基本笔画，不添不漏笔画，按照笔顺规则，正确地写出汉字。在汉字写正确的基础上，还要把汉字写得端正美观，这就要求学生把汉字写得横平竖直，结构布局合理，间架结构适度。写字时教师要重视学生写字基本功的训练。《义务教育语文课程标准（2022 年版）》对第一学段的写字要求为：“掌握汉字的基本笔画和常用的偏旁部首，能按基本的笔顺规则用硬笔写字，注意间架结构，初步感受汉字的形体美。努力养成良好的写字习惯，写字姿势正确，书写规范、端正、整洁。”② 因此，写字教学必须重视写字基本功的训练，主要包括掌握基本笔画、基本笔顺和间架结构三个方面。

1. 基本笔画

掌握汉字的基本笔画，这是写字教学的第一步。每个汉字都是由基本笔画组成的，笔画是汉字结构的基本单位。汉字的基本笔画包括八种，分别是点、横、竖、撇、捺、提、折、钩。其他笔画如竖折、竖提、横撇等都是复合笔画。

2. 基本笔顺

每个汉字在书写时，笔画都有一定的顺序，这种行笔顺序就是笔顺。中小学阶段所书写的汉字楷书有八条笔顺书写规则。分别是：（1）先横后竖，如“丰、玉”；（2）先撇后捺，如“合、令”；（3）从上到下，如“吾、皆”；（4）从左到右，如“江、河”；（5）从外到内，如“凰、阔”；（6）先里面再封口，如“国、圆”；（7）先中间后两边，如“水、承”；（8）从里到外，如“幽、函”。

当然，这八条笔顺书写规则概括的是大部分汉字的笔顺书写规则，还有少量

---

① 中华人民共和国教育部 . 义务教育语文课程标准：2022 年版［M］. 北京：北京师范大学出版社，2022：22.

② 中华人民共和国教育部 . 义务教育语文课程标准：2022 年版［M］. 北京：北京师范大学出版社，2022：7.

汉字的笔顺书写规则较为特殊，教师在教学时需要注意。如，“旭”“翅”“爬”等字的笔顺都是先写外边再写里边。又如，“田”字的笔顺是先里面再封口，但是“甲”“申”字的笔顺是先写“曰”，再写中间的竖。

教师在指导学生初学写字时，可以先让学生书空，等他们掌握正确的笔顺后，再开始练习写字。尤其对低年级学生容易写错笔顺的汉字，教师必须予以重视和指导。

3. 间架结构

汉字的间架结构，是指汉字各部分之间相互配合的一定比例，书写时要做到疏密得当、匀称端正。目前常用的楷体字，一般呈现正方形或类似长方形，都会有一定的间架结构。汉字合体字的间架结构是有一定规律的，一般可分为七类，分别是：上下结构、左右结构、上中下结构、左中右结构、全包围结构、半包围结构、品字形结构（表 3–1）。如果将字的结构比例细分的话，那么还可以分得更为细致，这里不加赘述。

表 3–1 合体字的间架结构

结构	例字
上下结构	华、男、璧、留 笔、笑、安、宿 热、冒、垫、堑 孟、息、星、是 智、坚、些、登
左右结构	教、动、放、醒 村、清、挖、徘 球、叫、地、巧 刻、耐、到、刚 那、都、鹏、雌
上中下结构	意、篮、舅、累 爱、曼、燕、急
左中右结构	树、街、谢、暇 做、激、湖、鸿
全包围结构	团、圆、国、回
半包围结构	远、席、匀、越 凤、凰、同、医
品字形结构	众、森、磊、鑫

以上是目前常见的汉字识字与写字教学的基本内容，在教学实践中，教师可以

灵活采用恰当的教学方式，实现高效的识字与写字教学。但是，汉字的表意性，使汉字超越了语音的限制，这种“以意赋形、以形写意”的构造原理，使每一个汉字都蕴含着丰富的文化意蕴。因此，汉字的识字与写字教学不能局限于识字与写字的训练，还应当渗透融入审美教育、传统文化教育等，使学生的汉字学习过程成为一个自主的审美体验、文化积累和创造性想象的过程。

第四节　识字与写字教学设计与案例

一、课文呈现

课文呈现具体见图 3-1。

图 3-1　课文呈现

二、课文解读

《中国美食》是统编语文教材二年级下册第三单元中的一课。该单元是识字单元，重点教学内容是识字与写字，围绕“传统文化”这一主题，编排了《神州谣》《传统节日》《“贝”的故事》《中国美食》四篇课文。课文选材丰富、形式活泼，有助于激发学生的识字与写字兴趣，引导学生在不同的语言环境中识字与写字，同时感受中华优秀传统文化的魅力。

《中国美食》的识字内容是以形声字为主体的归类识字，这是第一学段统编小学语文教材中第三次出现归类识字的教学内容。第一次归类识字出现在一年级下册《操场上》一课，通过呈现学生在操场上的运动情境，归类识记与提手旁有关的字。第二次归类识字出现在二年级上册《树之歌》一课，通过介绍不同树的种类，归类识记与“木”字旁有关的字。《中国美食》是以形声字为主体的归类识字，形声字分布在美食名中，主要包括“艹”“火”“灬”三个偏旁。课文以图片配汉字的方式呈现菜肴名，以列举的方式呈现主食名。

《中国美食》一课中出现了 7 种菜肴名，分别为：凉拌菠菜、香煎豆腐、红烧茄子、烤鸭、水煮鱼、葱爆羊肉、小鸡炖蘑菇。一种菜肴对应一种烹饪方法。其中，表示烹饪方法的生字有“煎、烤、煮、爆、炖”5 个，表示蔬菜名称的生字有“菠、茄、蘑、菇”4 个，都是需要学生识记的形声字。这 7 种菜肴均配有图片，色形鲜明，图文并茂，能够使学生在识记菜名的同时，又能了解烹饪方法、理解字义，可谓一举多得。除 7 种菜肴外，课文还列出了 4 种主食名称，分别是：蒸饺、炸酱面、小米粥、蛋炒饭。其中需要识记的形声字有“蒸、炸、饺、酱”。

课文中的提示为“我还能说出更多的家乡美食”，这是从学生的日常生活经验出发，引导学生对美食种类做出拓展。该课出现的美食都是生活中常见的，有利于学生自主朗读，并且识记与美食相关的形声字，了解丰富的中国美食，感受中国特有的饮食文化。

三、教学目标

（1）认识“菠、煎”等 15 个生字；读准多音字“炸”，会写“烧、茄”等 9 个字，会写“美食、红烧”等 6 个词语。

（2）能用部首查字法查找“灶、烫、烈”等字，发现偏旁“艹”“火”“灬”的字在意义上的联系。

（3）能说出用炒、烤、烧等方法制作的美食。

（4）能简单介绍自己家乡的美食。

四、教学重难点

理解“煎、煮、蒸”和“烤、爆、炖”等字的意思，能说出用炒、烤、烧等方法制作的美食；能发现偏旁为“艹”“火”“灬”的字在意义上的联系。

五、教学过程①

1. 视频导学，交流中国美食

（1）多媒体依次播放“香煎豆腐”“水煮鱼”“红烧茄子”“烤鸭”等美食烹制的微视频。

① 韩慧. 小学低年级识字写字教学初探：以二年级下册《中国美食》为例［J］. 语文建设，2021（24）：61–62.

（2）请学生分别说一说多媒体视频中烹饪的是什么菜肴，指导学生初步感受“煎”“煮”“烧”“烤”等烹饪方法，初识生字。

【设计思路】此活动设计将学习与学生的生活经验相联系。低年级学生对做美食并不熟悉，平时只是吃过一些美食、听过一些美食名称或看过家长做一些美食。借助多媒体播放与教学内容相关的微视频，不仅能激发学生了解中国美食的兴趣，而且为学生识记生字和新词创设了熟悉的语境。

2. 看图拼读，识认美食名称

（1）借助课文中的图片和拼音，学生自由朗读课文，用“____”画出菜的名称，用“○”画出表示做菜方式的词语。

（2）学生自己练习正确读出所画出的词语。

（3）同桌之间相互检测能否正确朗读菜肴名称。

（4）借助多媒体动画进行连线，引导学生正确朗读菜肴名称，如：香煎—豆腐、水煮—鱼、红烧—茄子、烤—鸭、凉拌—菠菜、葱爆—羊肉、小鸡炖—蘑菇。

（5）再用同样的方法让学生练习识认主食的名称，如：蒸—饺、炸酱—面、蛋炒—饭、熬—小米粥（引导学生借助拼音认读“熬”即可，不作其他要求）。

【设计思路】借助多媒体动画连线，让学生了解做美食的方式与美食名称的字词意思。这一设计，不仅使学生的短语表达思维自然地建构起来，而且也可将本课要识记的生字进行分类。由此，教师可提示学生发现这些生字大多数是形声字，可以按照形声字的规律，成组地识记生字。

3. 游戏闯关，自主识字写字

（1）第一关：报菜牌。同桌互助，正确朗读（报名称）菜肴、主食的实物图卡片与名称卡片，并且将它们按照顺序摆放到大纸卡上。

（2）第二关：讲菜牌。学生简单介绍一种自己熟悉或喜欢吃的菜肴、主食，完成“加　加，记　记”的游戏。如“火”+“考、暴、屯、少、尧、乍”。

（3）第三关：写菜牌。每个学生从信封中抽出 4 张卡片，独立完成 4 道看图补充句子的练习题，再将其放回信封，排好顺序。例如，“煎蛋图”——妈妈在煎（　　）。

【设计思路】此活动将识字与写字教学和有趣的游戏活动相联系，引导学生经历不同层次的游戏活动，反复加深学生对生字、新词的理解。第一关游戏，在图文对照的语境中，提高学生对生字音和形的识记能力；第二关游戏，在表达交流中，提高学生对生字音、形、义的识记和理解能力；第三关游戏，补充句子，提高学生对生字词的理解和运用能力。

4. 抓住特点，分类练习写字

（1）指导书写范例“烧”字，强调“火”字旁的占格位置及最后一笔“捺变点”。

（2）对学生写字提出四点要求：一要看教师范写，听清要求；二要在课本中描红；三要对照课本中的范字练习写两遍；四要同桌互评，再对照写一遍，争取做到写得正确、美观。

（3）教师引导学生观察“烧”字“左窄右宽”的特点，再让学生照例自主书写

“烤、炒、饭、鸡、鸭”等字。

【设计思路】此活动设计将写字与汉字构字规律相联结，有目的地将形声字进行分组归类，引导学生自主发现带有偏旁“艹”“火”“灬”的生字字义都与“植物”或者“火”有关，每组生字书写时的占格位置、特殊笔画等都有共性。学生依据规律识记生字，理解字词，学习就会事半功倍。

5．拓展训练，归类识认新字

（1）教师引导学生运用形声字的发音规律，猜一猜给出汉字的读音。

（2）学生用部首查字法查认生字，结合字典里的解释说一说新发现。

【设计思路】此活动设计旨在引导学生运用形声字的发音规律和部首查字法向课外延伸，认识更多带有偏旁“艹”“火”“灬”的字。学生逐渐养成自主识字习惯，为中高年级的自主识字、学词及提高阅读能力打下坚实的基础。

六、设计理念

首先，认写分层。按照多认少写的原则，本堂课的教学分别对“会认字”和“会写字”提出了要求。认识“菠、煎”等15个生字，读准多音字“炸”；会写“烧、茄”等9个字，会写“美食、红烧”等6个词语。同时，要求学生能用部首查字法查找带有偏旁“艹”“火”“灬”的生字，既可以进一步巩固部首查字法，又能在查字典的过程中，发现“艹”“火”“灬”三个偏旁之间的联系，提高学生自主识字的能力。在本课的写字教学中，教师可引导学生通过了解汉字的字形结构特点，学会同一类字的书写方式。例如，“烧、烤、炒、鸡、鸭、饭”6个字都是左右结构，要注意左窄右宽；“茄”字是上下结构，上小下大，上半部分扁平，下半部分放宽；“蛋”字的上下两部分都是宽而扁。教师这样进行写字教学指导，不仅能增强学生的书写能力，而且可以提高课堂教学效率。

其次，归类识字。《中国美食》这篇课文中有四组形声字，分别是：（1）腐、饺、酱；（2）“艹”偏旁，即菠、茄、蘑、菇；（3）“火”偏旁，即烤、爆、炖、炸；（4）“灬”偏旁，即煎、煮、蒸。第（2）组的字与植物有关，许多表示草木、蔬菜、花朵的汉字都与“艹”有关，借助形声字的规律，可以让学生识记同一类与植物有关的生字。第（3）组和第（4）组的字都与“火”有关，“灬”是“火”的变体。结合这两组形声字可以引导学生通过课文中的图片识记与“火”有关的字。

最后，创设情境。《中国美食》这篇课文要识记的生字与现实生活联系较为密切，为了激发学生的学习兴趣，教师在进行教学设计时，可以创设真实而丰富有趣的情境，在提高学生识字与写字效率的同时，也能培养学生在实际生活中运用字词表达的能力。课文中出现了烧、烤、炒、爆、炖、炸、煎、煮、蒸等烹饪方式，可以让学生说一说制作哪些食物时能用到这些烹饪方式，进而引导学生介绍自己家乡的美食。这一教学设计将识字与写字教学和学生的生活经验联系起来，在提高识字与写字效率的同时，也有助于学生口语表达能力的训练。

[本章小结]

识字与写字教学是语文课程的重要组成部分。识字与写字不仅是学生阅读和写作的基础，也是贯串整个义务教育阶段的重要教学内容。本章从识字与写字的课程目标、理论基础、学习方式等层面对识字与写字教学展开探讨，并以一节教学设计案例对识字与写字教学进行了探讨。《义务教育语文课程标准（2022 年版）》明确了“多认少写，识写分开”的识字与写字教学理念，在“课程目标”部分，分学段对识字与写字教学提出了要求，在“语言文字积累与梳理”学习任务群对识字与写字教学的学习内容、教学提示等进行了详细的阐述。为了更有效地开展识字与写字教学，教师必须对语言学、心理学、教育学、书法艺术理论等理论依据有所了解和认识。识字教学的基本方式包括集中识字、分散识字、注音识字、字理识字、字族文识字和部首识字，写字教学的基本内容包括写字姿势和写字基本功的训练。我们在教学实践中可以综合采用多种方式，并加以灵活运用。

[实践·思考·探究]

1.《义务教育语文课程标准（2022 年版）》中对各学段识字与写字的要求有什么不同？体现了什么规律？

2. 了解语言学、心理学、教育学、书法艺术理论对识字与写字教学有何启发意义？

3. 比较几种常用的识字与写字教学方式，思考它们各有什么特点和作用。

4. 阅读下面的教学案例，运用本章所学内容，分析其中蕴含的识字与写字教学理念。

《传统节日》是统编语文教材二年级下册的一篇课文。该文所在单元是识字单元，单元的重点教学内容就是识字写字，教学目标重在引导学生学会在不同的语言环境中识字，同时感受中华优秀传统文化的魅力。如何采用更有效的识字方式开展识字教学，使学生实现识字目的的同时，感受中华优秀传统文化的魅力？有教师设计了这样一个教学环节：[①]

根据“形旁多表意，声旁多表音”的原理，在教学元宵节习俗、学习生字“宵”时，教师让学生猜一猜这个字的读音，当学生利用形声字的规律猜出了这个字读 xiāo 时，教师结合“宵”字的形旁——宝盖头，引导学生猜测“宵”的意思。之后，教师进一步结合本单元的语文园地，引导学生查字典验证，将语文园地的教学内容拆分后有机融入日常的课文教学中，并作出小结：“宵”表示夜晚，所以古人把一年中的第一个月圆之夜称为“元宵”。借助“宵”字的教学，引导学生掌握

① 王辛茹．随文识字方法多，潜移默化感传统：以部编版二年级下册《传统节日》为例［J］．智力，2023（3）：76–79.

“元宵”的意思。教师还可以结合语文园地“字词句运用”出示“宵”的形近字辨析，引导学生在情境中辨析“霄、悄、梢、宵、削”等字：“正元十五，元（ ）节。夜晚静（ ）（ ），圆圆的月亮挂在树（ ）。我（ ）了一个苹果和家人一起分享。我们一边吃着苹果，一边玩起了猜灯谜的游戏，把不开心的事情抛到了九（ ）云外。”这一教学环节的设置，引导学生建立了汉字音、形、义的联系，在发现汉字奥秘、感受识字乐趣的同时，学生也能了解有关元宵节的知识，实现了教学目标。

［拓展阅读］

1. 陈黎明，邵怀领 . 中国当代识字教学法研究［M］. 北京：中国社会出版社，2011.

2. 胡冰茹，周彩虹 . 小学语文课程教学与设计［M］. 苏州：苏州大学出版社，2020.

3. 沈玲蓉 . 小学语文统编本教材教学设计［M］. 上海：华东师范大学出版社，2021.

4. 郝进菲，陈双 . 开蒙养正　奠基成长：基于语文素养培育的“四位一体”识字写字教学实践研究［J］. 语文建设，2022（14）：46-49.

5. 徐林祥 . 中学语文课程标准与教材研究［M］. 2 版 . 北京：高等教育出版社，2024.

第四章　阅读与鉴赏教学

教师引导学生用心阅读，宜揣摩何处为学生所不易领会，即于其处提出问题，令学生思之，思之而不得，则为讲明之。[①]

——叶圣陶

[学习目标]

1. 了解阅读的心理过程与阅读能力的构成，掌握常用的阅读方法和阅读策略。

2. 熟悉阅读与鉴赏教学设计的流程，掌握阅读与鉴赏教学设计的能力。

3. 掌握《义务教育语文课程标准（2022年版）》与《普通高中语文课程标准（2017年版2020年修订）》对不同文体提出的阅读与鉴赏教学要求，能够结合实际课例进行分析。

4. 理解不同文体阅读与鉴赏教学的性质与特点，能够自主设计不同文体的阅读与鉴赏教学方案。

① 叶圣陶．叶圣陶教育文集：第3卷［M］．北京：人民教育出版社，1994：508.

[知识导图]

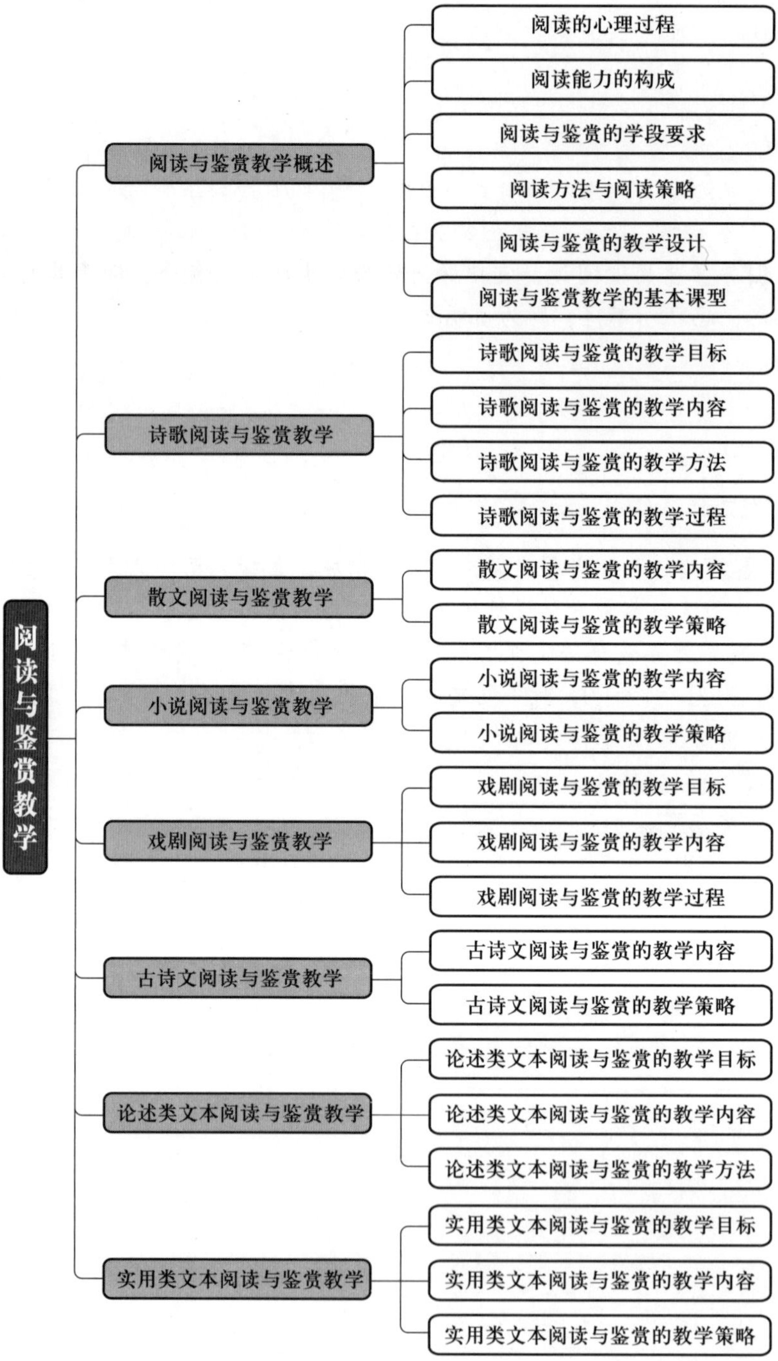

- 阅读与鉴赏教学
  - 阅读与鉴赏教学概述
    - 阅读的心理过程
    - 阅读能力的构成
    - 阅读与鉴赏的学段要求
    - 阅读方法与阅读策略
    - 阅读与鉴赏的教学设计
    - 阅读与鉴赏教学的基本课型
  - 诗歌阅读与鉴赏教学
    - 诗歌阅读与鉴赏的教学目标
    - 诗歌阅读与鉴赏的教学内容
    - 诗歌阅读与鉴赏的教学方法
    - 诗歌阅读与鉴赏的教学过程
  - 散文阅读与鉴赏教学
    - 散文阅读与鉴赏的教学内容
    - 散文阅读与鉴赏的教学策略
  - 小说阅读与鉴赏教学
    - 小说阅读与鉴赏的教学内容
    - 小说阅读与鉴赏的教学策略
  - 戏剧阅读与鉴赏教学
    - 戏剧阅读与鉴赏的教学目标
    - 戏剧阅读与鉴赏的教学内容
    - 戏剧阅读与鉴赏的教学过程
  - 古诗文阅读与鉴赏教学
    - 古诗文阅读与鉴赏的教学内容
    - 古诗文阅读与鉴赏的教学策略
  - 论述类文本阅读与鉴赏教学
    - 论述类文本阅读与鉴赏的教学目标
    - 论述类文本阅读与鉴赏的教学内容
    - 论述类文本阅读与鉴赏的教学方法
  - 实用类文本阅读与鉴赏教学
    - 实用类文本阅读与鉴赏的教学目标
    - 实用类文本阅读与鉴赏的教学内容
    - 实用类文本阅读与鉴赏的教学策略

[案例导入]

《出塞》是“七绝圣手”王昌龄的代表作，这样的千古名篇的教学，如何才能使其成为经典课堂，让诗歌语言焕发出诗意光辉和精神力量？首句“秦时明月汉时关”运用了互文手法，但是如果在课堂上只作一般性的知识讲解，学生对这句诗的理解就易停留在语言表面，难以深入体会其中蕴含的时空张力和文化意义。课堂教学时，教师可以先让学生翻译这句诗，在学生遇到困难和疑惑时给出解释：秦时明月汉时关，其实是从“秦时明月秦时关”“汉时明月汉时关”每句中各取一个意象，交叠合成一个句子，前后两种意象交相修饰，以简约的语言表达了丰富的言外之意。接下来，引导学生思考：从秦汉时期到王昌龄生活的唐朝，分别经历了哪些朝代，这些朝代的边关上是不是也悬挂着同一轮明月？然后，师生合作，按照不同朝代的顺序，分工诵读大屏幕上的诗句和描述。

[微视频]
《出塞》教学片段

师：王于兴师，修我戈矛。

生（男）：历史来到了统一六国的、强大的秦朝。

生（女）：皎洁的月光静静地照着寂寞的边关，奔赴万里、征战沙场的将士们还不曾归还。

师：匈奴未灭，何以家为？

生（女）：历史走过了跨越四百多年沧桑岁月的汉朝。

生（男）：皎洁的月光静静地照着寂寞的边关，奔赴万里、征战沙场的将士们还不曾归还。

师：捐躯赴国难，视死忽如归。

生（男）：历史走过了群雄逐鹿、鼎足而立的三国时期。

生（女）：皎洁的月光静静地照着寂寞的边关，奔赴万里、征战沙场的将士们还不曾归还。

师：天子按剑怒，使者遥相望。

生（女）：历史走过了动荡不安的魏晋南北朝。

生（男）：皎洁的月光静静地照着寂寞的边关，奔赴万里、征战沙场的将士们还不曾归还。

师：萧萧秋风起，悠悠万里行。

生（男）：历史走过了仅有38年的隋朝。

生（女）：皎洁的月光静静地照着寂寞的边关，奔赴万里、征战沙场的将士们还不曾归还。

师：悠悠卷旆旌，饮马出长城。

生（女）：历史蹒跚地走进了大唐盛世。

生（男）：皎洁的月光静静地照着寂寞的边关，奔赴万里、征战沙场的将士们还不曾归还。

师：《出塞》一诗，用复沓的句式、铿锵的节奏，营造了辽阔雄浑、苍凉旷远的边塞风情。其实，从三皇五帝、春秋战国到唐朝，作者可写的朝代数不胜数，为什么只写秦汉，不写其他朝代？我们再一次聚焦到“秦时明月汉时关”这一句上来。学生在课堂上的回答令人震惊，他们认为秦汉对中国文化产生了极其深远和重大的影响，塑造了中华民族的精神品格。汉语、汉族、瓷器，秦皇汉武、秦砖汉瓦，可以说，从物质到精神，秦汉文化都深深地影响了后人。一句“秦时明月汉时关”，穿越时空，至今仍然承载着中华民族的家国之思、边关幽情。①

思考：

在上述案例中，教师是如何引导学生从阅读与鉴赏文本的语言文字入手展开文学想象与探究活动的？

第一节 阅读与鉴赏教学概述

阅读是人类吸收文化、获取知识、认识世界的基本途径。就语文课程来说，阅读是指运用语言文字来获取信息、认识世界、发展思维，并获得审美体验与知识的活动，是一项重要的语文能力。鉴赏是指文学作品阅读中的审美活动与高阶认知，主要包括对文学形象进行感受、理解、赏析和评判。在语文课程中，阅读与鉴赏包含实用性文本阅读、文学性文本阅读和思辨性文本阅读三个方面。阅读与鉴赏是重要的语文学习活动（实践活动），与“识字与写字”“表达与交流”“梳理与探究”一起构成了语文课程的学习活动体系。阅读与鉴赏也是实现语文核心素养“审美鉴赏与创造”的根本途径。在文学阅读活动中，教师应使学生形成审美体验，提高审美评价鉴别能力，养成正确的审美意识、健康向上的审美情趣与鉴赏品位，并在此过程中逐步掌握表现美、创造美的方法。阅读与鉴赏教学旨在引导学生阅读古今中外的实用类文章、文学作品和思辨性文本，有效地提取信息，并进行分析、比较、推理及概括，从而理解文本的思想内容，把握写作思路或论证逻辑，使学生在感受形象、品味语言、体验情感的过程中提升文学欣赏能力和评价能力。

一、阅读的心理过程

阅读是从书面言语中获得意义的一个心理过程。了解阅读的心理过程对改进阅读与鉴赏教学具有十分重要的指导意义。心理学十分注重对阅读过程的研究，并形成了阅读心理学。

美国学者格雷把阅读的心理过程分为四步：第一步是感知，即看到文字，读出字音；第二步是理解，即把词语转化为意义；第三步是反应，即领会作者说的是什么，在自己的头脑里作出反应；第四步是综合，即与实际相联系，进行应用。汉语阅读有自己的特点，因为汉字字形有表意功能，在书面阅读的感知与理解阶段，除由字音联想到字义和词义外，有时还会根据汉字的形体特征来推测字义和词义。这是汉语阅读心理的特殊性，也体现了它的优越性。

---

① 潘庆玉. 把经典上成经典：语文课堂培育“文化自信”的思考［J］. 语文建设，2022（10）：16–21.

《中国大百科全书·教育》对“阅读心理”做了如下的解释：阅读是一种从书面言语中获得意义的心理过程。阅读也是一种基本的智力技能。这种技能是取得学业成功的先决条件，它是由一系列的过程和行为构成的总和。阅读活动的结果不是机械地把原文复述出来，而是要通过读者的内部言语，用自己的话来理解或改造原文的句子和段落，从而把原文的思想变成读者的思想。要实现这个过程，有赖于许多条件。首先，读者识字要达到一定的自动化（即熟练）程度。其次，阅读的文本内容要符合读者的知识经验，否则，即使读者认识个别的字，也无法完全理解文本大意。[①] 这个界定明确地指出了阅读理解过程中言语形式的转换。所谓阅读理解，就是读者把文本语言转化为自己的内部语言，再用自己的话来表达文本语言所表达的思想内容。可见，阅读是一个十分复杂的心理转化过程，涉及从外部言语到内部言语，再从内部言语到外部言语的个性化转换问题，具有开放性、选择性和不确定性。

二、阅读能力的构成

阅读是一个复杂的心理过程，包含一系列具有内在联系且相互作用的阅读技能，它们构成了阅读的能力结构。

自 20 世纪 20 年代起，我国就有学者潜心于语文阅读能力结构的研究。例如，艾伟在《阅读心理：国语问题》中把应用较为广泛的默读能力具体化为四种：第一，迅速浏览，摄取大义的能力；第二，精心详读，记取细节的能力；第三，纵览全章，挈取纲领的能力；第四，玩味原文，推取含义的能力。[②] 叶圣陶在《论国民精读指导不只是逐句讲解》中把属于基础训练的精读能力分解为六种：需要翻查的，能够翻查；需要参考的，能够参考；应当条分缕析的，能够条分缕析；应当综观大意的，能够综观大意；意在言外的，能够辨得出它的言外之意；意有疏漏的，能够指得出它的疏漏之处。[③] 这六种能力，其实就是认知性查读、扩展性参读、分析性解读、意会性整读、欣赏性品读、鉴定性评读。

当代心理学家莫雷把阅读能力分解成语言解码能力、组织连贯能力、语义情境推断能力、模式辨别能力、筛选贮存能力、概括能力、评价能力、语感能力、迁移能力。他在研究中发现：在小学六年级的语文阅读能力结构中，语言解码能力处于十分重要的地位，所占的比重远超过其他因素。到了初中三年级，语言解码能力虽然仍居首位，但它在整个结构中的相对重要性已大为降低，其所占的比重只是略高于第二位的组织连贯能力。并且，初中三年级新分出来的概括能力、评价能力与原有的组织连贯能力，均属对文章整体把握方面的能力，可见这类能力所占的分量已逐步占据了主要地位。及至高中三年级，组织连贯能力已跃居首位，新分出来的语义情境推断能力（也属对文章整体把握方面的能力）处于第三位，这样，对文章整

① 中国大百科全书出版社编辑部．中国大百科全书·教育［M］．北京：中国大百科全书出版社，1985：505.
② 艾伟．阅读心理：国语问题［M］．上海：中华书局，1948：22-32.
③ 叶圣陶．叶圣陶教育文集：第 3 卷［M］．北京：人民教育出版社，1994：246.

体把握方面的能力因素在整个能力结构中已占了绝对优势，这类因素所制约的变量越来越多，影响面越来越广，所占的分量越来越大，逐渐成为导致学生语文阅读差异的主要变因。[①]

上述研究成果对我们认识阅读能力的构成，具有深刻的指导意义。我们可以从纵向与横向两个角度把握阅读能力的结构。

（一）阅读能力的纵向结构

适应阅读活动的自然进程，分阶段描述阅读能力的成长历程，显示出阅读能力由低到高的发展层次，构成了阅读能力的纵向结构。阅读能力的纵向结构体现了阅读操作技能由低到高、由简到繁、由学习理解到运用创新的发展过程。

阅读能力的纵向结构包括以下五个方面：第一，阅读感知力，是指对字、词、句有语义的认读能力。它属于对书面作品语言形式的微观感受，是基础的阅读能力。第二，阅读理解力，是指在感知语言文字的基础上，对段落、篇章、文意的提取能力。它属于对作品思想内容的宏观把握，是基本的阅读能力。第三，阅读鉴赏力，是指在全面深刻理解文本的基础上，对作品内容与作品形式进行价值判断和审美鉴别的能力。它属于较高层次的阅读能力。第四，阅读迁移力，是指运用阅读所得的知识技能和情意来解决新问题的能力。它是比阅读鉴赏层次更高的能力。第五，阅读创造力，是指读者在阅读各类文本时超越作者进行再构思、再创作的创造能力。它综合了阅读感知、理解、鉴赏、迁移各种技能，运用创造性思维产生超越读物原有内容的新颖、独特的见解和思路，因而是最高层次的阅读能力。

（二）阅读能力的横向结构

阅读能力的横向结构，是指与阅读活动有关的情感、态度、元认知、策略等方面的调控能力形成的结构关系。它包括以下三个方面：

第一，态度与情志。人们阅读时需要调整好心理状态和精神状态，做到心无旁骛、虚一而静、持之以恒。读书的时间长了，容易生出懈怠的心理。因此，我们要在阅读的过程中体验读书的快乐，陶冶读书的乐趣，锻炼灵活的头脑，养成理性的眼光。如朱熹所说："读书须将心贴在书册上，逐字看得各有着落方好商量。须是收拾此心，令专静纯一，日用动静都在，不驰走散乱，方看得文字精审，如此方是有本领。"[②]

第二，选择能力。人类的书籍、文章浩如烟海，穷毕生之力未尝能窥一斑。因此，阅读要讲求实效。如何选择有价值的、适合自己的书、文章阅读，需要一定的甄别遴选能力。余秋雨认为，应选择略高于自己阅读水平的书来读，以激发思考和研究的兴趣："应该着力寻找高于自己的'畏友'，使阅读成为一种既亲切又需花费不少脑力的进取性活动。尽量减少与自己已有水平基本相同的阅读层面，乐于接受好书对自己的塑造。我们的书架里可能有各种不同等级的书，适于选做精读对象的，不应是那些我们可以俯视、平视的书，而应该是我们需要仰视的书。"[③] 冯骥才

---

① 莫雷．中小学生语文阅读能力结构的发展特点［J］．心理学报，1992（4）：346-354.

② 朱熹．朱子读书法［M］．北京：线装书局，2019：128.

③ 郑佳节．读书的革命［M］．北京：北京工业大学出版社，2007：250.

认为，应该根据实际需要和兴趣读书：“我喜欢有意识地自己找些书来看，习惯于凭着需要与欲望读书。”[①] 学会选择，是培养阅读能力的重要方面。

第三，眼界与策略。阅读是一个不断积累、蜕变升华的过程。要提高阅读的质量和品位，就应加强经典阅读，善于吸取人类文明的优秀成果。除掌握必要的阅读技能外，还需要不断开阔阅读的视野，学习一些读书的策略和方法。英国作家、文艺批评家毛姆主张，读书不一定要读完一本再读另一本，而可以同时读五六本书。我国古人也有“坐则读经史，卧则读小说，上厕则阅小辞，盖未尝顷刻释卷也”的善读之法。阅读应因时制宜，因地制宜，灵活多样地开展，不必总是正襟危坐，一本正经，从而失去活泼自由的精神。

总之，无论是阅读能力的纵向结构还是横向结构，都只是描绘阅读能力的一种角度，有助于我们深入了解阅读能力的复杂性和重要性。事实上，阅读能力不是一种独立于人的认知系统和人生经验之外的封闭的、单一的逻辑思维能力，而是以一定的知识经验为前提条件的综合性、开放性、多样化的心理能力。正是由于阅读能力的结构纵横交织，功能齐全，人们通过广泛的阅读，才可以开阔视野，积累丰富的知识经验，而且，这些丰富的阅读经验会在一定的条件下转化成专业性的阅读能力，从而提升人们阅读的质量和品位。

三、阅读与鉴赏的学段要求

语文课程标准对阅读能力的要求主要体现在课程目标（学段要求）与学习任务群学习目标的相关规定之中。《义务教育语文课程标准（2022年版）》从诵读方式、内容与形式、表达方式、文学式样、情感体验、思想主题、文学欣赏、议论说理、古诗文阅读、名著阅读、语言知识、阅读规划等方面对阅读能力进行细致的描述，为阅读与鉴赏教学提供清晰的目标和方向。《普通高中语文课程标准（2017年版2020年修订）》主要通过各个具体的学习任务群对学习目标的规定来体现阅读与鉴赏的能力要求，把阅读与鉴赏具体化到不同类型的阅读文本与学习情境中。

《义务教育语文课程标准（2022年版）》对7～9年级的阅读与鉴赏提出了如下的具体目标：

（1）能用普通话正确、流利、有感情地朗读。养成默读习惯，有一定的速度，阅读一般的现代文，每分钟不少于500字。能较熟练地运用略读和浏览的方法，扩大阅读范围。

（2）在通读课文的基础上，理清思路，理解、分析主要内容，体味和推敲重要词句在语言环境中的意义和作用。对课文的内容和表达有自己的心得，能提出自己的看法，并能与他人合作，共同探讨、分析、解决疑难问题。

（3）在阅读中了解叙述、描写、说明、议论、抒情等表达方式。能区分写实作品与虚构作品，了解诗歌、散文、小说、戏剧等文学样式。

（4）欣赏文学作品，有自己的情感体验，初步领悟作品的内涵，从中获得对自

① 刘堂江．读书百法［M］．北京：中国少年儿童出版社，1991：92-93.

然、社会、人生的有益启示。能对作品中感人的情境和形象说出自己的体验，品味作品中富于表现力的语言。

（5）阅读简单的议论文，能区分观点与材料（道理、事实、数据、图表等），发现观点与材料之间的联系，并通过自己的思考，作出判断。阅读新闻和说明性文章，能把握文章的基本观点，获取主要信息。阅读科技作品，还应注意领会作品中所体现的科学精神和科学思想方法。阅读由多种材料组合、较为复杂的非连续性文本，能领会文本的意思，得出有意义的结论。

（6）诵读古代诗词，阅读浅易文言文，能借助注释和工具书理解基本内容。注重积累、感悟和运用，提高自己的欣赏品位。背诵优秀诗文 80 篇（段）。

（7）每学年阅读两三部名著，探索个性化的阅读方法，分享阅读感受，开展专题探究，建构阅读整本书的经验。感受经典名著的艺术魅力，丰富自己的精神世界。

（8）随文学习基本的词汇、语法知识，用以帮助理解课文中的语言难点；了解常用的修辞手法，体会它们在课文中的表达效果。了解课文涉及的重要作家作品知识和文化常识。

（9）能利用图书馆、网络搜集自己需要的信息和资料，帮助阅读。学会制订自己的阅读计划，广泛阅读各种类型的读物，课外阅读总量不少于 260 万字。

《普通高中语文课程标准（2017 年版 2020 年修订）》在课程目标中对“文学鉴赏”提出了总的要求：

……

（7）增进对祖国语言文字的美感体验。感受祖国语言文字独特的美，增强热爱祖国语言文字的感情。

（8）鉴赏文学作品。感受和体验文学作品的语言、形象和情感之美，能欣赏、鉴别和评价不同时代、不同风格的作品，具有正确的价值观、高尚的审美情趣和审美品位。

《普通高中语文课程标准（2017 年版 2020 年修订）》在“文学阅读与写作”学习任务群中对文学作品的阅读与鉴赏提出了如下的学习目标：

（1）精读古今中外优秀的文学作品，感受作品中的艺术形象，理解欣赏作品的语言表达，把握作品的内涵，理解作者的创作意图。结合自己的生活经验和阅读写作经历，发挥想象，加深对作品的理解，力求有自己的发现。

（2）根据诗歌、散文、小说、剧本不同的艺术表现方式，从语言、构思、形象、意蕴、情感等多个角度欣赏作品，获得审美体验，认识作品的美学价值，发现作者独特的艺术创造。

《普通高中语文课程标准（2017 年版 2020 年修订）》在“思辨性阅读与表达”学习任务群中对“思辨性阅读”提出了具体要求：

（1）阅读古今中外论说名篇，把握作者的观点、态度和语言特点，理解作者阐述观点的方法和逻辑。阅读近期重要的时事评论，学习作者评说国内外大事或社会热点问题的立场、观点、方法。在阅读各类文本时，分析质疑，多元解读，培养思辨能力。

（2）学习表达和阐发自己的观点，力求立论正确，语言准确，论据恰当，讲究逻辑。学习多角度思考问题。学习反驳，能够做到有理有据，以理服人。

《普通高中语文课程标准（2017 年版 2020 年修订）》在“实用性阅读与交流”学习任务群中对“实用性阅读”提出了具体要求：

（1）学习多角度观察社会生活，掌握当代社会常用的实用文本，善于学习并运用新的表达方式。

（2）学习运用简明生动的语言，介绍比较复杂的事物，说明比较复杂的事理。

（3）具体学习内容，可选择社会交往类的，如会谈、谈判、讨论及其纪要，活动策划书、计划、制度等常见文书，应聘面试的应对，面向大众的演讲、陈述和致辞；也可选择新闻传媒类的，如新闻、通讯、调查、访谈、述评，主持、电视演讲与讨论，网络新文体（包括比较复杂的非连续性文本）；还可选择知识性读物类的，如复杂的说明文、科普读物、社会科学类通俗读物等。

四、阅读方法与阅读策略

在长期的阅读实践过程中，人们积累了丰富的阅读经验，也形成了许多行之有效的阅读方法与阅读策略。阅读能力的一个重要表现就是对阅读方法与阅读策略的灵活运用。阅读教学必须教会学生了解并能自主运用这些阅读方法和阅读策略。

（一）常用的阅读方法

常用的阅读方法有：精读、略读、朗读、默读、背诵。

1. 精读

精读，也叫细读，是指对文本内容及形式做全面、深刻的理解与把握。精读要求学生通过推敲词句，准确地理清文脉，把握文本的意义，体会文本的思想感情，理解文本的构思及所运用的表现手法。《义务教育语文课程标准（2022 年版）》提出，“能联系上下文和自己的积累，推想课文中有关词句的意思，辨别词语的感情色彩，体会其表达效果”“在阅读中了解文章的表达顺序，体会作者的思想感情，初步领悟文章的基本表达方法。在交流和讨论中，敢于提出看法，作出自己的判断”。对阅读能力的下述要求属于精读能力的范畴。

案例

《背影》一文中，茶房送朱自清到哪里去？文中没有明说，需要联系上下文进行推测。“父亲因为事忙，本已说定不送我，叫旅馆里一个熟识的茶房陪我同去。他再三嘱咐茶房，甚是仔细。”“他嘱我路上小心，夜里要警醒些，不要受凉。又嘱托茶房好好照应我。”通过“路上”一词，结合上下文语境，可以推测出茶房要一直陪朱自清到北京，往返要七八天的时间。由此可见，父亲对儿子的关怀是多么体贴、多么周到。

2. 略读

相对精读，略读是不求精熟于心而只着意于“观其大略”的阅读方法。略读要求学生能在大量快速的阅读中，略去枝节，抓住文本的主干，舍弃次要，抓住文本的关键，快速准确地获取信息，或确定需要精读的重点。总而言之，略读要在快速阅读的同时，迅速反应，准确抓取。学生可以通过迅速捕捉关键词，迅速摘出重点句段、中心句等方法进行略读。《义务教育语文课程标准（2022 年版）》规定：第二学段（3 ～ 4 年级）开始学习略读，粗知文章大意；第三学段（5 ～ 6 年级）要求学习浏览，扩大知识面，根据需要搜集信息。第四学段（7 ～ 9 年级）要求能较熟练地运用略读和浏览的方法，扩大阅读范围。

3. 朗读

朗读是指在认读和理解的基础上，将书面语言转化为准确连贯的有声语言的活动。朗读是一种眼、口、耳、脑并用的阅读活动，是理解课文的重要方式，可以调动学生的多种感官参与学习过程。朗读是中小学生必须掌握的阅读技能。朗读可以传输文字的情感，抒发读者的感慨，把读者对文章的理解、体会及感悟传达出来。学生在反复朗读中可以体会和感受文章的美感。朗读的表达手段主要包括四个方面：重音的识别和表达、停顿和连贯、语调的选择和把握、朗读的速度。

4. 默读

默读是不出声的读，它是阅读的基本方式之一，也是阅读教学的终极目标。默读不需要对文本进行逐字逐句地细看，它常常伴随着跳读和猜读，可以加快阅读的速度，以便读者将注意力全部集中于对课文内容的思考和理解上。《义务教育语文课程标准（2022 年版）》规定：从第一学段（1 ～ 2 年级）学习默读；第二学段（3 ～ 4 年级）初步学会默读，做到不出声，不指读；第三学段（5 ～ 6 年级）要求默读有一定的速度，默读一般读物每分钟不少于 300 字；第四学段（7 ～ 9 年级）要求养成默读习惯，有一定的速度，阅读一般的现代文，每分钟不少于 500 字。

5. 背诵

背诵是指不看原文而念出读过的文字，是学习语文的一种重要方式。我国传统的语文教学十分重视背诵的作用，强调熟读成诵。在语文教学过程中，以科学的方法、按记忆的规律指导学生背诵，是使学生理解课文、积累语言材料、丰富文化知识的重要途径。《义务教育语文课程标准（2022 年版）》与《普通高中语文课程标准（2017 年版 2020 年修订）》都在附录部分列出了古诗文背诵推荐篇目。对经典文本的背诵在语文学习中具有极其重要的作用，教师应加强背诵指导。

（二）常见的阅读策略

阅读策略是读者为了获得对篇章的充分理解，用来提高阅读效果的方法或技巧。通俗地讲，阅读策略是阅读文章时所要综合运用的方法或技能，包括复述、预测、提问、摘要、速读、自我监控等。阅读策略与阅读方法是什么关系呢？一般认为，阅读策略指导阅读方法的运用，表现为对阅读方法的操作，即根据任务要求、文本特征、学生的已有知识等因素，选择恰当的方法，进行有效的阅读。学生掌握阅读策略后，可以更深入地理解所阅读的故事或文章。

常见的阅读策略有预测、提问、快速阅读、阅读监控、图像化、推论、联结、确定重点、综合等，我们对此一一进行介绍。

1. 预测

预测是指读者在阅读中根据有关信息对文本的情节发展、故事结局、人物命运、作者观点等方面进行的自主假设，并在阅读过程中寻找文本信息来验证自己已有的假设，如此反复的假设验证，不断推动阅读的进行。预测不等于乱猜，而是根据一定的线索进行有依据的猜测。重点不是猜对与否，而是在不断的假设验证中，加深读者对文本的理解。预测策略的使用，能使学生充分调动已有的知识，发挥想象力，对文本产生极大的阅读期待，激发浓厚的阅读兴趣，拉近与文本的距离，提高参与度，发挥理解的主体性。

2. 提问

提问是指读者在阅读时能提出不懂的问题并尝试解决，或对文本质疑并进行评论。提问策略要求学生通过提出自己的问题建构文本的意义，收集已有的信息，发现新的信息，从而增进理解，找到答案，解决问题。教师应训练学生去辨别课文内直接表明的问题、暗含的问题以及自己的内部图式所暗含的问题。实践证明，这类训练对改善学生尤其是学习困难学生回答问题的能力很有效果。在《如何阅读一本书》中，作者建议读者要提出以下四个基本问题：（1）整体来讲，这本书到底在谈些什么？（2）作者详细说了什么？怎么说的？（3）这本书说得有道理吗？是全部有道理，还是部分有道理？（4）这本书跟你有什么关系？[①] 只有不断地向文本提问并尝试给出自己的回答，读者才可以真正地拥有一本书。

3. 快速阅读

快速阅读是指读者能够在短时间内迅速理解阅读材料中的主要信息，在正确的基础上提高速度。心理学对阅读速度的计算公式是：

阅读速度 =（字数 / 分钟）× 阅读理解率

阅读理解率 = 正确答案的得分 / 问题的总分数

早期对英语为本族语的阅读者的研究认为，阅读者在详细掌握快速阅读的技巧后，不仅提高了阅读速度，而且增强了理解能力。[②] 有研究证明，通过加快阅读速度，读者可以进入好读者的良性循环，读者有信心读得更多，通过大量的阅读改善理解能力[③]。还有研究显示，阅读速度更快的人的阅读理解能力也更高。总之，培养学生快速阅读的能力，有利于促进学生思维的发展，提高阅读的效率。

4. 阅读监控

阅读监控是指读者在阅读时能根据不同的阅读目的选择恰当的阅读方法，对所学的阅读策略加以综合地运用。读者在阅读前能通过分析文章的特点，选用恰当的阅读方法；在阅读过程中能通过自我提问，加强自我监控，调整阅读的速度，并

---

① 艾德勒，范多伦. 如何阅读一本书［M］. 郝明义，朱衣，译. 北京：商务印书馆，2010：43-44.

② 彭伶，唐菱. 试论阅读速度与英语阅读教学［J］. 零陵师范高等专科学校学报，2001（2）：108-110，115.

③ NUTTALL C. Teaching reading skills in a foreign language［M］. Oxford：Heniemann，1996：27.

根据理解的水平不断调整阅读的策略；在阅读后能反思阅读理解达到的水平，评价自己是否完全达到阅读的要求。有研究证明，高阅读能力者能够灵活地运用阅读策略，以达到阅读目标。学生普遍认为，为了备考的阅读与其他类型的学校阅读不同，备考的阅读速度较慢，涉及重读、记忆、注意细节、深度加工等。在以考试为目的的阅读中，学生会更多地使用重读、文本评估等阅读策略。

5. 图像化

图像化，也叫可视化，是指阅读过程中或者听故事时在头脑中形成与文本相关画面的能力。学生在运用图像化策略时会参考文本内容，调动感官能力，激活有关的背景知识，因此能加深对故事的理解。在阅读时，教师可引导学生使用这样一些句子结构，以实现理解的可视化："我们看到了……""我们听到了……""我们闻到了……""我们能想象出……""读到这个单词/句子/段落时，我们头脑中会出现……"

例如，教师在阅读过程中可以利用图像化策略帮助学生记住故事梗概，方法是用不同形状来比喻文章情节结构的不同特点：情节"绳"，适合线性结构的文章；情节"梯"，适合层层递进的文章；情节"波"，适合起伏变化、一波三折的文章，波浪的起伏变化还可以根据文章的情况设置N形波、U形波、W形波等；情节"环"，适合首尾相连接的文章，以及双环结构的文章；情节"格"，适合罗列事件的文章，常见的有四宫格、九宫格；情节"泡"，适合思路发散的文章；情节"网"，适合线索交错的文章。

6. 推论

推论是指读者在具体的语言环境中，运用自己已有的背景知识和文章提供的上下文信息创造出新的语义信息。当读者建构出文章的意义模式时，他们能够运用推理去补足文章省略的内容，即使阅读简单的文章，也需要进行推论。

推论常用于以下阅读情境：指示代词、人称代词所指称的对象是谁；从一件事情推论另一件事情的发展；从一连串的议论中总结出主要的论点；梳理故事中各个角色之间的关系等。

7. 联结

联结即读者在阅读过程中调取已有的背景知识和个人经验，从而更好地理解文本的意义。联结策略体现了读者阅读的主动性和建构性。

8. 确定重点

确定重点即读者根据文本的组织结构特点，根据文本中信息的重要性对其进行分类，并细读其中的重要内容。

9. 综合

综合即读者能够分析信息，整合文本和自己已有的认识或经验加以思考，并得出结论。

（三）阅读策略的培养

研究表明，学生掌握不同的阅读策略存在明显的年级差异。例如，2～6年级学生能够联系上下文，即运用语境对文章进行理解。一年级学生需要适当的提示，高年级可自动使用，说明语境策略没有明显的年龄差异。还有的学生在阅读时可以进行自我监控，即根据阅读要求调整自己的阅读行为，他们的表现不同：三、四年级学生很难掌握，阅读能力强的五年级学生可以在教师的指导下应用，六年级学生基本可以掌握。

有研究发现，熟练的读者都运用了有效的阅读策略帮助他们理解文字。元认知发展水平高的学生，更善于根据不同阅读任务和材料的内容，灵活、有效地采用相应的阅读策略。阅读策略知识丰富的学生，其思维的敏捷性、灵活性、深刻性、批判性和独创性发展水平较高，在实际阅读过程中，更善于对自己的阅读过程进行有效的监控与调节。越来越多的研究表明，教师可以教学生使用一些阅读理解策略，当学生学会使用这些策略时，他们的理解能力会得到提高。

统编小学语文教材着眼于培养学生的阅读能力，从三年级开始，每学年独立设置一个“阅读策略单元”：三年级设置了“预测”，四年级设置了“提问”，五年级设置了“阅读要有一定的速度”，六年级设置了“有目的地阅读”。统编小学语文教材每一项阅读策略的学习都贯穿一个单元教学的始终：单元导读页会提出阅读策略学习的语文要素，教读课文示范学习策略，自读课文实践运用策略；语文园地中的“交流平台”会对阅读策略的学习和运用进行全面的梳理、总结；有些单元还在口语交际和习作训练中渗透阅读策略的实践和运用。这样的设计使整本教材成为一个完整的阅读学习体系。

五、阅读与鉴赏的教学设计

阅读与鉴赏教学，是语文课堂教学的主体部分，在语文课程的实施中扮演着至关重要的角色。扎实的阅读与鉴赏教学是学生开展表达与交流、梳理与探究学习活动的基础。作为语文教学的重头戏，阅读与鉴赏教学在很大程度上决定了语文教学质量的高低。

（一）阅读与鉴赏教学的含义

阅读与鉴赏教学是学生、教师、教材编者围绕文本展开的理解、交流、赏析与评价活动，是一个开放的、持续的、交互性的对话与建构过程。

我们可以从三个方面理解阅读与鉴赏教学：第一，各个主体之间是平等的“我—你”关系，这体现了主体间性的特征。“我—你”关系与“我—它”关系不同，它强调的是只有在平等的主体之间，才能存在真正的对话，任何一方不得以自己的权威压制另一方。所以，在阅读与鉴赏教学中，教师要特别注意倾听学生与众不同的声音，给予他们平等的、开放的表达机会。第二，主体对文本意义的理解持多元开放的观点，反对独白式教学。无论是文本的作者、教材的编者，还是语文教师本身，都不是文本理解的最后裁定者。对一个文本尤其是文学作品的理解与阐释，是一个动态的历史的发展过程，没有哪一种理解可以下最终结论。第三，阅读教学中的对话，具有一种与生俱来的自我“否定”品质，正是在不断地自我否定中，对话才成就了主体思想的宽容品质，使文本具有多种解读的可能性，使学生获得真正的认知发展、思想解放、审美深化与文化积淀。

（二）阅读与鉴赏教学设计的过程

教学设计是指教师对某一单元、某篇课文或某一节课进行教学设想和策划，具体包括确定教学目标、选择教学内容、安排教学过程、选择教学方法等。阅读与鉴赏教学设计是一项涉及教学各个因素的系统工程，教师要考虑语文课程的学科特点、语文教材的编写要求、语文课文的文本特点和学生语文学习的实际情况，还要结合教师的自身特点和优势来进行。

阅读与鉴赏教学设计一般包括教学分析、教学方案设计、评价与修改三大部分。图 4-1 为阅读与鉴赏教学设计的结构示意。

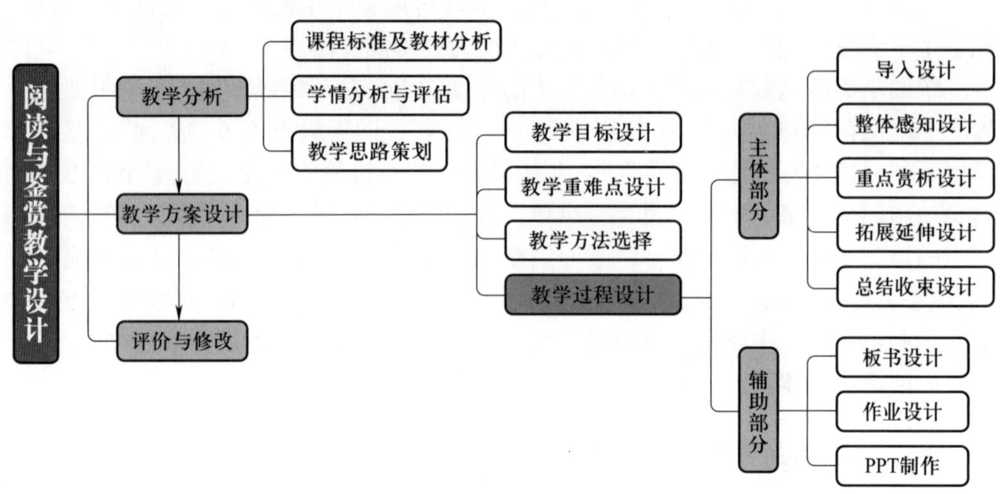

图 4-1 阅读与鉴赏教学设计的结构示意

1. 教学分析

教学分析是教学设计的前置工作，主要包括课程标准及教材分析、学情分析与评估、教学思路策划等。

（1）课程标准及教材分析

课程标准及教材分析是阅读与鉴赏教学设计的首要环节。课程标准及教材分析的内容包括课程标准有关的目标要求、教学建议与学生学业评价标准，课文所在教科书的学习任务群及单元的人文主题与语文要素，课文文本研读及教学资源利用，教学内容的选择与提取，以及与单元目标有关的语文实践活动和跨学科学习。新版课程标准对教材的解读不同于原有的单篇教学思维，具有大概念意识，从单元课程内容统整的角度思考单篇文本的教学价值，超越碎片化教学，统筹设置学习情境和学习任务。教材的文本解读是教材分析的核心部分，它关涉教学内容的选择、教学目标及教学重难点的确定，甚至决定着课堂教学的走向。

（2）学情分析与评估

把握学情是阅读与鉴赏教学设计的起点，也是提高课堂教学有效性的前提。学情分析与评估就是确定学生学习的起点状态，包括学生已有的语文知识水平、听说读写技能、学习动机水平等。分析学生从起点状态到终点状态应掌握的知识与技能，应形成的态度与行为习惯是学情预估分析的核心任务。学情是动态的、生成的，除前置性的学情分析外，教师还要对课堂中动态的学情生成进行预估和引导，通过运用教学机智，激发学生的学习兴趣，挖掘学生的学习潜力，让学情分析为课堂教学提供动力。

（3）教学思路策划

教学思路策划是指教师在分析完课程标准、教材和学情后，思考如何运用教学方法组织教学，如何理顺教学脉络和层次，如何突破教学重难点，如何让课堂充满活力和创新。通过教学思路策划这一环节，教师可以对阅读与鉴赏教学形成整体把握，知道如何系统地处理教学内容和流程，合理设计教学环节，提炼核心问题，有效设计学习任务、构建学习情境。

2. 教学方案设计

教学方案设计即对教学各环节进行具体设计，并形成书面方案，它主要包括教学目标设计、教学重难点设计、教学方法设计和教学过程设计。教学方案设计要对教学内容与教学形式进行系统的时空规划和活动安排，是阅读与鉴赏教学设计的重点和难点。

（1）教学目标设计

阅读与鉴赏教学目标是教师预期学生通过课文学习可以达到的学习结果或发展水平。确定阅读与鉴赏教学目标的依据主要有：课程学习任务群及单元目标、教材分析及学情分析。一般情况下，阅读与鉴赏教学目标的表述有四个基本要素：行为主体、行为动词、行为条件和表现程度。其陈述要求如下：从学生角度陈述（行为主体应是学生），陈述要明确、具体、简洁、直观、可检测。阅读教学目标的陈述可以以新版课程标准给出的学业质量标准为参照，进行适当的综合和概括，形成条理清晰、逻辑连贯的表述。

案例

以统编语文教材八年级上册第五单元第19课《苏州园林》为例，可以这样撰写教学目标：

① 品味本文的语言，体会说明文语言的准确、严密以及本文语言的精练、雅致、形象。

② 能够概括出本文的写作思路，理清作者介绍园林的条理和顺序；识别并分析本文所运用的说明方法及其作用。

③ 欣赏和热爱中国传统建筑艺术，感受和体会生活的情趣。

（2）教学重难点设计

教学重点是指本课的核心学习任务，即教学要解决的主要问题，是教学活动的中心和焦点。教学难点是指学生难以理解和掌握、解决过程较为复杂、离学生生活实际较远的问题。教师只有吃透教材，了解学生，摸清学生已有的知识经验和能力水平，才能准确地确立教学重点和教学难点。

（3）教学方法选择

教学方法是指教师在教学中为了达成教学目标、完成教学任务而采取的教学手段，既包括教的方法，又包括学的方法。一般的教学方法主要有讲授法、情境创设法、小组讨论法、对话法、引读法、悬念法、演示法、扮演法、游戏法、练习法、读写结合法、复沓强化法等。教师在设计方案时要根据教学内容的特点、学生的学情以及自身的教学能力来选择适当的教学方法。

（4）教学过程设计

教学过程是指课堂上师生发生教学互动的流程，可以从多个角度进行描述。从时间的角度看，教学过程由若干阶段所组成，是教师按照一定的教学步骤安排若干教学环节，一环一环地往前推进，以达成教学目标，完成教学任务。从空间的角度看，课堂教学由教师、学生、教材、教学目标、教学方法等要素构成，是教师与学生在解决教学问题时进行的交往、对话、互动、生成与共同发展的过程。从行为的角度看，教学过程是一个教学决策与教学实施的过程，是教师调整教学策略及教学方法、调整教学活动内容及顺序的动态过程。

教学过程是教师与学生在解决教学问题时，产生交往、对话、互动、生成、共同发展的过程，而不是教师向学生单向传递教学信息、执行任务的过程。教学过程的实质是教学各要素协同发生关系并相互作用的过程。虽然在教学过程设计时，教师呈现的是一个线性的教学步骤的展开，但是在具体的教学过程中，教学活动的顺序要根据学生对教学信息的反馈以及学生的能力，进行动态的调整。因此，教学过程是一个教学决策实施的过程，是教师调整教学策略及方法、调整教学活动内容及顺序的发展过程。教学过程设计是实施教学的基础，教师要通过对教学环节核心要素的优化组合，最大限度地预设教学的生成，努力使学生在教学过程中实现自主发展，同时又能较好地完成教学任务。

阅读与鉴赏教学过程设计包括两部分内容：一是教学过程设计的主体部分，主要指对教学具体环节的设计，包括导入设计、整体感知设计、重点赏析设计、拓展延伸设计、总结收束设计；二是教学过程设计的辅助部分，主要指配合教学过程进行的补充性、辅助性与技术性设计，包括板书设计、作业设计和 PPT 制作等。新课程标准对阅读与鉴赏教学过程设计有新要求，更加重视学习情境的设计、挑战性任务的设计、探究性问题的设计、项目化学习的设计。教学过程设计有基本的样式，但教师在教学实践中也创造出越来越丰富的变式，呈现出越来越开放、新颖、个性化的特点。

3. 评价与修改

教学设计不仅需要前期分析、具体计划、完整实施和呈现，而且需要在教学结束后根据实际教学效果和学生的真实反馈进行合理的评价与修改。只有这样，才能不断完善教学设计，提高教学效率，促进学生更好的发展。教学评价主要对教学目标、教学内容、教学设计、课堂教学水平、学生学习效果、教师指导能力等多个方面进行综合考察和测评。在评价与反思的基础上，教师可参照优秀教学案例和相关课程资源，对自身的教学方案进行修改和完善。

六、阅读与鉴赏教学的基本课型

统编语文教材将课文分成教读与自读两种类型，也就相应地形成了教读课与自读课两种课型，体现了从“学习知识”到“迁移运用”一体化的教学理念。教读课与自读课共同构成了阅读教学的整体架构，成为学生获取知识、培养能力的主要途径。

（一）教读课

教读课是由教师带着学生学习运用一定的阅读策略与阅读方法，对课文的内容与形式进行细致而全面的解读，从而获得规律性的发现和认知，有序地完成相应阅读教学目标的语文课。

教读课是语文教学中运用最多的课型，它主要承担的是语文教材中“讲读课文”与“经典文本”的教学。教读课注重精讲多练，重视阅读发现与知识建构，以及对语文能力的定向培养。教读课是帮助学生习得阅读策略与阅读方法，积累阅读经验，提升阅读能力的有效途径。教读课的主要功能是通过对教读文本的精密讲解和分析，帮助学生建构语文学习的规律性认识，便于以后遇到同类文章时能够运用相似的方法与技巧，顺利找到思路与突破口，取得举一反三、触类旁通的效果。

（二）自读课

自读课是教师以培养自学能力为目标、以自读课文为材料、以学生自我阅读实践为主线，充分激发学生的主体意识，让他们自求自得，使教读课所获得的知识、方法和能力得到有效迁移和运用的语文课。

从教学内容上讲，自读课主要是指语文教材中“自读课文”或“略读课文”的教学；从教学形式上讲，自读课更注重学生在教师的组织、引导下独立操作、自由体验，最终达到学生能够对课文实现自解自通，获得自主学习方式；从学生知识习得的过程来讲，自读课重在完成学生对在教读课上所获知识的印证、巩固、迁移与运用。

自读课的教学目的侧重使学生通过自主阅读、自主体验，将已有的知识应用到具体的阅读实践中，使知识内化为能力，达到举一反三的效果。因此，自读课的主要功能是供学生练习、实践以达到灵活运用所学知识处理相关问题。现代社会提倡终身学习，自读课有助于培养学生的自学能力和终身学习素养。语文教学应加强对自读课的研究和指导。

（三）灵活对待不同课型

教读课与自读课各有所长，既要各司其职，又要相互配合。教师在教学实践中应立足各自的特点，尊重差异，区别对待，综合运用。

首先，教读课与自读课在教学实施过程中都非常注重师生之间以及师生与文本之间的对话与交流，但二者的对话形式有所区别。教读课注重师生之间的互动交流，以教师占主导地位的对话为主。自读课重在让学生运用已掌握的知识与方法进行实践操作、演练和巩固，以达到学以致用的目的。因此，就对话形式而言，在自读课教学中，学生的自主对话更为突出。自读课的教学通常是在教师适时适量的点拨下，学生进行的自主活动、自主阅读、自主探究。

其次，教读课与自读课都遵循“阅读本位”的原则，但阅读的环节不尽相同。教读课型涵盖导读、细读、品读、议读、背读等诸多环节，旨在对文本进行细致、深刻、全面的解读与赏析。在教读课上，学生要先通过快速浏览、整体感知，建立对文本的初步印象，继而对文本关键部分细读揣摩，完成对文本的理解与感悟，在此基础上对文本的构思、文理、词采、风格进行审美性品读和评价，最后挑选文本中的经典段落、精彩文段进行诵读。在整个过程中，“读”的环节由浅入深、循序渐进而又泾渭分明地进行。在自读课型中，“读”的环节往往根据学生的学习需要自主安排，除导读外基本就是学生的自读和再读，教的环节较之教读课更“少”且“粗放”。因此，相比教读课，学生在自读课上阅读的形式更加自由、灵活，学习任务和学习目标也可因人而异，这有利于学生个性化阅读能力的培养。

最后，教读课与自读课的功能定位不同。教读课与自读课分别指的是单元教学中教读课文与自读课文的教学，就教学而言，教读是主体，自读是补充；但就效果而言，教读是阅读学习，自读是阅读实践。因此，教读课的教学环节更注重教师的引导、规范，知识的系统性、完整性，以及学习方法的总结、提炼，让学生在语言运用、思维发展、审美创造和文化理解等方面获得全方位发展；自读课在教学环节中要求突出学生的主体性、参与性和个性化，注重知识与学习方法的迁移、演练与应用。在教学实践中，教师应处理好两种课型的关系，加强二者的联系，扬长避短，相互为用，实现阅读教学的整体效益。

第二节 诗歌阅读与鉴赏教学

诗歌运用富有鲜明节奏和韵律的语言，以强烈的情感、丰富而奇特的想象，高度概括地反映社会生活。艾略特说：“诗歌代表着一个民族最精细的感受与智慧。”[①] 海德格尔说：“一种语言的性质要通过诗歌来体现。”[②] 诗歌教学，历来是语文阅读教学中的重点和难点之一。诗歌文本的阅读与鉴赏教学，应根据新版语文课程标准，立足学情，抓住诗歌文本的特点进行。

一、诗歌阅读与鉴赏的教学目标

诗歌阅读与鉴赏教学目标的确立应依据课程标准关于诗歌教学的要求、教材研读与分析、学情分析与评估三个基本方面，对学生学习诗歌预期达到的理解水平与体验层次进行评估，并转化为具体的诗歌教学目标。

（一）课程标准关于诗歌教学的要求

《义务教育语文课程标准（2022年版）》对诗歌教学的规定十分详细，贯串义

---

① 刘传菠．诵读·赏析·感悟：中学古代诗歌教学方法芹献［J］．大连教育学院学报，2019，35（2）：14-16.

② 江鑫梅．把“诗歌”当作“诗歌”来教［J］．语文知识，2015（5）：80-82.

务教育全过程，体现了对诗歌教学的重视。这版语文课程标准在“学段目标”“学习任务群”“学业质量”等部分都对诗歌教学提出了具体要求。《普通高中语文课程标准（2017 年版 2020 年修订）》对诗歌教学的规定主要体现在“文学阅读与写作”“学习任务群”和“学业质量”的描述之中，是按照文学作品大类教学提出要求，并没有把诗歌单列。相较义务教育阶段，普通高中阶段对文学作品（含诗歌）的学习质量提出了更高的要求。课程标准中的这些规定是教师进行诗歌阅读与鉴赏教学目标设计的重要依据，具体见表 4–1。

表 4–1　课程标准关于诗歌教学的部分规定

学段	课程标准出处		学习要求
义务教育	学段要求	1 ～ 2 年级	诵读儿歌、儿童诗和浅近的古诗，展开想象，获得初步的情感体验，感受语言的优美
		3 ～ 4 年级	诵读优秀诗文，注意在诵读过程中体验情感，展开想象，领悟诗文大意
		5 ～ 6 年级	阅读诗歌，大体把握诗意，想象诗歌描述的情境，体会作品的情感。受到优秀作品的感染和激励，向往和追求美好的理想
		7 ～ 9 年级	诵读古代诗词，阅读浅易文言文，能借助注释和工具书理解基本内容。注重积累、感悟和运用，提高自己的欣赏品位。背诵优秀诗文 80 篇（段）
	学习任务群	文学阅读与创意表达	重视古代诗文的诵读积累，感受文学作品语言、形象、情感等方面的独特魅力和思想内涵，提升审美能力和审美品位
		思辨性阅读与表达	阅读诗话、文论、书画艺术论的经典片段，尝试运用其中的观点欣赏、评析作品
	学业质量	7 ～ 9 年级	广泛阅读古今中外的诗歌、小说、散文、戏剧等文学作品，在阅读过程中能把握主要内容，并通过朗读、概括、讲述等方式，表达对作品的理解；能理清行文思路，用多种形式介绍所读作品的基本脉络；能从多角度揣摩、品味经典作品中的重要词句和富有表现力的语言，通过圈点、批注等多种方法呈现对作品中语言、形象、情感、主题的理解。能分类整理富有表现力的词语、精彩段落和经典诗文名句，分析作品表现手法的作用；能从作品中找出值得借鉴的地方，对照他人的语言表达反思自己的语言实践；能通过对阅读过程的梳理、反思，总结不同类型文学作品的阅读经验和方法；能与他人分享自己获得的对自然、社会、人生的有益启示，能借鉴他人的经验调整自己的表达，能根据需要，运用积累的语言进行口头或书面表达

续表

学段	课程标准出处		学习要求
普通高中	学习任务群	文学阅读与写作	（1）精读古今中外优秀的文学作品，感受作品中的艺术形象，理解欣赏作品的语言表达，把握作品的内涵，理解作者的创作意图。结合自己的生活经验和阅读写作经历，发挥想象，加深对作品的理解，力求有自己的发现 （2）根据诗歌、散文、小说、剧本不同的艺术表现方式，从语言、构思、形象、意蕴、情感等多个角度欣赏作品，获得审美体验，认识作品的美学价值，发现作者独特的艺术创造 （3）结合所阅读的作品，了解诗歌、散文、小说、剧本写作的一般规律。捕捉创作灵感，用自己喜欢的文体样式和表达方式写作，与同学交流写作体会。尝试续写或改写文学作品 （4）养成写读书提要和笔记的习惯。根据需要，可选用杂感、随笔、评论、研究论文等方式，写出自己的阅读感受和见解，与他人分享，积累、丰富、提升文学鉴赏经验
	学业质量	水平 5	5-3　在鉴赏活动中，能从不同角度、不同层面鉴赏文学作品，能具体清晰地阐释自己对作品的情感、形象、主题和思想内涵、表现形式及作品风格的理解。能比较多个不同作品的异同，能对同一作品的不同阐释发表自己的观点，且内容具体，依据充分。能对作品的艺术形象及价值有独到的感悟和理解。有文学创作的兴趣和愿望，愿意用文学的形式表达自己的情感，追求正确的价值观、高尚的审美情趣和审美品位

（二）教材研读与分析

在掌握课程标准的相关规定之后，接下来是对教材进行研读与分析。教材研读与分析为诗歌阅读与鉴赏教学目标的确立提供了实质性的教学内容。对教材进行研读与分析，需要从学习任务群设置宗旨、教材编辑意图、单元教学目标、文本特点等方面入手。

首先，了解诗歌文本所属学习任务群的设置宗旨，可以明确教学的大方向，把握教学的核心价值。例如，《义务教育语文课程标准（2022 年版）》的“思辨性阅读与表达”学习任务群提出“阅读诗话、文论、书画艺术论的经典片段，尝试运用其中的观点欣赏、评析作品”，教师如果了解这一要求，在进行该任务群的诗歌教学时，就能自觉地把“尝试运用诗话中的观点欣赏、评析诗歌作品”作为教学目标之一，提高学生诗歌审美鉴赏的理论思维水平。其次，研读与分析教材时，教师要把握教材的编辑意图，力求实现教材教学价值的最大化。教师可以通过研读教材的单元导语、注释、旁批、插图、思考与探究等内容，细心揣摩文本的内部联系和编者意图，准确把握教材的人文主题内涵和语文要素目标。最后，教师要细读诗歌文本，感悟提炼，深入探究，聚焦诗歌的意象意境，挖掘其思想内涵，解析其构思与语言艺术。总之，高质量的教材研读与分析是合理确定诗歌教学目标的保障。

（三）学情分析与评估

确定诗歌阅读与鉴赏教学目标离不开对学情的分析与评估。学生诗歌学习的知识经验、阅读积累、生活阅历以及思维发展水平等各方面，都会影响教学目标的确立。一般而言，学生从小学阶段到高中阶段要经历从具体形象思维到经验型抽象逻辑思维，再到理论型抽象逻辑思维，最后达到辩证逻辑思维的过程。因此，小学阶段的诗歌教学重视诵读与情境营造，中学阶段的诗歌教学重视语言文字赏析与思想情感的阐发。具体到一首诗歌作品的教学，教师首先要结合学生曾经学习过的同一作者的作品或与之相同类型的作品，为新的诗歌作品的学习搭建先行组织者。其次，教师要结合学生的生活经验和认知能力，把诗歌中的景物、事件和情感转换成可感可触的生动画面，引导学生走进作品的内部空间。最后，教师可根据诗歌创作构思与语言表达的艺术特点，抓住“诗眼”和关键词语，挑战学生的感受力、想象力与推理能力，激发学生的学习潜能。教师在进行诗歌教学时，可以基于学情，但不能受制于学情，而要敢于通过创新设计创造积极的学情。

（四）教学目标的表述

基于以上三个方面的研读、分析和评估，教师可以尝试对一首诗歌作品的教学目标进行设计。诗歌阅读与鉴赏教学目标可以从以下三个方面表述：（1）学习诗歌语言，把握诗歌大意；（2）赏析诗歌意象，体悟诗歌情感；（3）感悟文化底蕴，评点鉴赏创新。具体到某一首诗歌作品教学目标的表述，还要根据文本内容与形式特点加以灵活地调整和应对。

表述诗歌阅读与鉴赏教学目标时需注意以下三点：（1）教学的行为主体是学生，教师要从学生学习诗歌的角度定义教学目标；（2）教学目标中描述学生行为的动词要体现诗歌学习的特点，如诵读、联想、想象、感受、体验、领悟、品味等；（3）教师要加强教学的层次性和整体性，既要注意学生在语言运用、思维发展、审美创造与文化理解等不同方面的发展，又要注意核心素养的四个方面在教学中的交汇融合与内在关联。

案例

作为经典诗歌的《再别康桥》经常被误读，究其原因，一是学习者受思维定式的干扰，易被标题中的“别”字迷惑，先入为主地将“别”与痛苦、伤悲等低沉情绪画等号；二是部分语文教师受教参的影响，加上阅读视野的窄化，将《再别康桥》所抒之情解读为“别情缕缕，离绪重重”。在教授此课时，教师可以指导学生从诗歌内容出发，以诵读为主线，通过质疑法、换词比较法等学习途径，试图让学生“原汁原味”地品味徐志摩在诗歌中呈现出的形式美和情感美。

如《再别康桥》一课，可以这样确定教学目标：

（1）运用质疑法，找出并分析诗歌中的“矛盾”之处，能较自洽地解说作者贯穿字里行间的情感美。

（2）运用换词比较法品读诗歌中的意象。

（3）以本诗为例，抓住阅读原初体验，破除先入为主、思维定式的阅读习惯。[①]

二、诗歌阅读与鉴赏的教学内容

诗歌文本一般比较短小，言简意赅，但其教学内容却十分丰富。诗歌风格多样，总的来看，其教学内容一般包含以下五个方面：

（一）诗歌创作的历史背景

任何诗歌创作都发生在特定的历史时空中，诗歌文本存在于一个广阔的、渗透性的历史语境。在诗歌文本与历史语境之间存在着潜在的对话关系。作者所处的时代会影响诗歌的内容和情感，作者在进行诗歌创作时，其潜意识中往往流淌着历史的回声，复杂的历史人物和历史事件被高度压缩到诗歌语言中去，于是历史叙事、典故化用就成为诗歌中的一道风景。因此，学习一首诗歌，就等于走进一段历史，学习者站在语言的十字路口与前人、诗人和今人展开跨时空的对话。诗歌创作的历史背景，是诗歌教学需要补充的基本内容。

（二）作者生平及创作动机

诗歌创作的历史背景为学生走进诗歌所营造的历史时空铺平了道路，但对一首诗歌的理解和认知仅仅凭借宏观背景的观照是远远不够的，学生还必须了解作者的生平及其创作诗歌的基本动机，了解诗歌背后作者的心路历程。纪伯伦曾说：“诗不是一种表白出来的意见。它是从一个伤口或是一个笑口涌出的一首歌曲。”[②] 结合诗歌作品所抒发的思想情感，补白作者的生平遭际，透视诗歌意象折射出的心灵图景，感受诗歌韵律所传递出的生命咏叹，是诗歌教学应加以拓展的重要内容。教师在进行诗歌教学时需要注意：不能把诗歌创作的内容等同于作者的生活本身。诗歌是语言艺术，是创造性的文学活动，它来源于生活，又高于生活。因此，作者的生活遭遇为理解诗歌搭建了支点，阅读与鉴赏的目的不是审视这些支点，而是要站在这些支点上去仰望和追寻作者所营造的文学光芒。

（三）诗歌文本的思想情感

经典的诗歌文本大都包含丰富的思想情感。古罗马诗人贺拉斯在《诗艺》中说：“仅仅有美，对诗来说是不够的。诗应该打动人心，把听众的灵魂引导到诗的意境中去。”深邃真挚的思想情感是诗歌文本的灵魂。把握诗歌文本的思想情感是

① 童志国.《再别康桥》教学设计［J］. 学语文，2018（2）：29–31.

② 纪伯伦 . 纪伯伦散文诗全集［M］. 冰心，伊宏，等译 .4 版 . 北京：北京燕山出版社，2011：90.

诗歌教学的重要内容。一般而言，诗歌文本对思想情感的表达是自由的、开放的、真诚的，诗人既可以直抒胸臆，像“将进酒，杯莫停，请君为我倾耳听”那样高歌一曲，畅快淋漓，又可以曲折隐晦，朦胧缥缈，似有还无，如“此情可待成追忆，只是当时已惘然”。因此，对诗歌思想内容的把握，要细读诗歌的语言文字，贴近诗歌文本本身，结合作者遭遇，开掘情感潜流，但又不能陷在语言游戏之中，进入肤浅的情感表达模式。诗歌阅读与鉴赏教学，应当越过诗歌中写景、叙事与议论的表层，深入情感的脉搏，感受作者的精神气息与心灵颤动。

（四）文学意象及意境赏析

一首诗歌是一座洋溢着诗意的思想建筑，是一条川流不息的情感之河，也是一片生命之花绽放的丛林。一首经典的诗歌作品，总是与那些新颖别致、独特隽永的文学意象联系在一起：读到“丁香一样的姑娘”，我们就自然而然地想到戴望舒的《雨巷》；读到“蒹葭苍苍”，我们总会想到“在水一方的”伊人；读到“黄河之水”，我们眼前定会浮现出“天生我材必有用，千金散尽还复来”的李白。众多意象流转隐现，纷至沓来，诗歌的整体意境在读者的想象中翩然而至。由意象至意境，由实而虚，由感而思，诗歌便完成了一次次华丽的转身，闪现出纯粹而充实的光芒。“所谓纯诗，便是摒除一切客观的写景、叙事、说理以至感伤的情调，而纯粹凭藉那构成它底形体的原素——音乐和色彩——产生一种符咒似的暗示力，以唤起我们感官与想象底感应，而超度我们底灵魂到一种神游物表的光明极乐的境域。”① 诗歌阅读与鉴赏教学的难点在于如何达到物我交感、神游天地的境界。诗歌教学应聚焦诗歌意象，感悟诗歌意境，体悟诗歌情思，追问诗歌寄托，解锁诗歌的精神密码。

（五）诗歌构思与语言表达

诗歌丰富的思想情感是通过诗歌语言来实现的。诗歌是创造性运用语言的艺术。在诗歌中，我们所熟悉的日常语言会爆发出动人心魄的力量，发射出耀眼的人性光辉。诗人历来对语言格外重视，“语不惊人死不休”，因为他们深知诗歌的语言就是诗歌的灵魂，语言的创造是诗歌的最高使命。屠格涅夫在其作品《罗亭》中说：“诗是神的词句，诗未必只存在于韵文之中。诗到处洋溢着，凡是有美和生命的地方就有诗。”泰戈尔说：“诗的词句含有能走动的意义与能飞翔的音乐。”② 语言经过诗歌的酝酿，过滤掉杂芜后，提炼出纯净而又繁密的诗意和情愫。诗歌的构思与语言，是诗歌动人力量的感性源泉。诗歌的阅读与鉴赏教学，应把分析诗歌的构思经营艺术、赏析品味诗歌语言的表达技巧作为重点。教学诗歌的构思与语言艺术，除关注诗体、音韵、语法、修辞等方面的知识外，还要特别注意诗歌的意象选择、意境营造、语言创新与节奏特点，诗歌的语言形式是为诗歌的表达内容服务的，应把二者综合起来进行鉴赏和品味。

以上五个方面是从知识分类学的角度来说的，在真实的诗歌教学设计与课堂实

① 梁宗岱．梁宗岱文集：2：评论卷［M］．北京：中央编译出版社，2003：87.

② 泰戈尔．泰戈尔诗选［M］．郑振铎，译．济南：山东文艺出版社，2020：54.

践中，这五个方面并不是单独进行的，而是相互结合、彼此渗透的，教师可以根据教学需要加以组织，灵活安排。

三、诗歌阅读与鉴赏的教学方法

诗歌阅读与鉴赏的教学方法有很多种，如诵读指导，情境想象，类比联想，补白和还原，仿写、改写或创写等。掌握并灵活运用这些方法有助于诗歌阅读与鉴赏教学。

（一）诵读指导

诗歌是一种声音的艺术。诗歌艺术的魅力，离不开诗句特有的节奏、韵律和语调。“三分诗，七分读。”教师在诗歌阅读与鉴赏教学时，应加强诵读训练和指导，注重引导学生朗读、吟诵诗歌文本，诵读时要把作者的情感传达出来。“诵读优秀诗文，注意在诵读过程中体验情感，展开想象，领悟诗文大意。”① 诵读时，教师要指导学生把握好重音、停顿、语速、语调等，这些方面能较好地体现诗歌文本的情感变化。同时，教师要注意营造良好的学习环境，促进学生对诗歌文本的朗读和欣赏：教师可以适当地借助名家范读，指导学生朗读诗歌；也可以采用诗歌朗诵会的形式，激发学生的诵读热情和兴趣。

（二）情境想象

诗是想象力的表现。我们在欣赏诗词时，充分发挥想象力有助于深入理解和体味浓缩在简短文字背后的深厚情感。诗歌的含蓄性，决定了在鉴赏诗歌的过程中必须展开联想和想象，只有如此，才能领悟诗歌的意境美。例如，“忽如一夜春风来，千树万树梨花开”，诗歌用在春天盛开的雪白的梨花意象描写塞外突然而至的大雪，诗人不仅写出了雪景的妖娆壮丽，而且展现出银白世界中的无限生机，体现了诗人的豁达和浪漫，营造了独具特色的边塞生活诗意空间。教师在进行诗歌阅读与鉴赏教学时，要注意诗歌意象的独特性、新颖性和生动性，通过大胆的想象把诗歌意象具体化、情境化、具身化；要超越对诗歌字面意义的理解，引导学生到文字隐藏的思想背后追寻诗人的情思，放飞想象的翅膀，体味喜怒哀乐，感悟人生哲理。

（三）类比联想

类比联想是指由某一事物的触发而引起作者对与此事物在性质上或形态上相似或相关事物的联想。比兴手法就是类比联想法在诗歌作品中的自觉运用，这是中国诗歌的优秀传统。通俗地讲，“比”就是比喻，即对人或物加以形象的比喻，使其特征更加鲜明突出。“兴”就是起兴，即借助其他事物作为诗歌发端，以引起所要歌咏的内容。在诗歌创作中，“比”与“兴”常常连用。在诗歌教学中，类比联想就是通过对相似或相关诗歌意象、意境与主题的类比联想，唤醒学生的诗歌记忆，在比较和关联中激发他们的探究兴趣，丰富审美体验，获得个性发现，建构诗歌大概念，提升审美品质。例如，教师在执教余光中的《乡愁》第一节时，可以让学生对比阅读《乡愁四韵》中的诗节，“给我一片雪花白啊雪花白 / 信一样的雪花白 / 家

---

① 中华人民共和国教育部. 义务教育语文课程标准：2022 年版［M］. 北京：北京师范大学出版社，2022：10.

信的等待 / 是乡愁的等待 / 给我一片雪花白啊雪花白”，这与“小时候，乡愁是一枚小小的邮票 / 我在这头，母亲在那头”形成互文见义和情感共振，加深了学生对余光中童年乡愁的理解和体会。又如，教师在执教王冕的《墨梅》时，可以对比阅读《白梅》这首诗，就可以使学生在对比中发现，无论梅花的颜色是黑是白，那一股傲然脱俗的清新之气却始终如一，“不要人夸好颜色，只留清气满乾坤”。

（四）补白和还原

优秀的诗歌不会把话说尽，会给读者留下想象的空间和解读的自由。诗歌阅读与鉴赏教学时，教师需要对诗歌中的“空白”进行补充和还原，在教学生成中诞生诗意。教师首先要发现诗歌语言中的空白点和跳跃处。诗歌作品往往在思想情感发生急剧变化之处制造诗意的空白和跳跃，给读者带来阅读的冲击和悬念。例如，郭沫若的《立在地球边上放号》中有这样的句子：“啊啊！我眼前来了的滚滚的洪涛哟！啊啊！不断的毁坏，不断的创造，不断的努力哟！”这句诗从感性的“滚滚的洪涛”到理性的“毁坏”“创造”“努力”，其间发生了突然的跳跃，给读者留下了巨大的解读空白。读者不禁要问：在诗句的断裂与跳跃处，发生了什么？其次，在诗歌阅读与鉴赏教学中，教师要抓住诗歌的空白点，通过知人论世、现场还原、虚拟对话等方式对诗歌意境进行补白和再生。在教学《立在地球边上放号》时，教师可以结合诗人创作诗歌的历史背景——五四新文化运动——来把握那种向旧世界、旧文化、旧传统猛烈冲击的时代精神，把诗歌中出现的“白云”“太平洋”“北冰洋”“洪涛”等意象所象征的五四新文化运动中的狂飙精神一一诠释出来，描画出来，还原出来。补白和还原不是机械地分析和对照，而是生动地创造性生成。教师可以通过创设情境、问题驱动和铺垫引导激发学生的想象力和创造力，实现高质量的诗歌补白和还原。

（五）仿写、改写或创写

对诗歌文本进行仿写、改写或创写，是诗歌阅读与鉴赏教学的重要方法。

诗歌仿写可以从思想主题、诗体格式、构思艺术与表现手法等不同的方面进行。教师在教学中可以让学生综合模仿写作，也可以让学生分不同的方面进行模仿写作，重在学有所得，写有所获。

诗歌改写是指立足教学目标的达成对诗歌主题、内容与语言进行一定的改编，再与原作进行比较阅读，旨在发现诗歌原作在创作上的特点、巧妙和价值。例如，教师在教学余光中的《乡愁》时，可以让学生对第三节进行如下要求的改写：在“我”与“母亲”的后面分别加上一个动词来表现诗歌中蕴含的深沉情感。诗歌由此可能变成：后来啊，乡愁是一方矮矮的坟墓，我跪在外头，母亲眠在里头。通过这样的改写，诗歌隐含的情感可以被凸显。

诗歌创写是指在诗歌原作的启发下，对同一主题或某一具体诗节内容进行创造性写作，重在表现学生的自我感受和思考。例如，教师在教学《乡愁》时，最后可以让学生续写一节：而未来，乡愁是________________。

诗歌阅读与鉴赏教学应该灵活运用仿写、改写与创写，让学生在主动表达中深入诗歌的情感肌理，积极顿悟诗歌的悠远意境。

四、诗歌阅读与鉴赏的教学过程

诗歌阅读与鉴赏的教学过程设计应遵循文学感受与鉴赏的规律，立足对文本的诵读与感悟，抓住关键意象或意象群，打通文本语境、生活语境和文化语境，聚焦作者深层次思想情感的挖掘，设置驱动性的学习任务，提出探究性的主次问题，形成环环相扣的教学板块和张弛有度的课堂节奏。一般而言，诗歌阅读与鉴赏的教学过程可以分为五步。

（一）诵读感悟

诗歌阅读与鉴赏教学的整体感知以学生的诵读为基础。教师一般会提出一些引导性问题，帮助学生在诵读过程中主动发现隐含在诗歌中的叙事、抒情或说理的线索。学生对诗歌熟读成诵，是进行诗歌阅读与鉴赏教学的重要条件。在学生对诗歌文本不熟悉、诵读不流畅、诗意缺少整体感受的情况下，教师一般很难顺利开展诗歌阅读与鉴赏教学。只有读通文本内容，读出自身感受，领悟作者情感，才能为诗歌教学创造良好的开端。在学生诵读感悟的基础上，教师应引导学生概括诗歌的基本内容和情感基调，发现诗歌表达的突出特点。

（二）意象赏析

通过对诗歌内容的整体感知和基本概括，学生具有了深入理解文本的基础。接下来要抓住诗歌中典型的意象或意象群，结合文本语境及其叙事抒情的变化，揣摩和品味凝结在文学形象上的思想寄托和审美意趣。由于诗歌意象在文本中常常处于“众星捧月”的耀眼位置，在诗歌阅读与鉴赏教学中往往会因过度强调而使其成为“孤岛”，失去与诗歌整体语境的有机联系，造成诗歌意象溢出甚至消解诗歌整体意境的结果。诗歌教学应防止意象教学肢解和割裂诗歌文本整体的“僭越”现象。由于意象是作者主观情感向外界的投射所致，诗歌意象教学要透过意象发掘作者情感和文本思想的内涵，不能仅仅停留在文学感受的表层。

（三）知人论世

要通过意象赏析真正引导学生进入作者的内心世界，只靠语言文字本身的分析解读是不够的，还必须通过知人论世的方式打开文学意象背后的情感之门。“文章合为时而著，歌诗合为事而作”，诗歌是作者与外界相互作用、有感而发的产物。诗歌意象的创造带有偶然性、随机性和情境性，这与作者当时所处的环境、遭遇和心绪有关。如徐志摩的《再别康桥》，那康桥的“柔波”对作者而言，不仅是一泓缓缓的水流，而且是他在剑桥求学、生活与恋爱的点点滴滴所汇聚成的难忘岁月，所以在他的眼里，那是“艳影”“青荇”“彩虹”“星辉”……知人论世是诗歌教学从意象赏析跃迁到意境构造的桥梁，诗歌教学不能脱离对作者生活和情感的发掘。

（四）探究主题

主题蕴含对诗歌作品至关重要，它就像躲在远处的一道光亮，穿过云雾，静静地附在诗歌意象和意境之上，让诗歌语言焕发出朦胧而神秘的诗意光辉。主题探究是从眼前之景转向作者内心、从在场的现实切入历史的纵深、从个人遭际勾连社会命运的关键环节，这往往成为诗歌教学的高潮阶段。诗歌作品对主题的表达方式是多种多样的，或直抒胸臆，或委婉含蓄，或“不着一字，尽得风流”。因此，在诗歌教学时，教师要注意因文而异，因势利导，自然贴切，水到渠成，不能生拉硬扯，牵强附会。教师可以通过对诗歌表达的语气、意象的感情色彩与象征意味、历史典故的喻义、创作背景的关联等方面进行分析、揣摩和探究，由浅入深，由表及里，带领学生逐层探究诗歌的主题内涵。

（五）拓展与对比

诗歌阅读与鉴赏教学有时需要进行适当的拓展与对比，以强化学生对同类作品或同一作者其他相关作品的了解和学习。拓展和对比的目的在于通过学习和迁移，引导学生建立诗歌阅读与鉴赏教学的大概念，形成主题化、体系化、网络化的诗歌读写知识与技能，达到化零为整、集腋成裘的教学效果。但需要注意的是，这种拓展不能过度，不能为了拓展而拓展，导致忽视了拓展文本与课文诗歌之间的有机联系。

第三节　散文阅读与鉴赏教学

散文是一种题材广泛，结构灵活，注重抒写作者真实感受和境遇的文学体裁，主要有主体抒情性、自由开放性、优美凝练性的文体特征。散文是中小学阅读教学的主体文类，散文阅读与鉴赏教学通常以审美的方式展开，指向解读作者的内心世界和情感，重视文章的语言、结构和主题。对散文阅读与鉴赏教学来说，教师要完成的任务是通过阅读与鉴赏教学，学生能够认识和理解作者的所见、所闻、所思、所悟，掌握相应的阅读与鉴赏方法，培养感受、理解、欣赏、评价和创造的能力。

一、散文阅读与鉴赏的教学内容

（一）了解散文及文本知识

进行散文阅读与鉴赏教学时，教师要了解和熟悉散文的一般文体知识、不同类型散文的教学要点以及具体文本所呈现的散文特点，掌握散文创作的时代背景及作家与作品的相关资料，理清文本思路等。这里重点介绍不同类型散文阅读与鉴赏教学的要点。

1. 叙事散文

叙事散文以写人叙事为主，它往往通过艺术加工生活中的某些场景、事件和细节，来刻画不同人物的形神风貌，揭示事件的审美意义，抒发作者的主观旨意。与小说中虚构的人物和事件不同，散文所描写的人和事都是真实存在的，是作者真实经历的。当然，这种“真实”带有强烈的主观色彩，是作者高度个人化的言说对象。因此在进行叙事散文的阅读与鉴赏教学时，教师应该以分析人物及其生活片段为切入点，同时了解事件发生的时代背景和作者的人生经历，走进、触摸作者的心灵，逐渐领悟作者寄托在文本人物及其生活上的主观情感。例如，教师在教学《老王》时，首先，可以让学生通过提炼概括事件把握老王的人物形象，为理解作者对老王的感情作铺垫；其次，适时介绍杨绛一家当时的境遇，他们与老王一样，也是“不幸的人”；最后，理解文章的主旨——“那是一个幸运的人对不幸者的愧怍”。杨绛称自己是“幸运的人”，是因为与老王相比，她有亲人朋友、有经济保障、有精神寄托，而老王一无所有，并且她与老王的交往也是不对等的，自己本可以给予他更多的人道主义关怀实际却没有，所以善良的作者为此感到愧怍。

2. 抒情散文

抒情散文通过对景物的描写来抒发作者的所思所想。抒情散文与叙事散文相比较，缺少人物和事件的支撑，主要是通过作者对“景”和“物”的审美，抒发自己的主观感受，所以抒情散文通常文字优美，适合有感情地诵读。教师在进行抒情散文的阅读与鉴赏教学时，可以以赏析品味作者的抒情方式及表达效果为主，使学生对作者寓于景、物中的特定情思感同身受，探寻作者感情抒发和深化的过程。例如，在《济南的冬天》这篇散文里，老舍对济南冬天的一往情深贯穿文章始终、溢于言表：文章开头由衷地赞叹“济南真的算个宝地”，作者的喜爱之情毫无保留地释放出来；写到济南的山时，作者又夸赞道“这一圈小山在冬天特别可爱”，其深情与热爱再一次敞露；文章最后写道“这就是冬天的济南”，充分抒发了作者对“济南的冬天”和“冬天的济南”的无限赞美之情。

3. 哲理散文

哲理散文以阐述事理为主，注重选取日常生活、历史文化中的典型现象或人物言行，以生动形象的语言，由浅入深地阐述作者理性的人生思考或不容置疑的深刻道理。哲理散文中影响较大的是侧重抒写杂感随想的杂文，杂文的篇幅短小精悍，行文尖锐泼辣，笔调风趣讽刺，论证极富感染力和说服力。教师在进行哲理散文的阅读与鉴赏教学时，要从学生的兴趣和心理接受能力出发，以他们已有的生活经验和情感体验为切入点，引导他们着重体会、学习各种说理的文学手法，感受文字中所蕴藏的理趣以及对生活的感悟。例如，教师在教学鲁迅的《拿来主义》一文时，要注意抓住杂文的文体特点，引导学生练习、体会形象说理的方法与效果，品味揣摩杂文形象性与议论性并存的语言特点。例如，比喻论证、对比论证、类比论证等论证手法的运用，使文章能够以小见大，深入浅出；反语手法的运用，使文章语言既风趣幽默又不失讽刺效果。

（二）品味散文的语言美

散文语言具有准确凝练、生动形象、自然流畅、含蓄深刻等特点。文质兼美的散文，写人，呼之欲出；状物，活灵活现；记事，真实晓畅；写景，身临其境；抒情，真切感人；说理，精辟深邃。品味散文的语言美主要通过三种方式。

1. 识别作家语言风格

郁达夫说：“现代散文的最大特征，是每一个作家的每一篇散文里所表现的个性，比以前任何散文都来得强……”[①] 散文比较能体现作者“个性化”的语言风格，不同的作家有不同的语言风格：冰心的散文语言娟丽华美，鲁迅的散文语言尖锐

---

① 俞元桂，姚春树，王耀辉，等．中国现代散文理论［M］．南宁：广西人民出版社，1984：425.

深刻，朱自清的散文语言优美隽永，巴金的散文语言热情坦诚，钱钟书的散文语言旷达幽默，林语堂的散文语言闲适从容，汪曾祺的散文语言平实自然……不同的语言风格，既是作家个体生命活力与张力的表现，又是作家美学追求和艺术个性的外化。

2. 品味精妙词句

散文的语言美，离不开准确传神、凝练优美、含义丰富的词句。例如，在《端午的鸭蛋》一文中有一句“筷子头一扎下去，吱——红油就冒出来了”，一个“吱”字，活灵活现地刻画出红油从蛋壳里冒出来的情景，表现出筷子扎下去时的动感和吃鸭蛋时的快感，极富画面感，惹得读者欲流口水。在《荷塘月色》一文中有一句“月光如流水一般，静静地泻在这一片叶子和花上。薄薄的青雾浮起在荷塘里”，“泻”与“浮”两个字化静为动，让月光和薄雾变得鲜活，月色轻笼、水汽朦胧的境界呼之欲出，静态的文本瞬间充满了动感的画面。

3. 赏析修辞手法

散文中富有特色的修辞手法值得细细研究和品味，教师在阅读与鉴赏教学中要引导学生深入挖掘修辞手法在具体语境中表情达意的作用，除此之外，排比、叠词、反复等修辞手法在散文语言的语音美上也发挥了至关重要的作用。例如，巴金曾赞许郁达夫《故都的秋》一文大量运用排比句式，语意畅达，可以说是现代文中运用排比的典范之作。教师在教学此文时，要关注排比修辞，如“北国的秋，却特别地来得清，来得静，来得悲凉”“秋的味，秋的色，秋的意境和姿态，总看不饱，尝不透，赏玩不到十足”等，是名词或动词性短语构成的排比句式，有利于渲染气氛、加重情感，让文章语言更加深挚动人；另外，这种句式工致典雅，气势磅礴，读起来朗朗上口，给人一气呵成之感。

（三）体会散文的情感美

散文的美，还在于作者能够书写自己真挚而深沉的情感体验和人生感悟，以内心深处迸发出来的真情实感打动人心。散文的关键点不仅在于作者所记叙、描写的客体，更在于客体中所灌注的作者的主体情感。正如王荣生所说：“《背影》的关键点，不在于‘父亲对我的爱’，而在体认到‘父爱’的那双心眼；《老王》的关键点，不在‘老王的善良’，而在作者能看出老王善良的那副心肠。《安塞腰鼓》的关键点，不在‘打腰鼓场景的威武、雄壮’，而在作者为威武、雄壮场景激发的奋发、激昂的心怀。”① 所以，在散文阅读与鉴赏教学中，教师除要注重作品的情节、手法、结构、思想外，还要着力于对其主体情感的理解和体悟，引导学生结合自身的生活经验和情感体验进行联系与想象，走进作者的内心，与作者实现情感的共鸣。

（四）领悟散文的哲思美

散文是具有作者个性的文体，倾注着作者对人生、对生活、对自然、对世界的独到理解和深层探索。优秀的散文作品在具备突出的文学审美价值的同时，也传递着深刻的哲理。散文中的哲理，是散文作者通过对生活的感受和思考，在谈天说

---

① 王荣生．散文教学教什么［M］．上海：华东师范大学出版社，2014：28.

地、写景抒情、托物言志中揭示出来的生活本质和人生奥秘的真谛。[①] 所以在散文阅读与鉴赏教学中，教师需要静静地思考、沉潜，注重引导学生挖掘、理解、明辨文本中的哲思，由此提升自己的认知水平和审美品位。例如，宗璞的《紫藤萝瀑布》一文将人与花的生命联系在一起，可以让学生感悟生命的长河是无止境的，一时的挫折不足为惧，要用豁达、乐观、奋发的精神不断前行。

（五）赏析散文的形式美

尽管散文的写法不拘一格、文无定法，散文的结构自由灵活、千变万化，但许多优秀的散文作品都是自然畅达、精思巧构的。这是因为作家对自己所要表达的情感、哲思这些内在的心灵性的东西，必须借助外在的现实中的形式才能体现出来。优秀的散文作品是内容与形式的和谐统一体，彼此联系紧密、相得益彰。所以教师在教学散文作品时，要赏析其结构布局的组合之美、情景交融的意境之美以及炉火纯青的手法之美。例如，朱自清《荷塘月色》的结构是圆形的：从外结构看，这篇散文按照空间顺序描写了作者出门经小径到荷塘复又归来的一次夏夜游；从内结构看，作者的思绪从不静、求静、得静最后归于出静。文章内外结构的一致性，恰到好处地契合作者展现心理历程的需要——作者知道，作为一个社会人，无论如何也不可能摆脱现实，宁静和超脱都只能是暂时的排遣。所以，他出门获得片刻的宁静之后还要回到喧嚣中。结构和内容紧密联系，景与情、意与境的完美统一，使《荷塘月色》这篇文章读来文气酣畅、浑然天成。

二、散文阅读与鉴赏的教学策略

（一）针对“文眼”做设计，理清脉络再赏析

由于散文取材广泛、写法自由，教师在教学过程中要先找准文眼、理清脉络，这可以帮助学生在解读文本时事半功倍。一般来说，文眼是全文思想的核心，常常出现在散文的开头或结尾，可以是一个字、一个词、一句话，也可以是一个细节，甚至是一缕情丝。抓住文眼进行分析，就能顺势牵出一条线索，文章的脉络也就自然而然地呈现出来了。线索可能是一条，也可能是几条；可能是时间、地点变化的明线，也可能是隐藏在文章背后情感变化的暗线。只有抓住文眼，才能统领全文；只有理清行文线索，才能保证教学的整体性。因此，在进行散文阅读与鉴赏教学时，教师可以先让学生通读全文，划分文章结构并概括每部分的内容，然后解读、赏析文中的关键语句，如开头句、结尾句、过渡句，叙述中的议论句，哲理性较强的句子，较难理解的句子等，从这些地方抓住、缕清文章的文眼和行文脉络，从而更好地理解作者的心情和思绪的变化。

例如，朱自清的《荷塘月色》的文眼在开头，“这几天心里颇不宁静”，点明了作者当下的心情。文章后面描写的荷塘，都是在这种心情下见到的景色，从而带有作者的感情色彩。此文的线索有两条，明线是作者的行踪，家中出门—漫步小路—月下荷塘—四周景物—踱回家门；暗线是作者的心情变化，颇不宁静—求静—得

---

① 蒋永文．大学语文：文学欣赏［M］．昆明：云南大学出版社，1998：79.

静—出静。

（二）围绕情感设情境，发挥想象创意境

情感可以说是散文的生命，没有情感的散文毫无价值可言。所以在散文阅读与鉴赏教学中，教师需要以情感为纽带，把学生带入作品所蕴含的情感世界中去体验、领悟，唤醒学生与文本、与作者的情感共鸣。教师可以运用情境教学法，营造与作品情感基调相一致的课堂氛围，除用富有感染力的优美语言描绘文本画面外，也可以结合文本内容引入背景材料、人物轶事、历史典故，还可以运用多媒体适当插入音乐、图片、视频、动画等。另外，要注重学生真实的情感体验，可以设计多个环节让学生感知、表达、讨论。教师的作用在于启发、引导，使学生在个性表达中慢慢体会和领悟作者的情感，并能观照自我。散文中，作者的情感很少是直接表达的，作者一般通过创设特定的意境来寄托自己的情丝。这里的意境指的是作者的主观思想感情和文章中所描绘的客观景物、生活图景完美交融，心境与环境高度统一在作品中的艺术境界。所以，在散文阅读与鉴赏教学中，教师要善于唤起学生丰富的联想和想象，走进作者创造的情景交融的意境，体会作品的言外之意和意外之情，领略散文的内在美。

案例

教师在教学朱自清的《背影》时，如何才能引发学生对父爱主题的情感共鸣呢？一个有效的方法就是结合学生自身的生活经历，让他们讲述自己与父亲相处的故事，谈谈父亲对自己的爱的表达与文中的父亲有何异同，找到作品中的情绪与学生情绪的对接点，唤醒他们的情感体验。另外，还可以通过联想和想象，把“父亲送子”的几个场面和情景再现出来，尤其是“为子买橘”的感人画面，把这些镜头补充完整后，学生再去理解文中这份父子之爱就容易多了。

（三）品味语言赏美文，鉴赏形式教方法

散文的语言是经过作者精心锤炼的，讲究文辞、节奏、色彩、气势等。语言的品味应该贯穿散文阅读与鉴赏教学的始终，细致的语言赏析能够带动学生深入文本。在具体的教学过程中，教师可让学生通过朗读充分感知文本。教师可以设计不同的环节和活动，调动学生的情感意识和角色意识，让学生声情并茂地朗读，读出抑扬顿挫的节奏和喜怒哀乐的语调，在朗读中接近作者、进入文本情境，找到同感与共鸣，感受文章的语言魅力。尤其是对形象化的语言、内涵丰富的语言、晦涩难懂的语言、细节描写的语言、抒情议论的语言等，教师要在这些地方重点设计活动，如替换和改动词语、对比其他语句、仿写语句等，让学生在比较和辨析中感受作者的语言风格、挖掘语言背后的意蕴，逐步从对语言感性的认识上升到理性的学习。对散文的语言，除关注文章说的是什么外，还要关注文章是如何说的，也就是要学习作者如何用特定的形式表达特定的内容，了解作者的艺术风格和文章的形式美。其中尤为重要的是表达手法，如以小见大、点面结合、对比烘托、欲扬先抑、联想想象、虚实结合、直抒胸臆、多角度描写等。在散文阅读与鉴赏教学中，教师可以单独设计环节，也可以在每个环节中渗透讲解，不仅让学生通过品读结合感受作者的艺术技巧，而且要通过“写”的活动让学生学习作者的写作方法。教师可以先进行示范，然后让学生在此基础上进行写作。

案例

教师在教学《安塞腰鼓》一文时，可以让学生仿照文中的排比句式进行写作练习：“骤雨一样，是急促的鼓点；旋风一样，是飞扬的流苏；乱蛙一样，是蹦跳的脚步；火花一样，是闪射的瞳仁；斗虎一样，是强健的风姿。”这个写作练习的目的是使学生通过选择合适的喻体，感受文章生动形象、富有想象力的语言，进而领略安塞腰鼓表演场面的气势磅礴。

第四节　小说阅读与鉴赏教学

小说是通过生动的人物形象塑造、完整的故事情节叙述和具体的环境描写反映社会生活的一种文学样式，具有较高的思想性和艺术性。小说阅读与鉴赏教学是学生提高审美能力、陶冶性情、涵养心灵的良好契机。在小说阅读与鉴赏教学中，教师要引导学生积极主动地感受形象，品味语言，发挥想象，领悟作品的丰富内涵，体会其艺术表现力，有自己的情感体验和深入思考。

一、小说阅读与鉴赏的教学内容

（一）鉴赏人物形象

塑造生动典型的人物形象是小说创作的一个重要特征，也是小说创作成功的基本保障。生动典型的人物形象往往承载着作者对社会人生的独特感受，以及对人性深度的理解和探索。因此，在小说阅读与鉴赏教学中，教师要引导学生鉴赏人物形象，把握人物性格，发掘并领悟作者寄托在人物形象中独特、深刻的生命感受。

［微视频］《孔乙己》教学片段

鉴赏人物形象可以从以下三个方面入手：一是分析人物性格，可通过细读对该人物的肖像描写、语言描写、动作描写、心理描写、神态描写以及细节描写等，概括人物的典型性格。例如，《孔乙己》中，鲁迅对孔乙己“排出九文大钱”的动作描写，表现出孔乙己有钱时的炫耀和洋洋自得，显示出孔乙己虚荣而穷酸的本相。二是分析人物关系，小说中人物的性格只有在社会群体间错综复杂的关系中才能展现出来。例如，孔乙己与小伙计的关系、孔乙己与丁举人的关系、孔乙己与掌柜的关系、孔乙己与酒客们的关系，表现出孔乙己人物性格的复杂性和发展性。三是分析人物存在所要表达的思想意义：作者为什么要创作这样一个人物？他想从人物身上揭示什么或表达什么？这与文章的主题思想密切相关。例如，孔乙己不仅代表被封建科举制度毒害的旧社会读书人，而且代表有着悲剧性格、穷困潦倒的社会底层人，还代表遭受社会凉薄、看客冷眼的苦命人。

（二）梳理情节线索

梳理小说的情节线索有利于学生在宏观上整体把握小说内容，对洞悉事件的发展、理解人物的性格变化以及体验作者的思想都有积极的促进作用。一篇完整的小说，其情节包括开端、发展、高潮、结局四部分，有的小说还有序幕和尾声。小说在情节叙述过程中会使用顺叙、倒叙、插叙或补叙的方式。例如，鲁迅的《祝福》一文就是把结局提前，采用了倒叙的方式。这样的情节安排，让开篇中鲁镇热闹的祝福场景与结局中祥林嫂的寂然死亡形成鲜明对比，以乐景衬哀情，营造出悲剧的氛围。另外，也给读者设置了悬念——祥林嫂是谁？她是怎么死的？——让读者想一探究竟，激发了他们的阅读兴趣。插叙是在顺叙过程中，为了帮助展开情节或刻画人物，暂时中断原有叙述，在文中插入一段与主要情节相关的回忆或故事的叙述方式。插叙插入的是中心事件之外的有关情况，能够深化文本主题。例如，《故乡》一文中回忆"我"与闰土的童年往事就是插叙，这段插叙表现了闰土性格的变化，而这个变化是等级观念和生活遭遇导致的，深化突出了小说的主题。补叙也叫追叙，是在文中或文末用两三句话或一小段话对前面说的人或事进行简单的补充与交代。补叙通常是中心事件的有机组成部分，去掉它会影响事件本身的完整性。例如，《智取生辰纲》先叙述了在黄泥岗松林内七个贩枣的商客劫走了生辰纲的情节，在后面作者交代了七人的姓名，并介绍了使用障眼法、当面吃酒、用瓢下药的经过，通过补叙让事件真相大白。

小说的线索一般分为单线和复线两种。单线线索可以是人、物、事件，也可以是时间、空间和感情。以人为线索，一般就是小说中的叙述者，如《孔乙己》中的小伙计、《故乡》中的"我"；以物为线索，如《羚羊木雕》中的羚羊木雕、《皇帝的新装》中的新装；以事件为线索，如《变色龙》以警官奥楚蔑洛夫处理狗咬人事件为线索展开故事情节；以时间为线索，如《伟大的悲剧》以时间推移为线索，通过时间标志词"1912 年 1 月 16 日这一天""1 月 18 日""2 月 17 日夜里 1 点钟""3 月 2 日""一天中午""3 月 21 日""3 月 29 日"等，记叙了斯科特和他的队员悲壮的失败以及覆灭；以空间为线索，如《从百草园到三味书屋》以地点的转移组织文本，《小石潭记》以作者的行踪展开叙述；以感情为线索，如《阿长与〈山海经〉》中，"我"对阿长的感情变化从憎恶、讨厌到敬重、爱戴。复线线索一般分为明线和暗线，如《我的叔叔于勒》以菲利普夫妇对于勒的态度为明线，以于勒的十年经历或于勒的贫富变化为暗线。

（三）关注环境描写

小说作品中好的环境描写，不仅为人物活动提供了一个坚实可靠的背景舞台，而且对人物命运的烘托、对气氛的渲染、对情节的推进，以及对思想主题的深化起到了积极的作用。

1. 用环境交代故事背景

自然环境和社会环境的描写，交代了小说中故事发生的背景，让小说中的人物有了立足之地，增强了小说的真实性。例如，鲁迅的《故乡》开篇就交代了故乡现在的环境："时候既然是深冬；渐近故乡时，天气又阴晦了，冷风吹进船舱中，呜呜的响，从篷隙向外一望，苍黄的天底下，远近横着几个萧索的荒村，没有一些活气。"这段景物描写既交代了故事发生的季节、天气、地点、景象等自然环境，又反映出旧中国农村毫无生机、日益凋敝的社会环境，交代了故事的背景，把读者带入一个特定的环境中。

2. 用环境烘托人物命运

环境描写尤其是自然环境描写能对人物的命运起到烘托作用，可以表现人物性格、揭示人物心理，或是暗示人物命运。如《孔乙己》中有一段自然环境描写："中秋过后，秋风是一天凉比一天，看看将近初冬。"通过交代季节、天气等环境的变化，烘托出孔乙己的生存环境越来越差，预示了孔乙己的不幸结局。

3. 用环境渲染气氛

环境可以渲染不同的气氛，如色彩艳丽、欣欣向荣的环境可以渲染欢乐的气氛，冷色调、寂寥的环境可以渲染悲凉的气氛，因而通过环境描写，读者可以基本明确小说的气氛。以《故乡》开头的环境描写为例，从"深冬""阴晦""冷风""苍黄""萧瑟""没有一些活气"这些词语中，读者能较为容易地判断出这篇小说的气氛是阴冷的、毫无生气的。

4. 用环境推进情节发展

在小说的故事发展中，一个情节如何顺理成章地过渡到下一个情节，地点的转换是一种好的方法，但只有地点转换缺少些许美感，这就需要一段生动的环境描写把下一个地点引出来，同时使故事进入新的情节之中。如在《林教头风雪山神庙》中，对风雪的环境描写有力地推动了故事情节的发展：正是因为风雪寒冷，林冲才会喝酒暖身，在沽酒途中路过山神庙；正是因为风雪大作压垮草厅，林冲才无奈往山神庙过夜；正是因为风大雪紧，林冲用巨石顶住大门，才有机会在暗中听到陆谦等人的谈话，从而识破阴谋、手刃仇人，走上反抗的道路。

5. 用环境深化思想主题

小说的思想主题与环境密不可分，环境甚至会起到深化主题的作用。如《祝福》开头对鲁镇"祝福"景象的描写，揭示了旧中国农村封建落后的状况，暗示了祥林嫂悲剧命运的社会根源；文章结尾再次描写"祝福"的热闹景象，与祥林嫂的寂然死亡形成鲜明对比，揭露了旧社会"吃人"的本质。

（四）挖掘深层主题

理解小说的主题是小说阅读与鉴赏教学的最终归宿，教师要引导学生挖掘隐藏在作品背后的深刻哲理，使其受到心灵上的感受，从而获得辨别社会中真假、善恶、美丑的能力，逐步完善自己的人格。挖掘深层主题，并不是给小说"乱扣帽子"。如果把《项链》的主题简单地理解为"讽刺资产阶级的穷奢极欲和追求享乐思想"，那么对小说的主题理解是不准确的。在确定小说的主题时，教师可以引导学生多在"人性"上进行深入挖掘。例如，《项链》中的马蒂尔德有虚荣心作祟的一面，但爱美之心人皆有之，这是天性使然，不能将其简单地归结为资产阶级追求享乐的思想。另外也要看到，马蒂尔德身上是有很多美德的：她诚实、有担当，在项链丢失后没有逃避责任或是欺骗，而是用自己十年的辛苦劳动拼尽全力偿还，这说明她有自尊自爱、顽强坚忍的一面。

二、小说阅读与鉴赏的教学策略

（一）以解读人物形象为中心点

小说之所以拥有震撼人心的生命力，源于它塑造了有活力、有个性、有生气的人物，揭示了各种人物的性格和灵魂。在小说作品中，不论是情节还是环境，都是为刻画人物而服务的。因此在理清行文线索、整体感知小说内容后，教师要重点对小说中的人物形象进行解读。

首先，要抓住典型情节中的典型人物来分析。小说人物的解读必须放到情节中去，教师在进行小说阅读与鉴赏教学时，可以引导学生通过诵读相关环节，品味人物的对话和语言，从而感悟语言背后的心理和情感变化；也可以通过探讨情节安排的合理性及其对人物的作用，反复推敲情节推进中人物的变与不变。在小说阅读与鉴赏教学中，既要抓住人物固定化、类型化的本质，又要挖掘人物的个性及复杂性。

其次，要利用细节分析人物。细节往往能体现人物细腻的内心，展示人物真实的本性。教师在进行小说阅读与鉴赏教学时，可以先让学生自由发言，谈谈他们对人物的认识并从文中找出依据；然后顺着学生的思路，引导他们去发现一些细节，如人物对话时的语气、外貌的奇特之处、无意识的动作、表情的细微变化等。对小说中细节的仔细揣摩，有助于学生认识人物形象的复杂性和人性的多维性。

最后，要还原情境，加强联想与想象，利用情境再现法进行小说阅读与鉴赏教学。教师可以通过对小说情境的渲染和描绘，引导学生在大脑中勾勒人物的形象，呈现其生活状态，让学生走近鲜活立体的人物；也可以引导学生通过合理的想象，对人物进行再塑造和扩写，从而深化他们对人物的理解，还可以设置角色扮演环节，引导学生换位思考，自由发挥，在角色扮演中进一步把握人物的特点。

（二）以赏析语言艺术为着力点

小说的语言富有个性、极具张力，不仅关系到人物的刻画、情节的叙述和环境的描写，而且是小说艺术特征的载体。在小说阅读与鉴赏教学的过程中，教师可以引导学生不仅感受作者的叙述语言和表达方式，而且体会小说塑造的人物语言，教师可以通过对作品词语运用、句式、修辞、语气变化等的分析，感受小说的语言魅力。首先，在教学中，对语言的赏析是贯穿始终的，对特别经典的语句和段落可以单独设计环节进行赏析。其次，分析语言应该从感性入手，让学生先充分诵读感知文本，表达自己的认识，然后分析自己的认识，分析语言的表达技巧。再次，语言分析要放到具体的语境中进行，联系上下文，挖掘语言背后承载的深层意蕴。最后，可以设计写作环节或者口语交际环节，让学生活学活用小说的语言风格。

案例

在教学《孔乙己》时，教师可以让学生结合语境、通过语气体会作品中对话者的心态："后来怎么样？""怎么样？先写服辩，后来是打，打了大半夜，再打折了腿。""后来呢？""后来打折了腿了。""打折了怎样呢？""怎样？……谁晓得？许是死了。"通过教师朗读、学生自读、学生分角色扮演和讨论等环节，可以让学生体会到：提问者好奇，满怀兴趣，因为他们并不关心孔乙己本人，只是关心这件事的来龙去脉；回答者先是很起劲，一副因为知道内情而信心满满的样子，后面却是一副无所谓的样子，因为毕竟事不关己。学生学会了通过语气理解小说作品中人物的心情与心态后，再读其他小说作品时，就容易从人物对话的语气深入把握小说主旨。

（三）以关注叙述视角为切入点

小说是叙述的艺术，它的本质特征是"叙述与虚构"。教师可以从小说叙述者和叙事视角切入教学，使学生获得解析小说结构的新角度与新方法，加深对小说主题的理解。

例如，在教学《孔乙己》时，教师可以让学生思考：小说的叙述者为什么选择小伙计？为什么不选择掌柜、酒客，或是由孔乙己自己来讲述？这是一个很有意义的问题，容易激发学生的讨论兴趣。简单地说，掌柜、酒客、孔乙己自己都不符合鲁迅的需要，因为他们都是被观察、被描写的对象；对这些对象，需有一个观察他们的人，在场的小伙计刚好合适，所以由他来讲述自己看到的、听到的、了解到的与孔乙己相关的人和事。

（四）以探究主旨思想为落脚点

小说以独特的方式反映社会现实的真实情况，并隐含着作者对人生的态度。因此，小说阅读与鉴赏教学不能仅仅是分析情节的发展、人物的形象，还要引导学生深入探究作品背后深刻的主旨思想和道德内涵，并借小说的主旨思想和内涵延伸思考当下的社会、人性或反思自身，从而提高学生的辨别能力。在小说阅读与鉴赏教学中，教师首先应该抓住作品的其中一个主旨思想进行设计。例如，可以从矛盾入手设计问题，步步深入，探究情节冲突背后的真实原因；也可以从题目、关键句入手，以点带面，感受作者所展示的社会生活。其次，教师要善于从不同的角度挖掘作品的主旨思想，利用不同的资源支撑作品主题的表达。例如，可以在探讨主旨思想时，联系作者的写作风格、生平经历、写作背景、创作意图以及文中提及的相关历史背景材料等，做到有理有据。最后，必须指出的是，教师在探讨小说的主旨思想时，不能脱离文本和教学目标，要立足语文学科的特点，合理拓展，理性延伸，在尊重学生多元解读的基础上做出正确的引导。

第五节 戏剧阅读与鉴赏教学

在新课程改革背景下，戏剧阅读与鉴赏教学关注学生语文学科核心素养的全面提升，在课堂教学设计的内容和环节设计上守正创新，旨在实现戏剧阅读与鉴赏教学的纵深发展。教师进行戏剧阅读与鉴赏教学时，要抓住戏剧文本的重点，品味戏剧语言、品读戏剧人物、分析戏剧冲突，设置环节时，要具备宏观的视野，将视域延伸到学生的日常生活中，充分发挥戏剧文体的表演特性，让学生在真实的解读、排练、演出中实现对戏剧主题的深层次理解，从而达到“读戏剧，品人生”的教学效果。

一、戏剧阅读与鉴赏的教学目标

随着新课程改革的不断深入，语文学科核心素养对语文教学的指引作用不断加强，无论是义务教育阶段还是普通高中阶段，核心素养的四个维度——文化自信、语言运用、思维能力、审美创造成为语文课程与教学目标设计的立足点。戏剧作为集中反映社会现象、深刻展现社会问题、融合多种艺术形式、极具戏剧张力和艺术表现力的文体，教师要想在戏剧教学课堂上实现创新、融合的育人价值，就必须在教学目标设计的环节体现核心素养。

（一）戏剧知识的培养

学生学习戏剧作品，在掌握戏剧文本语言意义的同时，应对戏剧的文体知识有较为系统的认识和理解，在阅读、鉴赏和表演中理解文本的深意。戏剧知识包含事实性知识、概念性知识、程序性知识三个方面。

戏剧的事实性知识，即戏剧的基本分类、文学常识、文体特点等。如莎士比亚的四大悲剧包括《哈姆雷特》《奥赛罗》《李尔王》《麦克白》，就属于事实性知识。除此之外，学生还要理解情节、结构、语言和人物等戏剧的构成要素。

戏剧的概念性知识，即戏剧类别的概念、艺术创作手法等。如戏剧的分类知识，因分类标准不同，戏剧可分为不同的大类。学生除要知晓分类标准外，也要对细分出来的戏剧概念有所了解。学生还要理解戏剧艺术创作的手法，如烘托、渲染、细节等描写手法以及设置伏笔、铺设悬念等创作手法。

戏剧的程序性知识，即开展相关活动所应当学习的操作步骤，是关于“怎么办”的知识。在戏剧阅读与鉴赏教学中，教师要鼓励学生应用所学的戏剧知识开展研究性学习、戏剧实践等活动，如改编剧本、创作剧本、排演剧本。

（二）思维能力的发展

在戏剧阅读与鉴赏教学过程中，教师要以学生为主，启发、引导学生主动思考，以启发式的问题引领学生思辨，鼓励学生开展探究性学习，避免填鸭式教学。教师要认识到，在戏剧阅读与鉴赏教学过程中，需要应用科学的方法，但方法并不是固定的模式，而是要适应不同学生、不同文本，从而提升学生思维的深刻性、敏捷性、灵活性和独创性。在戏剧阅读与鉴赏教学过程中，教师必须结合自身的专业知识和教育智慧，采取最适宜的教学方法。教师要结合戏剧的文体与文本特征，总结教学规律，创新科学教育理念，践行科学、高效、实用的教学方法。

戏剧的魅力之一在于人物视角的多样性。如《雷雨》一剧，教师可以在教学过程中，通过分析不同的人物形象，引导学生思考，使他们看到中国近代资产阶级与

无产阶级的激烈斗争，看到资产阶级大家庭中暗潮汹涌的矛盾，看到小人物的悲剧和不同地位、不同阶层人物的枷锁与悲剧。教师对《雷雨》的阅读与鉴赏过程，就是透视这段历史，教会学生以不同人物犀利而深邃的眼光去看待世界，使学生不仅为他们的悲喜而心有波澜，思考剧中人物的悲剧原因与其必然性，从而刺破旧社会伪善的面具，对社会与时代的理解更加深刻。

（三）审美能力的提高

教师确定戏剧阅读与鉴赏教学的目标时，应注意让学生从审美角度紧扣文本语言，从阅读与鉴赏中提升审美素养。戏剧阅读与鉴赏教学的重要环节是阅读与交流，学生应该怎么读，读到何种程度，读出哪些内容，教师都应当在教学目标中予以指导。

在戏剧语言的阅读与鉴赏中，教师要特别注意口语交际的学习。教师在进行戏剧阅读与鉴赏的教学设计时，除要让学生品鉴文本中的内涵美外，还要引导学生品味文本中的表达美，即文中人物是用怎样的语气和潜台词来表达自己的想法的，应如何鉴赏文中的人物形象等，由此逐步培养学生掌握表现美和创造美的方法，从而提高学生的审美能力。

（四）文化自信的培养

在语文教学中，文化自信是统领、核心、根本。[①] 在戏剧阅读与鉴赏教学中，如何引导学生通过戏剧课堂观察戏剧人生，感受古今中外不同文化的发展与变迁，从而更好地认识自然、认识社会、认识自我，形成正确的世界观、人生观、价值观，这是教师在确定文化维度的教学目标时应重点考虑的。

在中国古代戏剧中，文化的意味极为丰富。如“和”的概念，既有协调、融洽、不分胜负的意思，又是中华民族千百年来为人处世的基本准则，其中蕴含的是汉民族对“美”与“完满”的认知。同时，这种认知也反映在文学作品中，作为一种“集体无意识”影响着作者的构思和读者的心理倾向。就算是悲剧，从文化背景的角度也能作出不同维度的解读。教师在戏剧阅读与鉴赏教学目标的设计中应增强学生对文化的理解，拓宽文化视野，并对其产生思考，防止文化上的虚无主义。

二、戏剧阅读与鉴赏的教学内容

在新课程改革背景下，统编语文教材利用戏剧活动单元对语文教师设计戏剧教学内容提出了指引。教师在进行戏剧阅读与鉴赏教学设计时，应引导学生品味戏剧语言，品读戏剧人物，分析戏剧冲突、体悟戏剧主题，全方位感悟多彩的戏剧世界。

（一）品味戏剧语言

剧本是戏剧演出的文本依据，只有细读、精读，才能领悟戏剧语言的精髓。从语言形态来看，戏剧语言主要有两种：一是戏剧台词，即戏剧角色语言，包括对白、独白和旁白；二是剧本提示语言。戏剧台词是戏剧语言中的重要组成部分，也

---

① 潘庆玉 . 把经典上成经典：语文课堂培育“文化自信”的思考［J］. 语文建设，2022（10）：16–21.

是戏剧教学内容的重要指向。

1. 聚焦戏剧台词，品味人物语言

戏剧的主体是台词，它是推进戏剧剧情、刻画剧中人物形象、表现剧作深刻主题的主要手段。戏剧中的台词可以分为对白、独白、旁白三种，在阅读与鉴赏戏剧时，教师可以引导学生聚焦不同台词的特点，大声诵读，提醒学生注意仔细揣摩剧中人物语言的深意。

一是对白。对白，是指戏剧中的人物相互之间的对话。对白是构成戏剧文本的重要部分，是戏剧文本的主体，在戏剧中承担着特殊的美学作用：一方面，通过精彩的对白能够刻画出人物角色之间的关系；另一方面，精彩的对白蕴藏着丰富的潜台词。在戏剧阅读与鉴赏教学中，教师要引导学生通过品读话剧的精彩对白，走进人物内心，体会戏剧冲突，分析人物形象。抓住戏剧文本中意义丰富的对白，意味着抓住了戏剧阅读与鉴赏教学中的主要矛盾，复杂的情节、深刻的主题都能在品析对白中得以体现。

二是独白。独白，也称内心独白，是指戏剧中的人物独自一人所说的话。它主要用来揭示人物的内心世界，一般用来表现戏剧中人物内心活动强烈的时刻或是戏剧中较为复杂的场面。独白常常体现的是戏剧中人物的内心矛盾，教师要引导学生意识到，独白是人物主观抒情的肆意表达，真情实感的迸发流露。同时，独白还是使人物内心与外在行动保持联系的重要手段。所以，独白具有很强的艺术感染力。对独白的品析是戏剧阅读与鉴赏教学设计中不可忽视的一部分。

对独白的教学，教师在教学设计上可以创设一定的情境，让学生在具有新意的课堂氛围中体悟独白的深刻含义。例如，有位教师在教授《哈姆莱特》时设计了“演·评独白”的教学环节，[①] 组织学生表演哈姆莱特的独白片段。学生在表演独白时可以面向墙壁，也可以独自端坐，还可以来回踱步，教师对学生的表演形式不做要求，只告诉学生尽可能地排除干扰，沉浸式地体验哈姆莱特的内心挣扎。学生在自我探讨中感受哈姆莱特此时对人生的思考、对爱情的愧怍、对国家的担忧，等等。这种立足于课堂又有新意的教学设计，不失为戏剧独白教学设计的有效手段。

三是旁白。旁白，是指说话者不出现在画面中，但可以通过声音发表议论、交代剧情，有时也会对戏剧中人物的心理加以描述和抒情。旁白主要用来启发观众思考，因此被称为不出场的叙述者，就像一个不到场的角色，也是剧情发展的有力推动者，在戏剧阅读与鉴赏教学设计中同样不可忽视。

2. 看剧本提示语言，设想舞台表现

剧本提示语言也叫舞台提示语，是戏剧语言构成的一部分，但在教学中容易被师生忽视。所以，教师要引导学生有意识地赏析剧本提示语言。剧本提示语言不仅是给演员演出的提示指导，而且是读者阅读剧本展开想象的依据，它会交代剧情发生的时间、地点，并对剧中人物的表情、神态、动作予以提示。由此可见，剧本提示语言，不仅能够给读者营造很强的舞台画面感，而且能很好地表现人物内心和情

---

① 张蓉 . 用教育戏剧的方式教《哈姆莱特》[J]. 教育研究与评论（中学教育教学），2020（9）：75-78.

感的变化，体现戏剧的文体特征。在戏剧阅读与鉴赏教学中，如果想让学生快速地进入文本当中，那么教师一定不要忽视剧本提示语的情境塑造作用。

（二）品读戏剧人物

戏剧的中心是人物，戏剧的情节是由人物之间的联系与活动交织展开的，戏剧的主题也是由人物的结局来揭示的，所以对戏剧人物的鉴赏与分析是戏剧阅读与鉴赏教学的重要内容。

在进行品读戏剧人物的教学设计时，教师要注意在结合戏剧语言教学内容的基础上，立足文本，带领学生感悟形象，加深对作品的理解，切忌先入为主，避免简单的贴标签式操作、代替学生思考。

案例

在《窦娥冤》的教学中，教师可以引导学生立足文本，通过分析人物的心理变化、语言对话以及细节描写等环节，理解窦娥的性格、境遇、思想、情感。以《窦娥冤》的第三折为例，在窦娥必死的结局成定局的时候，人物有下列对话：

（刽子云）你如今到法场上面，有甚么亲眷要见的，可教他过来，见你一面也好。（正旦唱）

【叨叨令】可怜我孤身只影无亲眷，则落的吞声忍气空嗟怨。

品读这句话时，教师可以从窦娥说出这句话的身世背景、心理状态、社会现状等方面进行："孤身只影无亲眷"可以看出窦娥孤苦无依，"忍气吞声空嗟怨"可以看出窦娥此时已经满心悲凉，悲愤之情难以排解，满心冤屈却无处可诉。学生也可以从中体会到黑暗的社会并没有给善良却苦命的窦娥一丝活路。窦娥的形象在上述三个维度的解读下骤然变得立体。

（三）分析戏剧冲突、体悟戏剧主题

戏剧不仅要表现人物的语言和动作，而且要创设出戏剧中的冲突，这样戏剧的价值才能得以实现。所以，引导学生分析戏剧冲突、体悟戏剧主题，是戏剧阅读与鉴赏教学不可或缺的内容。

案例

有的教师执教《窦娥冤》一课，在第二课时就以分析本剧的戏剧冲突为主要教学内容，引导学生找出文本三个层面的对比：第一个层面是真与假的对比，表现在窦娥天真、善良的真性情与无赖张驴儿之间的对比；第二个层面是善与恶的对比，表现在窦娥受刑逼供时的宁死不屈，但最后因心疼婆婆而饮恨屈招；第三个层面是美与丑的对比，表现在美丽的窦娥与无赖的张驴儿、昏庸的太守官吏、油滑世故的赛卢医等丑恶形象之间的巨大反差。这三个层面的对比构成了本剧冲突的主要内容，在理解这三个层面对比的基础上，教师可引导学生进行更深层次的思考，探讨窦娥与悲惨命运和不公社会之间的冲突。这一隐藏在文本背后的深层次冲突，是窦娥形象得以升华的关键。窦娥没有直接控诉不公的命运及社会的黑暗，而是以控诉天、地来代替，在这个冲突里，窦娥无所畏惧，对天理、公道、王法等不公正现象发出源自生命的斥责和抗争。

在探究戏剧冲突、揭示文本主题的教学过程中，教师要引导学生立足文本，理解文本中的情感，并在课堂中最大程度地展现，从而引导学生进行深入的思考和分析。

三、戏剧阅读与鉴赏的教学过程

（一）朗读戏剧文本

学生初次接触戏剧文本时，因其文本表现形式的特殊性，可能会出现畏难心理。统编语文教材以"活动·探究"为教学组织形式对戏剧选文进行了架构与重组，组成了戏剧教学单元。剧本是戏剧演出的文本依据，只有细读、精读文本，领悟到戏剧的精髓，才能为后续的排练与表演打下良好的基础。教师要结合戏剧的文体特征，在戏剧阅读与鉴赏教学过程中，抓住人物语言和人物形象，引导学生在细读、精读文本的基础上品味戏剧世界。戏剧的艺术魅力，离不开戏剧的语言魅力，戏剧文本主要是由台词构成的。所以，教师带领学生品味戏剧台词，可以帮助学生理解戏剧人物的命运和内心遭遇、理解戏剧作品的主旨。

在具体的课堂教学实施中，教师要充分发挥"读"的作用，可以采用朗读法引导学生梳理故事情节、把握戏剧冲突。教师可以根据我国的实际教学情况，朗读法可以分为个别读、齐读、分组读、分角色读、对比读、伴读、跟读、表演读等形式。教师可根据具体教学内容和戏剧语言特点，灵活地采取适宜的朗读方式，让学生通过品读戏剧语言，认识到其背后所蕴含的深刻内涵，懂得戏剧艺术的表现手法，最终内化为个体的情感感悟和理性认知，从而对戏剧中人与人、人与环境以及人物自己内心的冲突形成自己的思考。

（二）戏剧准备与排练

表演本身就是戏剧最原始的表现形式，在正式的表演开始前，教师应组织学生进行排练。

首先，结合戏剧的文体特征，戏剧排练宜采用演读的形式。学生演读剧本，要清楚重点读的内容。教师要指导学生品读戏剧语言，主要把握戏剧冲突和鲜明的人物个性两个方面，具体可以演读情态性说明语言、动作性说明语言和个性化人物语言。在教师的指导下，学生通过演读这些戏剧语言，可以加深对戏剧人物形象的认识，理解戏剧的主旨。学生只有演读到位，才能对戏剧有自己的思考以及有新的创造。

其次，戏剧表演要进行合理的分工，除选拔演员外，还要安排导演、剧务等工作人员，他们要各司其职、分工协作。掌握戏剧表演的环节设计过程，是语文戏剧阅读与鉴赏教学必要的教学内容。除演员外，导演和剧务等工作人员对戏剧的成功编排和演出也同样重要。导演需要仔细研读剧本和相关资料，对文本主题进行深入理解，同时要对演员在表演上进行全方位的指导，包括台词、语气、站位等。剧务要结合实际情况，准备演出服装、道具等，适时播放音乐，保证整体演出流畅、完整。

（三）戏剧演出与评价

新课程改革对戏剧教学在环节设计上的突破是从原来的“讲—读—评”发展到现在的“讲—读—排—演—评”。参演和观演过程，是学生戏剧学习整个过程中的高潮。在整个戏剧学习的过程中，戏剧演出容易引发学生的共鸣。在戏剧阅读与鉴赏教学过程中，学生可能无法完全理解作品背后的深刻主旨，或无法体会作者高超的艺术手法，但是在表演过程中，戏剧作品中的角色与蕴藏在戏剧文字中的思想，可以通过直观的声音与演绎给大多数学生留下深刻的直观体验。戏剧表演结束后，学生要对文本和表演过程有所感悟并作出评价。所以，演出与评价，是戏剧教学的重要过程和重要方法。

除此之外，在戏剧课堂中，教师还需要注意以下三个方面。首先，教师要注重学生的个性化阅读，鼓励他们在已有知识的基础上，从戏剧文本中获得独特感受。切忌以教师或教参的人物形象讲解，代替学生自己的认识。其次，教师要给予学生戏剧阅读与鉴赏的方法指导，补充相关背景知识，避免学生低效、无效的戏剧学习。最后，教师要鼓励学生大胆、积极地表达自己的审美体验，通过戏剧中的人物分析，感悟戏剧主旨，生发自己对人生的看法、态度，形成自己的世界观、人生观、价值观。

第六节　古诗文阅读与鉴赏教学

统编语文教材中编选的古诗文篇目，类型丰富，文质兼美，可以说是中国古代优秀人士思想智慧和语言才能的结晶。古诗文阅读与鉴赏教学，可以围绕文言、文学、文章、文化四个价值取向展开，其中，文化是古诗文阅读与鉴赏教学的核心价值所在。要想实现这一价值，必须从语言文字入手，打牢文言、文学、文章的基础。通过对古诗文字、词、句的理解，对古诗文中人物、环境、细节、画面、意境的赏析，对其中行文、章法、脉络、立意的把握，学生就容易勾连起中华优秀传统文化的链条，达成古今文化的对接，从而获得文化的熏陶和滋养。

一、古诗文阅读与鉴赏的教学内容

（一）文言知识的积累

古诗文教学在文言知识的积累方面主要包括语音、字词和句式。

1. 语音

古诗文的语音部分，除与现代文相似的多音字辨析外，还包括异读字。异读字包括如下三种情况：破音异读、通假异读和古音异读。

（1）破音异读

破音异读又叫“读破”，指的是通过改变字（词）通常读音的方法，来表示该字（词）词性和意义的改变。例如，《鸿门宴》中的“距关，无内诸侯，秦地可尽王也”，这句话里的“王”，是名词活用作动词，意思是“称王”，读作四声 wàng。

（2）通假异读

通假异读指的是在通假现象中，通假字要按照本字的读音去读。例如，《论语》中的“学而时习之，不亦说乎？”这句话里的“说”通“悦”，是“高兴、愉快”的意思，所以应该读 yuè，而不是读 shuō。

（3）古音异读

古音异读指的是古代的一些专有名词，如姓氏、人名、地名、官职名、器物名等，因其固定性要保留古音。例如，《木兰诗》中的“可汗问所欲，木兰不用尚书郎”一句，“可汗”是古时对我国北方部族首领的称呼，要读 kèhán。

2. 字词

按照功用的不同，古诗文中的字词可划分为实词和虚词。实词指的是在语句中有实际意义、能充当句子成分、单独回答问题的词语，主要包括名词、动词、形容词、数词、量词和代词。虚词指的是在语句中没有实际意义，只是起到联系上下文作用的词语，需要重点掌握的有 18 个：而、之、以、为、何、因、乃、于、则、其、乎、且、若、所、与、也、焉、者。

（1）古今异义

古今异义指的是在汉语发展过程中，有些字词的含义发生了变化，分为以下四种情况：一是词义扩大，如“河”在古代仅指“黄河”，现在可以指任意一条河流；二是词义缩小，如“臭”在古代指的是“气味”，现在仅指臭味；三是词义转移，如“去”在古代指“离开、距离”，现在指要到什么地方；四是词义感情色彩的变化，褒义和贬义相互转化，如“风流”在古代指“杰出、英俊”，现在多指轻浮放荡，含贬义。

（2）一词多义

一词多义指的是一个词（单音节词居多）有两种及以上的意义，这几种意义之间无特别的关系。如“安”字，在“安求其能千里也”中作疑问代词，意为“怎么”；在“衣食所安”中作动词，意为“养”；在“风雨不动安如山”中作形容词，意为“安稳”。

（3）词类活用

词类活用指的是一些词语（主要是实词）按照一定的习惯灵活运用，临时改变它在句子中的词性和功能。常见的词类活用有名词活用作动词、动词活用作名词、形容词活用作动词、形容词活用作名词、名词作状语、使动用法、意动用法等。如“越国以鄙远”中的“鄙”就是名词活用作动词，意为“把……当作边邑”。

3. 句式

古诗文中的句式分为固定句式和特殊句式，特殊句式分为判断句、被动句、倒装句、省略句四种。

（1）判断句

判断句指的是对事物的性质、情况、事物之间的关系作出肯定判断或否定判断的句子，标志词有“者、也、为、乃、则、非”等。

（2）被动句

被动句指的是句子的主语与谓语之间是被动关系，主语是动作行为的被动者、受事者，标志词有“于、见、为”等。

（3）倒装句

倒装句指的是不按正常语序组成的句子，主要起突出强调的作用，分为主谓倒装、定语后置、宾语前置、状语后置等。

（4）省略句

省略句指的是省略了某些成分的句子，分为主语省略、谓语省略、宾语省略、介词省略和分句省略五种。

（二）文章结构的梳理

“胸中有丘壑”是说古人在写作诗文时对谋篇布局、章法结构是非常考究的，优秀的古诗文作品彰显了作者的深邃立意、巧妙构思和高明表达。所以梳理文章的章法结构、感受文思之美，是古诗文阅读与鉴赏教学的重要组成部分。

1. 抓住线索，理清文脉

古诗文常常以时间、人物、事件、中心论点、情感变化等为线索，因此只要找到了文章的线索，读者就可以游刃有余地理清作者的行文思路，整体把握文章内容。例如，《桃花源记》作为一篇叙事性散文，以武陵渔人进出桃源的行踪为线索，把发现桃源的经过，在桃源的所见、所闻、所历，离开桃源后再寻桃源的情形都贯穿起来。全文不过300来字，却写出了一个有头有尾、情节完整的故事，而且写得曲折回环，悬念层出，引人入胜。

2. 洞悉结构，贯通文气

如果说线索是文章的脉络，那么结构就是文章的骨架，二者是紧密联系的。优秀的古诗文作品行云流水，在结构上条理清晰、有纲有目，体现了作者缜密的逻辑思维。例如，《岳阳楼记》作为千古名篇，它的结构起承转合、颇具匠心：此文由叙事入手，引出作记缘由，这是“起”；作记离不开描写，文章第二自然段着手描写岳阳楼的大观，此为“承”；情随景生，作者笔锋一“转”写起了“览物之情”，于是有了“淫雨霏霏”导致的“感极而悲”以及“春和景明”带来的“乐”；最后作者将这种“以物喜”“以物悲”的情怀与“古仁人之心”作对比，引出“先忧后乐”的议论，此为“合”。这篇文章内容紧凑、意思明了，段落之间紧密衔接、不露痕迹，读起来浑然天成、文气贯通。

（三）文学技法的赏析

选入统编语文教材的古诗文，不论是记事、抒情的文章还是写景、明理的文章，都具有文质兼美的特点，需要学生仔细品味它的语言表达和文学技法，赏析其中的人物、环境、描写、画面、意境、审美趣味，从而感受作品的文学之美。古诗文的文学技法主要体现在表达技巧上，学生可以采用从整体到局部的方式，全面深入地赏析古诗文的独特表达技巧：首先，赏析古诗文的整体表达方式，常见的有记叙、描写、抒情、议论，不同类型的古诗文在表达方式上各有侧重；其次，从局部分析其句子和段落所运用的修辞手法和表现手法，常见的修辞手法有比喻、拟人、夸张、借代、通感、对比、排比、反复、反语、反问、对偶、互文、双关、用典等，表现手法主要包括借景抒情、直抒胸臆、托物言志、动静结合、虚实结合、烘托渲染、联想想象、以小见大、欲扬先抑等；最后，从炼字炼词入手，发掘并赏析古诗文中或生动形象，或带有感情色彩，或含义丰富的字词。例如，《三峡》是一篇以描写和抒情为主的山水散文，作者用简洁凝练又生动传神的文笔，运用比喻、夸张等多种修辞手法和由景及情、以情入景的表现手法，描绘出三峡雄伟险峻的自然风光，具有极高的文学审美价值。

（四）文化内涵的传承

文化层面的内容是古诗文阅读与鉴赏教学的终极指向。古诗文中蕴含了大量文化知识，涉及历史、自然、文学、哲学、艺术等各个方面，承载着中华民族几千年来思想文化的丰富积淀以及古人的生存智慧。学生要学习儒家仁义礼智信的道德准则和温良恭俭让的道德品格；学习孟子“生于忧患死于安乐”的忧患意识；学习屈原“虽九死其犹未悔”的拼搏、牺牲精神；学习范仲淹“先天下之忧而忧，后天下之乐而乐”的胸怀；学习陶渊明“不为五斗米折腰”的风骨；学习苏轼身处逆境却依然积极乐观的人生态度……古诗文阅读与鉴赏教学不只要学生掌握文言这个语言工具，而且其本身就是我国古代思想文化的艺术瑰宝，是学生要吸取、传承、践行的对象。所以，学习古诗文的最终目的是让学生学习古人的人生智慧和精神境界，从而了解中华文化的博大精深，提升学生的文化自信与文化认同，促进文化理解和文化传承。

二、古诗文阅读与鉴赏的教学策略

（一）因声求气，重视诵读

不同于现代文，古诗文讲究韵律，有着独特的声韵美和音乐美。诵读是学习古诗文的有效方法，所谓“三分诗，七分读”，许多意境深邃的句子，只有诵读才能入其境、品其味。因此，在古诗文阅读与鉴赏教学中，教师要设计丰富多样的诵读环节，如教师范读、名家范读、学生自由朗读以及齐读、轮读、分角色读等，让学生在反复诵读中华优秀传统文化作品的过程中，培养语感、陶冶情操、提升素养。首先，读准字音和句读。尤其是生僻字、通假字等的读音，教师要细心点拨，扫清语言障碍，最好能挖掘、补充文字背后的故事进行生动讲解，给学生留下深刻印象。其次，要以诵读为基础，理清行文思路和文章结构，整体感知文本。最后，要指导学生读出节奏、韵味和古诗文所传递的情感，注意语气词的变化以及重音。例如，刘禹锡的《陋室铭》一文以四字短句为主，间杂五字短句，并且每一句结尾押 ing 韵，读起来朗朗上口，具有节奏美。教师在教学本文时，可以指导学生划分节奏并在诵读中感受语气、语调的轻重缓急，如在读“山、仙、水、灵、苔痕、草色”后，可以将语调拉得略长一些，而文章的主旨句“惟吾德馨”中的“德馨”要重读。

（二）积累运用，打牢基础

积累一定的文言词汇和文言知识是古诗文阅读与鉴赏教学的目的之一。掌握一定的文言实词、虚词及文言句式、句法，有利于学生打好古诗文学习的基础。但是，教师要避免灌输文言词汇和文言知识，避免让学生机械地死记硬背。在具体教学中，教师可以做出如下尝试：先让学生自由地阅读课文，利用工具书对重点的实词和虚词进行自主学习，对阅读中遇到的不懂的、不确定的字词、句法、句式逐一做出标记，尝试与同学交流讨论，仍不能解决的问题便是文言知识方面的难点，教师应做重点讲解。在指导点拨时，教师不宜将某个词或某个句子的意思直接告诉学生，而是要把文言知识的学习放在具体的语境中，联系前后文的内容对词汇进行合理解释，使词不离句、句不离段，引导学生学会分析和理解难懂的文言词句。另外，教师要善于联系文本背后的故事、句式的历史以及相关的典故，让文言生动活泼起来，不再单调乏味；教师要将新知识与旧知识相互联系，比较总结，找出规律性，从而让学生举一反三、触类旁通。教师还可以设计随堂练习的环节，让学生运用所学知识作答，由此检测学生是否真正掌握了本节课的文言知识。

（三）言文合一，传承文化

除对文言字词、文言句式、文言语法等项目进行训练外，古诗文阅读与鉴赏教学时，教师还要注重引导学生对文章内容和文学内容的学习，引导学生从中国古代的优秀作品中吸取传统文化的营养，丰富他们的精神和境界。首先，对古诗文内容的学习，要让学生自主地理解文本内容、赏析文章写法、领悟文章价值。古诗文有很多类型，学习的侧重点也各不相同，例如，对故事性较强的记叙文，要让学生把握事件的发展、探讨人物的形象；对阐述观点的议论文，要让学生体会论点的表达、论说的思路、论据的支撑等；对游记性散文，要让学生感受作者自由的笔法、叙议结合的方式、写景状物的方法等。其次，古诗文，尤其是文言文的阅读与鉴赏教学，可以从文字本身入手进行设计。汉字背后是历史的积淀，在教学时，教师可以增设训诂的环节，与学生一起挖掘文字本身的文化内涵。通过对关键字句的辨析和推敲，引领学生对文章、文学、文化的深层理解，触摸作品的精神内涵。最后，教师要善于挖掘古诗文的思想文化内涵。统编语文教材中编选的古诗文都承载着中华民族的优秀传统文化，凝聚着我们先人的文化智慧、文化精神。学习古诗文，学生可以受到中华文化、精神、智慧的滋养，进而继承和弘扬中华优秀传统文化的价值信仰。例如，《岳阳楼记》中的“先天下之忧而忧，后天下之乐而乐”，《出师表》中的“鞠躬尽瘁，死而后已”，《孟子》中的“舍生而取义者也”等。

第七节 论述类文本阅读与鉴赏教学

论述类文本阅读与鉴赏教学注重学生理性思维和理性精神的培养，通过把握作者的观点、态度和语言特点，学习其阐述观点的方法和逻辑。在这个过程中，教师既需要具备论述类文本阅读与鉴赏教学的基本素养，紧抓论点、论据和论证方法，从文本结构出发、关键字词入手，理清文本逻辑，从把握作者观点，又需要尊重学生的主体地位，借助质疑探究、读写结合、图表结合、问题引领等方法，在梳理文本和链接现实的过程中发现问题，在质疑与探究中学会批判，最终培养学生能够观点鲜明、论据充分、论证合理地证明自己的观点。

一、论述类文本阅读与鉴赏的教学目标

在语文教学实践中，论述类文本应注重学生理性思维和理性精神的培养，重点帮助学生实现“思辨性阅读与表达”。总体来看，教师应在不同的学段依次设立不同的专题，既让学生通过“阅读古今中外论说名篇，把握作者的观点、态度和语言特点，理解作者阐述观点的方法和逻辑”[①]，在阅读中“分析质疑，多元解读”，同时又帮助学生培养能够从多个角度思考问题的能力，明辨是非、善恶、美丑，最终以正确的态度和立场，“立论正确，语言准确，论据恰当，讲究逻辑”地表达和阐发自己的观点。

具体来说，论述类文本阅读与鉴赏教学需要达成的教学目标可以概括为以下两点：一是教授学生掌握论述类文本阅读与鉴赏的基本方法、帮助学生培养论述类文本阅读与鉴赏的能力、激发学生学习论述类文本的兴趣并养成阅读与鉴赏论述类文本的习惯；二是让学生在语言与思维的训练过程中实现语用能力、思维能力、审美水平、文化自信等的全面发展。

（一）语用能力的培养

论述类文本语用能力的培养，需要教师明确不同的文本在语言风格层面上的独特之处，由于不同的论述类文本的语言风格存在较大差异，教学目标需要教师带领学生体会不同文本的语言特点，辨析论述类文本尤其是以文言文为代表的文章中的词义关系，真正做到帮助“学生在丰富的语言实践中，通过主动的积累、梳理和整合，逐步掌握祖国语言文字特点及其运用规律，形成个体言语经验，发展在具体语言情境中正确有效地运用祖国语言文字进行交流沟通的能力”[②]。如统编语文教材七年级上册第四单元第 15 课的《诫子书》的教学目标之一就是“在识记、翻译好课文的基础上，厘清作者的行文逻辑”，在课文第一句“夫君子之行，静以修身，俭以养德”中，教师应提示学生注意积累“以”字所包含的“连词，表示后者是前者的目的”用法，以及“无以”所连接的“淡泊”“明志”“宁静”“致远”等品德的先后关系，从而帮助学生理顺文章要论证的各个概念之间的逻辑顺序。

（二）思维能力的发展

论述类文本阅读与鉴赏教学能够培养学生的逻辑思维能力。论述类文本是一种说理性强的文体，文章的推理具有逻辑性、说理具有条理性，这些内容需要教师在教学过程中根据学生的特点和文本要求，确定有利于学生思维能力发展的教学

---

① 中华人民共和国教育部．普通高中语文课程标准：2017 年版 2020 年修订［M］．北京：人民教育出版社，2020：19.

② 中华人民共和国教育部．普通高中语文课程标准：2017 年版 2020 年修订［M］．北京：人民教育出版社，2020：4.

目标。

教师应该树立培养学生逻辑思维能力的意识，这是教学过程中的重点和难点。具体地说，就是要求教师弄明白在具体的某一篇论述类文本的学习中可以用来培养学生的何种思维能力，如逻辑推理能力、抽象思维能力或是概括能力，然后在实际的教学过程中具体设计相应的教学活动来培养学生的这种思维能力。

同时，与时代需求相对应，教师需要在论述类文本阅读与鉴赏教学中格外注重学生怀疑与创新精神的培养，如《中国人失掉自信力了吗》《怀疑与学问》《谈创造性思维》《创造宣言》在初中语文论述类文本中占有较大的比重，“怀疑精神”“创新精神”是学生将来成为社会人才的必备技能，也是课文的核心学习目标之一，这些都是教师在论述类文本的教学目标确立前应有的意识。

（三）审美能力的提高

通过不同论述类文本的阅读与鉴赏教学，教师可以让学生在梳理作者的论证思路，体会论述类文本的说理艺术，感受论述类文本的语言和情感之美，理解论述类文本深刻思想的基础上，欣赏、鉴别和评价不同时代、不同风格的作品，实现与其他学科的对话并相应地培养自己正确的世界观、人生观、价值观和高尚的审美情趣，提高审美品味。例如，教师可以充分运用《山水画的意境》一文中的高尚审美和人生境界，实现“陶冶学生的情操、提升学生的精神境界”的教学目标。

（四）文化自信的培养

论述类文本具有鲜明的针对性，多针对现实问题发表议论，有的论述类文本先是直接列举错误现象，然后层层辩驳剖析。部分文言论述类文本有情趣、有理趣，表现出古人的哲思与情怀。教师应引导学生将历代论述类文本的名言警句内化于心、外化于行，做到能够运用当代眼光审视古代作品，并赋予其历史意义，这是培养学生文化自信的有效方法。如《爱莲说》中设立“学习周敦颐写莲花时所运用的对比论证，追求莲花出淤泥而不染的品格”的教学目标；在学习孔子、孟子等诸多先秦名家的论辩文章时，让学生“感受文本中的理性思维光芒，体会古人对人生意义与价值的探讨”。

二、论述类文本阅读与鉴赏的教学内容

（一）教学开展的前提

1. 掌握论述类文本的文体知识

论述类文本可以分为“大类”与“小类”。“大类”是指《义务教育语文课程标准（2022 年版）》与《普通高中语文课程标准（2017 年版 2020 年修订）》中所讲的论述类文本。教师在把握这一类文本时，要对其特点有明确的掌握，即要考虑“大类”论述类文本总体的不同之处是什么，也就是论述类文本不同于其他文本之处。“小类”是指不同体裁的论述类文本，如议论文、杂文、古代议论散文等。教师对“小类”的论述类文本要有明确把握，即要思考自己所教学的文章具体属于此类论述类文本中的哪类体裁。

在进行论述类文本阅读与鉴赏教学时，教师可以考虑以下三个问题：这篇文章

属于何种类型，如新闻、演讲词或说明文；这篇文章有何特点、需要学习的内容是什么，不同类型的论述类文本，因其特点不同，教学内容也各不相同；这篇文章的教学重点是什么，这一点应结合文体特点具体分析。通过思考这些问题，教师将对论述类文本有更加深入的了解，从而更有利于教学内容的选择。

2. 掌握具体教学篇目的内容特点

围绕具体的教学篇目，教师在教学开始之前，要以手中的文章为立足点，具备“向内看”和“向外看”的意识。“向内看”的意识是指教师需要充分了解教学文本，主要掌握以下三个方面的内容：一是掌握文章的论点论据，二是掌握文章的论证特点，三是掌握文章的语言特点。“向外看”的意识是指教师作为课堂内容的设计者和组织者，需要具备一定的宏观视角。新版课程标准强调大单元教学，同样的教学篇目放置在不同的单元，其讲解的重点也不一致，这就需要教师在教学之前，要以文本为起点，明确其所在单元的要求。值得注意的是，这种宏观视角与上文提到的确定教学文本属于哪一类论述类文本并不矛盾，二者综合运用才能最大程度地找到教学核心的发力点。

（二）从文本出发，把握教学重难点

对典型性论述类文本，教师应从文本、结构和关键语句入手，把握教学的重难点。

1. 概读全文，把握中心观点

“作者在文中表达的观点态度”是文章思想内容的核心，也是文章的意旨。论述类文本的中心论点、分论点以及某些结论，是作者在文中的主要观点。就阅读顺序来说，通常可根据首尾段直接找出中心论点、根据论述段推断出分论点。

首先，教师要抓住标题，明确论述类文本的话题、观点、重点。如统编语文教材九年级上册第五单元第 19 课的《怀疑与学问》，论题是“怀疑与学问的关系”，开始就明确了话题重点。这篇文章论述了“学者学则须疑”的观点，强调了怀疑精神在治学过程中的重要作用，提倡学者应有怀疑精神。作者对怀疑与学问之间关系的思考对当下仍具有很强的参考意义，这些都是围绕“怀疑与学问”两者的关系展开的。

其次，教师要重点讲解重要语句，主要是表述中心观点和分论点以及表现文章层次变化的语句。这些语句一般为包含中心观点词语的判断句和疑问句，如《山水画的意境》第一自然段提出基本观点——“意境是山水画的灵魂”，第二自然段开头用问句“什么是意境？”引起下文对意境概念的论说：意境是情与景的结合，诗画相通，文中举例说，不仅古代诗歌中存在这种情景交融的意境，而且毛泽东同志的诗句中也存在这种意境。第五自然段在结构上承上启下，“怎样才能获得意境呢？”文章用设问句论述了意境产生的两个条件，即“要深刻认识对象，要有强烈、真挚的思想感情”。第九自然段的“画画要有意境，否则力量无处使，但是有了意境不够，还要有意匠”是承接上文提出，点明在山水画中，意匠是表现方法、表现手段的设计。

2. 分析结构，把握逻辑关系

结构，是指文章材料组织和安排的方法；思路，是指按照一定的条理由此及彼地表达思想的路径、脉络。教师可根据论述类文本总分结构、并列结构、递进结构等多种结构形式分清论述的层次。

首先要整体把握文本，要求学生能够理解文章的结构框架，把握作者的中心观点和分论点的关系等。如学习《山水画的意境》一文时，可先从整体上把握文章的脉络，即文章是按照“是什么、为什么、怎么做”的逻辑依次对概念、原因和方法展开论述的。首段总领全文，既指出了主要问题，又提出了中心观点，第二自然段到第四自然段论述意境的概念，第五自然段到第八自然段主要写“怎样才能获得意境”，用设问引出论述“意境要情与景的结合”“意境产生要长期观察”，最后两个自然段论述表达意境的做法，例举齐白石和杜甫的言论，谈做法时先概括观点，再举例论说。

其次要明确意图，引导学生找到作者所举例子和文本中心论点或分论点的关系。例如，《师说》第一自然段提出“师者，所以传道受业解惑也”这一观点，论证演绎后推理出基本观点——“道之所存，师之所存”，这是这篇课文的论证核心，后面所有的事例都是从不同的角度为这一观点的论证服务。第二自然段用事例反面论证“道之所存，师之所存”：“今之众人，其下圣人也亦远矣，而耻学于师。”第三自然段和第四自然段分别举例，用孔子从师的言行这一正面例子和李蟠不受时俗的限制向“我”学习的身边实例，印证了文章的中心论点“道之所存，师之所存”。

3. 精准分析，读懂关键语句

（1）关键“词”意识

构成句子的词语很多，教师在教学时要关注其中的关键词。有些句子比较长，句子成分较多，有许多修饰语、分句，学生一时难以把握其意思，如果找到其中的关键词，就能化繁为简。关键词一般在句子中充当主语、谓语、宾语等主干成分，分析句子主干，就能明白句意。这一方法在寻找文章论点时尤为有效，表 4–2 列举了部分表达观点的常见句式及例句：

表 4–2 部分表达观点的常见句式及例句

常见句式	例句
……是……	学问的基础是事实和证据
……要 / 应当 / 必须……	人应当敬业、乐业
……能够 / 将会……	不忘初心，能够让你更加坚定地前行

（2）关键“句”的意识

论述类文章大多是为了阐述某种观点或说明某个事理，语言一般较为规范。根据句子在段落中的作用，可以分成不同的类型，如中心句、分析句、支撑句、总起句、总结句、背景句等。一般来说，中心句、分析句、总起句、总结句较能体现作者的观点。只要找到主要句子，学生就容易快速地理解段落的所述内容。

（3）关键“段”的意识

每篇文章都由段落构成，段与段之间有不同的关系，如总分、并列、递进、因果、转折等。段落在文中的作用也各不相同，有的段落是提出问题（是什么），有的段落是分析问题（为什么），有的段落是解决问题（怎么办）。教师要培养学生这样的思维意识，引导他们在宏观上把握全文。

（三）从学生出发，尊重学生主体地位

论述类文本阅读与鉴赏教学的过程设计要充分考虑学情，尊重学生的主体地位。

1. 发展逻辑思维，回归论述类文本的教学核心

在教学过程中，教师要注意从结果到生成，梳理文本的推理过程。对常规性论述类文本，教师可采用上文提示的角度把握文章内容，像驳论文一类与常见论述类文本相异的文章，可在学生的已有认知基础上，以学生为主体，通过在文本中寻找“不合理”之处，进入文本的学习。

例如，《中国人失掉自信力了吗》一文的第一自然段到第五自然段，作者承认对方说的是事实，从而得出观点“中国人失掉自信力了”，同时学生也在反思，这个观点是否准确呢？在跟随作者对课文中出现的这些事实进行分析后，明白原来对方说的不是自信力的问题，中国人失掉的是“他信力”、发展着“自欺力”，在驳斥错误论点后，提出正确论点“我们有并不失掉自信力的中国人在”。

2. 文本链接现实，形成自我评价观念

教师在论述类文本阅读与鉴赏教学中，要增强学生的体验，使他们可以有理有据地表达自己的观点。教师要引导学生进入教师创设的语言情境，同时要结合自身经历形成自己的判断，在学习过程中有意识地参与论证过程，做到观点明确，议论言之有据，层层深入，合理论证，用典型、鲜明的事例证明自己的观点。

例如，在教学《拿来主义》一文时，学生要明白文章是鲁迅针对当时面对外来文化的错误态度而写的，联系现今的实际，这篇文章的观点放在现在信息芜杂、良莠不齐的互联网时代也十分具有现实意义。有的学生会提出要将拿来主义的思想推而广之，并以日常生活的典型事例支撑自己的观点：现在人们可以毫不费力地获取各种各样的信息，但对这些信息采取全部相信的态度是不可取的，对网络上各种各样的信息要明辨真假，科学“拿来”。

三、论述类文本阅读与鉴赏的教学方法

论述类文本阅读与鉴赏的教学方法主要有质疑探究法、读写结合法、图表梳理法和问题引领法。

（一）质疑探究法

质疑探究需要联系实际，养成独立思考的习惯。论述性文本通常包含了作者高度凝练的观点，或是对人生的感慨，或是对世界的哲思。因此在论述类文本阅读与鉴赏教学中，思想性的教学内容要在前面。但论述类文本的教学内容如果仅仅停留

在让学生知道和理解的层面，那么其培养学生思维能力的教学价值会大大削弱，也难以获得相对前人阅读来说的新见解。因此，学生不仅要对作者阐述的观点有所理解，而且要养成质疑的习惯，在质疑中探究，在探究中批判，在批判中发现。教师要引导学生表达自己的观点，在此过程中，培养学生发现、推理、实证和批判论述类文本的能力。所以，教师引导学生对论述类文本进行质疑与探究的这一教学环节，是必不可少的。如在阅读《中国人失掉自信力了吗》前，教师可引导学生思考“它与正面立论的文章有什么不同”，让学生带着这一疑问阅读课文，使他们更加清晰地明白文章驳论的逻辑，从而更好地理解课文。

（二）读写结合法

具体来说，读写结合法有两种方式：一是学习课文的语言特色进行仿写，练习用事实论证观点；二是在理解行文逻辑的基础上，为论证补充证明材料。

阅读与写作的功能各不相同，阅读是吸取的过程，写作是吐纳的过程。在论述类文本阅读与鉴赏的教学过程中，教师要使学生有所吸取，并对所吸取的内容有所甄别、进行思辨，并将得出的结论和想法写作成文。在整个过程中，无论学生的结论对错与否，思考深度与广度到达何种程度，都将有助于学生思维能力的提升。如《过秦论》一文，作者贾谊通过史实论证秦国毁灭的缘由是“仁义不施而攻守之势异也”，教师可在教学时引导学生思考和判断贾谊论证的合理性，史实的真实性和结论的正确性，从而对《过秦论》进行批判性的评论写作。同时，学生在此过程中也可了解前人是如何评价《过秦论》的。通过一些精彩的点评，学生可以发散思维，学习其中精妙的批判角度，从而锻炼和提升自己批判写作的能力。教师可在教学后，通过写作教学引导学生学习贾谊“先摆事实，后明观点”的思维方式和写作结构，学生运用这种方法进行仿写，从而培养思维能力，并对论述结构和论证技巧进行积累。此外，《过秦论》一文多用排偶的语言风格也是一大特色，教师可引导学生对其进行学习并仿写。同时在实际的教学活动设计中，教师可以针对学生思考的正向思维或逆向思维灵活采用多种方法证明道理，如可以查阅历史材料，为秦朝的灭亡寻找具体的事实依据，除以正向思维为例补充相关内容外，还可以通过让学生甄别教师提供的不同例子来确定适合用来证明本文论点的事例。

（三）图表梳理法

图表梳理法是将文章的论点、论据和论证过程用图表的形式呈现出来。它的优点是可以直观、明确地看出整篇文章的论证结构。教师可以通过有效地设计表格，让学生分辨论述类文本讲解时的一些易混点。

例如，在教学《鱼我所欲也》一文时，教师可用补充图表的形式来理解作者注重推理、逻辑严密的论证思路，如图 4–2 所示。

又如，在教学《中国人失掉自信力了吗》时，教师可以设定表格（如表 4–3 所示）来实现辅助教学的目的。通过对表 4–3 中前两个问题的回答，让学生区分文章的论题和论点，明确两个概念的不同：“论题”是有待证明的命题，它仅提出议论对象，并不包含作者的态度和主张，限定文章的论述范围；论点是作者对所议论的问题所持有的观点。通过对表 4–3 中后两个问题的整理，学生可以自觉地思考作者的论证艺术。

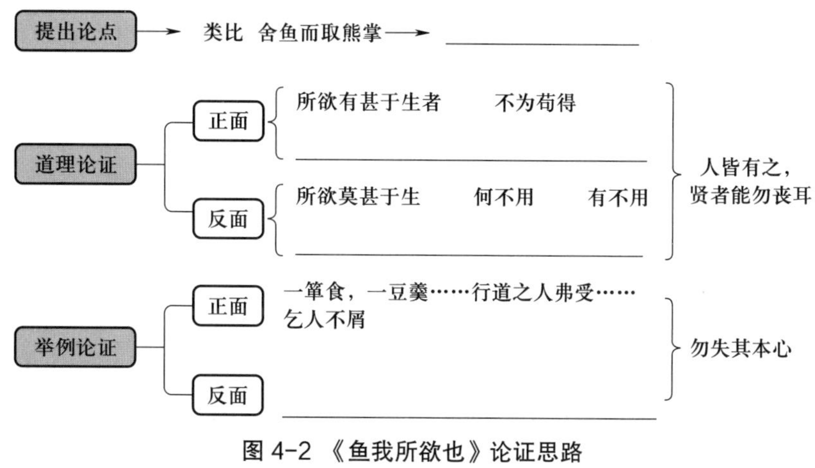

图 4–2 《鱼我所欲也》论证思路

表 4–3 《中国人失掉自信力了吗》论证艺术

篇目	《中国人失掉自信力了吗》
作者主要叙述了什么现象？（事实）	
作者对这一现象的观点是什么？（观点）	
作者看法产生的原因是什么？（论证过程）	
作者是如何讲清楚自己的观点的？（论证方法）	

（四）问题引领法

论述类文本教学注重培养学生的逻辑思维能力和推理能力，许多论述类文本的写作过程也是作者自我发问的过程，回答作者提出的一系列问题，能够清楚地知道作者的论证逻辑。例如，在统编语文教材普通高中必修下册第三单元第 9 课《说“木叶”》中，作者提出了十几个问题，学生初读时可能会有点摸不着头脑。但其实这十几个问题可以概括为两个问题，即“为什么用‘木叶’而不用‘树叶’”和“为什么用‘落木’而不用‘落叶’”。要想弄清这两个问题，就需要教师在教学过程中提供言语指导、及时反馈等外部条件，引导学生细细研究文本，通过文中大量的举例论证确定中心论点、分析概括论证过程。在这个过程中，教师要结合学生具体的疑问给予相应的帮助。这种通过主问题带动辅问题，层层深入、步步推进的问题引领法，能使学生的思考逐步深入、认识逐渐深化，从而较好地提高论述类文本阅读与鉴赏的教学效率。

第八节 实用类文本阅读与鉴赏教学

实用类文本在当下的语文教学实践中具有不可忽视的地位，可以有效提高学生的语文应用能力，促进学生多层次、多维度的发展。实用类文本阅读与鉴赏的教学设计及教学实施策略要在新版课程标准的指导下，兼顾教材特点和学生需求，以跨学科学习拓宽语文学习边界、赋予语文课程学习活泼的内容与形式，以情境式教学打通课上与课下的关系，让学生沉浸课堂的同时，增强学习自主性。

一、实用类文本阅读与鉴赏的教学目标

《普通高中语文课程标准（2017年版2020年修订）》将语文文本明确划分为文学类文本、论述类文本和实用类文本，《义务教育语文课程标准（2022年版）》也将“实用性阅读与交流”作为发展型学习任务群的重要内容，两版课程标准都强调了实用类文本在当今语文教学实践中的重要地位。实用类文本能将课文与社会的相关性凸显出来，它主要包括说明文等知识性读物类课文、新闻等新闻主持类课文和面向大众的演讲等社会交往类课文。说明文等知识性读物类课文要求学生了解语言风格、格式特征，学习运用简明生动的语言，介绍比较复杂的事物，说明比较复杂的事理；新闻等新闻主持类课文要求学生准确解读文本内容，筛选处理文本信息；面向大众的演讲等社会交往类课文要求学生学会多角度地观察社会生活，掌握当代社会常用的实用文本，善于学习并运用新的表达方式。

从语用和思维能力的层面来讲，三类文章的深入学习可以增强学生对实用类文本知识的学习，扩大学生阅读视野，提升学生阅读写作、沟通交流的能力。实用类文本教学可以进一步拓展学生的语文学科核心能力，促进学生多层次、多维度的发展。

从审美能力和文化自信层面看，对实用类文本，学生在学习过程中要结合生活经验，获得丰富的情感体验，加深对社会的认识，提高服务社会的能力。实用类文本的课文选文具有鲜明的时代性，具备丰富的思想内涵，学生通过学习要形成正确价值观、必备品格和关键能力，培养高尚的情感。

二、实用类文本阅读与鉴赏的教学内容

实用类文本的主要特征是实用性，教师“教什么”或者让学生“学什么”离不开对文本实用特点的理解。具体来说，教学设计主要集中考虑四个方面：明确文体样式，筛选、处理文本主要信息，理解文本主要内容，了解文本特征。

（一）明确文体样式

实用类文本包含多种文体，每一种文体的样式都不一样，学生需要了解具体的实用类文本样式。体会样式是实用类文本学习的关键，因为这些样式是约定俗成的，不能因个人的喜好随意改变。掌握了这种样式，就找到了解读实用类文本的捷径。不过需要注意的是，教师除要关注实用类文本的共性外，还要关注每篇课文中

作者表现出来的个性，因此在进行教学设计时，应充分尊重文本的真实性。

以《人民解放军百万大军横渡长江》为例，这是毛泽东于1949年写的一篇新闻报道。一般的新闻包括四个部分的内容：标题、导语、主体、结语。这篇新闻报道包括人物、时间、地点、事件发生的原因、经过、结果等一般性叙事要素，在分述中路军时，明确了人物是中路军30万人，时间是20日夜起24小时内，地点是安庆、芜湖线，原因是要渡江，经过是突破安庆、芜湖线，结果是渡过30万人，渡至繁昌、铜陵、青阳、荻港、鲁港地区。同时，这篇新闻报道在结构的谋篇布局和语言的精确运用上独具特色，这些在课文结构和语言等方面表现出来的个性是教学的重点内容。在文章结构的谋篇布局上，为什么作者按照中、西、东的顺序来叙述呢？因为中路军首先发起渡江作战，西路军和中路军所遇到的敌情一样，但敌军的抵抗甚为微弱，而东线敌军的抵抗较为顽强，所以先说中路军，西路军接着说，最后说东路军激战，随之文势也涌起高潮。在语言的精确运用上，这则新闻报道的语言带有自己的特点，它铿锵有力，书面语和口头语相穿插。首先，适当采用文言词，如新闻的“至发电时止”较“到发电文的时候为止”更有力、不显拖沓。其次，这篇新闻报道的语言也带有鲜明的褒贬色彩，用“冲破”“横渡”“英勇善战”“锐不可当”等词语表现了我军的英雄气概和节节胜利的战况，用“纷纷溃退”“毫无斗志”“很泄气”等词体现了敌军不堪一击的虚弱本质。

（二）筛选、处理文本主要信息

实用类文本的实用性决定了其课文信息与日常生活有密切联系，任何一篇文章都包含许多信息，学生在一节课或几节课上很难把所有信息都搞清楚，这就需要学生学会筛选。更重要的是，课文里有许多主要信息，如果学生自己无法筛选、判断，那么教师就要帮助学生解决。

例如，《在马克思墓前的讲话》中有这样一段话：

案例

“正像达尔文发现有机界的发展规律一样，马克思发现了人类历史的发展规律，即历来为繁芜丛杂的意识形态所掩盖着的一个简单事实：人们首先必须吃、喝、住、穿，然后才能从事政治、科学、艺术、宗教等等；所以，直接的物质的生活资料的生产，从而一个民族或一个时代的一定的经济发展阶段，便构成基础，人们的国家设施、法的观点、艺术以至宗教观念，就是从这个基础上发展起来的，因而，也必须由这个基础来解释，而不是像过去那样做得相反。”有学生提出不太理解这段话，于是就有了针对这一难题的教学过程。

教师：我先问问你，你对这个段落的意思理不理解？

学生：不理解。

教师：那么其他同学有没有人理解这个段落的意思？或者说一说自己的大概理解，并能够对它进行说明。

学生：不理解。

教师：好，那么让我来说说我的理解。纵观这个段落，它实际上表达了两个观点：一个是“物质决定精神”，这个好不好理解？（学生点头）一个人基础的生活得到保障后，就自然而然地要讲究精神上的享受了。对不对？第二个观点理解起来可能要难一些。就是说，一定的经济发展基础决定上层建筑，经济发展到一定的水平，它的一些政治和精神文化方面的内容，包括国家制度、法律、艺术等才会得到发展。

（三）理解文本主要内容

阅读与鉴赏实用类文本不是要成为某一方面的专家，而是要了解某一方面的相关知识。如统编语文教材八年级上册第五单元第 21 课《蝉》，在介绍“蝉”时，作者并没有按照蝉一般的生长过程“卵—幼虫—成虫”的顺序一一道来，而是先写蝉从幼虫到成虫，再写蝉从卵到幼虫的过程，引起读者的阅读兴趣，突出蝉“四年黑暗的苦工”的同时又新颖、不落俗套。学生无须因为学习这篇课文成为有关“蝉”知识的专家，而是成为具有“蝉”的一般知识的读者。

在理解课文内容的同时，要注意关注实用类文本的时代性特征，这一特征集中体现在统编语文教材的选文中，在新闻篇目部分，《喜看稻菽千重浪——记首届国家最高科技奖获得者袁隆平》《“探界者”钟扬》《青蒿素——人类征服疾病的一小步》等课文，与学生生活的时代更加接近，也更具生活气息。

（四）了解文本语体特征

实用类文本因其文体特征而具有相应的语体特征。所谓语体，是指人们在各种社会活动领域针对不同的对象、不同的环境使用语言进行交际时，所形成的常用词汇、句式结构、修辞手段等一系列运用语言的特点。所谓语体特征是指因文体不同而采用的语言形态特征不同。明确语体特征，是完成文体样式区分后，深入分析课文时的工作。

我们可以直观地感受以下两种实用类文本的语体特征：

3 月 14 日下午两点三刻，当代最伟大的思想家停止思想了。让他一个人留在房里还不到两分钟，当我们进去的时候，便发现他在安乐椅上安静地睡着了——但已经是永远地睡着了。（《在马克思墓前的讲话》）

总之，我们要拿来。我们要或使用，或存放，或毁灭。那么，主人是新主人，宅子也就会成为新宅子。然而首先要这人沉着，勇猛，有辨别，不自私。没有拿来的，人不能自成为新人，没有拿来的，文艺不能自成为新文艺。（《拿来主义》）

上述两段文字，第一段是悼词，它要求信息表达准确，如文段中的时间词“两点三刻”“两分钟”；它要求文字要有情感，如“停止思想了”“安静地睡着了”“永远地睡着了”等。这是“悼词语体”。第二段是议论文，重在说理，要求语言表达准确，“或使用，或存放，或毁灭”九个字就把意思准确地表达出来，它还要求语言要有逻辑性，文段第三句话讲新主人以及新主人的特征，后面讲新主人该怎么做，层层推进。这是“议论文语体”。

三、实用类文本阅读与鉴赏的教学策略

（一）依据学情设计

教师要重点分析课文出现的学段学生的学习现状，依据其具体的学情确定实用类文本阅读与鉴赏的方法，合理安排教学重点。教师在设计实用类文本阅读与鉴赏教学时，需要适时进行文体教学，使学生了解实用类文本基本的结构规律。如统编语文教材八年级上册第五单元的《中国石拱桥》《苏州园林》《人民英雄永垂不朽——瞻仰首都人民英雄纪念碑》《蝉》《梦回繁华》五篇课文是初中阶段第一次出现说明文，教师可在讲解时系统地向学生介绍说明文的说明顺序、说明方法等说明文的一般性知识，当八年级下册再次遇到说明文单元时，教师可将教学重点放在单篇课文的个性上，重点分析文章的独特之处。

教师要提高实用类文本阅读与鉴赏的教学效率，满足学生的阅读期待。学生阅读单篇实用类文本，基本上可以读懂大概。教师要依据学情进行教学设计，需要知道学生哪里可能会有问题，这正是要着力的地方。总体来看，学生在实用类文本阅读与鉴赏中的问题集中在以下三个方面：第一，学生在学习完实用类文本后，与现实生活产生的联系不大，生活视角的缺乏使学生未能较好地领会实用类文本的“实用性”特征。第二，由于实用类文本的文体知识大多较为枯燥，学生往往对该类知识的记忆不够牢固。第三，学生学习实用类文本的方式较为单一，主要以阅读为主，并且学习的自主性弱，课堂上多依赖教师的讲授。

（二）依据语体设计

实用类文本是一种针对性极强的文本，掌握不同文本的语体特征对深入把握实用类文本有着积极的作用。在实际生活中，教师可以根据不同的语言环境，有效地进行语言方面的交流，不仅涉及文本的内容，而且涉及文本语言的本身，包括文中使用的语言材料及其组合方式、表达手段等的准确选择。教师让学生阅读与鉴赏实用类文本的目的之一就是学习语言运用规律，以便更好地表达自己的思想。

实用类文本是为了解决实际问题而写作，因此要把握文章内容和要点，在文章思维和立场上评估其可行性和科学性。不同类型的实用类文本，语体不同，即使是同一类实用类文本，不同的作者写作，语体也会有差异。教师要引导学生学会辨别不同作者的语体差异，形成自己的语感能力。

例如，教师在教学中，可比较竺可桢的《大自然的语言》和叶圣陶的《苏州园林》。竺可桢说明事物时带有科学家的风范，他的语言表达严谨、富有逻辑，如“如果能注意到物候延迟，选择适宜的播种日期，这种损失就可能避免”“如在早春三四月间，南京桃花要比北京早开二十天，但是到晚春五月初，南京刺槐开花只比北京早十天”等句子中，“可能”“二十天”“十天”等词使用准确。叶圣陶对苏州园林有着深厚的个人感情，因此在描述说明时就带有分明的文学家色彩，表述形象、生动、流畅。教师设计实用类文本阅读与鉴赏教学时，可以根据语体设计相关环节，有助于学生学习语言，形成自己阅读与鉴赏实用类文本的语感。

（三）跨学科学习，拓宽语文学习的边界

实用类文本是一个十分宽泛的概念，部分实用类文本的特殊性源自作者在写作时考虑受众和表达效果等问题，涉及其他学科的专业性知识比较多，因而在这类课文的讲解过程中，会出现语文学科的文学性内容与课文所涉及的学科内容如何抉择的两难问题。需要注意的是，在实用类文本的教学过程中，对课文内容的理解是教学的基础和重点，不应局限于语文学科的“文学性”特征，而是以更加开放的视角，通过“跨学科”知识的补充，为语文课程的探究赋予更加活泼的形式和内容。

案例

竺可桢的《大自然的语言》一文中包含大量的地理知识，一些教师由此犯难，害怕语文课上成地理课。竺可桢作为我国著名的气象学家、地理学家，用很少的文字讲清了一个学科，让人们对“物候”这一事物有了较为深入的了解，学生需要学习的正是他作为一个专家对这个学科精到的把握。他为什么要用文学性的语言开头，又是在什么时候转成学理性的语言，行文的逻辑是怎样由浅入深、水到渠成的？教师要讲清这些，就必须先让学生理解纬度、距离海洋的远近、海拔等因素是怎样对物候产生具体影响的，使学生在理解文本的基础上，探究和学习文本写作方法上的问题。

（四）情境式教学，扩大课文实践应用的范围与效果

教师在进行实用类文本阅读与鉴赏教学时，可以设置情境，提出问题。既可以将其作为课文讲解的主线，串联课堂，又可以让学生在学习文本的过程中动脑思考、解决问题。例如，教师在讲解《大自然的语言》一文时，在课程之初可向学生展示物候案例：“美国人曾从我国移植了不少品种的经济作物。其中比较著名的有移植到加利福尼亚的柑橘、移植到佛罗里达的油桐和移植到美国中、西部各州的大豆等。在移植之前，美国曾派人事先从我国当时的农业试验站、农业学校搜集移植品种的物候条件情况和各地的气象情报。”教师可以用提问进行课堂导入：为什么要从农业试验站、农业学校搜集信息来发现物候与农业的关系？在教学中，教师可以以完成“美国向我国学习物候信息报告”的形式，增加学生实用类文本学习与自身实践的联系。

教师可以用情境式教学打通课上与课下的关系，让学生沉浸式体验课堂，增强学习的自主性。例如，教师在进行新闻类课文的教学时，可还原当时的新闻背景，如《我三十万大军胜利南渡长江》《人民解放军百万大军横渡长江》中关于解放战争即将胜利的历史背景；也可角色扮演，如新闻特写《“飞天”凌空——跳水姑娘吕伟夺魁记》，使学生直接化身小记者，用语言将新闻事件中最富有特征的片段予以放大，从字里行间设身处地揣摩作者的态度与倾向。同时，教师还要注意让学生在生活中养成阅读新闻报刊等的良好语文学习习惯。

[本章小结]

本章主题是阅读与鉴赏教学，主要介绍了阅读与鉴赏教学原理，包括阅读的心理过程、阅读能力的构成、阅读与鉴赏的学段要求、常用的阅读方法与阅读策略、阅读与鉴赏的教学设计、阅读与鉴赏的基本课型。除此之外，本章还介绍了不同文体的阅读与鉴赏教学，主要有诗歌阅读与鉴赏教学、散文阅读与鉴赏教学、小说阅读与鉴赏教学、戏剧阅读与鉴赏教学、古诗文阅读与鉴赏教学、论述类文本阅读与鉴赏教学、实用类文本阅读与鉴赏教学，并对其进行了详细、细致的分析，有利于教师的语文教学，也有利于学生的学习。

[实践·思考·探究]

1. 心理学中关于阅读心理过程的各种观点对教师开展阅读与鉴赏教学工作有何启发？

2. 你最常用的和最不常用的阅读方法分别是什么？谈谈不同阅读方法在教学中的作用。

3. 阅读与鉴赏教学设计包含哪些基本内容？不同课型的阅读与鉴赏教学在设计上有哪些不同之处？

4. 运用本节所学习的阅读与鉴赏教学内容与教学策略，选择一节你感兴趣的课，尝试提炼其教学内容并进行教学设计。

5. 请研读下列案例，分析教师的教学设计思路，体会其中的教学机智和创意。

上课之初，教师分别从“驴的外形”“驴的来历”“驴的特长”“驴的本领”“驴的下场”“老虎的心理”“老虎胜利的原因”等方面引导学生解读了《黔之驴》。大家以为文本解读到此结束了，教师却提出了下面的学习任务：“请同学们根据课文内容，从不同的角度讲述《黔之驴》这个故事。”接着给出了讲故事的角度，“驴的角度”“虎的角度”“作者的角度”，并要求同学们先以“作者的角度”讲《黔之驴》的故事，再依次从“驴”和“虎”的角度进行讲述。学生在酝酿构思时，教师提出了两点要求：“第一，讲故事，语调可以适当夸张，要突出形象特征，表达出自己的感情。第二，要注意口语化，不要照着字面直接翻译。如‘荡倚冲冒’，就不必说成‘碰撞靠近冲击冒犯’，可以说成‘老虎用各种动作戏弄挑逗驴子’，这样就更加生动形象。除此之外，还可以在尊重原文的基础上进行适当的想象和补充。”

学生开始从“不同的角度”讲故事……

生 1（作者的口吻）：从前，在贵州这个地方没有驴，有一个人就用船把驴载到贵州去……

师：讲得很好，后面的内容还可以再丰满一些。有些句子不够形象具体，还是生硬的翻译，如“庞然大物”，就没有用自己的话来表达，可以说成“从来没有见到过的巨大的东西”。总体来说，讲得不错。

刚才这位同学是以作者的口吻讲述了这个故事，或者说是用第三人称讲故事，能不能换一个人称，如用第一人称来讲？第一人称该怎么讲？

生 2：我是一头驴……从前贵州没有我……

师：这句话听起来很别扭。想一想，怎么说比较好？

生 2：从前我没去过贵州——

师：好，请接着讲。

生 2：从前我没去过贵州，有人用船把我运到了贵州……又过了几天，老虎来冒犯我，我非常地愤怒，就踢了它一下，老虎却很高兴……

师：讲得很好，人称转换得不错，补充想象也比较好。可是后面有些草草了事。我要问你，你怎么知道老虎很高兴？

生 2：我看见老虎面露喜色，突然向我扑了过来……

师：后面一句不太好说了，因为喉咙被咬住了……大家看看怎么结尾？

生 2：眼睛一黑就什么也不知道了。

师：尽管老套，还算可以。下面请"老虎"讲这个故事。

生 3：我是一只生活在贵州的老虎……我马上蹿过去，咬断它的喉咙，把它的肉全部吃掉，满足地离去了。

师："我马上蹿过去"不太好，你是老虎，怎么说自己是"蹿"呢？

生 3：扑过去！

师：对，应该是"扑过去"。同学们讲故事的水平不错。

三位同学从三个不同的角度讲完了故事。我们不禁要问：故事讲完了，教师下一步要干什么呢？令人想不到的是，教师冷不丁地提出了这样一个问题："如果你是驴，对你的小驴们讲这个故事，要告诉它们什么道理呢？"同学们纷纷答道：在对手面前，不要轻易暴露自己的底细，虚张声势更没什么用。教师接着又抛出一个相似的问题："如果你是虎，对小老虎们讲这个故事，你会叮嘱它们什么呢？"同学们很流利地答道：要了解对手，找到它的短处，抓住它的要害，就能战胜强大的对手。

从同学们的回答中可以看出，大家已经理解了这则寓言所要阐明的道理。一般来说，如果这时教师引入写作背景再做一下总结，就可以结束这堂课了。但是，教师并没有直接讲背景，而是抛出了一个新的问题："通过刚才的讲述，我们可以发现，这篇课文主要的笔墨是描写老虎，写它的心理，写它的动作，尤其是写动作，十分细致，十分传神，可是为什么课文的题目却是《黔之驴》，而不是'黔之虎'呢？"问题一出，犹如一颗石子扔进平静的湖面，涟漪四起，引得同学们私下里小声议论开来。一学生答道："因为作者心中把驴子作为主要形象。"教师顺势点拨："你是说作者主要通过讽刺驴子的愚蠢来表达主题的，对吗？"学生频频点头，表示同意。教师随即抓住时机巧妙地引入本文的写作背景：作者写这篇寓言，有很强的现实针对性。当时，中唐时期，身居高位的人和豪门贵族之中，有很多人只是徒有其表，并没有什么真正的本领。柳宗元塑造这个蠢驴形象，就是为了讽刺这些人。所以，作者对驴的态度和对虎的态度截然不同。同学们听后恍然大悟，原来，看似滑稽可笑的《黔之驴》故事的背后，隐含着这么深刻辛辣的社会批判意义！[①]

[拓展阅读]

1. 潘庆玉. 富有想象力的教学设计[M].2版. 广州：广东教育出版社，2020.

2. 潘庆玉. 富有想象力的课堂教学[M].2版. 广州：广东教育出版社，2020.

3. 肖培东. 我就想浅浅地教语文：肖培东语文课例品读[M]. 珍藏版. 武汉：长江文艺出版社，2019.

4. 王荣生. 阅读教学设计的要诀[M].2版. 北京：中国轻工业出版社，2021.

5. 郑桂华. 中学语文教学设计[M]. 北京：高等教育出版社，2019.

① 案例选自2012年4月1日黄厚江老师在首届苏派语文教育论坛上执教的《黔之驴》一课。

第五章　表达与交流教学

写作热情、写作冲动来自对自然、对社会的频繁接触。热爱生活，投入生活的怀抱，眼看，耳听，潜心思考，体验感受，情感获得孕育，思维得到锻炼，想写、要写的冲动就会奇迹般地出现。

学会正确使用祖国语言文字表情达意的崇高责任感，是形成写作冲动的最根本的动力。作为中华民族的儿女，肩负着跨世纪建设伟大祖国的重任，有责任也有义务从小学习祖国的语言文字，主动、积极而又精心地练习。经常练，持之以恒地练，笔端就能生花。①

——于漪

[学习目标]

1. 了解《义务教育语文课程标准（2022年版）》和《普通高中语文课程标准（2017年版2020年修订）》对表达与交流的要求，理解其教学目标与教学内容。

2. 掌握实用性表达与交流的教学目标、内容与教学策略，能在教学中培养与发展学生实用性表达与交流的能力。

3. 明确文学创意性表达与交流的教学目标、内容与教学策略，能在教学中培养与发展学生文学创意性表达与交流的能力。

4. 熟悉思辨性表达与交流的教学目标、内容与教学策略，能在教学中培养与发展学生思辨性表达与交流的能力。

① 于漪．于漪全集：14：写作教学卷[M]. 上海：上海教育出版社，2018：20.

[知识导图]

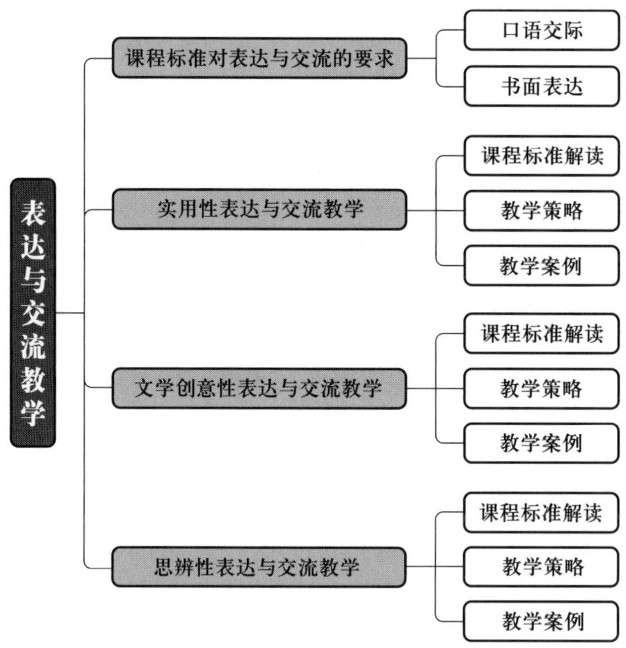
表达与交流教学
课程标准对表达与交流的要求
口语交际
书面表达
实用性表达与交流教学
课程标准解读
教学策略
教学案例
文学创意性表达与交流教学
课程标准解读
教学策略
教学案例
思辨性表达与交流教学
课程标准解读
教学策略
教学案例

第一节 课程标准对表达与交流的要求

“表达与交流”是《义务教育语文课程标准（2022年版）》提出的“识字与写字”“阅读与鉴赏”“表达与交流”“梳理与探究”四大课程学习内容之一，是课程标准以核心素养为导向，在对传统语文课程“听、说、读、写”的单向技能训练基础上进行的整合。“表达与交流”是对以往的语文课程标准中“写话”“习作”“写作”“口语交际”的统摄，包括口头表达与交流及书面表达与交流两个方面。这与高中语文课程标准的核心素养理念及课程目标是一脉相承的。本节将从口语交际和书面表达两个方面，解读课程标准中的“表达与交流”课程目标。

一、口语交际

口头交流是人们表达感情、传递观念的重要手段。人们在口语交际的过程中既需要倾听，又需要通过分析、综合、判断、推理等思维活动准确地理解说话方意图、清楚地表达自己的想法。培养学生的口语交际能力，是语文课程具有综合性、实践性的体现。《义务教育语文课程标准（2022年版）》在课程目标、课程内容、学业质量等方面均对口语交际提出了明确要求，如“能在具体语言情境中有效交流沟通”“学会倾听与表达，初步学会用口头语言文明地进行人际沟通和社会交往”。

口语交际能力，既包括语言形式上的“学说普通话，逐步养成说普通话的习惯”“能用普通话交谈”，又包括内容上的倾听与表达。关于倾听，义务教育语文课程标准对不同的学段有不同的要求：第一学段（1～2年级）要求“能认真听他人讲话，努力了解讲话的主要内容”，第二学段（3～4年级）要求“学会认真倾听，听人说话时能把握主要内容，并能简要转述”，第三学段（5～6年级）要求“听人说话认真、耐心，能抓住要点，并能简要转述”，第四学段（7～9年级）要求“耐心专注地倾听，能根据对方的话语、表情、手势等，理解对方的观点和意图”。由此可见，随着学段的升高，课程标准对倾听的态度与能力提出了更高的要求。

关于口语交际的表达，《义务教育语文课程标准（2022年版）》对不同学段口语交际的态度与能力，做出了“自信言说—主动言说—乐于言说——得体言说”的层进式要求。具体要求如下。

第一学段（1～2年级）：自信言说。本学段关于口语交际表达的要求是“有表达交流的自信心”“能认真听他人讲话”“与他人交谈，态度自然大方，有礼貌”，这些大多是关于言说心理和兴趣方面的低阶要求，而“学说普通话，逐步养成说普通话的习惯”“听故事、看影视作品，能复述大意和自己感兴趣的情节”“能较完整地讲述小故事，能简要讲述自己感兴趣的见闻”“积极参加讨论，敢于发表自己的意见”等则是能力方面的基本要求。

第二学段（3～4年级）：主动言说。本学段关于口语交际表达的要求是“乐于用口头、书面的方式与人交流沟通，愿意与他人分享，增强表达的自信心”“能用普通话交谈，学会认真倾听，听人说话时能把握主要内容，并能简要转述。能就不理解的地方向人请教，就不同的意见与人商讨”“能清楚明白地讲述见闻，说出自己的感受和想法。讲述故事力求具体生动。能主动参与日常生活中的文化活动，根据不同的场合，尝试运用合适的音量和语气与他人交流，有礼貌地请教、回应”。其中，“愿意”“有礼貌”是态度方面的要求，“听人说话时能把握主要内容，并能简要转述”“讲述故事力求具体生动”“根据不同的场合，尝试运用合适的音量和语气与他人交流”等是能力方面的要求，渗透了说话的意识。

第三学段（5～6年级）：乐于言说。本学段关于口语交际表达的要求是“听人说话认真、耐心，能抓住要点，并能简要转述。乐于表达，与人交流能尊重和理解对方。注意语言美，抵制不文明的语言”“表达有条理，语气、语调适当心参与讨论，敢于发表自己的意见，说清自己的观点。能根据对象和场合，稍作准备，作简单的发言”等。其中，“认真、耐心”“乐于表达”“敢于发表自己的意见”等，在态度情感的主动性上有所增强。从“能抓住要点，并能简要转述”“能根据对象和场合，稍作准备，作简单的发言”中可以看出，此时已从一般的日常交际进入正式交际阶段。

第四学段（7～9年级）：得体言说。本学段关于口语交际表达的要求是“注意对象和场合，学习文明得体地交流。耐心专注地倾听，能根据对方的话语、表情、手势等，理解对方的观点和意图”“自信、负责地表达自己的观点，做到清楚、连贯、不偏离话题。注意表情和语气，根据需要调整自己的表达内容和方式，不断提高应对能力，增强感染力和说服力”“讲述见闻，内容具体、语言生动。复述转述，完整准确、突出要点。能就适当的话题作即席讲话和有准备的主题演讲，有自己的观点，有一定说服力。讨论问题，能积极发表自己的看法，有中心，有根据，有条理；能把握讨论的焦点，并能有针对性地发表意见”。其中，“学习文明得体地交流”“耐心专注地倾听”“自信、负责地表达自己的观点，做到清楚、连贯、不偏离话题”，“增强感染力和说服力”属于更高的要求。此时的学生已经跨越了对“见闻类”的简单客观描述阶段，以及对“感受”的主观表述阶段，进入“自我表达和与人交流”的高级阶段。这个阶段的学生要对口语交际表达的特定语境作出分析，对他人的观点作出针对性回应，对口语交际表达的内容和表现形式作出精准调适。

此外，《义务教育语文课程标准（2022年版）》还注重发展三类不同学习情境中的言语交际能力，并对表达情境的复杂性和任务要求难度提出了不同的要求。从小学阶段“努力了解讲话的主要内容”“复述感兴趣的情节”“完整讲述小故事”“简要讲述感兴趣的见闻”过渡到初中阶段的“即席讲话”和“有准备的演讲”，显然其间的难度是不断增加的。①

高中阶段同样注重口语表达与交流。《普通高中语文课程标准（2017年版2020年修订）》在“语言建构与运用”层面，要求“发展在具体语言情境中正确有效地运用祖国语言文字进行交流沟通的能力”，课程目标在“语言表达与交流”部分更

① 荣维东，周胜华．“表达与交流”教学应走向能力进阶和统整实践：《义务教育语文课程标准（2022年版）》“表达与交流”解读［J］．福建教育，2022（27）：37-42.

具体地提出“根据具体的语言情境和不同的对象，运用口头和书面语言文明得体地进行表达与交流”，这都强调了口语交际表达的实践性，要求学生注重人际交往过程中的应对和调适，能根据不同的交际场合和交际目的恰当地进行表达，这也是对口语交际情感态度与价值观的引导。

《普通高中语文课程标准（2022年版）》首次以学习任务群的形式呈现课程内容，表达与交流的内容有机地分布在各个学习任务群中。高中阶段的口语交际表达具有如下三个特点：第一，形式较义务教育阶段更为灵活多样。涉及研讨、辩论、调查、访问等，贴近日常生活及社会生活，体现了语文课程适应社会发展需要、重实践性的课程理念，具有很强的操作性。第二，具有较强的主题情境。各个学习任务群是一个相对完整的学习领域，有明确的主题，在培养语文综合素养的同时，挖掘学生的创造潜能。第三，与语文学科核心素养的其他方面形成有机的整体。高中阶段的口语交际不是简单的言说，“研讨”“讨论”在学习任务群中是高频词，更加强调表达的条理性、准确性、逻辑性，是对思维发展与提升这一核心素养的践行。学习任务群中对文化与文学进行研讨、评价，也必然伴随着个体的审美体验，在对美的鉴赏与表达过程中达到对文化的传承与理解。

二、书面表达

《义务教育语文课程标准（2022年版）》在写作能力方面呈现出从“聚焦写话，保护兴趣”到“聚焦构段，内容清楚”到“聚焦谋篇，真实具体”再到“聚焦体式，创意表达”的进阶要求。

第一学段（1～2年级）：聚焦写话，保护兴趣。此阶段的书面表达要求为“对写话有兴趣，留心周围事物，写自己想说的话，写想象中的事物。在写话中乐于运用阅读和生活中学到的词语”“根据表达的需要，学习使用逗号、句号、问号、感叹号”。“写自己想说的话”“写想象中的事物”“在写话中乐于运用阅读和生活中学到的词语”等，是此学段学生写作能力的关键表现。其中，“留心周围事物”是形成表达的前提，“在写话中乐于运用阅读和生活中学到的词语”重在培养语言积累和模仿运用的意识，而强调“根据表达的需要，学会使用逗号、句号、问号、感叹号”等是交际意识和良好习惯的基本要求。

第二学段（3～4年级）：聚焦构段，内容清楚。此阶段的书面表达要求为“观察周围世界，能不拘形式地写下自己的见闻、感受和想象，注意把自己觉得新奇有趣或印象最深、最受感动的内容写清楚。能用便条、简短的书信等进行交流。尝试在习作中运用自己平时积累的语言材料，特别是有新鲜感的词句”“学习修改习作中有明显错误的词句。根据表达的需要，正确使用冒号、引号等标点符号。课内习作每学年16次左右”。其中，“观察周围世界”是学生体察物象、获取习作素材的前提，“尝试在习作中运用自己平时积累的语言材料，特别是有新鲜感的词句”要求学生不仅要积累语言，而且要学以致用，“能不拘形式地写下自己的见闻、感受和想象，注意把自己觉得新奇有趣或印象最深、最受感动的内容写清楚”。此外还有“便条、简短的书信”等实用文写作的要求。可见，第二学段的习作训练重点在

"构段能力"上，"把内容写清楚"是本学段习作能力的基本要求。

第三学段（5～6年级）：聚焦谋篇，真实具体。此阶段的书面表达要求为"懂得写作是为了自我表达和与人交流。养成留心观察周围事物的习惯，有意识地丰富自己的见闻，珍视个人的独特感受，积累习作素材""能写简单的记实作文和想象作文，内容具体，感情真实。能根据内容表达的需要，分段表述。学写读书笔记，学写常见应用文""修改自己的习作，并主动与他人交换修改，做到语句通顺，行款正确，书写规范、整洁。根据表达需要，正确使用常用的标点符号。习作要有一定速度。课内习作每学年16次左右"。其中，"懂得写作是为了自我表达和与人交流"等凸显了交际意识的重要性，有利于促进学生、语文和社会生活三者之间的有机关联。它既是学生言语生命存在的确证，又是运用写作参与社会生活的功能体现。在这一学段，教师要善于创设促进学生表达与交流的机会、情境和任务，让学生从被动的"自我表达"向积极主动的"与人交流"转变。"留心观察周围事物""有意识地丰富自己的见闻""珍视个人的独特感受"与第一学段和第二学段的要求一脉相承，从表象到内里，从"观物"到"观我"，观察视角在拓宽，观察品质在提升，但第三学段的书面表达开始呈现由段到篇的转变。教师要重点关注学生"积累写作素材"和"能写简单的记实作文和想象作文""学写读书笔记，学写常见的应用文"等不同类型文体的写作。根据内容表达的需求，"分段表述"强调了"由段组篇"这一关键能力，即学生要结合具体的任务要求写作，既能言之有物，言之有序，又能言之成篇，言之得体，让"记实作文""想象作文""读书笔记""应用文"等不同类型的习作符合各自的文体规范要求。

第四学段（7～9年级）：聚焦体式，创意表达。此阶段的书面表达要求为"多角度观察生活，发现生活的丰富多彩，能抓住事物的特征，为写作奠定基础。写作要有真情实感，表达自己对自然、社会、人生的感受、体验和思考，力求有创意""写作时考虑不同的目的和对象。根据表达的需要，围绕表达中心，选择恰当的表达方式。合理安排内容的先后和详略，条理清楚地表达自己的意思。运用联想和想象，丰富表达的内容。正确使用常用的标点符号""写记叙性文章，表达意图明确，内容具体充实；写简单的说明性文章，做到明白清楚；写简单的议论性文章，做到观点明确，有理有据；能根据生活需要，写常见应用文。能从文章中提取主要信息，进行缩写；能根据文章的基本内容和自己的合理想象，进行扩写；能变换文章的文体或表达方式等，进行改写。尝试诗歌、小小说的写作""注重写作过程中搜集素材、构思立意、列纲起草、修改加工等环节，提高独立写作的能力。根据表达的需要，借助语感和语文常识修改自己的作文，做到文从字顺。能与他人交流写作心得，互相评改作文，以分享感受，沟通见解。作文每学年一般不少于14次，其他练笔不少于1万字，45分钟能完成不少于500字的习作"。"多角度观察生活""写作要有真情实感"以及写"记叙性文章""简单的说明性文章""简单的议论性文章"等，是对传统写作课程内容的继承，而"写作时考虑不同的目的和对象""能变换文章的文体或表达方式""注重写作过程中搜集素材、构思立意、列纲起草、修改加工等环节"等，体现出由传统的"文章写作"向"过程写作""交际写作”的转变。尤其是“尝试诗歌、小小说的写作”基本属于创意写作方面的新要求。这体现出本学段既重视“规范的作文”，又允许尝试“创意写作”，为培养学生的多类型功能语篇写作提供了明确的支持。

上述四个学段的写作关注点，遵循“句子—语段—语篇—文体”这一序列逐渐扩展。从写作能力上看，从“想写”到“写清楚”再到“写具体”，以及“写得合乎规范”和“有创意”，不断提升要求，基本构成一个比较清晰的写作能力进阶序列。①

《普通高中语文课程标准（2017 年版 2020 年修订）》对书面表达的教学目标，主要体现在“课程目标”的“语言表达与交流”以及“美的表达与创造”部分。具体为“能凭借语感和对语言运用规律的把握，根据具体的语言情境和不同的对象，运用口头和书面语言文明得体地进行表达与交流；能将具体的语言文字作品置于特定的交际情境和历史文化情境中理解、分析和评价”“能运用祖国语言文字表达自己的审美体验，表达自己的情感、态度和观念，表现和创造自己心中的美好形象；讲究语言文字表达的效果及美感，具有创新意识”。书面表达能力的培养，离不开语言运用的具体语境，高中语文课程标准多处反复强调语言环境，就是要求在真实的、具体的语境中发展学生的语用能力，在个人、学校、社会生活的情境中进行语文实践活动。语用能力的培养，使学生能够将正确的、健康的审美意识与审美体验用个体语言表达出来。

《普通高中语文课程标准（2017 年版 2020 年修订）》注重对学生情感态度与价值观的积极和正向引导，体现在语文学科核心素养上的具体要求为“学生在语文学习中，通过审美体验、评价等活动形成正确的审美意识、健康向上的审美情趣与鉴赏品位，并在此过程中逐步掌握表现美、创造美的方法”；体现在学习要求上的具体要求包括“自主写作，自由表达，以负责的态度陈述自己的看法，表达真情实感，培育科学理性精神。书面表达观点明确，内容充实，感情真实健康”。这里的“负责的态度”“科学理性精神”“表达真情实感”“感情真实健康”，是书面表达的前提与基本要求。写作不仅要教给学生表达的技能，而且要让学生能够运用语言文字工具得体地传情达意。实现这一要求，必然要重视对学生思维能力的发展。因此，课程标准提出了对思维发展与提升的核心素养要求，使学生“获得直觉思维、形象思维、逻辑思维、辩证思维和创造思维的发展”，提升思维品质，进而促进书面表达能力的提高。而书面表达能力的提高，如必修课程学习要求部分提出的“思路清晰连贯，能围绕中心选取材料，合理安排结构”，能够在写作实践中锻炼学生的思维能力，形成语言运用与思维发展之间的良性互动。

《普通高中语文课程标准（2017 年版 2020 年修订）》对书面表达还提出了个性化写作的要求。在核心素养与课程目标的表述中，课程标准多次强调“个体语言经验”“自己的经验与语言表达”，因为写作是一项充满个人心智、表达个人体验的活动，要着眼于学生终身发展的需要，培养学生富有个性化的写作能力。必修课程学

---

① 荣维东，周胜华．“表达与交流”教学应走向能力进阶和统整实践：《义务教育语文课程标准（2022 年版）》“表达与交流”解读［J］. 福建教育，2022（27）：37–42.

习要求与选修课程学习要求的相关表述是："进一步提高运用记叙、说明、描写、议论、抒情等表达方式的能力，并努力学习综合运用多种表达方式，力求有个性、有创意地表达。能推敲、锤炼语言，表达力求准确、鲜明、生动""留心观察社会生活，丰富人生体验，有意识地积累写作素材，广泛搜集资料，根据表达需要和体裁要求，尝试多种文本的写作，相互交流"。高中阶段的个性化写作，要求学生在能力上具有"综合特征"，尽量避免语言的平面化与单一化，运用多种表达方式书写个人的体验与感受。这也意味着，自由表达与创意表达应当从表达主体的内在需求出发，灵活选择文体。个性化表达落实到语言运用层面，就是要通过推敲与锤炼，达到准确、鲜明、生动的表达水准。这不仅是语言能力的问题，而且与文章思想、行文结构、思维能力有着密不可分的关系。个性化写作的材料，源于独特的人生体验。对高中生来说，写作要回归生活、关注社会，在观察中积累素材、积累感情，发展多向思维提升自身的表达能力。

第二节　实用性表达与交流教学

《义务教育语文课程标准（2022 年版）》中设计的发展型学习任务群有"实用性阅读与交流"学习任务群，《普通高中语文课程标准（2017 年版 2020 年修订）》的学习任务群中设有"实用性阅读与交流"学习任务群，实用性表达与交流是其中一项学习任务。

一、课程标准解读

《义务教育语文课程标准（2022 年版）》中的"实用性阅读与交流"学习任务群的学习目标为"旨在引导学生在语文实践活动中，通过倾听、阅读、观察，获取、整合有价值的信息，根据具体交际情境和交流对象，清楚得体表达，有效传递信息，满足家庭生活、学校生活、社会生活交流沟通需要"。《普通高中语文课程标准（2017 年版 2020 年修订）》中的"实用性阅读与交流"学习任务群的学习目标为"引导学生学习当代社会生活中的实用性语文，包括实用性文本的独立阅读与理解，日常社会生活需要的口头与书面的表达交流。通过本任务群的学习，丰富学生的生活经历和情感体验，提高阅读与表达交流的水平，发展适应社会、服务社会的能力"。

"实用性阅读与交流"学习任务群的"教学提示"指出，"应紧扣实用性特点，结合日常生活的真实情境进行教学"，"实用性阅读与交流"学习任务群的"教学提示"对学习内容做了进一步扩大与深化，"教学以社会情境中的学生探究性学习活动为主，合理安排阅读、调查、讨论、写作、口语交际等活动"，包括社会交往类内容、新闻传媒类内容、知识性读物类内容，涉及学生在实际生活和学习中面临的三类典型情境，即社会交往情境、信息传播情境、知识理解和应用情境，目的在于通过这三类典型情境中的学习实践，培养学生运用语文知识和技能解决实际问题的能力。

两个课程标准都设置实用性表达与交流学习任务，体现了语文课程的工具性。课程要求提出的有效传递信息，满足不同场景的表达与交流需要，是课程标准面向社会、面向生活、为个体与外界搭建沟通桥梁，学以致用理念的体现。作为社会成员的个体，必然要参与社会公共事务，同他人交往、沟通、合作，在这些过程中需要通过口语或书面语来解决一些实际问题。实用性表达与交流的功能，不仅要求学生在语言实践中提高表达能力，练就生活本领，适应工作需要，更好地与社会接轨，提高适应社会的能力，而且要求学生通过实践来完善自身的社会认知，培养进入社会的基本素养，提升服务社会的能力。

实用性表达与交流，突出强调了现实生活中语文学习的实践性，服务于解决现实生活中的实际问题。课程标准所列举的实用性表达与交流的内容类型，涉及与生活密切相关的多种形式。义务教育语文课程标准中涉及以下方面：在革命遗址、博物馆、公园、剧场、车站、书店、超市、银行等社会场所中，学习认识有关标牌、图示、说明书等，了解公共生活规则，学会有礼貌地交流；学习用日记、观察手记等，展示自己观察自然、探索科学世界的收获；学习具体、清楚、生动地讲述有关老一辈无产阶级革命家和革命英雄、劳动模范、科学家的事迹，以及反映中华传统美德的故事；阅读新闻报道、时事评论等作品，关注社会主义建设新成果，就感兴趣的话题与同学进行线上线下讨论，根据目的与对象选择合适的媒介进行交流沟通等。高中语文课程标准主要是学习运用简明生动的语言，介绍比较复杂的事物，说明比较复杂的事理。具体学习内容，可选择社会交往类的，如会谈、谈判、讨论及其纪要，活动策划书、计划、制度等常见文书，应聘面试的应对，面向大众的演讲、陈述和致辞；也可选择新闻传媒类的，如新闻、通讯、调查、访谈、述评，主持、电视演讲与讨论，网络新文体（包括比较复杂的非连续性文本）；还可选择知识性读物类的，如复杂的说明文、科普读物、社会科学类通俗读物等。两个课程标准所示例的实用性表达与交流，从日常生活延伸到校外社会生活，使学生能够在具体的生活场域中开展语文实践活动。

实用性表达与交流的目的在于解决实际问题或完成具体事务，通常有比较具体、明确的受众和交际应用场景，因此在教学时要紧紧围绕“实用”这一核心，引导学生注意语言交际活动的对象、目的和表述方式。在思维能力上，应侧重发展学生的逻辑思维，让表达与交流具有条理性、灵活性、深刻性，达到“清楚得体”“有效传递”的效果。

二、教学策略

课程标准对“实用性表达与交流”学习任务群的阐述，明确提到了交际情境与交际对象，界定了实用性表达与交流是基于交际语境进行的。交际语境，是带有特定交际目的的真实语境，它是针对某个话题、面向明确或潜在的读者进行的口头或书面表达交流。因此，教师在进行教学时可以采取一些恰当的策略。

（一）设立明确主题

课程标准只明确了语文学习任务群的类型，对具体的学习任务，还需要围绕

“特定的学习主题”，就是要结合语文教材中的内容编排和学习进度，针对学生的内在学习诉求和真实的学情基础，因时制宜、因地制宜地筛选学习主题。学习主题的设定应考虑学生的认知水平，结合学生的身心发展特点。《义务教育语文课程标准（2022年版）》在“教学提示”中给出了可参考的学习主题，如“我爱我家”“我爱上学”“文明的公共生活”“拥抱大千世界”“创造美好生活”“科学家的故事”“数字时代的生活”“家乡文化探究”等，交际情境从日常生活逐步发展到社会生活。高中阶段以社会情境中的表达为主。

（二）创设真实的情境

《义务教育语文课程标准（2022年版）》在“实用性表达与交流”学习任务群的“教学提示”中明确指出，要“结合日常生活的真实情境进行教学，在创设情境时，应建立语文学习、社会生活和学生经验之间的关联，使其符合学生的认知水平。创设情境，就是将实用性表达与交流的学习巧妙地镶嵌在生活之中，让学生在学习中产生带入感，具有身份认同感，自觉自愿地将自己作为写作学习活动的主体。《义务教育语文课程标准（2022年版）》与《普通高中语文课程标准（2017年版2020年修订）》在学习任务群中都给出了具体、可操作、贴近生活的主题，并突出强调了“情境”，将语文实用性表达与交流放置在具体的应用场景中。实用性表达与交流旨在引导学生增强语言文字的实用意识，强化学生的读者意识、情境意识、问题意识、语体意识，使他们学会根据不同的语境适当调整表达方式和表述策略，这是发展核心素养所需要的正确价值观、必备品格和关键能力。因此，语文教师要通过设计具体情境下的表达与交流任务，以任务驱动的方式，培养学生实用性表达与交流的素养。实用性表达与交流的语境，只有突破课堂的限制，直面真实的社会生活言语交际场景，学生才能打开思维，全身心地投入言语交际活动中，自然而然地从情境切换到学习运用语言文字的活动之中。

（三）明确交际任务

实用性表达与交流带有具体的任务，需要解决所给定语境中的问题。因此，实用性表达与交流需要认真研究所布置的任务。例如，拟写一份建议书，要明确建议书针对的是什么问题，面对哪些对象提出，提出建议的立场是怎样的，想要取得怎样的效果，拟采取的办法是什么，在多长时间、多大范围内实施活动等。只有明确了这些内容，才能开始撰写建议书。由于实用性表达与交流本身带有交际任务，需要传递明确的信息，只有研究清楚任务是什么，学生才能根据实际需要，为完成言语交际任务而确定自己需要表达或交流什么。好的写作表达与交流任务设计，会从学生的真实生活需要出发，发挥实用文写作的工具作用和办事功能，与真实生活相联系。只有设计那些来源于现实生活中的真实写作任务，学生才能体会到写作干预生活的作用，从而唤起写作冲动，愿意用写作进行表达与交流，有话可写，这样才有可能写好。

梳理交际任务的过程中，需要明确以下三个方面：

（1）明确交际目的。实用性表达与交流旨在利用语言文字的信息传播功能，完成交际任务所想要达到的预期效果。因此，表达与交流的目的与任务是密不可分

的。学生在情境的触发下能够明白自己“为什么表达”，会将表达与交流的目的和表达与交流本身当作一个整体，积极调取语言库中的材料，思考如何才能达到交际目的。

（2）明确交际角色。实用性表达与交流的教学，要指导学生首先要明确表达者的角色，学生必须进入这个角色，进行相关的表达与交流。例如，如果要写招聘启事，那么学生的身份就是招聘者；如果要写面试陈述，那么学生的身份就是应聘者。交际角色、交际立场不同，将直接影响交际目的以及表达与交流的内容。因此，语文教师需要强化学生的角色意识培养。有时候写作角色和学生的身份是一致的，但多数时候写作角色和学生的身份不完全一致，此时就要进行角色转换，调整思维模式。因此，语文教师应引导学生摒弃以自我为中心的思维和表达与交流的惯性，准确把握表达与交流任务中的主体角色，帮助学生完成角色意识的转换。即从本我角色到他者角色，从学生角色到社会角色，从普通角色到特殊角色，从个体角色到群体角色的身份转换。表达与交流角色的转换，又必然带来写作思路和表达方式的转换。在这个过程中，学生的换位思考能力、多角度思考问题的能力也会得到相应锻炼。

（3）明确交际对象。实用性表达与交流立足于社会生活，为满足社会交际的需要而向特定的对象传递自己的观点，表明自己的看法。因此，实用性表达与交流不仅需要学生明确自己的角色，而且要清楚信息传递的角色，即“对方是什么人”。实用性表达与交流要提高学生的语言技能，帮助学生将来能够更好地走进社会，就要培养学生的对象意识、社会意识，在表达与交流时主要不是考虑自己的行动，更多考虑的是他人的想法以及社会的需要等。

（四）引导表达规范

实用性表达与交流以满足生活需要为直接目的，实用性、针对性是其本质特征。在语言表达上，实用性表达与交流往往要求简洁明了，不过多追求文采性。在写作上，实用性表达与交流常常有着较为固定的思维模式和写作格式，如说明文、新闻通讯、演讲稿的文体格式、表达方式各具特点，在进行写作练习时应注意文体特点，语文教师应注意培养学生的规范表达意识。同时，语文教师也应注意到，表达与交流是具有个性创造力的活动，要注重发展学生使用个性化语言表达的能力。

三、教学案例

撰写演讲稿，开展演讲活动，是《义务教育语文课程标准（2022年版）》与《普通高中语文课程标准（2017年版2020年修订）》在“实用性表达与交流”学习任务群中提到的语文实践活动。学写演讲稿，能够提升学生语言建构与运用的能力；学会公开演讲，能够培养学生在大众面前合理表达观点、在交流中判断是非的能力，进而提升学生的思维水平。以演讲稿为基础的演讲活动，包含学生的口头表达训练与书面写作训练，是落实“实用性表达与交流”学习任务群要求的重要方式。

一位语文教师结合高一学生成长和学习的规律，为引导学生在语文实践中自觉关注个体生命和社会生活，设计了以“路上的风景”为话题的演讲活动。① 此项演讲活动在“实用性表达与交流”学习任务群层面的学习目标包括：（1）撰写演讲稿，将零散的素材有逻辑、有深度地组织成文，并面对全体学生进行演讲，训练学生的语言表达与交流能力；（2）撰写演讲后记，自觉分析和反思自己在语文活动中的表现；（3）根据听众的反馈意见以及讲评课的内容，修改演讲稿，打磨语言，从而形成关于语言应用的经验，并在之后的语文活动和语文学习中加以实践。具体教学活动如表 5–1 所示。

表 5–1　“路上的风景”演讲活动内容设计

<table>
<tr><th>阶段</th><th>时间</th><th colspan="2">内容</th><th>意图</th></tr>
<tr><td>1. 热身</td><td>1 课时</td><td colspan="2">观看《朗读者》第二季第六期，布置任务，明确要求</td><td>激发兴趣，开启活动</td></tr>
<tr><td>2. 阅读与鉴赏</td><td>2 课时</td><td colspan="2">研读《关于希特勒入侵苏联的广播演说》《在马克思墓前的讲话》两篇演讲词</td><td>学习方法，积累经验</td></tr>
<tr><td rowspan="2">3. 表达与交流</td><td>课后</td><td colspan="2">撰写演讲稿</td><td rowspan="2">应用方法，自觉实践</td></tr>
<tr><td>5 分钟</td><td colspan="2">每节课前 5 分钟，组织演讲和评价活动</td></tr>
<tr><td rowspan="4">4. 梳理与探究</td><td rowspan="4">4 课时</td><td colspan="2">演讲开始一星期后，教师上讲评课，正面点评学生表现</td><td rowspan="4">学习方法，发现问题</td></tr>
<tr><td rowspan="3">此后，教师设计了三节讲评课，带领学生继续学习撰写演讲稿的方法</td><td>如何筛选新鲜、独特的素材</td></tr>
<tr><td>如何有逻辑、有深度地展开演讲</td></tr>
<tr><td>如何完成修改</td></tr>
<tr><td rowspan="3">5. 表达与交流</td><td rowspan="3">课后</td><td colspan="2">学生撰写演讲后记，自主修改演讲稿</td><td>应用方法，总结经验</td></tr>
<tr><td colspan="2">学生撰写关于活动的报告文学作品，给校园公众号投稿</td><td>语言应用，充分实践</td></tr>
<tr><td colspan="2">学生录制演讲视频，课代表汇集视频并制作成纪录片</td><td>学生参与，收束活动</td></tr>
</table>

在演讲活动的具体实施过程中，第 3 阶段的表达与交流，演讲者需提前 2 分钟就位，课代表下发评价表，以此唤起同学们的倾听期待并帮助演讲者缓解紧张情绪，保证演讲顺利进行。演讲期间，“听众”填写评价表，目的是让其他学生也能参与本次演讲。梳埋与探究阶段由四节讲评课构成，语文教师正面评点演讲者与“听众”的表现；通过请学生回忆印象最深的演讲并说明理由，学习搜集素材的路

① 杜思聪．路上的风景：“实用性阅读与交流”任务群之演讲活动设计［J］．语文建设，2019（15）：16–20.

径与选择素材的方法；通过观看优秀演讲视频，梳理演讲结构，使学生进一步认识到，演讲需逻辑清晰、条理分明；通过带领学生研读评价表的内容和标准，建议学生从内容和结构方面修改演讲稿，以引导学生关注语言表达，进一步锤炼、打磨语言。第 5 阶段的表达与交流，通过多种活动方式继续训练学生的表达能力。

此次学习任务的重点在于训练学生实用性表达与交流的能力。在整个学习过程中，语文教师提供了贴近学生生活的真实生动情境，让学生从被动听讲到主动参与。学生通过研读范例学习撰写演讲稿的方法，积累语言表达经验，在开展演讲与修改稿件的过程中，进一步提升语言表达与交流能力，在整合素材、表达观点的过程中思维能力得到提升。

第三节 文学创意性表达与交流教学

文学创意性表达与交流，是义务教育语文课程标准的发展型学习任务群“文学阅读与创意表达”与高中语文课程标准“文学阅读与写作”学习任务群中的一项学习任务。

一、课程标准解读

“文学阅读与创意表达”是《义务教育语文课程标准（2022 年版）》三大发展型学习任务群之一，“旨在引导学生在语文实践活动中，通过整体感知、联想想象，感受文学语言和形象的独特魅力，获得个性化的审美体验；了解文学作品的基本特点，欣赏和评价语言文字作品，提高审美品位；观察、感受自然与社会，表达自己独特的体验与思考，尝试创作文学作品”。《普通高中语文课程标准（2017 年版 2020 年修订）》中的“文学阅读与写作”学习任务群，“旨在引导学生阅读古今中外诗歌、散文、小说、剧本等不同体裁的优秀文学作品，使学生在感受形象、品味语言、体验情感的过程中提升文学欣赏能力，并尝试文学写作，撰写文学评论，借以提高审美鉴赏能力和表达交流能力”。文学写作，是两个课程标准关于文学阅读与表达学习任务的一项内容，从学习内容与学习目标来看，这一任务侧重于对应核心素养提出的“审美创造”，即学生能够通过感受、理解、欣赏、评价等语文实践活动，逐渐养成运用语言文字表现美、创造美的能力。在这一过程中，学生既要具备运用语言的能力，又要在此基础上提升语言表达的美感，涵养高雅情趣，具备健康的审美意识和正确的审美观念。

与《普通高中语文课程标准（2017 年版 2020 年修订）》相比，《义务教育语文课程标准（2022 年版）》更加突出强调了学生“创意”能力的培养与发展，这是进行文学性表达与交流需要注意的地方。《普通高中语文课程标准（2017 年版 2020 年修订）》同样要求表达与交流上的创新，在“课程目标”部分也提出了“能运用祖国语言文字表达自己的审美体验，表达自己的情感、态度和观念，表现和创造自己心中的美好形象；讲究语言文字表达的效果及美感，具有创新意识”的要求。但《义务教育语文课程标准（2022 年版）》以“文学阅读与创意表达”命名学习任务群，更加强化了文学性表达要发展学生个性化、创意性表达与交流能力的价值导向。其在课程目标与学段目标中反复提到“写自己想说的话”“说出自己的见闻和感受”“能结合自己的经验”“表达自己的见闻和感受”，就是呼唤表达主体的回归，让学生走出一条用自己的话表达自己思想的道路。创意表达，就是让学生运用多种形式，能将独特的观察体验、认知体验、审美体验、思维体验用个体语言表达出来。落实到书面表达层面，就是让学生在写作时能够从表达内容、呈现方式上体现创新，除立意新颖外，还要注意选材要新颖，角度要新颖，语言表达要新颖，表现形式要新颖。

文学创意性表达与交流，从思维能力发展的要求来看，更加侧重于发展学生的形象思维，使其能够运用联想和想象，增加自己对现实生活和文学形象的感受与理解，丰富自己的经验和语言表达与交流。学生应通过童话、诗歌、散文、小说、戏剧等文学作品创作，以及讲述故事、朗诵诗歌、编演话剧等方式充分启动联想，发挥想象，转换视角进行观察体悟，用心体验、品味生活，感悟自然、自我与社会，运用个性化的语言，表达自己独特的思考与体验。

二、教学策略

（一）根据表达需要，选择适当文体

文学创意表达与交流落实在书面写作层面，包括诗歌、散文、小说、戏剧等文学体裁的创作。不同的文学体裁具有各自的语言与抒情表达特点：诗歌含蓄凝练，带有浓郁的抒情色彩；散文灵动自由，高度书写个体心性与情怀；小说要讲好故事，传递生活经验；戏剧要通过冲突推动故事发展，表现作者对社会人生的思考；等等。因此，在进行文学创意表达与交流教学时，语文教师要让学生在把握不同文学体裁特点的基础上，引导学生认真观察生活，保持对生活中不同人物、事件、景物的敏感性，捕捉创作灵感，挖掘自身经历的独特性，把内心中的艺术形象、个人体验与感受、审美情趣等，选择适当的文体表达出来。如统编语文教材九年级下册第六单元设置了“有创意地表达”写作课，任务三为“以《春天的色彩》为题，写一篇作文。不少于600字”。这个题目贴近生活并具有开放性，学生可以选择写景抒情的散文，也可以虚构一个故事，在文章体裁选择上灵活新颖，富有创意。

[微视频]
《竹里馆》
教学片段

（二）调动情感体悟，传达审美感受

文学创意表达与交流，侧重语文核心素养中的“审美创造”，主要培养学生运用语言文字表达美、创造美的能力。审美的生成是审美体验从内化到外显的过程，只有在充分调动个体强烈的内心共鸣、情感体悟的前提下才能实现。因此，语文教师要激起学生对美的感知与体悟，并在口头表达或书面写作中将对美的感受传递出来。

例如，语文教师可以通过强化朗读，让学生在阅读体验中带着真情实感，强化审美感受。朗读是提高学生语言表达能力、培养语感、激发学生情感、实现感情共鸣、加深学生对语文知识理解的重要途径。一篇课文，阅读过程中在哪里停顿，何处是逻辑重音，节奏快慢如何，应以什么样的情感去读，关涉学生对文本的把握，

也在潜移默化中影响着学生的口语表达能力。有些文章中难以体会的妙处，往往能通过反复的朗读、涵泳而心领神会。有经验的语文教师，非常注重对学生朗读的指导。例如，特级教师肖培东在执教《皇帝的新衣》时，设计了“读出《皇帝的新装》中最为夸张之处”这一环节，在朗读指导过程中，通过点拨学生语速、重音、重点词的读法，使学生读出了衣服特点及皇帝行为的夸张。通过朗读，学生不仅把握了人物形象，而且进一步了解了童话文体的夸张特点，以及如何为他人生动地讲童话故事。

又如，语文教师可以通过感官激发调动学生的情绪感受，赋予学生写作动机，推动学生的表达欲望。在进行统编语文教材八年级上册第三单元“学习描写景物”写作教学时，语文教师可以利用多媒体或虚拟现实技术向学生展示真实的山水景色，激发学生的直观感受，引起他们丰富的联想和想象，让学生用心去感受和聆听，体会景物的静谧与美妙，帮助学生找到描写对象的点睛之处，然后鼓励他们结合情境用自己的语言进行阐述。学生可以阐述自己身临其境的感受，也可以阐述自己看到的景物或听到的声音，还可以用不同的情感和思想体验进行描述。在这种方式下，学生的审美表达需求得到启动，能够不断增强自身的语言组织能力与语言表达能力，进而更有思路地进行写作，并在不知不觉中有效地提升语言能力。

（三）发散思维，生发创意内容

文学创意表达与交流需要通过积极发散思维来扩大视野，拓展思路，多个角度审视已有材料，找到新的选材使用角度，从中获得灵感，用独特的角度表达，以此扩大内容空间，最终生发有创意的内容。辐射式发散可以让学生抓住表达主题中的关键元素，围绕这个元素从不同角度展开联想，延展材料范围，提取并筛选有用材料。逆向式发散可以让学生反向思考，打破常规，发现材料的另一面，以此找到很少有人去写的内容。在统编语文教材习作中，如三年级下册“这样想象真有趣”，可以选一种动物，写它失去原有特征后发生的故事；四年级下册“故事新编”，可以反转故事本身的结局，创编全新的故事。[①] 类比发散可以让学生从某个角度出发，通过思维导图由此材料发散到彼材料，丰富创意内容。例如，统编语文教材九年级下册第六单元“有创意地表达”写作任务二为：你写过“我的老师（同学、朋友）”这类话题的作文吧？面对熟悉的话题，你是否能产生新的创意呢？从中选择一个话题，自拟题目，写一篇作文。不少于600字。学生通过学习《一滴水经过丽江》《孔乙己》等课文，发现不同视角的选择会让文章角度更加新颖，可仿照课文的写法，选取新颖的视角，如从教室的角度、作业本的角度看教师、同学身上的故事，等等，让习作出彩。

（四）积累鉴赏经验，增强表达能力

提升创意表达能力，是一个掌握语言规律，不断积累语言经验的过程。在这个过程中，学生要通过品鉴文学作品和发现文学的语言、形象、情感之美，分辨美的层次差异，习得美的表达方式，提升文学表达能力，用文学的形式表达感情与审美

---

① 葛林高，张晨瑛．课标视域下创意表达的理解与实施：以习作教学为例［J］．小学教学设计，2023（16）：11–14.

情趣。积累鉴赏经验，可以从鉴赏文本与模仿写作两个方面入手。

第一，引导学生鉴赏文本。语文教师可以通过增、删、改、换等方式，让学生体味文本的用字之妙；也可以通过同一主题不同体裁作品的比较，加强学生对不同文体特点的认识。总之，语文教师要采用多种方式，让学生在对文学作品的鉴赏中，从选材的独到、组材的精妙、视角的独特以及表达的生动等方面，发现优秀作品的创意表达技巧。在文本鉴赏过程中，学生的自我认知与文学作品产生深入交流和融合，同时积极探索自己的写作思维、素材语料和表达技巧，最终由鉴赏评论过渡到写作表达。在写作思维的组织下，学生将作品中的文学特色、写作技巧整合内化为语言表达，使自身的语文素养得以全面发展。同时，鉴赏文本不仅要整合文本信息，而且要找到恰当的评论视角，这需要进行复杂的思维活动，思考语言如何表达。

第二，进行模仿写作练习。在模仿写作的过程中，学生对文学作品进行了从阅读到创作实践的深度体验，将文学作品的艺术特色内化于心，进而表达出自己独特的审美经验。模仿写作前，学生需要明确文体特征，针对关键字句进行鉴赏，培养炼字的敏感度。在进行模仿写作时，学生可以从仿写修辞与句式入手，逐渐深入仿写文本的意象，挖掘情感，模仿文章的整体结构方式进行写作。整个仿写过程，学生要发挥想象感受作者的创作心境，同时也要调动自身的生活经验，尝试用新方法改造已有的表达经验，提升表达能力。

例如，完成朱自清《春》的教学后，语文教师可以让学生以“春天”为题写一篇小作文。在学生习作前，语文教师可以先采用“说一说”的方式，让学生讲一讲自己眼中的春天，并让学生找出课文中最喜欢的描写春的一个句子。在学生习作的过程中，语文教师还可以引导学生主动借鉴文中的句子，结合自己的实际的想法写出春天的勃勃生机。

三、教学案例

统编语文教材七年级下册第二单元的写作教学任务是“学习抒情”，一位语文教师结合统编语文教材写作教学“随文学习”的原则，从教材提供的写作实践待选内容中选择让学生以《乡情》为题写一篇作文。教材的导写部分强调“情贵在真”“情感的抒发要自然”，还列出了常见的抒情方式。学生要怎样掌握这些要素？教师要如何实施这些训练目标？结合学生的经验起点和教材起点，教师设计了以下教学环节：①

环节一　乡情名片，激活情感

为了激发学生的写作兴趣，教师从语文与生活联系的视角出发，选取了武汉市文化和旅游局发布的一组感恩海报——《致敬英雄，一路平安》作为资源，从中提取了东湖、江汉关、黄鹤楼、樱花、热干面等元素，制作了一份来自武汉的乡情名片，并顺势推出如下写作任务：有没有那么一个地方或一种食物，一提起它就能令

---

① 王斯斯．基于学情的写作教学实践：以统编教材七年级下册《学习抒情》为例［J］．语文教学通讯，2021（5）：76–78．

你想到自己的家乡？你的家乡是什么样的？你对它怀有怎样的情感？请以《乡情》为题写一篇作文，向校刊投稿。

环节二　乡情目录，创生材料

授课前，教师为了解学生的写作学习需求，利用问卷调查探测了学情。针对写作任务中面对的困难，高达 43.6% 的学生表示“不知道写什么”，对此，教师设计了帮助学生开发写作内容的构思支架《乡情目录》，引导学生从家乡景色、家乡风俗、家乡特产等方面介绍自己的家乡，并写出令自己最难忘的事。

环节三　课文引路，学习抒情

活动一：了解“抒情”知识。浏览教材和导学案中的“知识卡片”，指出与抒情方式和分类等相关的知识。

活动二：探寻抒情方法。从本单元的三篇课文《黄河颂》《老山界》《土地的誓言》中寻找抒情句段，分析抒情方法。

这一环节旨在完善学生的知识结构，指导学生从范文中提炼策略性知识。实施过程中，按照“浏览知识卡片、了解知识，聚焦范文句段、探究原理，呈现一组样例、归纳规律”的步骤，引导学生去发现、归纳，再进行展示和汇报。

环节四　乡情片段，升格训练

为引导学生在具体的语境中有效运用新知，将新技能应用在具体的写作任务之中，促进从理解知识到运用知识的转化，教师引导学生学以致用，对课文选段进行了仿写，并设置了“交流评议”“范例展示”“修改完善”等学习活动，指导学生进行升格训练。

在上述四个学习环节中，环节一意在创设写作情境，触动学生的情感，激发学生的写作兴趣，解决“为什么写”的问题；环节二意在搭设支架，帮助学生广泛搜集写作素材，解决“写什么”的问题；环节三意在聚焦学习元素，引导学生探究方法，解决“怎样写”的问题；环节四意在进行过程指导，指导学生应用新知，融会贯通。

在教学过程中，教师在教学环节四设计了仿写，发现学生初期写作中存在景与物的排列缺乏逻辑、显得凌乱的问题。针对这一情况，教师将“铺排法”作为核心学习元素，以课文《土地的誓言》为例，通过富有启发性的问题点拨学生的思维，引导学生注意课文的写作逻辑顺序，指导学生修改习作。

课后，教师对课堂教学效果进行了评估。教师按照上述四个教学环节组成的教学流程进行课堂教学，教学过程流畅，学生学习状态良好。环节一，学生的情感被激活，写作兴趣被激发。环节二，《乡情目录》分享展示活动结束后，学生普遍都有了可供选择的乡情载体。在《乡情目录》中，“南岳”“油菜花”“石鼓书院”“臭豆腐”等出现较多，同时也呈现出不少独特的视角，如“抗战名城”“英雄故里”“老屋”“福严寺的银杏”“辣椒”“赶场”等。环节三，学生能从范文中提炼出“借事抒情”“借景抒情”“选取具有家乡代表性的景物”等抒情方法。环节四的片段写作实践，学生都能动笔，下课时按要求完成语段升格的人数超过全班人数的 70%。

第四节　思辨性表达与交流教学

思辨性阅读与表达，是《义务教育语文课程标准（2022年版）》的发展型学习任务群“思辨性阅读与表达”与《普通高中语文课程标准（2017年版2020年修订）》“思辨性阅读与表达”学习任务群中的一项学习任务。

一、课程标准解读

《义务教育语文课程标准（2022年版）》中的“思辨性阅读与表达”学习任务群旨在“引导学生在语文实践活动中，通过阅读、比较、推断、质疑、讨论等方式，梳理观点、事实与材料及其关系；辨析态度与立场，辨别是非、善恶、美丑，保持好奇心和求知欲，养成勤学好问的习惯；负责任、有中心、有条理、重证据地表达，培养理性思维和理性精神”。《普通高中语文课程标准（2017年版2020年修订）》中的“思辨性阅读与表达”学习任务群旨在“引导学生学习思辨性阅读和表达，发展实证、推理、批判与发现的能力，增强思维的逻辑性和深刻性，认清事物的本质，辨别是非、善恶、美丑，提高理性思维水平”。《普通高中语文课程标准（2017年版2020年修订）》“思辨性阅读与表达”学习任务群的学习目标与内容为：（1）阅读古今中外论说名篇，把握作者的观点、态度和语言特点，理解作者阐述观点的方法和逻辑。阅读近期重要的时事评论，学习作者评说国内外大事或社会热点问题的立场、观点、方法。在阅读各类文本时，分析质疑，多元解读，培养思辨能力。（2）学习表达和阐发自己的观点，力求立论正确，语言准确，论据恰当，讲究逻辑。学习多角度思考问题。学习反驳，能够做到有理有据，以理服人。（3）围绕感兴趣的话题开展讨论和辩论，能理性、有条理地表达自己的观点，平等商讨，有针对性、有风度、有礼貌地进行辩驳。

关于“思辨”一词，《现代汉语词典》（第7版）的释义有两个：一是哲学上指运用逻辑推导而进行纯理论、纯概念的思考，二是思考辨析，如思辨能力。思辨能力是指通过对事物或问题进行分析、推理、评估，最终达到解决问题、形成决策或得出结论的能力。如果一个人不具备思辨能力，那么就无法获得独到的见解，或无法与持有不同看法的人进行交流并达成共识。语文课程标准中的“思辨”，体现为一种认知技能和思维能力。思辨性表达，不仅要培养学生运用语言文字的能力，而且直接指向语言表达背后的思维能力。提升思维品质，是《义务教育语文课程标准（2022年版）》与《普通高中语文课程标准（2017年版2020年修订）》在语文核心素养中明确提出的要求。《义务教育语文课程标准（2022年版）》对“思维能力”的界定是：“思维能力是指学生在语文学习过程中的联想想象、分析比较、归纳判断等认知表现，主要包括直觉思维、形象思维、逻辑思维、辩证思维和创造思维。思维具有一定的敏捷性、灵活性、深刻性、独创性、批判性。有好奇心、求知欲，崇尚真知，勇于探索创新，养成积极思考的习惯。”《义务教育语文课程标准（2022年版）》设置的三个发展型学习任务群，都涉及思维能力培养，但承担的内容各有侧重。思辨性表达与交流，侧重发展学生的逻辑思维能力、辩证思维能力，培养学生的理性精神。

义务教育阶段不同学段的思辨性表达与交流的学习内容不同，具体如表 5–2 所示。

表 5-2 《义务教育语文课程标准（2022 年版）》“思辨性表达与交流”学习任务群的学习内容

学段	具体内容
第一学段（1~2 年级）	（1）阅读有趣的短文，发现、思考身边的鸟兽虫鱼、花草树木、家用电器等日常事物的奇妙之处，说出自己的想法。 （2）大胆提出生活和学习中遇到的问题，通过阅读、观察、请教、讨论等方式，积极思考、探究，乐于分享自己解决问题的办法，说出一两个理由
第二学段（3~4 年级）	（1）阅读有关科学的短文，尝试发现日月星辰、风雨雷电、山川草木等大自然的奥秘，依据事实和细节，运用口头和图文结合的方式，表达自己的观点和思考。 （2）阅读解决生活问题的故事，尤其是中华智慧故事，结合自己在生活中遇到的问题学习思考的方法，尝试运用列提纲、画思维导图等方式，表达故事中的道理。 （3）在日常学习和生活中，主动记录、整理、交流自己发现的问题和思考，学习辨析、质疑、提问等方法
第三学段（5~6 年级）	（1）阅读关于中华传统美德、社会公德等方面的短论、简评，结合校园或社会生活中的实际事例，学习有理有据地口头或书面表达自己的观点。 （2）在日常生活和学习中，发现并思考成语、对联、谚语、绕口令等多种语言现象的特点，体会不同的表达效果。 （3）阅读有关科学发现、技术发明的故事，用画思维导图等方式辅助，简洁清楚地表述科学家发现、发明的过程，学习科学家的创造精神，体会猜想、验证、推理等思维方法。 （4）阅读哲人故事、寓言故事、成语事等，感受其中的智慧，学习其中的思维方法
第四学段（7~9 年级）	（1）阅读关于生活感悟、生活哲理方面的优秀作品，学习思考与表达的方法，结合生活经验和阅读材料，阐述自己的感悟和观点。 （2）学习关于科学探究方面的文本，联系自己的科学学习经历，围绕问题提出、探究过程、解决方法等进行专题式的研讨、演讲和写作。 （3）阅读诗话、文论、书画艺术论的经典片段，尝试运用其中的观点欣赏、评析作品。 （4）学习革命领袖的理论文章、经典的思辨性文本（包括短小的文言经典），理解作者的立场、观点与方法。围绕社会热点问题，以口头或书面方式参与讨论

总体而言，思辨性表达与交流要培养学生根据明确的标准和充分有力的证据说话、系统条理而合乎逻辑地论证观点的能力；培养学生独立思考、多角度分析问题的能力；培养学生善于提出问题、不懈质疑的精神；培养学生反省自身问题、对不同意见保持宽容的精神。

二、教学策略

基于课程标准的教学目标、教学内容，思辨性表达与交流可采取四种教学策略。

（一）贴近生活，以问题为中心，创设思辨性表达与交流情境

围绕生活、贴近社会，将提升学生的个人素养与生活实际相结合，突出课程实施的情境性与实践性，是课程标准的一大理念。义务教育阶段的“思辨性阅读与表达”学习任务群的各个学段都注重立足于“日常生活和学习”，高中阶段的“思辨性表达与交流”学习任务群的“教学提示”中明确提出“选择日常生活和学习中、历史或当今社会中学生共同关心的话题”，引导学生走出书本、走出课堂，在宽广的社会生活中独立思考问题，调动生活经验，表达理性见解。因此，提出具有认知冲突和认知难度的问题，创设富有时代性、思辨性和探究性的学习情境，是课程标准新理念的应有之义。例如，统编语文教材小学六年级下册为学生学习辩论教学所设计的“计算机时代需要/不需要练字”“人们通过竞争/合作取得更大的成功”等容易产生分歧的问题，引导学生利用客观事实和已有证据证明自己的观点，并说服对方。古文学习也可以设计有针对性的问题，以激发学生思考的热情。例如，有语文教师在讲解《烛之武退秦师》时提问：“从历史、地理、政治角度看，在当时的历史背景下，郑国能够保存下来是偶然还是必然？”有语文教师在讲解《庖丁解牛》时提问：“庖丁的理念在现实生活中能加以实践并成功吗？”这些教学设计有助于激发学生的参与意识和说理兴趣，能够唤起学生的表达交流欲望，进而锻炼他们基于证据的说理能力，提升他们的理性思维水平和表达能力。

（二）强化思维训练，引导学生多元视角思考，培养辩证性和批判性思维

思辨性表达与交流需要提升学生的思维质量，强化学生的思维能力。只有让学生的思维得到有效训练，才能使他们做到在表达与交流过程中言之有物、言之有理、言之有据、言之有序。对语文学科来说，阅读教学与写作教学都应注重提升学生的思维能力。

阅读不仅是学生积累语言经验、学习表达方式的材料，而且是锻炼学生思维能力的素材。语文教师在教授具有思辨性的文本时，可以采用文本细读、比较阅读等方式，引导学生思考文本的说理特点与思辨内涵，借鉴思辨性文本写作时的论证技巧与逻辑推理方式，体会论证说理过程中的思辨魅力。

思辨性表达与交流要求引导学生具备多元视角，在对比分析中把握事物的特点，在思辨中全面辩证地表达自我的观点。在写作课上，语文教师可以让学生通过梳理同类事例，用类比的手法丰富主题，用充分的理据支撑论点；通过联想与论点

相反的事例，将正反事例进行对比，揭示矛盾，增强论证的深刻性；通过具体分析观点，不断深化论证层次，以此启动学生的思辨思维。例如，以“如何看待当下社会网络的普及”为主题进行写作教学。语文教师首先应该意识到学生往往会存在对习以为常的事物存在刻板印象和思维固化的问题，出现片面地认定网络普及是完全正面或负面的现象。因此，在展示优秀作文时，语文教师要有意识地提示学生关注他人的新视角和新观点，突破思维定式。语文教师可引导学生一分为二地看待网络普及，既看到它的积极面，又看到它的消极面，既要观察表面现象又要挖掘背后原因。在对当下社会网络普及的利弊进行辩证分析的基础上，引导学生调动所积累的素材，结合学生对现实生活的感悟和思考，进行归纳整理，深入思考，提高说理的深度和广度。在此过程中，尤其要注意鼓励学生对既有看法进行质疑和反思，敢于提出自己的观点并论证其合理性，而不是人云亦云、固执己见。

（三）整理思维，理清思路，强化表达与交流过程指导

思辨性表达与交流需要有意识地引导学生学习和掌握说理的方法和技巧，找到合适的论证路径。语文教师应在教学中将写作过程分解为具体可操作的步骤，对学生进行疏导，让学生理清思路，掌握分析问题、完善习作的能力。

1. 研读材料，提炼观点

学生看到写作材料后，要围绕材料的内容，提炼自己的观点，确定思维角度。这是思辨性写作的起点，具体的论证过程将围绕材料议题展开。在这一步骤中，学生需要认真对材料进行合理解读，理解材料给定的情境。只有明确议题的针对性，就材料中设置的写作任务，提炼自己的观点，明确说理任务，接下来才能有的放矢地提出富有针对性的意见和评论。否则，写作就会在立意上发生偏离。

2. 建立论证框架，多角度论证

一篇好的文章不仅立意深刻、文采斐然，而且讲求谋篇布局，逻辑清晰，说理有条理。因此，语文教师在思辨性表达与交流教学过程中要有针对性地讲授论证方式、论证结构、论证技巧，引导学生梳理自己写作时的逻辑关系，形成论证的逻辑框架，在实际写作时能够打破单一的论证方式，从多个角度进行论证，表达清晰、有结构，从而流畅连贯、有理有序、全方位地演绎、阐述自己的观点。

思辨性表达与交流要求教师在教学过程中引导学生重证据、重实证，用证据支持、证明自己的观点，在确定论证方向与逻辑框架后，学生还需要寻找论据论证自己的论点，论据的恰当、准确与否对学生观点的表达具有重大影响。

总之，学生在进行思辨性表达与交流实践时，要利用逻辑知识，对人、事、物、理作理性分析，让论述真正具备逻辑的力量。

3. 利用习作评改，积累表达经验

完成习作，并不是整个写作过程的终点。写完作文，还要进行评价和修改。语文教师在习作评改时不仅要分析和总结本次写作中存在的问题，而且要讲解与指导写作规律，最终指向提高语言表达能力。习作评改，可以采用独立初改、互评再改的方式。独立初改主要依靠学生自身修改错别字、规范表达，完善自己不满意之处；互评再改需要语文教师引导学生间传阅互评，取长补短，换位思考，进行思想碰撞。在这个过程中，学生相互交流观点，在彼此尊重、平等讨论的环境下就观点、材料与论证过程等找出需要改进的问题和补充之处，探究优化表达的方法，给出修改完善的意见，评价修改后的表达效果。语文教师在总结时可以补充相关理论知识，让学生认识到写作中存在的问题，加深对写作规律的认识，积累语言经验。这种形式的评改，让学生的思辨性口语交际能力与书面写作能力都得到了有效锻炼。甚至在这一环节，可以适时让学生进行辩论，培养学生的批判性思维。

（四）组织多样的活动形式，综合提升思辨性的口语表达能力

思辨性表达与交流教学，不能忽视对口语交际能力的培养，口语表达可以为书面表达提供扎实的基础。这里特别需要补充有关“讨论”的知识和技巧。在语文教学中，讨论，是围绕某一主题，组织全班同学发表见解或主张的教学形式。讨论不仅能够发展学生的思维能力，而且可以提高学生的口语表达能力。在讨论过程中，语文教师应引导每个学生积极参加讨论，激发学生的表达欲望，使学生体会表达的乐趣。如何提出问题？如何区分论题和结论？如何提供支撑的理据？推理过程有没有谬误？能否对讨论进行反思和改进？能否区分事实和观点？是否发表了不同的意见，或支持他人的意见？能否在坚持原则的基础上调整自己的观点？能否尊重并倾听他人的意见？总之，在讨论中，学会思考和倾听是有话可说、有的放矢的前提和基础；学会表达和追问是参与讨论的表现和根本；在讨论中调整自己的思维是健全认知的体现；学会整合和总结能体现在讨论中的独特价值。教师不仅要对讨论内容进行评估，而且要正确评估学生的说话能力，如普通话是否标准，表达与交流是否准确、连贯等。

此外，高年级段的学生还可以开展辩论。辩论不仅能培养学生的反应能力和逻辑思维能力，而且可以很好地锻炼学生的口头表达能力。语文教师在组织班级中举办辩论赛时，注意辩题要令人在选择上产生明显的分歧，树立对立面；组织辩论赛的参赛方，并指导学生查阅资料，教给学生辩论方法；宣布辩论规则。赛后评点环节，语文教师要注意从发言是否有理有据、态度是否端正得体等方面进行点拨。针锋相对的辩题能够激起学生辩论的热情，让学生站在己方立场说理的同时驳斥对方的观点，在对方的反驳中完善自己的观点。伴随着辩论的推进，学生的思考范畴越来越广，思考角度越来越多，思考也越来越深入。通过辩论，学生更容易生成逆向思维，发展思维的完整性，提升思维的敏捷度和灵活性，提高表达能力。

无论讨论还是辩论，教师既可以自拟题目，又可以依托于课堂教学环节，利用文本挖掘讨论和辩论的内容。例如，学习统编语文教材普通高中必修上册第一单元后，可就“青春的价值”主题展开讨论；学习《答司马谏议书》后拓展阅读《与王介甫书》，就司马迁与王安石二人谁的观点更加合理，进行辩论。

三、教学案例

一位语文教师为培养学生的评论素养，让学生在面对媒体的“众说纷纭”时能

做一名负责任的表达者，以“人人都是评论者”为题，进行了如下教学设计：[①]

（一）学习目标与学习内容

1. 学习目标

（1）通过对社会热点现象的分析，了解不同的说理视角，掌握客观看问题的能力。

（2）比较公众和媒体不同的评价视角，探究评论者的观点及评价标准。

（3）学会公共说理的基本方法。作为社会生活的参与者，应有自己理性、适当的参与方式；作为评价者，对社会时事有自己恰当的看法，并能理性、客观、准确地表达。

2. 学习内容

（1）阅读与比较：通过阅读纸媒及观看视频等方式，了解高铁“霸座”等相关新闻视频和媒体评论，明晰高铁“霸座”的事件真相，了解他们各自所持的理由。

（2）梳理与探究：梳理公众和媒体评论的视角及所持的不同观点，探究他们说理的合理性及思维误区。

（3）表达与交流：按照合乎客观事实和逻辑的规则，通过口头和书面形式，在课堂上和网络平台上恰当、理性地表达自己的看法，有理有据。

（二）情境与任务

1. 学习情境

每天生活中都有各类事件发生，作为当事人，每个人都有自己的立场和做法。高铁“霸座”现象时有发生。无论“当局者”还是“旁观者”，都有评论的权利，如果不是在同一个话语平台上，那么就很难有效沟通，所以说理需要一个公共认识和评价标准。今天，公共生活空间已经由真实走向虚拟，由封闭走向开放，人人都是当事人，人人都是评论者。如何进行公共说理，实现有效沟通，做一个理性的评论者，不仅涉及人文素养，而且包含沟通交流的艺术。

2. 学习任务

任务一：探寻事实真相。通过网络等手段，广泛搜集高铁“霸座”有关事件的视频、新闻、评论等内容，从多种途径探寻事情的真相，并做出自己的判断。

任务二：揭示事件原因。梳理高铁“霸座”的理由，引导学生从当事人、旁观者、公众舆论、主流媒体等不同的视角辨析问题的本质，剖析高铁“霸座”理由存在的误区。

任务三：比较评价视角及标准。比较公众和新闻媒体对高铁“霸座”事件的评价视角和评价标准，探究不同评论者的评价标准及优缺点。

任务四：总结公众事件说理方法。在这一环节，从对高铁“霸座”事件的评论中总结公众和媒体说理的优缺点，理性表达自己对高铁“霸座”事件的评价，总结公众事件说理的一般方法，通过“一句话评论”进行思辨性表达与交流的训练。教

---

① 张春华.人人都是评论者：“思辨性阅读与表达”学习任务教学设计［J］.中学语文教学参考，2019（34）：7-10，19.

师主要针对个人的评论进行评价，在个人体验的基础上总结公众事件说理的一般方法，“培养负责任的表达者”。

[本章小结]

表达与交流教学，是《义务教育语文课程标准（2022年版）》与《普通高中语文课程标准（2017年版2020年修订）》中关于“阅读与表达”课程学习内容的组成部分，在落实语文核心素养的四个方面各有侧重。本章主要介绍两个语文课程标准对“表达与交流”的要求、实用性表达与交流教学、文学创意性表达与交流教学、思辨性表达与交流教学四部分内容。从义务教育阶段到普通高中阶段，课程标准对交流与表达的能力提出了纵向上衔接深化、横向上整合思维的要求。课程标准对表达与交流的要求主要体现在口语交际和书面表达两个方面。其中，实用性表达与交流教学、文学创意性表达与交流教学和思辨性表达与交流教学分别从课程标准解读、教学策略、教学案例三个方面进行了阐述和介绍。

[实践·思考·探究]

1. 春联是过年时呈现喜庆心理的文化要素，贴春联是中国人过年时重要的年俗活动之一。请以《春联的调查》为题，为小学六年级的学生布置作文。为指导学生有效开展调查实践、将观察与思考诉诸作文，你将如何设计教学流程？

2. 以“我的梦想”为主题设计一次写作课，写出情境任务与教学流程。

3. 阅读下面的教学案例，分析其中的写作教学设计理念。

说明能力是一项写作基本功，说明顺序是说明文写作的一个学习要素。不同的说明对象间存在不同的特质，引导学生从已有的生活经验出发，发现、归纳事物的结构与规律，能够帮助学生建立常见的说明顺序基本图式，在说明顺序的学习过程中取得事半功倍的效果。某教师在执教《说明顺序的选择》时，进行了如下教学设计：课前布置研读关于手表的资料，了解与说明对象有关的知识。正式上课前带来手表，让学生对实物做进一步观察，整理对手表的了解和感受，并列举自己熟悉的说明顺序。为了让学生了解说明顺序的选择与交流的目的、对象之间存在关联，教师请同学们从“希望父母买来手表作为自己的生日礼物”“心仪的手表被爷爷奶奶或弟弟妹妹看重，也想买一块同样或类似的”之类场景出发，让学生向家人介绍手表并阐述介绍顺序的理由。学生踊跃讨论后，教师总结“说明顺序的选择，需要理清不同内容之间的关系”。课堂小结环节，教师引领学生重温教学内容，布置课后训练。①

---

① 郑桂华.说明文写作教学：任务设计与策略选择［J］.中学语文教学，2019（10）：34-40.

[拓展阅读]

1. 陈如意. 文以致用：实用性阅读与交流[M]. 上海：上海教育出版社，2018.

2. 吴东，高杨. 实用性阅读与交流[M]. 北京：语文出版社，2021.

3. 郑桂华，范飚. 文学阅读与写作[M]. 北京：语文出版社，2021.

4. 陆志平，张克中. 思辨性阅读与表达[M]. 北京：语文出版社，2021.

5. 吴忠豪，薛法根. 实用性阅读与交流[M]. 上海：上海教育出版社，2023.

第六章　梳理与探究教学

读书始读，未知有疑。其次则渐渐有疑。中则节节是疑。过了这一番，疑渐渐释，以至融会贯通，都无可疑，方始是学。①

——朱熹

［学习目标］

1. 了解《义务教育语文课程标准（2022年版）》和《普通高中语文课程标准（2017年版2020年修订）》中关于“梳理与探究”教学目标和教学内容的要求。

2. 掌握“语言文字积累与梳理”“跨媒介阅读与运用”学习任务群的教学原理和教学策略，并在实践中加以运用。

3. 熟悉专题探究式学习的教学理念和教学策略，能在教学实践中训练相关技能以及培养学生的语文学科素养。

---

① 黄宗羲．宋元学案[M]．北京：商务印书馆，1986：284.

[知识导图]

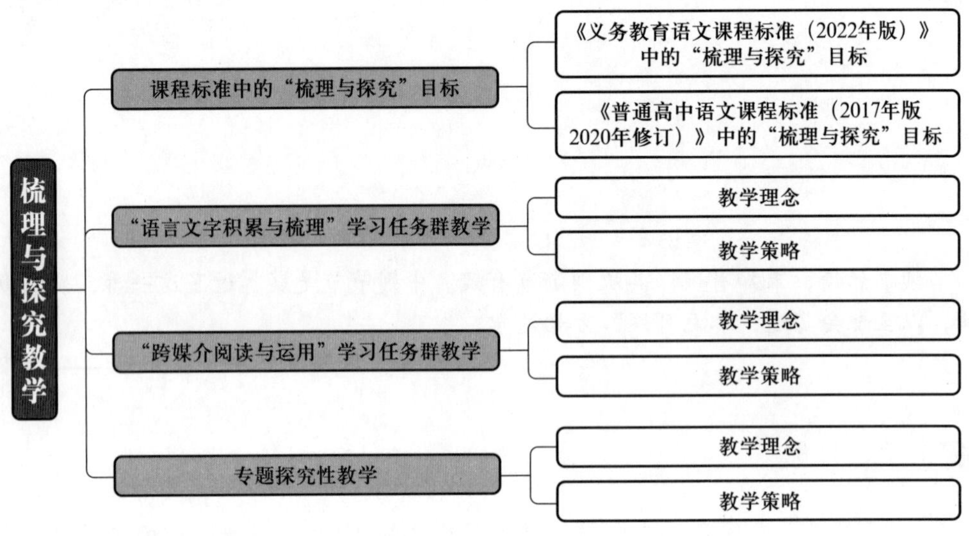
梳理与探究教学
课程标准中的“梳理与探究”目标
《义务教育语文课程标准（2022年版）》中的“梳理与探究”目标
《普通高中语文课程标准（2017年版2020年修订）》中的“梳理与探究”目标
“语言文字积累与梳理”学习任务群教学
教学理念
教学策略
“跨媒介阅读与运用”学习任务群教学
教学理念
教学策略
专题探究性教学
教学理念
教学策略

[案例导入]

请阅读下面《苏州园林》的教学实录片段：[①]

……

（二）美在何处，缘何而美

1. 文章说苏州园林美如图画，它到底美在何处，又缘何而美？请填写表 6-1。

表 6-1 《苏州园林》描写景物分析

段落	景物	特点	说明方法	理由或感受
3				
4				
……				

（1）文章第 3 自然段“苏州园林可绝不讲究对称，好像故意避免似的。东边有了一个亭子或者一道回廊，西边决不会来一个同样的亭子或者一道同样的回廊”一句中的“绝不”和“决不”有什么区别？可否互换？

明确：“绝不”说明事物本来就是这样，是客观的；“决不”注重的是人的态度，即设计师的观点，是主观的。

（2）文章第 5 自然段“没有修剪得像宝塔那样的松柏，没有阅兵式似的道旁树：因为依据中国画的审美观点看，这是不足取的”一句中的“这”是指什么？依据中国画的审美观点看，什么是足取的？

明确：“这”是指天然之趣是足趣的。

2. 换一种方式发现园林之美。

（1）屏幕上两幅照片（花墙和廊子）对应文中的哪一自然段？花墙和廊子各有什么特点？

（2）屏幕上两幅照片（园林角落里的图画美）对应文中的哪一自然段？

（3）“如果开窗正对着白色墙壁，太单调了，给______上几竿竹子或几棵芭蕉”一句中的画线部分可不可以填“栽”或“种”？

明确：“补”像在画一幅画，而“栽”和“种”强调写实，缺少美感。

3. 发现科学小品文和一般说明文的不同。

（1）用词语填空回答问题：课文主要由哪些内容构成？这和我们对说明文的一般印象是不是不大一样？这是一篇什么样的说明文？

（　　）——说明事物特点；（　　）——解释其中道理；（　　）——寄托作者情感。

① 潘庆玉．说物·明理·寄情·薪传：从语文核心素养角度谈《苏州园林》的教学［J］．语文教学通讯，2021（14）：38-42.

明确：这是一篇文艺性说明文，即科学小品文，是说明文的一种。它与其他说明文的不同之处是它采用了文学的表现手法，但文学只是其表现形式，传播科学知识才是其目的。它以说明为主要表达方式，同时也可以采用叙述、描写、议论甚至抒情等多种表达方式。为了增强文艺性，它还时常娓娓地讲故事，或是绘声绘色地写风景。

（2）文中哪些内容可以看出作者写作时带有鲜明的情感色彩？

明确：学生回顾表 6-1 中“理由或感受”部分所对应的句子，体会其中作者所表达的情感。

4. 分析屏显课文中带有“决不”的四个句子，看看从中能读出怎样的情感。

5. 继续出示带有“必然”“极少”（用“很少”作对比）、“一律”（用“全部”作对比）的句子，进行分析比较。

思考：

《苏州园林》是一篇说明文，文中多次把园林建筑与绘画相关联，上述教学环节着意探究园林建筑所传达出的哪些审美趣味？

第一节 课程标准中的“梳理与探究”目标

一、《义务教育语文课程标准（2022 年版）》中的“梳理与探究”目标

“梳理与探究”作为重要的语文实践活动，在《普通高中语文课程标准（2017 年版）》中首次明确提出。新课改以来，语文教学更加重视和强化对语文学科核心素养的养成，体现出时代发展对人才培养的新需求。“梳理与探究”类教学实践活动依据建构理论，基于真实情境的经验结构化的自主学习，促进语文学科核心素养目标在教学实践中的达成。《义务教育语文课程标准（2022 年版）》对“梳理与探究”的学段要求如下。

第一学段（1 ~ 2 年级） 1. 观察字形，体会汉字部件之间的关系。梳理学过的字，感知汉字与生活的联系。2. 观察大自然，热心参加校园、社区活动，积累活动体验。结合语文学习，用口头或图文等方式整理、表达自己在活动中的见闻和想法。3. 对周围事物有好奇心，能就感兴趣的内容提出问题，结合其他学科的学习和生活经验交流讨论，尝试提出自己的看法。

第二学段（3 ~ 4 年级） 1. 尝试分类整理学过的字词。尝试发现所学汉字形、音、义和书写的特点，帮助自己识字、写字。2. 学习组织有趣味的语文实践活动，在活动中学习语文，学会合作。结合语文学习，观察大自然，观察社会，积极思考，运用书面或口头方式，并尝试用表格、图像、音频等多种媒介，呈现自己的观察与探究所得。3. 能提出学习和生活中的问题，有目的地搜集资料，共同讨论，尝试运用语文并结合其他学科知识解决问题。

第三学段（5 ~ 6 年级） 1. 分类整理学过的字词，发现所学汉字形、音、义和书写的特点，发展独立识字能力和写字能力。2. 感受不同媒介的表达效果，学

习跨媒介阅读与运用，初步运用多种方法整理和呈现信息。3. 初步了解查找资料、运用资料的基本方法。利用图书馆、网络等渠道获取资料，解决与学习和生活相关的问题。尝试写简单的研究报告。4. 策划简单的校园活动和社会活动，对所策划的主题进行讨论和分析，学写活动计划和活动总结。对自己身边的、大家共同关注的问题，或影视作品中的故事和形象，通过调查访问、讨论演讲等方式，开展专题探究活动，学习辨别是非、善恶、美丑。

第四学段（7 ~ 9 年级） 1. 按照一定的标准分类整理学过的字词句篇等语言材料，梳理、反思自己语文学习的经验，努力提高语言文字运用能力，增强表达效果。2. 学习跨媒介阅读与运用，体会不同媒介的表达特点，根据需要选用适合的媒介呈现探究结果。3. 自主组织文学活动，在办刊、演出、讨论等活动过程中体验合作与成功的喜悦。关心学校、本地区和国内外大事，就共同关注的热点问题搜集资料，调查访问，相互讨论，能用文字、图表、图画、照片等展示学习成果。4. 能提出学习和生活中感兴趣的问题，共同讨论，选出研究主题，制订简单的研究计划。能从书刊或其他媒体中获取有关资料，讨论分析问题，独立或合作写出简单的研究报告。掌握查找资料、引用资料的基本方法，分清原始材料与间接资料，学会注明所援引资料的出处。

在上述学段要求中，各个学段放在第一位的目标都是梳理、整理学过的字、词、句、篇等语言材料，梳理、反思自己的语文学习经验，这集中体现了“语言建构与运用”在语文学科核心素养中的基础地位。不同的语文实践活动对核心素养的培养有不同的侧重点，梳理与探究就是在学生经历的实践活动所积累的语言材料、培养语感的基础上，整合言语经验，感知语文学科本质，探究语理的过程。课程标准中每个学段都要求在语言文字积累的基础上，从跨媒介阅读、校园实践活动、社会生活等不同方面设置真实情境，让学生获得解决现实问题的能力。在活动过程中，进行交流、传递、记录等所使用的具体言语都应符合语言运用的客观规律，从而让学生在梳理与探究语言运用规律的自主、合作、探究式学习中建构起语理。

在实践活动的主题上，四个学段体现了从“热心参加校园、社区活动，积累活动体验”到“组织有趣味的语文实践活动，在活动中学习语文”，又到“策划简单的校园活动和社会活动，对共同关注的问题开展专题探究活动，学习辨别是非、善恶、美丑”，再到“自主组织文学活动，在办刊、演出、讨论等活动过程中体验合作与成功的喜悦”的层次递进。在问题研究的主题方面，四个学段也体现出逐级递进的层次，由能够提出问题、提出看法到能够解决问题，再到能够掌握文献研究方法、写出研究报告，最后到能够掌握选出研究主题、制订研究计划、分析问题、解决问题、形成研究报告的完整的研究过程。这两类主题分别强调了实践活动与研究活动，二者都涉及梳理、整理、分析、策划、组织、调查、计划、发现和解决问题等行为。由此可见，其活动的开展是在特定语境中主客体之间大量传递交流信息的过程，而言语是活动得以开展的基本工具，因此这两个活动成为学生实现语言建构与运用的重要手段，成为语文核心素养的综合体现。

在《义务教育语文课程标准（2022 年版）》中，“语言文字积累与梳理”学习

任务群旨在引导学生在语文实践活动中，积累语言材料和语言经验，形成良好语感；通过观察、分析、整理，发现汉字的构字组词特点，掌握语言文字运用规范，感受汉字的文化内涵，奠定语文基础。具体学习内容如下。

第一学段（1～2年级）（1）认识有关人的身体与行为、天地四方、自然万物等方面的常用字；认识家庭生活、学校生活、社会生活中的常用字；学习书写笔画简单的字，初步体会汉字结构的主要特点。（2）先认先写基本字，学习部首检字法，尝试发现汉字的一些规律，初步学习分类整理课内外认识的字；在生活中主动识字，发展独立识字能力。（3）认读拼音字母，拼读音节，认识声调，借助汉语拼音认读汉字，学习音序检字法；在日常交际情境中学习汉语拼音和普通话。（4）诵读、记录课内外学到的成语、谚语、格言警句、儿歌、短小的古诗等，感受中华优秀传统文化，养成自主积累的习惯。

第二学段（3～4年级）（1）在真实的语言文字运用情境中独立识字与写字，初步梳理常用汉字形、音、义之间的联系。（2）关注校园内外汉字和标点符号的正确使用情况，整理自己的发现并和同学交流，互相正字正音。（3）诵读、积累成语典故、中华文化名言、短小的古诗词和新鲜词语、精彩句段等，丰富自己的语汇，分类整理、交流，初步认识中华优秀传统文化蕴含的思想；在语言积累和运用过程中，体会同义词、反义词等词语的作用，发现、感受语言的表现力和创造力。

第三学段（5～6年级）（1）主动通过多种方式独立识字，按照汉字字形结构等规律梳理学过的汉字。丰富自己的词语积累，注意词语的感情色彩。（2）开展校园内外讲普通话、写规范字、正确使用标点符号情况的调查，整理、分享自己的发现。（3）诵读优秀诗文，分主题梳理自己积累的成语典故、格言警句、对联等语言材料，并尝试运用到日常读写活动中，增强表达效果。

第四学段（7～9年级）（1）在语言文字运用情境中，发现、感受和表现语言文字的魅力。围绕汉字、书法、成语典故、对联、诗文等方面内容，策划并开展语文学习、展示和交流活动，加深对语言文字及其文化内涵的认识和理解。（2）梳理学过的语言现象，欣赏优秀作品的语言表达技巧，初步探究语言文字的运用规律。学习按照词类梳理字词，学习整理典型的语法、修辞应用实例。（3）继续丰富自己的积累。分类整理、欣赏、交流所积累的词语、名句、诗文等，并在日常读写活动中积极运用，提升自身的中华文化修养。

二、《普通高中语文课程标准（2017年版2020年修订）》中的“梳理与探究”目标

《普通高中语文课程标准（2017年版2020年修订）》中“梳理与探究”课程目标主要体现在“语言积累、梳理与探究”“当代文化参与”“跨媒介阅读与交流”“汉字汉语专题研讨”四个学习任务群中。

“语言积累、梳理与探究”学习任务群旨在培养学生丰富语言积累、梳理语言现象的习惯，在观察、探索语言文字现象，发现语言文字运用问题的过程中，自主

积累语文知识，探究语言文字运用规律，增强语言文字运用的敏感性，提高探究、发现的能力，感受祖国语言文字的独特魅力，增强热爱祖国语言文字的感情。这一任务群的学习贯串必修、选择性必修两个阶段，具体学习内容如下。

（1）在语文活动中，积累有关汉字、汉语的现象和理性认识，了解汉字在汉语发展和应用中的重要作用，巩固和加深义务教育阶段所学的汉字知识；体会汉字、汉语与中华传统文化的关系及汉语的民族特性，增强热爱祖国语言文字的感情。

（2）通过在语境中解读词汇、理解语义的过程，树立语言和言语的相关性和差别性的观念。

（3）通过文言文阅读，梳理文言词语在不同上下文中的词义和用法，把握古今汉语词义的异同，既能沟通古今词义的发展关系，又要避免用现代意义理解古义，做到对中华优秀传统文化作品的准确理解。

（4）在自主修改病句和分析句子结构的过程中，体会汉语句子的结构特点和虚词的作用，进一步领悟语法规律。在学习文学作品时，观察词语的活用、句子语序的变化等，体会文学语言的灵活性和创造性。

（5）在运用口语和书面语表达的过程中，对比两种语体用词和造句的差别，体会口语与书面语的风格差异。

（6）反思和总结自己写作时遣词造句的经验，建构初步的逻辑和修辞知识，提高语用能力，增强表达的个性化。

“当代文化参与”学习任务群旨在引导学生关注和参与当代文化生活，学习剖析、评价文化现象，积极参与中国特色社会主义先进文化的传播和交流，增强文化自信。这一学习任务群的学习贯串必修、选择性必修和选修三个阶段，具体内容如下。

（1）聚焦特定文化现象，自主梳理材料，确定调查问题，编制调查提纲，访问调查对象，记录调查内容，完成调查报告，就如何传播社会主义核心价值观、弘扬中华文化精神、反映中国人审美追求等专题展开交流研讨。

（2）关注当代文化生活，开展社区文化调查，搜集整理材料，对社区的文化生活方式、风俗习惯、思想观念、生活演变等进行分析讨论，增强弘扬社会主义核心价值观的自觉性。通过各种传媒，关注当代文化生活热点，聚焦并提炼问题，展开专题研讨，解释文化现象，积极参与社会主义先进文化建设，提高对各种文化现象的认识能力和阐释自己见解的能力。

（3）建设各类语文学习共同体（如文学社团、新闻社、读书会等），在阅读、表达中探析有关文化现象，拓展视野，培养多方面语文能力；通过社会调查、观看演出、参与文化公益活动等，丰富语文学习的方式，积极参与当代文化生活。

“跨媒介阅读与交流”学习任务群旨在引导学生学习跨媒介的信息获取、呈现与表达，观察、思考不同媒介语言文字运用的现象，梳理、探究其特点和规律，提高跨媒介分享与交流的能力，提高理解、辨析、评判媒介传播内容的水平，以正确的价值观审视信息的思想内涵，培养求真求实的态度。这一学习任务群的学习贯串必修、选择性必修和选修三个阶段，具体学习内容如下。

（1）了解常见媒介与语言辅助工具的特点。掌握利用不同媒介获取信息、处理信息、应用信息的能力。学习运用多种媒介展开有效的表达和交流。

（2）知道信息来源的多样性、真实性，辨识媒体立场，多角度分析问题，形成独立判断。

（3）关注当代网络文学和网络文化，坚持正确的价值导向，辩证分析网络对语言、文学的影响，提高语言、文学的鉴赏能力。

（4）建设跨媒介学习共同体，丰富语文学习的手段。

“汉字汉语专题研讨”学习任务群是在必修和选择性必修“语言积累、梳理与探究”的基础上，就汉字或汉语的某一问题，加以归纳、梳理，训练学生从应用中观察语言文字现象的能力和总结规律的综合、分析能力，旨在加深学生对汉字、汉语的理性认识，具体学习内容如下。

（1）有意识地在义务教育和高中必修阶段积累的基础上，发现与汉字、汉语有关的某些问题，结合汉字、汉语普及读物的阅读，进行归纳梳理，验证汉字、汉语的理论规律，如汉字的表意性质、汉语的韵律特点、词汇意义的系统性、文学语言的灵活性、口语与书面语的不同特点等，提高对语言现象的理性认识。

（2）针对语言生活中的现实问题，如网络语言与汉字汉语规范问题、方言与普通话关系问题、成语典故运用问题等，阅读相关论著，整理事实与数据，对社会上出现的语言热点问题展开讨论，用正确的观点与方法分析问题，得出结论，在实际语言运用中努力促进祖国语言文字健康发展。

（3）学生以撰写读书报告、语言专题调查报告、小论文等形式呈现学习成果，并在专题讨论会上发表自己的成果。

在《普通高中语文课程标准（2017年版2020年修订）》中，“梳理与探究”活动贯穿日常的语文教学之中，语文教师要根据不同的学习阶段、不同的教学需要，以不同的学习形式加以设计和呈现。课程标准以学习任务群的方式对学习过程进行综合设计与统筹安排，语文教学不再以时间片段机械割裂，而成为一个具有连续性与综合性的发展过程。其连续性与综合性越强，越离不开对涉及的各种问题的厘清，对知识要素、能力要素的梳理以及对语言运用规律的探究。例如，“整本书阅读与研讨”学习任务群以小说为对象，要求“梳理小说的感人场景乃至整体的艺术架构，理清人物关系”；“学术论著专题研讨”学习任务群提出“将研读学术著作过程中生成的关注点、问题点、质疑点等进行梳理概括，形成专题，深入研讨”。由此可见，课程标准对梳理与探究的对象进行了具体化，通过梳理与探究活动为不同类型的文本搭建认知支架。与义务教育语文课程标准的目标相同，梳理与探究活动已经突破了之前偏重语言文字的局限，要求能够对各种复杂的、结构不良的现实问题进行梳理，通过主动探究创造知识并加以综合运用，面向更广阔的领域发挥价值。

第二节 “语言文字积累与梳理”学习任务群教学

汉语和汉字是中华文明的象征、中华文化的奠基石，“语言文字积累与梳理”不仅是开展语文学习不可或缺的重要环节，而且是传递与发展中华文化的重要手段。一直以来，我国的语文教育十分重视语言文字的积累，刘勰在《文心雕龙》里提出“积学以储宝，理以富才，研阅以穷照，驱致以怿辞”[①]，以强调积累与梳理的作用。义务教育语文课程标准明确指出，通过学习运用祖国语言文字，感受语言文字及作品的独特价值，体会中华文化的博大精深、源远流长，增强文化自信，理解、认同、热爱中华文化，继承、弘扬社会主义先进文化、中华优秀传统文化和革命文化。可以说，语言文字的积累与梳理是进行语文教学活动的前提和保证。在语文教学中，我们既要明晰“语言文字积累与梳理”学习任务群的传统意义与现代价值，又要善于使用一定的教学策略进行达成与实施。“语言文字积累与梳理”学习任务群教学是接受知识与培养能力的综合训练，一方面它能不断夯实学生的语言文字基础，另一方面这也是思维训练过程，它在指导学生认识语音特点、汉字结构、语法规律、修辞手法，掌握文化内涵，体悟文化魅力等方面具有重要作用。

一、教学理念

在《义务教育语文课程标准（2022年版）》中，“语言文字积累与梳理”学习任务群旨在引导学生在语文实践活动中，积累语言材料和语言经验，形成良好语感；通过观察、分析、整理，发现汉字的构字组词特点，掌握语言文字运用规范，感受汉字的文化内涵，奠定语文基础。

语文教师在“语言文字积累与梳理”的教学中应该遵循的基本理念有以下三个：激发学生的主体性；提升学生的文化认同感；培养学生的语言创造力。

（一）激发学生的主体性

激发学生的主体性是现代教育的首要目标，自主性、主动性与创造性是学生主体性的主要特征。传统的语文教学偏重对字词、句子、篇章、语法、修辞、逻辑等语文知识的传授，学生对语言文字的掌握和运用停留在知识体系之中，缺乏实际操作性。

《义务教育语文课程标准（2022年版）》指出，要“引导学生在语文实践活动中，积累语言材料和语言经验”“自主积累语文知识”“主动通过多种方式独立识字”“在自主修改病句和分析句子结构的过程中，体会汉语句子的结构特点和虚词的作用”“增强表达的个性化”。可以看出，课程标准强调激发和调动学生的主体性，让学生通过自主学习，发现与体悟语言文字的魅力，加深对语言文字及其内涵的认识和理解。在学习语言文字的过程中，学生发挥主体性与创造性，可充分发掘自身潜力，为个体情感、态度及价值观的形成打下坚实的基础。

---

① 刘勰．增订文心雕龙校注［M］．北京：中华书局，2012：302.

语文教师需更新教学观念。首先，“语言文字积累与梳理”教学应更具个性化与开放性。语文教师可让学生自己了解、查阅语音与字形的起源、发展与变化，并在阅读中感受语言文字，形成对语言文字表达的规律性认识。当学生学习语言文字的方式发生变化，主体性日益增强后，在触摸语言文字发展的历史脉络中，学生会逐步意识到其中所承载的文化内涵，感受中华文明的博大精深。

其次，注重时代性与实践性的统一。语文教师要把握信息时代的新特点，积极运用新技术与新手段调动与激发学生学习的积极性与主动性，引导学生在语言文字运用的过程中，尤其是在现实生活的使用中，发现问题，寻找解决问题和语言表达的新方法与新路径，实现学生主体的创造性。

（二）提升学生的文化认同感

语言文字问题，一直受到不同学者和研究者的关注，“我最想做到的正是从宏观角度去衡量语言文字的文化内涵和社会寓意；或者倒过来借古今中西语言文字去阐释当前的一些社会现象和文化趋势”[①]。长期以来受语文工具性观念和应试化考试观念的制约，语言文字教学存在着过度强调语言文字知识的倾向。部分语文教师片面注重字音字形、成语、文言文翻译等，不断要求学生记忆文言文考查要点等，很少讲授语言文字的来源与发展，极少将蕴藏的丰富文化内涵作为讲述的重点。在这种教学模式下，对学生而言，他们难以明确表达出汉语言与汉字的真正价值内核所在。《义务教育语文课程标准（2022 年版）》中的“文化自信”和“语言运用”核心素养就是强调通过语言学习与运用，提升中国特色社会主义文化自信，认同中华文化，对中华文化的生命力有坚定信心。

新的教学观念，对语文教师的综合素质提出了更高的要求，需要教师具备开阔的文化视野和一定的文化底蕴。语文教师在教学中，首先应使学生完成对语言文字尤其是文言文阅读的充分理解；其次要探究语言文字中包含的文化内涵，把语言文字的文化内涵转化为学生的文化素养。

（三）培养学生的语言创造力

语言是我们生活中重要的交际工具，是一个人表达自己的思想意愿和观点态度的基本手段。语言能力不是天生的，而是通过后天学习获得的。《义务教育语文课程标准（2022 年版）》指出，要“积极观察生活、感知生活，发展联想和想象，激发创造潜能，丰富语言经验，培养语言直觉，提高语言表现力和创造力”。由此可见，“语言文字积累与梳理”的最终目的是语言表达的创新，这为教学带来了革新的契机，突出了“语言创造”的价值目标。

在“语言文字积累与梳理”教学中，语文教师应调整思路，打破传授知识的局限，让学生在生活与实践中不断锤炼语言表达的能力。教师要给予学生更多的表达空间，鼓励学生用演讲、辩论等方式训练有逻辑性的口语表达，推动学生形成口语表达的个性化风格。在书面文字表达中，教师可推荐学生阅读经典作品，使学生通过多读多练从尝试模仿到逐步建立属于自己的创意语言资料库。

---

① 董桥．英华沉浮录：4［M］．北京：海豚出版社，2014：189.

二、教学策略

（一）激发兴趣

在“语言文字积累与梳理”教学中，教师可以以设置相关学习情境为中心，激发学生的学习兴趣。把学生的学习积极性与主动性调动起来，需要语文教师通过创设有关情境，激发学生可能产生的兴趣与关注点。例如，统编语文教材七年级上册第20课《天上的街市》，如果让学生通过朗读进入课文，在感知中体会现代诗歌的形式特点，并指出通过想象与联想再造的牛郎织女故事，体会诗歌的主旨，学生通常很难提起主动学习的兴趣，更不能深入领会这首现代诗歌的意蕴。在“语言文字积累与梳理”视角下，教师可以设计“牛郎织女故事与诗歌”的学习主题，创设班级“分享故事与诗歌”的学习情境，整合学习内容，分解学习任务，将本课的内容划分为“寻找故事”与“艺术想象”两大板块同步进行。

在“寻找故事”的环节中，语文教师要引导学生了解民间故事和故事起源：牛郎织女故事属于民间故事，在民间流传着多个故事版本。“牵牛”“织女”两个词，最早见于《诗经・小雅・大东》：“睆彼牵牛，不以服箱。”“跂彼织女，终日七襄。”从牵牛星及织女星名称的产生来看，这是人们把劳动者及劳动工具神化的体现。“西汉司马迁作《史记》的时候就渐渐把他形出人物来，《天宫书》云：‘织女是天帝外孙’，然而也只记到织女而已。自刘安作《淮南子》才把牵牛隐现在背后‘七月七日夜，乌鹊填成桥而渡织女’，也即决定了七月七日的‘七夕’节是牛女相会之期，而‘鹊桥’的传说自此开始矣。”① 在梳理与探究的过程中，语文教师可以把相关的诗歌拓展给学生，如《古诗十九首》中的“迢迢牵牛星，皎皎河汉女。纤纤擢素手，札札弄机杼，终日不成章，泣涕零如雨。河汉清且浅，相去复几许？盈盈一水间，脉脉不得语”，还有唐朝杜牧《秋夕》中的“银烛秋光冷画屏，轻罗小扇扑流萤。天阶夜色凉如水，卧看牵牛织女星”。语文教师可根据学生搜集和分享故事的情况，调整课堂安排，既让学生从民间故事的发展中感受文化的源远流长，又让学生知道想象与联想在艺术创作中的重要作用。

（二）诵读式积累

在小学低学段和中学段的阅读教学中，教师可运用诵读的方法帮助学生完成识字写字与感受记录的双向互动，不断拓展语言文字的储备量。如统编语文教材二年级上册课文《田家四季歌》，学生能够在朗读中学会“播种”“插秧”“耕田”等字词，更可以从中感受到四季农事的变化。在初中阶段的阅读教学中，教师可以在诵读过程中促进理解性记忆，实现学生语言文字的自主积累。从字到词，从词到句，从句到篇，将识字与阅读有机结合，为开展更高层次的阅读学习打下基础。如统编语文教材九年级上册课文《岳阳楼记》的第一自然段，教师可在讲解字词的基础上，进一步明确词语表示的时间、地点、人物与缘由等意义，让学生在理解的基础上完成知识的积累。学生在诵读过程中，一方面带着对生活的感知与体悟，完成

---

① 欧阳飞云．考据：牛郎织女故事之演变［J］．逸经，1937，35：17-19.

字词的学习；另一方面，通过字词的不断积累，又强化了对课文的诵读理解。同时在熟读成诵的过程中，学生能够感受文章传递的情感与魅力，增强内心的文化认同感。如统编语文教材九年级上册课文《乡愁》，学生在理解“邮票”“船票”“坟墓”“海峡”四种不同事物基础上，通过反复诵读，可以领悟四种事物传递出的思亲、思乡、思家与思国的愁闷，读出文字中蕴含的深厚情感。

（三）活动式梳理

在教学过程中，教师通过设置不同的活动主题，引导学生主动建立梳理语言文字的意识，在丰富的实践中掌握运用语言文字表情达意的技能。学生在学习过程中，语言文字的积累会越来越丰富，这就要求学生要有意识地整理相关材料，认识与把握语言文字的本质和规律，掌握梳理的技巧。如在讲授统编语文教材四年级下册的《海上日出》时，可以设计“手绘日出”的活动主题，通过日出时色彩的变化，梳理出与“颜色”相关的系列词语。

教师在设计活动时，针对年级的差异性可以从设置词语分类小活动如近义词、反义词、成语典故等，到设置修辞运用、语言风格等不同主题的进阶性活动，不断提升运用语言文字的创造性。如统编版语文教材八年级上册第四单元是散文单元，教师可以设置“语言的魅力”活动主题，让学生寻找《背影》《白杨礼赞》《昆明的雨》三篇课文中打动自己的语句，说一说语言表达的特点。在此基础上，教师可以让学生完成人物行为、景物风俗等方面的写作练习。学生通过相关活动，不仅比较和梳理不同风格的语言，积累了语言素材，而且逐渐掌握了阅读与写作的规律。学生将不断积累和梳理的语言文字素材，进行整理组合和融会贯通，学会运用语言文字传递信息和抒发感怀，创建出具有个性风格的语言文字体系。

第三节 “跨媒介阅读与运用”学习任务群教学

21 世纪以来，在互联网高速发展的情况下，大数据、人工智能等技术逐步成熟并应用于生活中的诸多领域，信息传播方式和媒介都出现了新的变化，促使交流方式更加多元，数字化阅读逐渐成为全新的全民阅读形态。在媒介多元化时代中，语文教学需要与时俱进，一方面要充分利用媒介的变化，引入多种教学手段，丰富课堂表达；另一方面也要注意在教学中培养和引导学生的媒介素养，在大量的信息推送中形成客观与理性的知识判断。

“跨媒介阅读与运用”学习任务群教学围绕学生核心素养的培养展开，通过借助不同媒介获取的阅读资源，将语言文字的学习融入真实的社会生活中。在这一过程中，不同媒介下的语言表达，如书面文字、视频影像、口语交流等方式融合交织，形成信息的互动与交叉，从而培养学生的思辨力、评价力和鉴赏力，并促进学生语文素养的全面提升。可以说，“跨媒介阅读与运用”教学以语言文字的建构与运用为核心，引导学生在数字化时代学会处理媒介变化带来的语言文字的新问题、新现象。同时，这也是一个数字时代学习者的学习过程，在指导学生合理表达自我，充分认识自我，更新知识结构，提升合作交流等方面将发挥重要的作用。

一、教学理念

（一）基于知识框架，提升学生的阅读视野和思辨能力

数字化时代下，学生不仅需要具有跨媒介获取信息、辨别整合信息、应用信息的能力，而且要具备以正确价值观审视信息的素养和求真求实的态度。跨媒介阅读既包括传统纸媒、电子媒介，又包括依托互联网的网络媒介和博物馆、展览馆等实体媒介。语文学习可以帮助学生学会在丰富的语文实践活动中整合利用语言文字资源，进行有效地表达与交流，并能创新性地使用和发展语言文字功能。

语文教师要顺应时代发展要求，从根本上改变教学模式，积极运用多媒体环境与手段进行语文教学。首先，语文教师要从课程内容的原点出发，使用多种阅读资源参与知识建构与传递，让学生在不同的阅读资源中获取表达差异性的理解，从而发现不同媒介的特点，打开学生对知识学习和接受的视野。在这一过程中，学生体会多种表达手段的异同，辨别侧重点，学会多角度思考问题和分析问题，进而培养独立判断的能力。其次，语文教师要增强学生主动阅读的兴趣。提高学生的主动性是课堂教学改革的核心理念，教师可围绕将要学习和展开的知识点，让学生自主寻找相关的内容并分享交流其阅读感受，这样做不仅能打开阅读视野，而且能引发阅读期待。学生在寻找与表达的过程中，深度参与知识点的理解与接受，将大大拓展知识的来源面和提升知识接受的有效性。

（二）基于多元视角，培养学生树立正确的价值观

数字技术的迅速发展，网络世界的多元开放，带来的不仅是信息传播的即时性，而且出现了传播内容的多样化与复杂化。细究其中，不难发现越来越多的信息呈现出表达的随意性与不规则性。这就要求学生要学会判断，才能在此基础上寻找到合理且有价值的内容。“跨媒介阅读与运用”教学旨在培养学生在信息筛选和整合的过程中养成多角度取证能力，形成独立判断。这种判断媒介信息的能力，要以正确的价值观为基准，以追求审美的真善美为核心。

在语文教学中，教师首先要引导学生明确信息媒介的传播方式与特点。例如，在学生的学习生活中，他们已经熟练掌握语音、图片、视频等媒介，并且通过不同平台与同学、朋友、家人、教师等进行互动与分享；学生还会通过不同网站查找所需要的答案与信息。这就说明学生作为“数字原住民”，对这些信息传播媒介的使用并不陌生，但他们需要建立起对这些媒介的特点、规则等的系统性认识，才能通过跨媒介的方式获取信息，依据不同媒介的特点处理及使用信息，准确运用多种媒介满足不同的表达需求。以图片这种常见的媒介为例，语文教师要培养学生读图的能力和素养，就需要系统地向学生展示和说明图片这种媒介的作用是什么以及何种情况适合使用图片，包括何种情况可以单独使用，何种情况与其他媒介进行结合运用等知识，还需要对图片的构图进行审美知识补充。

其次，语文教师要善于利用身边的实际案例，培养学生以正确的价值观审视信息。随着网络对公众生活的参与越来越深入，信息传播者与信息受众者之间的界限似乎变得模糊不清。语文教师在培养学生对媒介信息进行筛选、辨识、分析与批判

的能力的同时，还要引导他们树立正确价值观、必备品格和关键能力，能够坚持自己的想法。语文教师在教学过程中要分析信息再传播的影响力，给学生树立信息再传播的责任意识，让学生意识到面对不同的信息时，要对其内容的真实性做出判断而后再对其价值意义作出评价。

二、教学策略

（一）任务驱动下的情境化教学

[微视频]
“唐代边塞诗”
教学片段

情境教学是以学生为主体，教师创设相关情境，唤起学生主动学习的一种教学方法。在教学过程中，语文教师不再是单纯的传授者，而是通过为学生创设合理、生动的情境，以任务驱动为目的引导学生发挥自主性，学生是知识的建构者与参与者，在现有知识结构的基础上，经过理解分析、归纳综合等方法，对问题形成内化，以达到对新知识的接受。

例如，在诗歌教学中，语文教师可以使用音频或视频等媒介手段，播放作品的名家朗读，以此引导学生多角度领悟诗歌之美。情感是诗歌文体的主要特征，以“情”开展教学设计最为常用。首先，语文教师引导学生阅读课本里的诗歌。这就需要学生通过文本语言去探究诗歌之美，涉及声韵规律形式和修辞表达内容方面的知识。如果学生想要做到有感情的朗读，那么就需要对诗歌情感的表达有所了解，并展开想象以达到内化理解。在此基础上，语文教师可引入名家诵读音频或视频，可以让学生在“文字—想象”的基础上，从视觉、听觉等方面丰富阅读体验。在这个过程中，电子媒介在烘托氛围、引发情感共鸣方面发挥着重要作用。学生在“文字—想象”和“音乐—意境”双重媒介的作用下，尝试进入古诗词世界中，感知诗词情感基调，通过联想和想象体验古诗词之美。语文教师还可以通过学生自读和名家诵读的对比，让学生体悟朗读过程中诗歌情感表达的差异性，进一步指出诵读也是一种自我创作。除此之外，语文教师在开展教学设计时，还可以根据诗歌的主旨选择短视频、纪录片等电子媒介，消除学生与诗词之间的隔膜，获得进入诗词世界的有效途径。如教师在教学统编语文教材八年级上册《使至塞上》一课时，可设计“重走丝绸之路”的跨学科主题学习，通过“地图”与“诗歌”互为参照，让学生知晓王维诗歌中的边塞之景，体悟情感变化。

其次，语文教师还可以设置“问题情境”引发学生兴趣，推动阅读教学的深入展开。语文教师在设置问题时要注意难易程度、探究意义以及关联性等因素，让学生可以根据已有的知识经验、阅读体验探索出问题的答案。如在统编语文教材普通高中选择性必修中册《屈原列传》的教学中，可以通过初中课文剧本《屈原》和“雷电颂”导入，让学生观看20世纪40年代话剧《屈原》演出的相关图片和新闻报道。设置问题，如：“雷电颂”在《屈原列传》里有吗？阅读《屈原列传》，说一下郭沫若创作的话剧《屈原》选取了屈原生活经历中的哪一段时光，又是在哪些地方展开了想象与创作。这两个问题可以让学生了解人物“屈原”在历史中的传播与接受，同时还可以感受与此相关的文化符号的产生与意义，如“端午节”“吃粽子”“赛龙舟”等。接着再引入在网络媒介下出现的“屈原”形象，由于学生知识储备、个性特点、兴趣爱好的不同，在阅读不同媒介中的“屈原”时触动点、阅读体悟存在着差异，在探究问题时学生的答案可能多种多样，语文教师应鼓励学生大胆表达。通过体验历史长河中不同媒介下的人物形象变化，加深对中华经典文化的理解和接受。同时还可以设计作业，如屈原纪念馆邀请你为“屈原”写一段介绍说明。

（二）合作探究下的项目化教学

依托教材中的单元主题设计，开展多种媒介参与的项目化教学。语文教师是教学活动的组织者和引领者，参与整个教学过程。

第一，语文教师需要结合学生具体的学习情况，对“跨媒介阅读”教学进行整体设计。例如，统编语文教材普通高中必修上册第四单元的主题是“家乡文化生活”，语文教师可提前让学生了解文化生活指涉的对象和范围，以及学生的兴趣点和关注点。之后根据班级学生家乡的地理位置等实际情况进行分组，布置了解相关信息，提醒大家留意获取信息的媒介。让学生围绕文化生活展开访谈和调查两种实践活动，可以自己进行，也可以通过网络搜集相关资料。在完成这些准备工作后，以小组为单位展开交流分享。在交流分享环节结束之后，语文教师可以就民风民俗、生活方式、非遗传承、图书借阅等问题引导学生进一步探究，为跨媒介阅读提供有利条件。同时，教师、学生、社会人士、家长可以通过各种途径参与，形成多方位动态学习过程。

第二，学生可以依据语文教师的分组，也可以自主组建活动小组，根据实践主题做好组内分工，认真高效完成分配的学习任务，积极与组内成员沟通交流，确保跨媒介实践活动的顺利完成。例如，搜集家乡文化相关资料，可以通过网上的文章和视频做整体了解，还可以通过电话语音采访熟悉的相关人士，以及利用网络上其他的丰富资源。在其中要学会筛选有用的信息，对信息内容作出分析与判断，形成对家乡文化的理性认识。

虽然网络时代高速发展，但由于各种原因，学生并不能充分利用和使用各种媒介获取信息，对各种媒介的规律和特征认识有限。尤其是报纸、杂志、广播、电视、网络等媒介提供的文字、音频、视频、图片等信息资源不断整合，自媒体、融媒体更新的背景下，每个人都可以通过媒介进行表达与交流，每个人也都可以成为独立的“媒介”。在这种情形下，“跨媒介阅读与运用”教学要引导学生从关注媒介本身到媒介背后蕴含的语言文字的实践与应用，注意到不同的媒介对文字的处理和接受，有不同的表达特征和传播优势。教师可以设计项目式教学，完成对媒介问题的认识，并探究其在发展过程中的特点。同时也可以让学生尝试使用媒体发布消息，在实践中体验语言文字表达的不同。如某班级要举办一个非遗文化展览，展示家乡的非遗文化。语文教师可以从策划方案、实施、布展以及消息发布、相关资讯推送等方面引导学生分小组合作完成对跨媒介阅读与运用的教学。

第四节　专题探究性教学

《义务教育语文课程标准（2022年版）》与《普通高中语文课程标准（2017年

版 2020 年修订）》对不同学段学生的语言素养和文化积累提出了层递性的要求，从针对学生学习和生活中感兴趣的问题进行交流讨论到开展专题研讨，从校园活动与社会活动的真实模拟到现实参与，可以说明确了学生进行梳理与探究学习的空间维度。专题探究性教学指的是针对“解决学习和生活中的问题”与“开展校园活动和社会活动”探究性学习而开展的教学活动。随着新课改的深入，语文教学围绕培养和提高学生的核心素养逐步拓展，在教学中树立新型学习观念，促使学生养成从生活中发现问题并解决问题的习惯。陶行知先生说：“教学做合一是生活法，也就是教育法。它的涵义是：教的方法根据学的方法；学的方法根据做的方法。事怎样做便怎样学，怎样学便怎样教。教和学都以做为中心。”[①] 语文学科的专题探究性教学主要侧重于通过现实生活中的文化活动、社会探究等培养学生运用语言文字解决实际问题的能力。专题探究性教学过程通过一系列教学活动构成完整的探究学习系统，让学生了解并掌握真实的语文实践活动中开展探究学习的流程和方式，如专题研讨、调查研究、活动策划等，使学生获得面对真实具体的社会问题的解决策略。真实的生活情境，是培养学生具备思维能力与审美能力的坚实基础。深入生活实践的语文教学，一方面有利于学生把学到的语言文字知识与现实生活相结合，创造新的语言表达以解决真实生活场景的需要，从而实现从语言文字积累到实践运用的飞跃，真正达到语文教学的预设目标；另一方面有利于通过对生活中不同问题的发现与揭示，培养学生对问题解决的积极态度和真实情感，全面塑造学生热爱生活、拥抱生活的责任感和认同感。

一、教学理念

（一）创建问题情境，提升核心素养

《普通高中语文课程标准（2017 年版 2020 年修订）》在“教学建议”部分指出，要“创设综合性学习情境，开展自主、合作、探究学习”，具体而言，“可通过多样的语文实践活动，融合听说读写，跨越古今中外，打通语文学科和其他学科、语文学习和学生的生活世界，运用优质的素材和范例，激发学生的学习兴趣和能力，提高语言文字运用能力”。语文探究性教学的落实意味着打破学科的界限、学习与生活世界的界限、古今中外的界限等，将广阔的文化资源、生活资源纳入学习范畴中，营造多维的学习场域，提供真实的言语实践平台。学生在文本教学中习得的语文知识要转换为具有实际意义的技能和素养，不能在单一的学习训练中实现，还需要学生拥有调动言语实践经验的机会，在深度参与的生活情境中慢慢领悟。

要学生置身于具体的、经验的、真实的生活世界中，首先意味着教学过程中多种教学要素的整合。在专题探究性教学中，教学内容的处理、教学方法的选择、教学工具的运用需要根据具体的教学实际加以调整，学生在实际的教学情境中调动自身的综合经验解决问题，进而获得核心素养的全面提升。其次，教学过程要使学生体验到知识获取的自主性。学生通过亲历假设、求证、设计、制作等问题探究的过

---

① 陶行知．中国教育改造［M］．合肥：安徽人民出版社，2019：143.

程，动态生成对知识的理解。现代信息技术的发展为学生发现、获取信息提供了手段，有利于学生在问题探究教学中的创造性发挥。最后，教学过程要助推学生知识与技能的创造性运用。实践探究过程中听、说、读、写活动的实现，基于学生对知识的真正理解和对技能的真实掌控，并经受生活实例的印证与检验，使知识技能的创造性运用拓宽广度、增加深度，向内化的核心素养转化。

（二）倡导分工合作，锻炼思维能力

《普通高中语文课程标准（2017 年版 2020 年修订）》明确指出，要“积极倡导基于学习任务群的专题学习，围绕语言和文化、经典作家作品、科学论著等，组织学生开展合作、研讨交流活动，鼓励学生以各种形式相互协作，展示交流学习成果”。专题探究性教学立足于学生主体价值的体现，侧重于学生自主阅读与讨论，使学生形成主动发展、自我监督的意识，全面培养学生解决问题的思维能力。学生对外部世界具有强烈的好奇心和求知欲，专题探究性教学为激发和满足学生的好奇心和求知欲提供了时间和空间，让学生通过自主探究明确主体意识和进取精神。

在教学内容上，语文教师要为学生创设充分的生活化情境，使学生参与实践体验，在对实践活动的主题、内涵、形象等的多元化理解上进行自主建构，对探究问题进行自主质疑、分析和判断。在教学方式上，语文教师要保证学生独立探索与讨论交流的时间，围绕相互衔接的目标、问题或项目，寻找相适配的学习策略和思维方式，实现意义的自主建构，最终指向自我优化与自我完善。在教学评价上，语文要教师要助力师生、生生的交互评论，组内、组间的互动交流，使评价反馈显性或隐性地贯穿学生明确目标、自主探究、总结评价、拓展延伸的全过程。学生的理解在不同观点的交流中得到补充、修正，学生对问题的认识更加准确、深刻，其思维更加敏捷，从而保证分工协作的质量和效度。通过专题探究性教学，学生在应对新问题、新情境的协作互动过程中获得分析与综合的能力，学生的思维更容易得到突破，实现思维的进阶和发展。

（三）尊重生活体验，引导学生实践

《义务教育语文课程标准（2022 年版）》在不同学段对“梳理与探究”都多强调将学生的日常生活作为专题活动的来源，体现出贴近、指导学生生活体验的原则。教育家赞科夫说：“教学法一旦触及学生的情绪和意志领域，触及学生的精神需要，这种教学法就能发挥高度有效的作用。”[①] 专题探究性教学要求教师为学生营造自由、开放、民主的课堂学习氛围，鼓励学生发表自己的看法和见解，在个体经验的碰撞中获得新的体验，提高观察能力和独立思考能力，从而更好地了解社会，热爱生活。

一方面，参与和体验实践过程的不同方式影响个体认知作用的发挥。在专题探究性教学中，语文教师担任的是辅助性角色，应当尊重学生个体独特体验的开放性，为学生亲身体验探究过程提供支持、帮助和滋养，让学生亲身经历知识的产生与发展过程，促进其自我意义的建构，培养学生的个性品质。另一方面，学生在

---

① 赞科夫．教学与发展［M］．杜殿坤，张世臣，俞翔辉，等译．3 版．北京：人民教育出版社，2008：103.

自主实践过程中要建立个体清晰的自我意识离不开自身的反思与回顾，调动个体的元认知来追问实践活动背后的内部思维过程。语文教师逐步引导学生由依赖外部指导转向自我调节，从而在“实践—反思—再实践”的循环上升中获得自主规划、组织、实施的能力。

二、教学策略

（一）设置生活化情境，营造融于生活的学习空间

以学生主动的言语实践为目标设置生活化情境，能够发掘和再现学生生活中面临的问题与挑战，激发学生真实的探究欲望，促进自主、合作、探究式学习的实现。因此，专题探究性教学要求语文教师基于对学生学情的把握，寻找和发现语文学习与实际生活相关联的典型场景，由真实具体的校园生活事件逐步过渡到当代社会生活的参与，以体现典型言语实践特征的综合性学习情境促进阅读与鉴赏、表达与交流、梳理与探究等语文活动的多元整合。例如，针对新闻学习，教师可设计“做好校园新闻 UP 主”的活动情境，以新闻播报为驱动任务，经历新闻搜集、采访、写作等阶段，使新闻学习延伸到现实的校园场域当中。该学习情境要求学生综合运用新闻学习的相关知识完成成果展示。例如，在新闻稿写作的实践过程中，学生首先需要筛选资料，关注哪些内容能够引起同学们的关注；其次，明确新闻要素与结构，构思文章布局如何有效地突出亮点；最后，为使新闻能吸引同学们的兴趣，需要思考选用怎样的表达方式和语言风格。随着学生对新闻采集、撰写与播报的熟练度提升，语文教师可引导学生将关注视点由校园新闻拓展到社会新闻，不断丰富和发展新闻播报的内容与形式。由此可见，与新闻相关的语文知识内隐于综合性情境之中，生活化情境的创设不能丢失“语文味”，语文教师要引导学生将语言运用规律运用在现实生活中。

（二）设计整合性学习任务，助力学习与生活问题的解决

整合性学习任务能够促进学生在任务参与过程中，知识、技能、智慧、素养的综合调动。整合性学习任务的设计，一方面需要调动学生的鲜活体验，将文本教学中收获的知识与技能运用到问题解决中，转换为感性体验与理性认识，以具体的、体验性的言语实践活动帮助学生理解和阐发抽象的人文主题和语言文字运用规律。另一方面需要语文教师具有清晰的逻辑主线，确保教学任务的整体性，使学生在环环相扣的教学任务推进中进入情境。

例如，统编语文教材普通高中必修上册第二单元的学习任务围绕劳动主题展开，既包含对劳动价值意义的探讨和劳动精神的传承发展，又包含新闻文体知识和写作劳动者的学习训练，话题丰富，层次鲜明。劳动是社会发展的基石，更是对人们品格锤炼的有力方式。对劳动的理解和认识，以及对劳动者的全面观照，对学生来说有着极为重要的作用。因此，语文教师可以“劳动的价值与意义”为话题，引导学生进行专题研讨。首先，语文教师可以让学生自主阅读课文，分小组为单元内三篇人物通讯中最喜欢的人物写颁奖词，引导学生围绕劳动的现实价值与意义展开思维碰撞。其次，语文教师可以用专题讨论会的形式鼓励学生搜集资料，讨论劳动

在21世纪的价值，深化学生对体力劳动、脑力劳动等不同形式劳动的认识。最后，语文教师可以让学生走进生活，制订调查提纲，采访调查身边的劳动者形象，并组织主题为“一道亮丽的风景线——我眼中的劳动者”的班级演讲会，倾听学生对劳动者的认知。由此，通过层层推进的整合性任务设计，能够实现学生对劳动这一主题认知的动态建构，提升学生专题探究和学习的能力。

（三）构建学习共同体，搭建校园与社会活动平台

学习共同体强调学习过程中的群体参与与沟通，有利于为校园与社会活动专题探究性教学提供具有目标一致性和成员凝聚性的内在学习机制。在专题探究性教学过程中，学习共同体在形式层面是由班级群体或小组群体构成的团体；在学习共同体内部的人际心理层面，需要每一位学习者建立起对实践目标、教学任务共同的意识行为倾向，并承担起行动者的角色，直面并解决问题。为此，语文教师首先需要提供开放民主的教学环境，使师生、生生之间形成尊重、开放的思维和心态，在齐心协力的任务实践中获得共同成长；其次，语文教师可以以成果为导向设计任务，通过确定预期的学习表现并制订评估标准，增强学习共同体中成员的目标性和任务参与度；最后，语文教师要引导学生在学习共同体中获得具体的角色身份，适配相应的任务和工作，明确自身“职责”，通过学习共同体内部成员的相互协作，最终形成完整的作品，由此学生更容易具有实践体验的代入感。

以统编语文教材八年级上册第六单元综合性学习“身边的文化遗产”为例，一位语文教师结合当地地域文化特点，围绕“如何成功地为‘片儿糕’和‘定胜糕’申遗”进行项目设计。[①]在教学任务分配上，教师引导学生自主填写申遗项目的角色任务列表，细分学习共同体成员具体的任务实施步骤。其中某小组划分了“美食爱好者”“历史研究员”“民俗学家”“非遗调查员”“申遗代表”五种角色，分配相应的任务，最终完成美食小品文、流程图、演讲答辩等成果，共同构成小组的申遗汇报，具体如表6-2所示。由此最终的学习成果中将融入每一位学习共同体成员的个性化理解与创意表达中，在保证学习成果有效性的同时，增强了学生探究问题的成就感。

表6-2 “片儿川”申遗小组任务单

角色	任务	呈现形式
美食爱好者	引爆味蕾：用准确优美的语言描述该种美食的色、香、味，引爆大众味蕾	美食小品文
	制作流程：画出该种美食的制作流程图，辅以文字说明，并亲自尝试制作	画流程图、制作美食照片或视频
历史研究员	以实地（如百年老店、博物馆）考察、传承谱系档案、食材与工艺介绍等形式整理该种美食的历史渊源	图文资料、建立作品档案

① 郑萍，朱芳．综合性学习项目化设计与实施：以统编教材八年级上册“身边的文化遗产”为例［J］．福建教育，2021（2）：48-50.

续表

角色	任务	呈现形式
民俗学家	大众记忆：搜集传说故事、名人足迹、习俗活动等内容，探究人文价值	讲述或演绎
	个人记忆：名家经典作品中的美食记忆，我（或家人）与美食的故事	记叙性写作
非遗调查员	以自制问卷调查、采访传承人、考察活态传承场馆等方式了解此种美食的保护现状及面临的问题	问卷调查与统计分析、采访实录
申遗代表	提供强有力的申遗理由，达成说服的目的	演讲或答辩

（四）适当提供程序支架，推动活动顺利开展

在专题探究性教学的具体实施过程中，有的语文教师存在对探究性学习的片面理解，将课堂形式的表面热闹等同于良好的探究氛围，一堂课结束，虽然各种活动形式层出不穷，但是却没有体现出探究过程的真实性。其中的重要原因在于，学习支架的缺失使得程序模糊、资源欠缺，使实践活动缺乏操作性。首先，专题探究性教学设计的复杂和教学过程的连续，需要语文教师在备课时广泛搜集相关资料，聚焦核心探究问题进行教学构思，确保关键资源支架、策略支架的适时介入；其次，在教学实施过程中，需要语文教师分解和组织教学活动，理清教学任务的逻辑链条，有效提供任务支架；最后，学习评价需贯穿整个教学活动过程，统筹安排过程性评价与结果性评价。①

以针对统编语文教材八年级上册第六单元综合性学习“身边的文化遗产”开展的“片儿糕”和“定胜糕”申遗项目为例，②为保障项目的有效推进，教师巧设支架，为学生开展探究学习提供了抓手。

1. 借助资源补充，提高学生的项目认知层次

在项目开始阶段，语文教师一方面提供相关的申遗书籍与网络资源，另一方面指导学生学习独立自主地搜集、整理相关信息的方法。丰富的阅读能够拓展学生的思维广度和认知层次，由关注“片儿糕”与“定胜糕”的品种、味道、色泽等表层特征转向食材背后的文化心理，从而为促进学生高阶思维发展的活动探究奠定基础。

2. 借助典型样例，指导任务落实的关键维度

在项目实施阶段，大部分学生对“调查报告”“视频制作”“论文写作”等缺乏明确认识，需要通过语文教师的适当指导帮助学生明确学习任务落实的关键维度，从而保障学生在项目实施中的主体性。例如，“美食爱好者”承担的撰写美食小品文的角色任务。语文教师指导学生参考汪曾祺等名家的经典文本，跟着名家学习食

① 李方顺．学习支架：撬动项目学习的支点［J］．语文建设，2023（11）：35-39.

② 郑萍，朱芳．综合性学习项目化设计与实施：以统编教材八年级上册“身边的文化遗产”为例［J］．福建教育，2021（2）：48-50.

物描摹的角度以及富有“滋味”的语言表达，从而达到“引爆味蕾”的任务要求。又如申遗报告的撰写，语文教师通过指导学生明确核心要素、建构报告图式、丰富佐证材料等助推成果落实。

3. 借助表现性评价，促进学生思维过程的可视化

评价贯穿项目的全过程。一方面语文教师可指导学生以档案袋、日记等方式记录团体合作的心路历程，另一方面语文教师可以细化的评价量表帮助学生检视任务的落实进度，如针对评价报告的撰写，语文教师可引导学生从项目概述的准确性、项目论述的力度、项目佐证材料的丰富性等方面进行评价，为学生观察、反思项目实施过程提供参照。

（五）激活自主对话交流，协同优化活动方案

专题探究性教学强调培养学生的问题意识，鼓励学生提出问题、大胆质疑。语文教师需以此为契机，激励学生进行自主地交流探讨，培养学生聚焦核心问题的能力以及学会追问，从而在师生、生生多向度的互动互学中，形成思维碰撞。对话交流视角下的专题探究性教学促使学生发表个性化的想法，寻找并发现可能存在的问题，并开启后续阶段对问题的追问。为了在交流讨论中有思想火花的碰撞，在讨论活动的准备上，语文教师需要引导学生课下积极对文本、资料进行认真阅读和整理，并进行交流发言。在活动开展过程中，学生要分组，组内要分工，确保每个学生的参与，并明确要讨论的具体文本或者现象；语文教师要对学生的表现和参与情况认真观察，及时引导和点拨，重视重点问题、难点问题的解决，让学生在发言交流中探究问题的本质。

统编语文教材七年级上册第六单元综合性学习“文学部落”倡导学生之间开展读书写作交流会。有语文教师通过引导学生寻找小组成员，组建兴趣小组，明确小组目标，确定活动内容及形式等，为学生搭建自主交流的活动平台，并且通过邀请嘉宾的形式，打破校园与社会的边界，使具有不同身份特征的个体之间实现就某一文学专题的多重对话。[①] 其具体的读书交流会策划方案如下：

浅草诗歌组诗歌分享会策划方案

活动主题：“月是故乡明”诗歌分享会。

活动时间：×× 年 ×× 月 ×× 日。

活动地点：×× 公园艺术展区。

参加嘉宾：当地诗人、语文教师、浅草诗歌组成员和观众。

活动流程：

1. 暖场环节：签到，留影，猜灯谜；

2. 主持人开场致辞（交代活动背景和目的，介绍嘉宾，暖场）；

3. 分享环节：浅草诗歌组的每个成员朗诵一首诗歌，简要介绍选择该作品的原因；

4. 互动环节：主持人引导观众分享对诗歌的理解和感悟，鼓励互动和交流；

---

① 姜华萍. 综合性学习项目化实施路径：以七年级上册《文学部落》为例［J］. 语文建设，2023（21）：74–76.

5. 嘉宾点评：邀请嘉宾就浅草诗歌组成员的表现进行点评、指导或建议，说出自己的感悟，介绍写作技巧和创作灵感等；

6. 才艺展示：浅草诗歌组的成员结合主题进行才艺展示，或邀请专业朗诵者、表演者进行诗歌朗诵。

该活动设计引导学生通过分享文学中的诗意与美，在对话沟通中形成系统的知识结构，生成自己的价值取向，并从中获得愉悦和启迪。

[本章小结]

梳理与探究教学是语文实践活动的基本方式，体现了语文课程的实践性与综合性。本章首先通过整理课程标准中关于“梳理与探究”板块的课程目标及内容要求，明确了不同学段课程内容之间的内在联系，以及能力层级的进阶性特点。然后通过对“语言文字积累与梳理”学习任务群教学、“跨媒介阅读与运用”学习任务群教学、专题探究性教学三种教学方式的整理与分析，分别从教学理念和教学策略两方面进行讨论与探索，针对“梳理与探究”的教学困惑做出解决尝试，以期促进对“梳理与探究”教学的理解，为教学提供新的认识和思路。

[实践·思考·探究]

1. 在《义务教育语文课程标准（2022 年版）》及《普通高中语文课程标准（2017 年版 2020 年修订）》中，不同学段对“梳理与探究”教学的要求有何不同？

2. 如何在小学或初中语文教学中渗透“语言文字积累与梳理”活动？

3. 统编语文教材八年级上册第三单元人文主题为“山水之美”，所选诗文包括《三峡》《答谢中书书》《记承天寺夜游》《与朱元思书》，都是我国古代歌咏自然山水的优秀篇章。文人们流连于山水之中，用心灵观察、体悟自然风物之美，发现独到的审美情趣。通过本单元的学习，学生能够在优秀诗文的阅读中，感悟山川之美，获得美感享受，激发对祖国山川的热爱。在单元课文读写学习的基础上，如何设计一个探究性学习活动，使学生能够探寻和表达自身生活经验中的山川之美呢？请尝试以拍摄“大美中国”短视频为情境，进行探究性学习活动设计。

4. 阅读下面材料，运用本章涉及的相关理论与知识，思考如何进行情境任务和教学流程设计。

《荷花淀》是统编语文教材普通高中选择性必修中册第二单元的一篇课文。这篇课文是战争题材的小说作品，也是现代诗化抒情小说的代表作。小说在结构、语言、人物塑造方面都极具特色，尤其是细节描写、场面描写和环境描写值得细细品味与学习。如何让学生能够从日常化的叙述和描写中，感受和体悟战争环境的残酷，理解家国一体的观念，是要达成的教学目标。如何结合本单元其他课文《记念刘和珍君》《包身工》《党费》等，让学生获得对英雄人物、革命故事全方位、多角度地立体化认识，是实践活动得以推行的关键。首先，语文教师要注重梳理不同类型课文反映革命文化的特点，帮助学生形成全面认识；其次，提倡学生的小组合作方式，相互交流，强化学生自主学习的意识；最后，鼓励学生先从学习过的课文开始收集资料，然后再拓展到政治课、历史课接触到的其他人物和事迹。

[拓展阅读]

1. 王丹霞，朱俊阳．“语言积累、梳理与探究”任务群课标设计详解［J］．语文建设，2019，425（17）：4-8.

2. 刘春．变被动做题为主动做事：“梳理与探究”融入小学语文教学的尝试［J］．语文建设，2019，426（18）：69-72.

3. 申宣成．“语言文字积累与梳理”学习任务群的价值、内容与实施［J］．语文建设，2022，501（21）：4-9.

4. 毛刚飞．跨界之美：跨媒介阅读与交流［M］．上海：上海教育出版社，2018.

5. 吴泓．语文专题学习与整本书阅读十讲［M］．北京：商务印书馆，2021.

第七章　语文教学新形态

受到一篇选文，对于其本身的形式与内容，原该首先理解，还须进而由此出发，作种种有关系的探究，以扩张其知识……一篇短短的《桃花源记》，于供给文法文句上的新知识以外，还可借以知道记叙文的体式、晋文的风格、乌托邦思想的一斑、陶潜的传略、晋代的状况等。如此以某篇文字为中心，就有关系的各方面扩张了学去，有不能解决的事项，则翻书查字典或请求教师指导，那么读过一篇文字，不但收得其本身的效果，还可连带了习得种种的知识，较之胡乱读过就算者真有天渊之差了。①

——夏丏尊

[学习目标]

1. 了解群文阅读的思想内涵、发展历史和教学价值，掌握群文阅读文本组元的方法，能够围绕特定主题设计群文阅读的教学方案。

2. 明确整本书阅读的思想内涵和教学价值，掌握整本书阅读的指导方法，能够独立设计整本书阅读的教学方案。

3. 熟悉跨学科学习的内涵、特点、价值及意义，能在语文教学实践中灵活地实施跨学科学习。

---

① 夏丏尊. 夏丏尊教育名篇［M］. 北京：教育科学出版社，2007：99-100.

[知识导图]

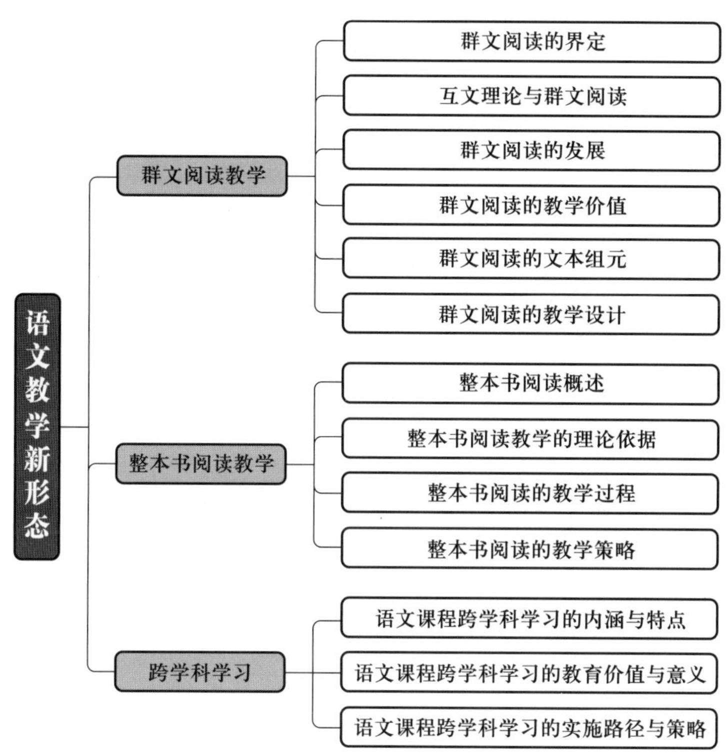
语文教学新形态
群文阅读教学
群文阅读的界定
互文理论与群文阅读
群文阅读的发展
群文阅读的教学价值
群文阅读的文本组元
群文阅读的教学设计
整本书阅读教学
整本书阅读概述
整本书阅读教学的理论依据
整本书阅读的教学过程
整本书阅读的教学策略
跨学科学习
语文课程跨学科学习的内涵与特点
语文课程跨学科学习的教育价值与意义
语文课程跨学科学习的实施路径与策略

[案例导入]

[微视频]
《书戴嵩画牛》
教学片段

笔者执教《书戴嵩画牛》的群文阅读时，在学生学完课文之后，出示南宋曾敏行《独醒杂志》中的有关记载：“马正惠公尝珍其所（　）戴嵩《斗牛图》，暇日展（　）厅前，有输租氓见而（　）笑，公疑之，问其故。对曰：‘农非识画，（　）识真牛。（　）其斗时，（　）尾于（　）间，虽壮夫膂力不能出之。此图皆（　）其尾，似不（　）矣。’公为之（　）服。”让学生依据刚刚学过的苏轼的《书戴嵩画牛》，尝试填空。这既是对学生课文学习情况的检测，又是对学生语感能力的一种训练。然后让学生比较《书戴嵩画牛》和《独醒杂志》两篇文章中，人们对戴嵩画牛的看法，得出两篇文章都认为戴嵩画错了的结论。这时提出本堂课要解决的根本问题：“戴嵩真的画错了吗？如何判定事实的真假？”通过呈现心理学中的视错觉图片，让学生了解“眼见未必为实，判断事物要靠多方考证”，再让学生观看有关斗牛的汉画像砖、照片及视频，寻找斗牛的尾巴真相：配合动作，自由摆动，或夹或举，因势而变。这时呈现戴嵩所画之牛的真迹，还原历史上真实的戴嵩：他画牛独步天下，一生创作斗牛图无数，不同作品中牛尾的姿势各异，而后人仅凭自己所见的其中一幅斗牛图上的牛尾位置轻率评判，其谬大矣！继而提问：在学习和生活中，如何避免两篇文章中都出现的草率质疑、轻信盲从的态度？最后，布置课下作业：苏轼欠戴嵩一个道歉，请你以苏轼的身份，给戴嵩写一封信。通过写作，学生能够梳理整个事件的发展过程，发现问题的本质，概括其中蕴含的哲理，提升自身的认知能力。①

思考：

在新的语文课程标准与统编教材的编写理念下，语文教学出现了哪些教学新形态？具体有何体现？

语文教学在实践中开拓创新，涌现出了一些新的教学形态：如群文阅读、整本书阅读、跨学科学习等。这些教学新形态在语文教学实践中获得了一定的成效，受到了广泛的关注。这些教学新形态致力于促进学生积极主动、生动活泼的发展，在情境创设、内容整合、任务设计、思维培养、好奇心激发与唤醒、课程资源开发与利用等方面进行了创新和探索，在丰富语文教学实践的同时，也带给我们新的思考和启示。

第一节　群文阅读教学

在语文教学新形态中，群文阅读有着悠久的历史传统，发展也最为迅速，目前已经成为推动语文课程改革、探索语文教学新方向的重要力量。群文阅读，简而言之，就是围绕教学目标把多个文本组织在一起进行教学。目前，阅读教学基本形成

① 潘庆玉．论语文学科高阶思维的培养［J］．语文建设，2021（23）：4–9.

了由单篇阅读、群文阅读与整本书阅读构成的三级体系。群文阅读是实现由单篇阅读向整本书阅读进阶的过渡阶段，具有承前启后的重要作用。群文阅读教学不是对传统单篇阅读教学的否定，而是在原有基础上进行的横向拓展与纵向深化，是培养学生高阶思维的有效途径。

一、群文阅读的界定

群文阅读，是把主题相近、背景相关或内容互联的一组文章组成一个阅读单元，教师和学生围绕特定的议题、任务、活动或目标展开阅读与研讨，发现文本之间的内在关联，建构跨文本的理解视野，获得深刻而独特的阅读体验。《普通高中语文课程标准（2017 年版 2020 年修订）》对“群文阅读”进行了清晰的描述：“能从多篇文本或一组信息材料中发现新的关联，推断、整合出新的信息或解决问题的策略、程序和方法，并运用于解决自己学习和生活中遇到的相关问题。能围绕某一方面的问题组织专题探讨，形成自己的观点。”群文阅读具有以下五个特点：

第一，群文阅读是指为了培养深度阅读能力而进行的大量泛读。群文阅读中的泛读不是浅阅读，它指向的是学生深度阅读能力的培养。群文阅读中的泛读不是随意的、盲目的、消遣式的阅读，而是为了完成明确的问题探究、深层次的审美体验而展开的定向的任务驱动型阅读。

第二，群文阅读不仅指书面语言阅读，而且包含更广泛意义上的非语言文本的“看”，如读“物”、读“像”、读“图”、读“数”、读“事”等，不一而足。这意味着群文阅读是一种跨阅读介质、跨文本形式的互文对话，需要学生具有更加丰富的想象力、联想能力，有时甚至需要依托专业知识，这是其课程统整功能的体现。

第三，群文阅读是依据关注点的变化而自由链接文本的开放式阅读。关注点可以是某个议题、主题或话题，可以是某种现象、概念、观点或命题，也可以是某项语文知识、能力、学习方法或思维方法。所选文本只要从某种视角能够聚焦为一个值得关注、值得探讨的焦点、中心或线索，就可彼此发生链接，汇聚成群文阅读的单元。

第四，群文阅读是一种开放式的挑战性阅读，教师不应过分关注形式上的要求，而应强调学生是否获得了积极的、建设性的阅读体验，其思维能力是否受到了实质性挑战，其思维过程是否得到了即时的反馈和矫正，其语言表达能力是否得到了训练和展示，其语文素养是否获得了均衡的、可持续的发展。

第五，群文阅读的本质是通过文本间性（主体间性）阐释文本的存在本质，打开语言中的思想、历史与声音。通过群文阅读，学生的精神世界、存在意识与诗意生存能力将获得提升和发展。因此，群文阅读的核心任务是在阅读实践中发展学生的阅读能力、思维能力、审美能力和文化吸收能力，使学生积淀丰厚的人文素养，满足其精神成长的需要。

二、互文理论与群文阅读

从学理来看，群文阅读的理论基础主要是互文理论。互文性是由法国后结构主义批评家、符号学家茱莉亚·克里斯蒂娃在其著作《词、对话和小说》中最先提出的。在克里斯蒂娃看来，一个文学文本相当于一个能指、一个词，是对某个所指、某个对象的表述。文字词语的概念，不是一个固定的点，不具有一成不变的意义，而是文本空间的交汇，是若干文本的对话，即作家、受述人或相关人物的现在的或先前的文化语境中诸多文本的对话。简要地说，文本是吸收了过去的文本，并且从过去的文本中建立起来的，然后文本回应、重新强调和加工过去的文本，并以此创造新的文本。从克里斯蒂娃对互文性的阐述中可以看出，她把互文性作为一种解读文本和创作文本的普遍观念，把文本之间的呼应与互释关系看作文本存在的基本状态。没有文本可以独自存在，互文是文本的内在属性。互文理论的倡导者认为，语言是存在的基础，世界作为一种无限的文本而出现，世界上的每一件事物都被文本化了。无论政治的、经济的、社会的、心理学的、历史的或神学的，一切语境都变成了互文本，这意味着外在的影响和力量都文本化了，文本的边界消除了，任何文本都向另一个文本打开，从而使得每一文本都与其他文本构成互文关系。互文性理论为群文阅读教学提供了强有力的学理支撑，为群文组元和教学设计奠定了方法论基础。群文阅读所主张的互文性是一种实践取向的、课程形态的文本互动关系，主要是作为选文组元的方法、比较阅读的方法、索引探究的方法加以使用。这里的文本不仅指书面文本，而且涉及非书面文本，如实物、音频、视频、图像、书法及绘画作品、博物馆实物展览、田野现场等。在诸多书面文本与非书面文本间如何发现并建立起丰富多样、纵横交织的互文关系，营造深度嵌入的学习情境，激发沉浸式学习的发生，是群文阅读研究的重要课题。

三、群文阅读的发展

群文阅读有着悠久的历史发展渊源，这与我国古代书籍编写重视文本分类的传统有关。例如，南朝时期编写的《世说新语》记录了魏晋之间一些名士的言行与轶事，共分为 3 卷 36 门，如上卷 4 门——德行、言语、政事、文学，采用的就是主题化的群文组元方式。《昭明文选》按照文体进行分类编写，收录了自先秦至南朝梁八九百年间 100 多位作者的各种体裁的文学作品 700 余篇。作品共 60 卷，分为赋、诗、骚、七、诏、册、令、教、文、表、上书、启等 36 科，每一科就是一类文体。清代的《古文观止》按照不同的历史时期组织选文，重视文本间的脉络源流。梁启超提出了分组阅读的观点，认为当时中学国文单篇教学的形式效率低下，不利于学生的发展，应当一组一组地讲。新中国成立后也时有群文阅读的教学实践，如 1978 年霍懋征做了一次群文阅读的尝试，把课本中《找骆驼》《蜜蜂引路》与课外的《骆驼》组成一个群文单元进行教学，取得了很好的效果。可以说，我国的语文教学，从古至今一直都有群文阅读的主张和实践。

群文阅读离我们并不遥远，很多时候，生活中的日常阅读其实也是一种随机的群文或多文本阅读。我们在日常阅读中，有时候会读着读着突然就对某个现象、某个问题、某种知识、某个事件或人物产生了兴趣，主动寻找文章、翻检著作以展开进一步地深入阅读，甚至会系统地研究一番。因此，群文阅读并不是一种全新的阅读理论或方法。就语文教学而言，统编语文教材按照人文主题进行组元的单元教学基本上可以看作较为松散、自由的群文阅读，只是缺少统领单篇教学的明确议题和定向的探究。最近几年，群文阅读作为一种重要的阅读教学新形态流行起来，成为研究和实践的一个热点，其原因在于人们把群文阅读从一种自发的、散漫的混沌状态中挖掘出来，使其独立出来，从理论上将其提升为与单篇课文教学相对等的、跨文本、跨文体、跨介质的创新性阅读教学模式。现在，群文阅读的理念已经先后进入高中语文课程标准和义务教育语文课程标准的“学业质量评价”中：“能比较、概括多个文本的信息，发现其内容、观点、情感、材料组织与使用等方面的异同，尝试提出需要深入探究的问题。”“阅读由多种材料组合、较为复杂的非连续性文本，能领会文本的意思，得出有意义的结论。”从某种意义上说，这种提升打破了语文课堂教学单篇为主的固有模式，把课程意识带入语文教学设计，激活了语文教师教学的想象力和创造力，提高了语文教学的效率和质量。

四、群文阅读的教学价值

群文阅读的特征决定了群文阅读教学对实践语文课程标准、实现语文课程目标具有重要价值，主要表现在以下四个方面：

（一）有利于语文课程资源向语文课堂教学高效转化

群文阅读的根本属性是语文课程资源向语文课堂教学的直接转化。一般的语文课程资源开发重在课堂外的开发和建设，开发出来的课程资源如何进入课堂成为教学内容，主要取决于授课教师的态度、兴趣和能力，存在较大的偶然性和随机性。不同的是，作为课程资源的群文阅读所进行的开发与建设，从文本的选取、加工和组元，到学习目标的聚焦、凝练和拓展，整个过程都是紧紧围绕课堂教学的实施而展开的。教学条件的时空限制和学情分析的实际状况是进行群文阅读教学设计的客观基础。群文阅读课程资源的设计以特定的教学对象、教学目标、教学任务为目标，不存在抽象的、含混的、缺少明确学段背景的群文阅读课程设计。因此，群文阅读是语文课程资源教学转化的高效形式。

（二）有利于学生的语言建构与思维发展

相较单篇课文的教学，群文阅读的显著特征就是多文本语境的交叉建构。多文本语境带来的是阅读视野、阅读方法、思维角度、体验过程等方面发生的一系列深刻变化，它为学生的语言建构与思维发展创造了条件。比较阅读是群文阅读的本体性方法，群文阅读中的比较是立体的、多层次的、自驱动的。在群文阅读中，教师通过比较可以展开所拟议题的各个侧面，揭示每个文本的构思与写作视角，激发学生思维的开放性、灵活性和批判性，有利于建构辩证综合的认知框架。与比较阅读的本体性要求相适应，群文阅读课必定是走向深度对话的自主探究课。师生之间多层次、多角度的对话，在教学过程中生成了理解的多维交织的开放语境，使群文阅

读教学产生了单篇阅读教学难以产生的跨文本、跨时空的视野融合，这有利于学生的语言建构与思维发展。

（三）有利于搭建多重审美视角

在单篇课文的教学中，从审美上来看，其欣赏的中心是明确的，也是固定的。群文阅读教学没有固定的背景和中心，每更换一个角度，其背景和中心的位置就会悄然发生变化。对群文阅读来说，其欣赏的角度是无穷的。因此，从语文教学的审美功效来看，单篇教学是引导学生直接领略某种个体的美，群文教学则是引导学生在反复的、不同视角的观察比较中去发现不可预期的、变动的、潜在的、流动的美。通过群文阅读，学生可以培养不同的审美意识，搭建多重审美视角。

（四）有利于通过构建阅读生态对学生进行人格陶冶与文化涵养

无论是单篇阅读，还是群文阅读，除关注学生语言、思维与审美能力的发展外，教师还应致力对学生进行人格陶冶与文化涵养。文化是凝聚在文本中的一部分，也是深刻影响文本阅读价值的一部分，有利于学生陶冶自身人格。任何文本既是文化的载体，又是文化的表象。文化的涵养更多的是一种潜移默化的体认和感悟，它讲求春风化雨、润物无声的境界。语文教师在教学中，要让学生的语文学习更好地联系生活，衔接过去、现在和未来，让学生在语文学习中融入自然和社会，在这个过程中陶冶人格。所以，语文学习应该拓展视野，放眼自然和社会，发现值得研究的东西。在这个过程中，使学生把阅读、体验、实践和表达融合起来，真正能够成为一个全面发展的人。

五、群文阅读的文本组元

文本组元是群文阅读教学的核心环节，是落实语文教学课程意识和统整理念的基本架构。因此，组元问题是群文阅读教学设计的重点和难点，对语文教师而言具有一定的挑战性。群文阅读的文本组元方式有两种：议题式组元与链接式组元。

（一）议题式组元

议题式组元的一般步骤是：首先确定某个议题，之后从不同的角度选择一定数量的适合的文本，将其按照教学流程的设计排列成一个教学单元。例如，围绕“现代诗歌如何描写乡愁”这一议题，设计“月是故乡明——现代乡愁诗群文阅读”主题教学，可以选择李广田的《乡愁》、纪弦的《一篇槐树叶》、井出博正的《北国之春》和海子的《黑翅膀》四首诗歌作品，引导学生比较古今中外诗歌中的乡愁意象与意境，把握现代诗的创作规律和表达风格，明确它们各自是如何描写乡愁的。

（二）链接式组元

［微视频］
《大美兰亭》
教学片段

链接式组元是指语文阅读教学中，依据关注点的变化自由链接文本的开放式组元方式，具体可以是关键词链接、人文主题链接、人物链接、事件链接、跨学科链接等。例如，以课文《兰亭集序》为基础设计“大美兰亭”群文阅读课，围绕“大美兰亭”这一人文主题，采用链接式组元方式，把赵孟頫的《兰亭十三跋》（第四跋、第十二跋）、王文杰的《读帖》、李世民的《王羲之传论》、宗白华的《论魏晋行草》、林语堂的《书法的韵律》等文本组成一个群文单元。由诗序之美，链接书法之美，由书法之美链接悠久的历史传承，由历史传承链接“天下第一”的历史评价，由历史评价链接美学分析和哲学阐释：这样就可以把《兰亭集序》的文学之美、书法之美、传承之美、艺术之美与人格之美巧妙地嵌合在一起，融文学、艺术、思想与文化于一体，形成丰富多彩、强烈浓郁的语境，促进学生审美、思辨与文化批评能力的发展。整个群文阅读教学进行的过程，是一次又一次地围绕兰亭之美进行感受、比较、发现与再发现的过程，也是审美体验、思想探究与思辨反思交替推进、步步深入、情思激荡的过程。

六、群文阅读的教学设计

群文阅读的教学设计与单篇阅读的教学设计有所不同，它要在学习语文基础知识与基本技能的基础上，发展学生的高阶思维和综合素养。群文阅读的教学设计，要立足文本间的联系和互动，设置学习情境和任务，注重学习内容的提炼整合、探究过程的层层推进和听说读写的系统联动。群文阅读的教学一般可以采用七种设计思路。

（一）任务解决

任务解决的群文阅读教学设计，是指围绕现实生活或历史上的突发性或代表性事件、现象、问题设计挑战性任务，选择相关文本，引导学生通过群文阅读发现事件、现象、问题等背后的规律或联系，提出问题解决方案，并尝试解决问题。例如，有报道曾说有人因食用新鲜的大个草莓而中毒，大个的草莓是不是就不能吃了呢？有教师围绕这个问题从报刊和专业网站上选择了 8 篇文章和新闻报道，让学生通过对比阅读进行探究，发现了大个草莓使人中毒的根本原因，最后提出安全食用草莓的建议。

（二）跨学科聚焦

跨学科聚焦的群文阅读教学设计，是指围绕特定的人文主题、文艺作品或社会事件，从不同学科的角度选择相关的文章或作品，进行跨学科的对话和碰撞，建构新的认知和体验，形成综合性主题。例如，教师以《兰亭集序》一文为基础，从历史、书法、美学等学科的角度选择与之相关的文本，构建跨学科的视野，探究《兰亭集序》的文学价值、艺术价值、历史传承价值和美学价值，最终形成“大美兰亭”这一跨学科主题。

（三）迁移应用

迁移应用的群文阅读教学设计，是指让学生在一篇课文的学习中掌握特定的语文知识或方法，然后在群文阅读的其他文本中自觉地加以迁移和应用，起到举一反三、触类旁通的作用。例如，在“唐代边塞诗”的群文阅读中，教师首先教授学生蒙太奇的相关知识，然后示范并引导学生运用蒙太奇的方法解读古诗《使至塞上》，在学生初步掌握了蒙太奇的解读方法之后，让学生以小组合作的形式，运用蒙太奇的方法解读其他的三首边塞诗，这样就顺利地实现了蒙太奇解读方法的迁移和运用。

（四）关键词链接

关键词链接的群文阅读教学设计，是指以关键词为主线，灵活地选择、组织相

关文本，使之构成一个具有内在关联的群文阅读单元。例如，金戈铁马、光复中原是辛弃疾一生的“梦”，围绕关键词“梦”，可以选择辛弃疾的三首词《破阵子·为陈同甫赋壮词以寄之》《鹧鸪天·壮岁旌旗拥万夫》《鹧鸪天·博山寺作》进行探究，引导学生思考：这是一个什么样的梦？梦来自何处？梦醒之后有什么情感？引导学生走进辛弃疾的“梦”的深处，感悟他那慷慨悲歌、壮怀激烈的豪情背后，英雄无用武之地的悲哀和绝望。

（五）系统比较

系统比较的群文阅读教学设计，是指聚焦某一人文主题，从古今中外的角度选择代表性文学作品组成群文阅读单元，展开系统性、体系化的比较阅读，探究群文的同中之异与异中之同，形成丰富多彩的文学阅读体验。例如，作为文学作品的永恒主题之一，可以采用系统比较的方法探究“乡愁”。语文教师可以将课文组成一个群文阅读单元，选择李白的《春夜洛城闻笛》、余光中的《白玉苦瓜》、艾青的《我爱这土地》、普希金的《令人心醉的往日的亲人》，引导学生探究隐含在古今中外诗歌中那说不尽、道不完的对故乡的无穷思念和万般况味。

（六）专题研究

专题研究的群文阅读教学设计，是指以一定的研究课题为中心，选择多篇（部）作品相互参照的综合性阅读。以专题研究为目标的群文阅读，一般都有明确的目标和系统化的任务。例如，对文学作品的专题研究，语文教师可以设计“诗经中的爱情”“苏轼在黄州”“李白与月亮”“杜甫的眼泪”“文学的赤壁”“老舍与济南”等专题，有效拓展学生的阅读视野，深化其对文学作品的系统理解。

（七）单篇阅读与整本书阅读的过渡

群文阅读是由单篇阅读走向整本书阅读的重要过渡。因此，群文阅读可以设计为整本书阅读的桥梁课程，即围绕文学作品中的重要人物、背景和事件，学术著作中的基本概念、观点和案例，选择关键节点处的文本内容，组成群文单元，以点带面，提纲挈领，加深学生对文学作品和学术论著基本思想的理解。例如，阅读《红楼梦》时，教师可以以某个人物的命运为线索，选择与之相关的重要情节，引导学生进行梳理和整合，形成对人物的整体印象和评价，为后续的整本书阅读铺平道路。

第二节　整本书阅读教学

整本书阅读在培养学生广泛的阅读兴趣、扩大阅读面、增加阅读量、提高阅读品位方面具有重要作用。虽然整本书阅读是当前语文课程改革的热点，但它并非现在才提出来，而是有一个较长的发展历程。早在 1922 年，叶圣陶就曾提出整本书阅读的想法。1941 年，叶圣陶在《论中学国文课程标准的改订》中明确提出“读整本书”的观点：“把整本书作主体，把单篇短章作辅佐。”①1949 年他又在《中学

① 叶圣陶 . 叶圣陶语文教育论集［M］. 北京：教育科学出版社，2021：60.

语文科课程标准（草稿）》中提出："中学语文教材除单篇的文字而外，兼采书本的一章一节，高中阶段兼采现代语的整本的书。"时至今日，随着语文课程改革的步步深入，整本书阅读这一教学理念被提升到一个崭新的高度，整本书阅读在语文课程标准中被正式列为学习任务群之一[①]，并被编入统编语文教材。作为一种教学新形态，整本书阅读正成为语文教学实践探索与理论研究的热点和难点。

一、整本书阅读概述

（一）整本书阅读的内涵

整本书阅读，是指学生能够完整地读完一本书，对其有自身的思考与认识，并能够运用于日常的语文学习中，提升自身的语文素养。虽然统编语文教材中的课文以单元的形式编写，但阅读教学还是以单篇为主，体量有限。如果学生日常的阅读也限于单篇，很少接触体量大的读物，就不利于学生阅读能力和思维能力的提高。整本书阅读就是要解决学生阅读学习体量小、效率低、认知浅的问题。这里的"阅读"形式多种多样，可以是细读、精读，也可以是粗读、浏览，还可以是课内课外联读；阅读对象是开放的，可以是文学作品、文化典籍，也可以是科普读物、学术著作。

整本书阅读进入课程标准和语文教材，成为语文课程的正式内容，获得新的性质、地位和功能，成为阅读教学的新形态，受到中小学的普遍关注。教师要在教学实践中顺利开展整本书阅读的教学活动，需要处理好四个方面的关系：一是整本书阅读与教材的关系，可以是互补、延伸或其他关系，注重语文知识的迁移和运用。二是课外阅读与课内阅读的关系，要保障课外有足够的阅读时间，课内有针对性强的阅读指导和高质量的分享互动。三是与互联网媒体的关系，要实现纸质书籍与视频媒介的有效结合和相互促进。四是与高考的关系，要通过命题革新渗透整本书阅读的考查内容，积极引导整本书阅读的教学推进。

（二）课程标准的规定

《普通高中语文课程标准（2017年版2020年修订）》提出，"整本书阅读与研讨"学习任务群"旨在引导学生通过阅读整本书，拓展阅读视野，建构阅读整本书的经验，形成适合自己的读书方法，提升阅读鉴赏能力，养成良好的阅读习惯"，并明确规定该任务群的学习要贯串必修、选择性必修和选修三个阶段。义务教育语文课程标准提出，"整本书阅读"学习任务群"旨在引导学生在语文实践活动中，根据阅读目的和兴趣选择合适的图书，制订阅读计划，综合运用多种方法阅读整本书；借助多种方式分享阅读心得，交流研讨阅读中的问题，积累整本书阅读经验，养成良好阅读习惯；提高整体认知能力，丰富精神世界"。

《义务教育语文课程标准（2022年版）》按对"整本书阅读"学习任务群不同学段的学习内容、教学提示进行了细致的阐述。例如，对第四学段（7～9年级）

---

① 《普通高中语文课程标准（2017年版）》把"整本书阅读与研讨"列为第一个学习任务群；《义务教育语文课程标准（2022年版）》把"整本书阅读"列入拓展型学习任务群中。

整本书阅读的学习内容是：

（1）阅读革命文学作品，如《革命烈士诗抄》《红岩》《红星照耀中国》等，体会、评析革命领袖、革命英雄的爱国精神和人格魅力。

（2）独立阅读古今中外诗歌集、中长篇小说、散文集等文学名著，如《朝花夕拾》《骆驼祥子》《艾青诗选》《西游记》《格列佛游记》《钢铁是怎样炼成的》等。根据阅读进度完成读书笔记，针对作品的语言、形象、主题等方面的话题展开研讨。

（3）开展多样的读书活动，丰富、拓展名著阅读。借助多种媒介讲述、推荐自己喜欢的名著，说明推荐理由；尝试改编名著中的精彩片段；结合自己的阅读体会，尝试撰写文学鉴赏文章。

关于如何开展“整本书阅读”教学，课程标准给出了以下教学提示：

（1）应统筹安排课内与课外、个人与集体的阅读活动，宜集中使用每学期整本书阅读课时，兼顾教师指导和学生自主阅读，保证学生在课堂上有时间阅读整本书。指导学生认识不同类型图书的特点和价值，根据自身实际确定阅读目的，选择图书和适宜的版本，合理规划阅读时间。应创设自由阅读、快乐分享的氛围，善于发现学生阅读整本书的成功经验，及时组织交流与分享；善于发现、保护和支持学生阅读中的独到见解。

（2）整本书阅读教学，应以学生自主阅读活动为主。引导学生了解阅读的多种策略，运用浏览、略读、精读等不同阅读方法；通读整本书，了解主要内容，关注整体与局部、局部与局部之间的关系；重视序言、目录等在整本书阅读中的作用。设计、组织多样的语文实践活动，如师生共读、同伴共读，朗诵会、故事会、戏剧节，建立读书共同体，交流读书心得，分享阅读经验。

（3）根据开展读书活动的实际需要，合理推荐和利用适宜的学习资源，如拓展阅读的书目、参考资料，以及相关音频、视频作品等，激发学生的阅读兴趣，丰富阅读体验，拓宽阅读视野。借助信息技术为学生拓展学习空间，提供写作、展示、研讨和交流的平台。

（4）注意考察阅读整本书的全过程，以学生的阅读态度、阅读方法和读书笔记等为依据进行评价。教师可以围绕读书的主要环节编制评价量表，制作阅读反思单，引导学生从阅读方法、阅读习惯等方面进行自我反思、自我改进。

二、整本书阅读教学的理论依据

整本书阅读教学涉及许多教学与学习理论，其中比较重要的有三种：建构主义学习理论、混合式学习理论、支架式教学理论。

（一）建构主义学习理论

建构主义学习理论起源于皮亚杰的认知结构说，强调个人经验和个性化理解。根据建构主义学习理论的观点，学习是通过引导学生从已有经验出发，建构新的经验的过程。在阅读整本书的过程中，学生需要依据自己的已有阅读经验，拓展和完善阅读框架。教师应当建构主动学习的环境，促进学生内部积极主动的建构；同时，教育要适应学生当前的发展阶段，通过新、旧知识的交替引发学生的认知冲突，但不能超出学生已有认知水平太多；学生在阅读能力和阅读习惯中存在个体差异，教师要注重因材施教。

（二）混合式学习理论

混合式学习指的是一种正规的教育课程，学生至少进行部分在线学习，其间可自主控制学习的时间、地点、路径或进度，另外至少部分时间在家庭以外受监督的实体场所进行学习；它将学生在学习一门课程或科目时的各种模块结合起来，形成一种整合式的学习体验。[①]混合式学习理论下的整本书阅读，可以将正式学习与非正式学习相结合，二者相互补充和促进。学生可以将阅读带回家、带上网，实现更加自由的阅读时间管理和阅读方式优化。

（三）支架式教学理论

支架式教学是指在学生的最近发展区内，在一定的学习情境下，教师或其他人与学生合作，双方共同保障学习活动的顺利进行。其中，教师或其他人为学生提供适时适当的帮助，使其超越独立学习时的水平，促进能力发展。在学生能力提升的过程中，教师或其他人将逐渐减少对学生的帮助，鼓励他们独立自主地完成学习活动，一直到完全不需要外界的帮助。支架式教学理论有利于充分调动教师在整本书阅读教学中的指导和激励作用，逐步培养学生的自主学习和个性化阅读的能力。

三、整本书阅读的教学过程

整本书阅读的教学过程大致分为阅读前的导入课、阅读中的推进课以及阅读后的小结课三个阶段。

在阅读前的导入课阶段，教师主要进行图书内容或作者生平等主要信息的导读初探及阅读方法策略的归类指导，初步培养学生对读书的兴趣，夯实学生的阅读方法理论知识，以使学生能在实际阅读中有“法”可依。阅读前的导入材料可以是书中有代表性的精彩片段、作者生平、他人书评，或与书中内容相关的一连串问题，激发学生的好奇心与求知欲望，关注学生的感性认知和情感体验；在教授阅读方法或策略时，需要带领学生详细了解图书内容，必要时学生要做笔记，如常见的基础方法，精读、略读、浏览、寻读、跳读、猜读；分析、比较、演绎、归纳、涵泳、体味等，更要结合不同的文体带领学生归类总结整本书阅读的方法。

在阅读中的推进课阶段，教师主要补充完善针对性策略、特异性策略，交流个人阅读的新体悟，通过适当引导以激发学生的续读兴趣。在整本书阅读进行中期，要具体分析阅读方法，相对第一阶段的阅读方法，在这一阶段，学生已通过阅读活动筛选出适用于此种类型文章的阅读方法，此时就需要教师进行纠错扶正。阅读中的推进课主要是通过小组交流和教师引导，达到梳理和交换所读信息、强化完善阅读技法的目标，从而为学生接下来的阅读助力续航。

---

① 霍恩，斯特克. 混合式学习：用颠覆式创新推动教育革命［M］. 聂风华，徐铁英，译. 北京：机械工业出版社，2016：33–35.

在阅读后的小结课阶段，教师主要通过书面传授、口头传授、活动交流等方式，引导学生分享阅读感受，总结得失。其中，教师需在整个阅读过程中做好教学观察与记录，强化过程性评价。此外，教师可做适当拓展，注重阅读基本功的迁移。就整本书阅读的教学目标而言，学生不仅要读完规定的几本书，而且要在此过程中迁移读书的经验与能力。主要包括以下三类指导：一是图书版本选择的指导，如果学生在课外自由选择图书，那么外文图书要注意译文的优劣，我国古代图书要注意文言注释的质量，多个版本的图书要区分修订版与初版的选择；二是强调序目作用与重要性，如自序多是点明写作意图，他序多涉及内容与价值评价，序目对学生初步了解图书有帮助，需多加关注；三是参考图书的选择指导。参考图书多为工具书，可以帮助查询阅读过程中文字的音义、典故成语的出处和含义等。

温儒敏表示：有效的整本书阅读不能有太多干预，不主张将其课程化，应导向自由阅读、个性化阅读，切莫过于功利指向性太强，对学生减少要求，“如何写笔记、如何写旁批、如何写读书心得”，这些要不得，不要设定过于细化的阅读时间和阅读计划，应实行目标管理，课程开头有提示和引导，结尾布置小结即可。在实际的整本书阅读教学过程中，这对教师有一定的参考价值。

总的来说，“整本书阅读”是一个个性化、阅读策略交互运用的综合性阅读过程。[①] 整本书阅读教学应当顺应学生的个性化特点，为学生顺利的阅读适时、适当地提供关键的阅读策略。整本书阅读的优质开展和良性循环，也离不开教师对学生学习积极性的调动。

四、整本书阅读的教学策略

（一）参照课程标准要求

《义务教育语文课程标准（2022 年版）》在“教材编写建议”部分指出：“要把整本书阅读作为教材的重要有机组成部分，精选兼具思想性、艺术性和学段适应性的典范作品，以整本书阅读兴趣，阅读习惯的培养为基础，让学生逐渐建构不同类型整本书阅读经验；教材要组织和选取原著部分文本和辅助性阅读材料，创设综合型、阶梯式的学习问题和交流活动，提高学生理解和评价能力。其他学习任务群阅读材料的选择也要适当兼顾整本书。”因此，教师要深入钻研教材，将整本教材中有关整本书阅读的内容进行整合，连贯讲解。除此之外，义务教育语文课程标准中还有关于不同学段的学习内容和教学提示，教师可以以此为标准，根据自身所任教的学段进行有针对性的整本书阅读教学。

（二）搭建教学支架

教师在指导学生进行整本书阅读时，可以使用导学任务单搭建教学支架。导学任务单主要涵盖阅读过程的大致目标、阅读重难点以及需要解决的问题，采用了任务驱动式教学方法。教学支架在整本书阅读的全部过程中的权重是逐渐减小的。导学任务单大致包括以下内容：第一，建立相关版本的图书内容和作者生平等相关知

---

① 杨爽 .“整本书阅读”的理论与实践［J］. 文学教育（上），2017（6）：71–72.

识网，待学生读完全书后，建议他们形成自己的思维导图；第二，对学生阅读速度的训练和阅读策略的使用检测；第三，在阅读整本书时，学生要进行自我记录，如适合个人节奏的阅读计划、书中主要内容的记录、阅读前的心理预期、阅读中的体悟和阅读后的总结思考等，做到“读写结合”。

就阅读时间之长、阅读材料之繁、阅读挑战之大而言，整本书阅读比篇章阅读更适合开展基于项目的学习、基于探究的学习，进行深阅读、深度学习。[①] 基于项目的学习和基于探究的学习，其学习过程是动态变化的，教师在教学中可以运用问题驱动的学习方式让学生主动探索问题。在整本书阅读的过程中，学生可以以小组合作的形式交流心得，组内成员初步形成阅读共同体，通过有效沟通丰富阅读体验。

（三）培养元阅读能力

在整本书阅读的教学过程中，教师需要以科学恰当的方式，提示学生有意识地培养自己的元阅读能力。所谓元阅读，是“对阅读的阅读”，通过把阅读过程中的思维过程外化，学生能够更清楚地观察且监督自己的阅读过程，同时进行自我反思与总结，及时调整自己的阅读速度和阅读策略。教师应当有计划地培养学生在阅读过程中的自主监督意识，为其提供阅读策略帮助，辅助学生进行自我评价。在学生对“自我”进行监控的过程中，教师起到提示、推动、引导的作用。

（四）实施动态化、过程性评价

整本书阅读的教学周期相对较长，这就需要教师明确评价手段，针对学生的整个阅读过程进行记录与监测。例如，教师可通过电子档案袋的方式促进过程性评价的落实，尽量完整地保存学生的整个阅读过程。整本书阅读的个性化特点要求评价标准要多角度、多层次，具有动态化，注重对不同的学生建立个性化的评价标准，切忌一刀切。另外，评价者的主体也要多元化，如传统的教师评价、小组或班级内的生生互评以及范围较广的第三方评价。

整本书阅读的本质是学生文化底蕴的沉淀、语言经验的充实、思维能力的提高、精神营养的丰厚。整本书阅读的教学重点应放在学生的阅读兴趣、阅读范围、阅读习惯、阅读速度、阅读策略以及阅读思维品质的提升，作品的意义建构，对生活生命的体悟上，还要注意让学生在不同的学习阶段有一定阅读量的积累。

第三节　跨学科学习

自 2001 年新课程改革以来，跨学科（领域）学习一直是语文课程改革的基本理念。《全日制义务教育语文课程标准（实验稿）》提出“注重跨学科的学习”“提倡跨领域学习，与其他课程相结合”；《普通高中语文课程标准（实验）》提出“注重跨领域学习，拓展语文学习的范围，通过广泛的实践，提高语文综合应用能力”；《义务教育语文课程标准（2011 年版）》提出“拓宽语文学习和运用的领域，并注

① 李卫东. 混合式学习：整本书阅读的策略选择［J］. 语文建设，2016（25）：12-15.

重跨学科的学习和现代科技手段的运用，使学生在不同内容和方法的相互交叉、渗透和整合中开阔视野，提高学习效率，初步获得现代社会所需要的语文素养”“提倡与其他课程相结合，开展跨领域学习。跨学科学习，也应以提高学生语文素养为目的”;《普通高中语文课程标准（2017 年版）》提出“也可与历史课、地理课结合，组织跨学科的学习活动，在提高思想水平的同时，提高学生口头交流、现场记录、文稿整理、理论论证的能力和水平”“注意在生活和跨学科的学习中学语文、用语文，在学习和运用的过程中提高表达、交流能力”。《义务教育语文课程标准（2022 年版）》把“跨学科学习”正式列入拓展型学习任务群，这也成为一种语文教学新形态。跨学科学习主张打破学科间的界限，让学生在真实复杂的问题情境中，综合运用多门学科知识解决问题，从而发展学生的综合能力、形成跨学科素养。语文学科中的跨学科学习，要求学生融汇不同学科知识、结合现有实践经验，在发现问题、分析问题、解决问题的过程中，提高语言文字运用能力，促进学生面向未来的综合素养的提升与发展。

一、语文课程跨学科学习的内涵与特点

（一）语文课程跨学科学习的内涵

“跨学科学习”是整合两种或两种以上学科的观念、方法与思维方式，以解决真实问题、产生跨学科理解的课程与教学取向。[①] 这说明在理解“跨学科学习”时，教师要把握以下三个维度：第一，“跨学科学习”是面向真实世界的学习要求，以培养学习者解决真实问题的核心素养和高阶能力为目的；第二，“跨学科学习”要打破学科壁垒，强调学科整合，建立起学科间的有机联系；第三，“跨学科学习”要关注知识的产生过程，指向可迁移深度的理解。在多学科协同、整合的过程中，“跨学科学习”并非问题指向的简单叠加，而是经过逻辑思维的加工融合后进行深度思考的结果。

不同学段的课程标准对语文学科的跨学科学习都做了明确规定。在《普通高中语文课程标准（2017 年版 2020 年修订）》中，“跨学科学习”作为语文学习任务群和选修课的一般性要求，旨在引导学生在学语文、用语文的过程中建立跨学科视野、树立跨学科意识，提高表达、交流能力。在《义务教育语文课程标准（2022 年版）》中，“跨学科学习”的要求更加具体、成型，它以独立的学习任务群形式明确规定要“引导学生在语文实践活动中，联结课堂内外、学校内外，拓宽语文学习和运用领域；围绕学科学习、社会生活中有意义的话题，开展阅读、梳理、探究、交流等活动，在综合运用多学科知识发现问题、分析问题、解决问题的过程中，提高语言文字运用能力”。综合来看，虽然不同学段的“跨学科学习”在表现形式上不同，但核心都是要求从语文学科跨向其他不同的学科，跨向生活实践，跨向真实问题，跨向综合创新，最终回归学生语文学科能力的提升上。

总之，语文学科的跨学科学习是在教师的组织和引导下，要求学生在运用语言

---

① 张华 . 论理解本位跨学科学习［J］. 基础教育课程，2018（22）：7-13.

文字基本知识、培养阅读表达与写作能力、创新语文思维、提升文学素养的过程中实现跨学科知识的迁移与整合，以解决实际问题的一种有深度的综合性学习。

（二）语文课程跨学科学习的特点

语文课程跨学科学习不仅渗透识字与写字、阅读与鉴赏、表达与交流、梳理与探究等语文实践活动的全过程，而且因其带有综合性、实践性，所以可以整合、还原真实的语文学习场景，构建真实、多元、开放的语文教育情境。

1. 综合性

学科交叉融合是当前科技与社会发展的基本特征。《义务教育课程方案（2022年版）》在说明“课程标准”变化时提出：“设立跨学科主题学习活动，加强学科间相互关联，带动课程综合化实施，强化实践性要求。”[①]“课程综合化实施”既是学科交叉融合背景下的必然趋势，又是我国跨学科探索的必然结果。所以，“综合性”是语文课程跨学科学习的主要特点。

生活中的语言文字运用涉及多学科、多领域的知识整合，“跨学科学习”能够有效地搭建起语文学科与其他学科交流互动的桥梁。它不仅着眼于弥合学科间的割裂，而且力图使学生整体的学习能力得以提高，在综合运用知识的过程中形成知识的迁移能力，促进正确价值观、必备品格和关键能力的养成。不过，语文课程的跨学科学习往往选择面较广、实施难度较大，不容易实现学科间的深度融合，因此，教师在语文教学实践中应抓住跨学科学习的有利时机，处理好不同学科间知识的有机结合，灵活地运用各种知识技能解决问题。

2. 实践性

语文课程跨学科学习的另一特点是实践性。此处的“实践”不仅指课堂内外、学校内外的语文学习活动，而且包括解决其他学科问题时的讨论、交流、记录，以及实际生活场景中的言语运用等。引导学生学会解决生活中的实际问题是语文学科的重要任务，从这一层面而言，语文课程的跨学科学习的实践性可以表现为以下三种方式：

第一，结合具体生活情境开展语文课程的跨学科学习，即立足真实的生活情境，调动跨学科知识解决实际问题并发展语用能力。以2022年新高考Ⅰ卷为例，在语言文字运用题Ⅱ中，材料聚焦日常生活中的“科学减肥”问题，勾连起个人生活体验，把日常生活与语言文字运用巧妙地结合起来。学生在解决问题的过程中，自然而然地经历了阅读、表达、探究等活动，语文学习得以走出课堂，进入生活，学习和实践空间变得更加宽广。

第二，主题学习。语文课程的跨学科学习需要学生针对一个具有多个切入点的开放性主题或课题，展开跨学科的综合性研究。如清华大学附属小学的学生协力完成的论文《苏轼的旅游品牌价值分析》中，以“苏轼的旅游品牌价值”为主题，综合运用数学、历史、地理等学科知识开展文旅行业的研究性学习。学生通过小组合

---

① 中华人民共和国教育部．义务教育课程方案：2022年版［M］．北京：北京师范大学出版社，2022：前言4.

作，对文献进行搜集、分析、统计、解读和整合，在解决问题的过程中，他们的语言文字运用能力和解决问题的能力都得到了锻炼。

第三，项目化学习。项目化学习强调在语文学科的基础上，教师将学生的学习任务项目化，指导学生基于真实情境提出问题，融合多学科知识对问题进行完整的设计与规划，最终解决问题并展示和分析项目成果。如统编语文教材八年级上册的名著导读书目是“《昆虫记》科普作品的阅读”，可设计以“走进昆虫世界，感悟生命力量”为主题的跨学科学习任务，围绕认识不同种类的昆虫、了解昆虫习性和种群中的社会行为、由昆虫反观人性之美三个部分展开研究，能有机地整合语文、生物、社会学等学科的相关知识。

二、语文课程跨学科学习的教育价值与意义

语文课程跨学科学习以学生具备“适应甚至引领未来社会”的核心素养为旨归，是发挥德智体美劳“五育融合”育人理念、助力教学改革、推动减负及提质增效的重要载体，能够有效促进学生语文能力的提升和核心素养的全面发展。

（一）坚守育人本位，发挥整合优势

跨学科学习的核心价值是育人。语文课程的跨学科学习以学习任务群的组织形式有效促进学生语文能力的提升和核心素养的全面发展，充分彰显了我国德智体美劳“五育融合”的育人理念。作为《义务教育语文课程标准（2022 年版）》的亮点与难点，跨学科学习并没有以传统独立课程的形式存在，而是作为语文课程内容的一部分，采用基于学科又超越学科的方式，避免漂泊式、拼盘式、拍脑袋式的跨学科学习对知识学习的忽视。

在《义务教育语文课程标准（2022 年版）》中，跨学科学习任务群得到了应有的重视。“原则上，各门课程用不少于 10% 的课时设计跨学科主题学习”的规定为学科教学的横向统整提供了必要的课时保障。跨学科学习任务群的设置标志着德智体美劳“五育融合”的改革要求正式进入国家课程，初步回应了“融合什么，怎么融，融合后的落脚点在哪里”等基本问题。有研究整理了义务教育语文课程标准中明确表述主题和相关学科跨学科学习的活动参考示例，发现同类型的问题情境在不同的学科关照下侧重点不同，在弱化边界的同时能够强化主次。例如，“跨学科学习”学习任务群第四学段（7 ～ 9 年级）的学习内容中要求：“结合数学、物理、化学、生物学等学科学习，或者自己参与的科技活动，学习撰写并分享观察、实验研究报告。”将除语文之外的科目知识与思维以润物细无声的方式融入整个教学活动中，虽然教学活动探讨、研究的内容并非文学，但以其表现形式与呈现结果来看，仍然具有鲜明的语文学科特色。

这表明语文课程跨学科学习任务群的价值，在于通过强调德智体美劳的融合、学校课程的多元化整合。教师要寻求语文学科与其他学科融合的可能，增强语文学科的弹性和包容性，注重发挥多学科综合育人理念的优势。

（二）转变教学方式，指向协同思考

推进跨学科学习必定会带来教学方式的改革，教师可以围绕语文学科学习社

会生活中有意义的话题进行课程内容的重构，确定学习主题或任务，实施大单元教学、主题式教学、项目式教学。例如，在统编语文教材四年级上册第三单元第11课《蟋蟀的住宅》的学习中，教师可尝试采用单篇细读、群文比读和专题研读三种课型，围绕蟋蟀住宅的特点展开，同时迁移至人类的住宅，通过补充美学、建筑学、物理学、数学知识，让学生准确把握文本所提供的信息，对住宅构造的描摹想象，帮助他们提升对文本的感知力，也让他们进一步领略语文学习既是科学观察，又是艺术创造，这就实现了教学内容的任务建构。

教学方式的转变使学生的认知方式由单一走向多元、开放，使学习途径由个体感知变为合作探究，再提升、整合为个人的认知经验。由此观之，协同思考原则的建立是跨学科学习为语文课程带来的独特价值。这里的协同思考有两层含义：一是跨学科学习需要运用不同的学科知识、思想进行协同思考，使学生能够更加全面、深入地分析和解决具体问题；二是跨学科学习重视小组成员之间的协作，需要团队的协同思考，发挥团队的智慧。北京市大兴区亦庄实验小学五年级学生曾开展“故宫十二时辰”的跨学科学习活动，学习任务是用一种生动形象的方式，向未曾到过故宫的人展示故宫的建筑、美食、模型等方面的内容与知识。学生带着任务梳理目标、搜集资料、撰写文稿，自发设计了一场情景剧，复原了某位皇帝在故宫里的一天生活情况，以戏剧表演的方式出色地完成了这一任务。在这一跨学科学习活动中，不同学科领域的协同作用非常明显，情景剧不仅需要语文能力，而且需要信息技术、美术等学科的加持。与此同时，学生在知识整合以及与同伴合作的过程中，逐步建立起协同思考的思维模式，展示出教学方式转变的有效成果。

三、语文课程跨学科学习的实施路径与策略

（一）立足学科有机关联，实现语文整合提升

核心素养在课程内容的展开过程中起着前端指引、过程渗透、终端融汇的作用。[①] 跨学科学习打破了传统学科结构和固有学科分类，是对独立、封闭的学科体系进行的一场逆向运动，是从以知识为中心的碎片化学习转向以问题解决为中心的整体性学习的重要教育策略，是提升学生核心素养背景下学生全面发展的必然结果，也是落实核心素养培育的必然选择。在跨学科学习的课程设计过程中，语文教师应提高学科站位，观照核心素养背景下学生的全面发展。

语文课程跨学科学习在本质上是以各学科和各个领域知识交叉融合的方式促进语文学科的统整与提升的，实现这一目标的途径有以下两条：第一，需找到学科知识的共通性。以古诗词教学为例，在课堂中诵读诗词，品味文学之美时，音乐美也随之而生，这正是因为音乐学科与语文学科中的音韵有共通之处。沿着这一思路，教师可以设计为古诗词编曲的跨学科学习活动。第二，需在不同的学科知识中找到链接的关键点。例如，古诗文中的语法知识与英语学科中的语法可以相互联系。

① 陈华，吴刚平．推进素养为纲的课程内容结构改革［J］．中国教育学刊，2022（7）：71–78.

《齐桓晋文之事》中的宾语前置句"然而不王者，未之有也"，可以结合英语中的强调句"It is you that I love."进行理解，在了解了 that 的强调作用后，"之"的位置与作用也就不言而喻了。通过不同学科知识之间的链接，学生的理解难度得以降低，也能够有效实现学生对语文知识的深入领悟。

（二）构建真实学习情境，拓宽语文应用范围

跨学科学习要求教师必须在课程中构建真实情境，使学生能更加适应实际生活、消除学科知识与生活实践的割裂感。同时，教师要基于不同学科的特点，设定相应的语文素养要求，在推动异质性知识整合应用到分析问题、解决问题的过程中，拓宽语文的应用范围，拓展语文的接受场域，避免语文课堂的局限性。

以设计《苏州园林》一课为例，让学生通过文字近距离体味古典建筑之美，是本节课的重点。除布置让学生假期实地感受、与家人游玩的任务外，教师还可以引导学生制作苏州园林的文创产品，或让学生做一次导游，选取其中的一处或两处景观，结合历史、地理、生物、美术等学科知识，通过自己的语言加工，让游客真切地感受到园林之美。这项作业主要是帮助学生巩固课堂所学的与说明文相关的知识，并运用恰当的顺序和正确的说明方法准确地介绍园林的特点，同时让学生体会真实生活中的口语表达与交流，感受言语和语言的区别。所以，构建真实情境，拓宽语文的应用面，让语文不再局限于小小的课堂，而是走向更加广阔的天地，是语文课程跨学科学习实施过程中值得关注的路径之一。

（三）优化课程评价体系，提升语文学习质量

《义务教育语文课程标准（2022 年版）》提出"倡导课程评价的过程性和整体性，重视评价的导向作用"，有效的形成性评价对跨学科学习的进行有重要的推动作用。语文课程跨学科学习的实施包括项目策划、前期准备、课程教学等一系列的完整活动，但最终还是要落实到学生个人的综合素养提升上。判定学生综合素养提升的重要标志在于多维度评价与任务实施过程齐头并进，做到"教—学—评"相一致，因此健全评价体系与活动反馈机制非常重要。跨学科学习评价要尽量避免用简单的方式对学生的学习结果进行优劣判断，而是要细致体贴地发现学生在学习过程中的思维状态、行动实践及体验感受，及时给予反馈、赞赏、理解或帮助。例如，教师在讲授统编语文教材普通高中必修上册的《虞美人》中"春花秋月何时了，往事知多少"一句时，可以整合语文、地理、音乐、美术、历史、生物学等多门学科不同的思维模式，创造出基于文本的个性化解读，并对学生不同层次的回答赋予不同的分值。这种以赋分评价为导向的方式，不仅可以鼓励学生主动提升多方面的学习能力，而且能从根本上发挥评价对学生的引导作用，激发学生学习语文的热情，提升语文学习的质量。

[本章小结]

本章主要介绍了语文课程改革中产生的新的教学理念，旨在学习语文教学新形态的基础上，把握群文阅读、整本书阅读、跨学科学习等语文学习方式。群文阅读应以发现文本间的有机联系为基础进行丰富的意义建构，注重知识的迁移和运用。整本书阅读应以学生的自主阅读、兴趣阅读、探究阅读为基础进行点拨指导，重视交流与分享。跨学科学习应以多学科知识的交互性为基础，突出语文学科的应用价值和整合作用，拓展语文学习的学科视野和实践场景，提高学生的综合素养。

[实践·思考·探究]

1. 群文阅读与单篇阅读、整本书阅读之间是什么关系？群文阅读有哪些特点？

2. 整本书阅读教学包含哪些基本环节？教师在指导学生进行探究时应注意哪些问题？

3. 为什么要在语文学科教学中开展跨学科学习？在语文课程中开展跨学科学习应注意哪些问题？

4.《红楼梦》是统编高中语文教材设置的整本书阅读模块。下面是一位高中语文教师为《红楼梦》整本书阅读设计的教学方案。[①] 请阅读下列方案，根据文中所说学生的阅读反馈设计一堂《红楼梦》整本书阅读指导课，以解决学生的问题。

就中学生目前的阅读水平而言，红楼女儿们性格各异，生动而鲜活，是中学生最感兴趣的内容。在大多数学生看来，他们不喜欢王熙凤的泼辣狠毒，也不喜欢林黛玉的敏感多情、爱耍小性儿，甚至连薛宝钗的圆滑世故也被他们戏称为“端水大师”，不够有主见。但当学生提到贾府三姐妹中的探春时，绝大部分学生都表现出欣赏甚至喜欢。也许是受到现代社会观念的影响，“刺玫瑰”探春处事果断磊落，在大观园中兴利除弊、改革创新，是脂粉堆里的英雄，她的很多行为符合现代人的价值观念。然而探春悲剧命运的主要原因在于她的庶出身份。她的自尊源于自卑，她的精明强干出于她内心强烈地渴望认同，她与生母赵姨娘的关系体现出嫡庶制度下的尊卑观念与传统孝文化之间无法调和的矛盾。结合“青春与毁灭”的母题，在深入文本的过程中，带领学生运用善恶并存思维、连类比较思维、文化拓展思维解读《红楼梦》中不同人物的性格，探讨其性格形成的原因，这是本议题的价值所在。

从寒假开始，安排学生在相对集中的时间内，尽可能将《红楼梦》全书读完。有了通读阶段的阅读基础后，通过学习单让学生用浏览、跳读、精读、重读等方法，对第 3、27、37、40、55、56、60 回等探春出场的重点章节进行鉴赏，关注作者在刻画人物时用到的手法，以及反映出的性格特点。在选择印象深刻的情节与小组同学交流分享后，以“________的探春”或“我看探春的________与________”为题，写一篇不少于 800 字的人物评论。

学生在自主阅读中产生真问题，在小组合作交流中将读到的内容和疑问进行整合，课堂教学先自行解决一些简单的共性问题。在讨论和写作的过程中，大多数学

① 佘党绪.《红楼梦》整本书阅读课例研究［M］. 上海：上海教育出版社，2023：278.

生能够看到探春身上较为突出的性格特征，如她的机敏能干，敢作敢为，但也有个别学生认为她的形象并不完美，在阅读交流和分享心得时，提出疑问“探春对生母赵姨娘是否过于冷酷无情”，请以此为切入点设计一堂指导课，引导学生回到文本中，回到矛盾冲突的关键部分，细读文本，分析人物行为背后的原因，探寻探春性格形成的关键因素，多角度、深层次地认识人物，培养思辨的眼光，以此促进学生批判性、深刻性、灵活性等思维品质的提升，从而让学生获得生命的感悟和精神的成长。

[拓展阅读]

1. 倪文锦．语文核心素养视野中的群文阅读［J］．课程·教材·教法，2017，37（6）：44-48.

2. 潘庆玉．群文阅读：由链接而群聚，因秘响而旁通［J］．语文建设，2018（1）：26-33.

3. 吴欣歆．语文课程视野下的整本书阅读［J］．课程·教材·教法，2017，37（5）：22-26.

4. 张莹莹．跨学科促进小学古诗学习“入情、入景、入心”［J］．语文建设，2023（8）：39-42.

5. 张华．论理解本位跨学科学习［J］．基础教育课程，2018（22）：7-13.

第八章　语文教学评价

评价能完成的最大贡献是确定教程需要改进的方面。①

——克龙巴赫

［学习目标］

1. 在《义务教育语文课程标准（2022 年版）》和《普通高中语文课程标准（2017 年版 2020 年修订）》的背景下，了解语文教学评价理念，熟悉语文教学评价的目的、过程、主体、方式和内容。

2. 熟练掌握语文课堂教学评价的标准及内容，能结合课堂教学灵活应用。

3. 结合语文教学评价实例，掌握语文学业质量评价的实施策略，在实践中形成自己的思考。

① 瞿葆奎．教育学文集：第 16 卷：教育评价［M］．北京：人民教育出版社，1989：164.

[知识导图]

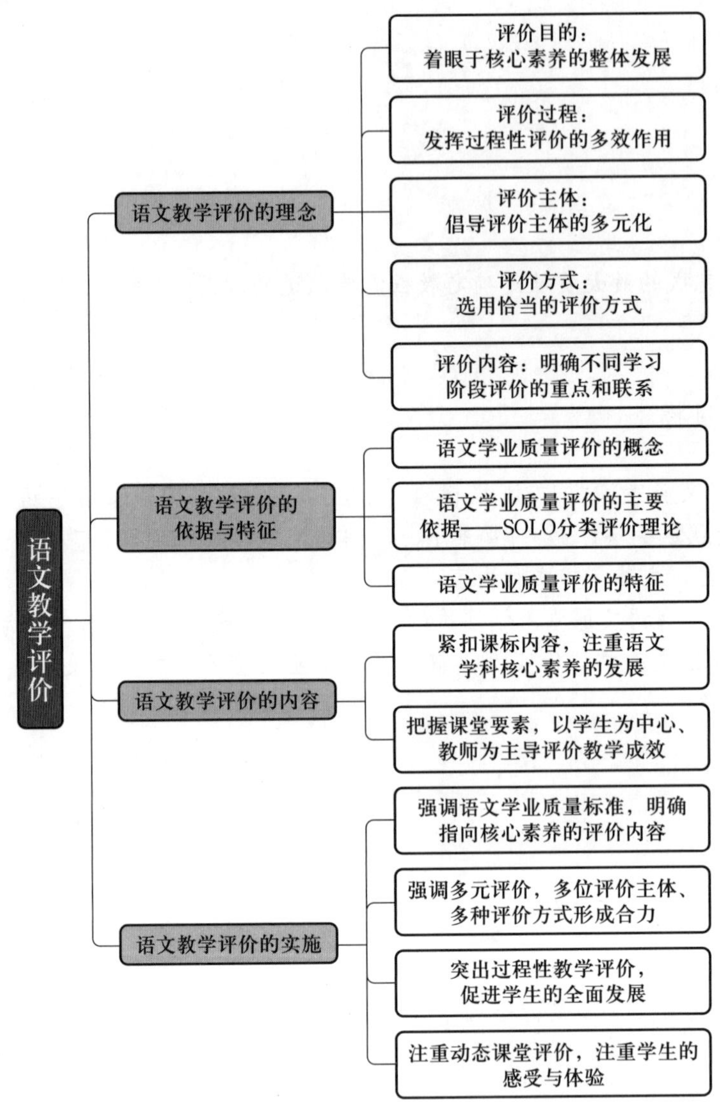
语文教学评价
语文教学评价的理念
评价目的：
着眼于核心素养的整体发展
评价过程：
发挥过程性评价的多效作用
评价主体：
倡导评价主体的多元化
评价方式：
选用恰当的评价方式
评价内容：明确不同学习
阶段评价的重点和联系
语文教学评价的
依据与特征
语文学业质量评价的概念
语文学业质量评价的主要
依据——SOLO分类评价理论
语文学业质量评价的特征
语文教学评价的内容
紧扣课标内容，注重语文
学科核心素养的发展
把握课堂要素，以学生为中心、
教师为主导评价教学成效
语文教学评价的实施
强调语文学业质量标准，明确
指向核心素养的评价内容
强调多元评价，多位评价主体、
多种评价方式形成合力
突出过程性教学评价，
促进学生的全面发展
注重动态课堂评价，注重学生的
感受与体验

[案例导入]

请阅读《背影》的教学实录片段：[①]

[微视频]《背影》教学片段

师：想一想，从屏幕上这些斜体字词中，你能读出朱自清现在家里情况怎么样？

（出示PPT：

1. 背影

2. 差事　祸不单行　狼藉　簌簌

3. 变卖　典质　亏空　惨淡　赋闲

4. 游逛　勾留　妥帖　踌躇

5. 脚夫　讲定　拣定　照应　迂

6. 月台　蹒跚　探身　攀缩　拭挽

7. 东奔西走　颓唐　触目伤怀　不能自已　情郁于中　琐屑　惦记　举箸　提笔　大去之期　泪光　触他之一怒）

生：惨淡。

师：可以说得再详细一些，你从这些词中读出了朱自清现在家里情况怎么样？

生：我觉得现在他家里比较惨淡，没有什么收入，所以才会有大把的时间，他们才会变卖典质。

师：是因为没有钱了才去变卖典质，不是因为有大把的时间，这个因果关系我们要注意一下。这个同学发现了他家的经济状况陷入了困难境地，父亲失业没有工作了，借了债需要还钱，经济出了问题。除经济出了问题外，你发现他家里还笼罩着怎样的一种氛围？你再读一读。

生：我从“东奔西走”中知道了他们父子俩不能团聚。

师：嗯，你看出了父子分离之苦，还有没有别的发现？你觉得父亲的心情怎么样，这里面有没有描写？不能自已—情郁于中—触他之一怒，好，你说一下。

生：我觉得这个时候，他父亲失去了亲人，自己又发展得不太好，因此情绪上有些暴躁。

师：好，请坐，有些暴躁，脾气不大好。大家通过前面的分析可以发现，朱家不仅经济状况不好，生活负担十分沉重，而且朱家的人心情还很悲伤，精神也很压抑，可谓惨淡窘迫。下面我们带着这种理解去读《背影》，去理解文中人物的情感，这就是一种“知人论世”。

思考：

通过上述这段教学，你认为教师对学生的评价有何特点？体现了怎样的教学评价理念？

---

① 潘庆玉．观澜叩寂：语文教育行思录［M］．北京：中华书局，2021：336-337.

第一节 语文教学评价的理念

《普通高中语文课程标准（2017 年版 2020 年修订）》提出："语文学习具有重感悟和情感体验的特点，因此评价要尊重学生的主观感受，变重终结性评价轻形成性评价为关注学习结果更重视学习过程。要加强学生的自我评价和相互评价，做到教师评价、学生评价、家长评价相结合。真正让评价成为改进教师教、学生学，促进学生发展的有效手段。"当今的语文课堂评价要以新课标、新思想为核心指向和基本立足点，注重过程性评价，采用多种方式、多种手段优化课堂教学评价，促进学生的全面发展。

一、评价目的：着眼于核心素养的整体发展

语文学科核心素养的培育并不是一蹴而就的，而是需要在语文课堂教学实践中逐渐养成的。语文教学评价的根本目的在于全面提升学生的核心素养，不仅是为了考查学生实现语文课程目标的程度，而且是为了改进师生的教与学，从而有效地促进学生的发展。语文教学评价的过程也是学生学习的过程，应围绕具体的语文学习活动，在具体的语文学习情境和活动任务中，对学生语文学科核心素养的发展状况进行全面考查。语文课堂是语文教师对学生进行评价的良好场所，语文课堂的目标导向性也为语文教师通过有效评价提升学生的素养提供了优良契机。语文教学评价要着眼于学生核心素养的整体发展，具体有以下两点理念：

首先，语文教学评价要坚持过程性评价和发展性评价的理念。既然语文教学评价要向课堂"评学"方向侧重，那么在语文课堂当中以言语的形式对学生的回答或课堂表现进行过程性评价便成为语文课堂评价应用最广泛、普遍的手段。语文教师应当关注学生在课堂上的表现，关注学生的发展过程，从而给予学生最切合的评价。学生是发展中的人，学生的学习也不是一蹴而就的过程，语文学科是一门人文性学科，学生语文能力的提升通常呈螺旋式上升。语文教师要承认学生语文学习能力发展的差异性与不平衡性，以语文学科核心素养为指标，对学生进行个性化的课堂评价。语文教师要在评价中帮助学生树立发展过程中的信心，使他们逐步认识自我，促进学生的语言建构与运用、思维发展与提升、审美鉴赏与创造、文化传承与理解。

其次，语文教学评价要充分发挥检查、诊断、反馈、激励、甄别、选拔等多种功能。在语文课堂教学中，当语文教师的评价以语言或活动的过程为呈现形式予以展开时，评价就不再是一个静态的结果，而是一个具有生命活力的动态过程。由此，语文课堂教学评价关注的就不仅是学生外在的学习结果，而且是学生内在的学习品质的养成。语文教师通过正确的语文教学评价，逐步引导学生学会学习，由此，学生也能在教师的指引下逐步自主地提升核心素养。

二、评价过程：发挥过程性评价的多效作用

语文教学评价包括过程性评价和终结性评价。语文教学评价应将过程性评价贯穿语文教学与学习的全过程，终结性评价包括学业水平考试和过程性评价的综合结果。

语文教师在课堂教学时应注重过程性评价，关注学生在语文学习过程中表现出来的学习状态、参与程度和核心素养的发展水平。语文教师应当根据学生参与语文教学实践的整体表现对学生学习的不同阶段、不同重点进行精确的评价。同时，语文教师进行教学评价，应有助于改进教师的教与学生的学的。语文课堂前、中、后不同阶段，教师都要有意识地利用评价发现学生语文学习的特点与问题，针对问题提出针对性的建议，促进学生反思其学习过程并改进学习方法。语文教师进行教学评价时，应立足学生的学习能力发展水平，针对学生的学习态度和学习品质作出中肯的评价，此外还要注重开阔评价视野，倡导学科融合，注重阶段性评价与学业水平考试相结合。

三、评价主体：倡导评价主体的多元化

评价主体指的是参与教学活动，并且按照一定的标准对客观对象进行评价的个人或者团体。以往的语文教学评价以语文教师对学生的评价为主，呈现出语文教学评价主体一元化的特点。如今提倡的评价主体多元化，指的是除语文教师之外，学生、学生家长、学校管理人员、评价机构以及社会相关人员都可以参与到语文教学评价中。语文教学评价的方向也不仅限于语文教师对学生，语文教师、学生都可以接受评价，并通过评价的反馈逐步改进。具体来说，语文教学评价倡导评价主体多元化，包含以下四个方面：

首先是同行间的评价。常见的同行间的评价以评课为主。评课包括专家评价、资深教师评价、年轻教师评价等。同行间的评价是语文教师提高课堂教学质量、提升课堂教学能力的良好契机。语文教师间互相切磋、相互学习，共同为营造良好课堂、促进学生的发展作出努力。

其次是学生评价。学生评价的类型比较丰富，有学生的自我评价、学生之间的相互评价以及学生对教师的评价。新课程倡导师生间双向的交流评价，师生共同建构和评价教学文本，对语文课堂有着同等的话语权。学生是语文课堂的主体，具有较强的主观能动性，可以对自己的学习行为进行自我评价，也可以相互借鉴、取长补短，对同学的学习行为进行评价。学生在评价中学会反思，对学生自我意识的发展和提高起到重要作用。学生也能对教师的教学行为进行评价，语文教师应该充分吸取学生的评价意见，改进自己的教学行为。

再次是语文教师的自我评价。语文教师自我评价的过程是对自己进行剖析和反思的过程。无论是同行教师，还是学生对语文教师的评价，都属于外部评价。语文教师只有将这些评价内化于心，并将之转换成内部评价，才能真正发挥评价的促进作用。

最后是家长评价。语文教学要想获得全方位的发展，也要吸取家长的建议。现代学校建设经常开展家长进课堂活动，家长对语文教师的评价也成为语文教学评价的重要组成部分之一。家长可以通过不同的视角，更加客观、全面地对语文课堂上的师生表现作出评价。通过家长评价，语文课堂能够从语文教师的视角走向更为广阔的社会层面，从而促进语文教学的可持续发展。

四、评价方式：选用恰当的评价方式

语文教学评价要依据实际情境选用恰当的评价方式。常用的评价方式主要有以下六种：

一是测验法。测验法是采用合理的教育理论和适当的教育方法制作量表，对测验对象进行施测，收集测验结果，获取信息的一种教育评价方式。在语文教学评价中，常见的测验法是随堂测试与考试。

二是观察法。观察法是评价者通过感官或借助于一定的科学仪器，在一定时间内有目的、有计划地考察和分析观察对象并收集资料的一种方法。在语文教学评价中，评价者在完成教学任务的同时，要进行全面、细致的观察，抓住自己想要观察的细节进行记录与分析。

三是量表评价法。量表评价法指的是评价者在进行评价之前要设计严格的评价量表，将动态化、多样化的教学行为用具体的、可观察的、可测量的量表进行评价的教学评价方式。量表评价法进行语文教学评价的优点是清晰准确、可进行定量研究，但是需要评价者全面、细致的观察，并掌握一些基本的语文教育理论。

四是问卷调查法。问卷调查法是通过发放问卷的方式收集信息，并对调查结果进行评价和分析。问卷调查法是语文教学评价中比较常用的方法，可以根据评价的意向制作问卷，让语文教师、学生等根据他们对语文教学活动过程的主观体会和印象作答。

五是档案袋评价法。档案袋评价法立足于发展性评价体系，尤其强调学生成长记录的价值与意义。档案袋评价法目标多元、形式多样，重视学生的发展过程，同时可以结合观察、测验、量表等多种评价方式，为学生建立全面、综合的成长记录表，全方位记录学生的成长过程。档案袋评价法进行语文教学评价的优点是可持续、自主性强、内容丰富。

六是网络评课法。网络评课法是信息时代新兴的一种教学评价方法。随着多媒体的发展，师生在教室里进行教学，可以通过多媒体技术和设备观看教师的授课过程。网络评课法广泛应用于语文教学评价的是语文课堂教学实录视频。此外，网络问卷调查、网上教师评价系统等都为语文教学评价方式的多样性提供了新的创造。

五、评价内容：明确不同学习阶段评价的重点和联系

依据《普通高中语文课程标准（2017 年版 2020 年修订）》，现行统编语文教材将普通高中教材分为必修、选择性必修和选修三部分，并结合高中学业水平考试和高考要求制定了对应的学业质量评价标准，对学生的学习内容做出了对应的评价要

求。高中语文必修课程的评价应立足于共同基础，重点考查学生在不同语文学习情境和实践中的应用能力。高中语文必修课程强调基础性和均衡性，评价时重点考查学生语文学习过程中的体验和感受、学习策略，以及梳理、探究能力，尤其是基于社会情境的阅读、表达与交流的能力，读写活动中的思维表现以及不同体裁文学作品的审美感知、评价欣赏、独立创作情况；还要考查对多样文化的理解，对当代文化现象的关注和评析，以及对未来文化发展的思考和展望等。

选择性必修和选修课程评价，要在必修课程的前提下更加突出层次性和差异性，从而促进学生的个性发展。选择性必修的评价应该更关注学生语文学习“面”的广度，评价重点包括：语言积累、梳理与迁移运用能力；在独立研习古今中外经典作品过程中阐释文本阅读体验的能力；语言实践中的逻辑推理能力和实证意识，以及运用科学思想方法解决实际问题的能力；古代文化遗产的辨别，中外文化要义的理解，以及对科技文化的理解与反思等。选修的评价应更关注学生语文学习内容“点”的深度。评价要注重学生在专题研讨中对语言运用现象和规律的探究，对学术论著语言特点的把握，语文实践活动中思维的严密性、深刻性和批判性；注重学生个性化地理解古今中外经典作家作品及其思想内涵、艺术价值；注重学生的多样文化认知，跨文化理解，文化批判、反思和创造等。

要明确必修课程评价与选修课程评价的区别和联系，选修课程评价要注意与必修课程衔接，在衔接中呈现体系和梯度。尤其是“整本书阅读与研讨”“当代文化参与”“跨媒介阅读与交流”“语言积累、梳理与探究”四个学习任务群，它们贯串必修课程和选修课程，在两类课程中有不同的广度、深度和难度。评价要注意区分重点和层次，考查学生完成不同难度的学习任务时语文学科核心素养发展的不同表现。

《义务教育语文课程标准（2022 年版）》按照学生的年级将学生的学习阶段作出了对应划分。并对不同学段的学习内容提出了要求和指引。语文教师在进行教学评价时应当关注不同学段的学习任务群描述和学业质量要求，不仅要应用过程性评价的原则，更要在课堂教学和作业评价、阶段性评价中注重学段特点。义务教育语文课程标准指出，阶段性评价应秉持素养立意，紧密结合四个学段的课程内容，关注内容之间的进阶关系和横向联系。同时，针对义务教育阶段学生语文学习特点，在课堂互动中，教师要关注学生知识基础、认知过程、思维方式、态度情感等方面的表现，深入分析这些表现及其影响因素，及时给予有针对性的指导。

第二节 语文教学评价的依据与特征

语文课程的特点是工具性与人文性的统一。语文教学评价应基于语文课程的特点和学生语文素养养成的规律，遵循对话性、人文性、发展性的原则，追求评价的诊断性、系统性、创新性，促进教学评价逐渐由知识评价层面向素养评价层面转变。近年来，以评价推动教育改革的方式受到了很多国家的青睐，教育部最新颁布的《义务教育语文课程标准（2022 版）》以及《普通高中语文课程标准（2017 年版

2020 年修订)》都新增了"学业质量"部分，关注学生学业成就表现的语文学业质量评价是语文教学评价的重要依据与标准。

一、语文学业质量评价的概念

学生学业质量是学生在完成课程学习之后的学业成就表现，是教育教学质量的核心指标，也是寻求教与学改进的出发点和归宿。学业质量标准是以本学科核心素养及其表现水平为主要维度，结合课程内容，对学生学业成就表现的总体刻画。学生的语文学业质量水平是衡量语文教育教学质量的核心指标，因而可以作为衡量学生学业成就的标准。

二、语文学业质量评价的主要依据——SOLO 分类评价理论

语文学业质量评价的主要理论依据是 SOLO 分类评价理论。SOLO 是英文 structure of the observed learning outcome 的首字母缩写，意为：可观察的学习结果的结构。SOLO 分类评价理论是香港大学教育心理学教授比格斯首创的一种学生学业评价方法，是一种以等级描述为特征的质性评价方法。SOLO 分类评价理论包含以下四点：

第一，个体回答某个问题时所表现出来的思维结构，与其总体的认知结构没有直接关联。个体的总体认知结构是一个纯理论性的概念，是不可检测的，而个体回答某个具体问题时所表现出来的思维结构却是可以检测的。我们可以判断学生在回答某一具体问题时的思维结构处于哪一层次。

《普通高中语文课程标准(2017 年版 2020 年修订)》将学生四个核心素养的表现水平划分为五个层级，在每一层级内部设立可观测的典型特征，通过分析学生表现出的特征来判断并确定学生的学业质量完成情况。例如，"思维发展与提升"方面关于表达能力的水平描述，如表 8–1 所示。

表 8–1 "思维发展与提升"方面关于表达能力的水平描述

水平等级	水平描述
水平一	做到观点明确、内容完整、结构清楚
水平二	能注意到自己的语言运用，力求概念准确、判断合理、推理有逻辑
水平三	讲究逻辑，做到中心突出、内容具体、语篇连贯、语言简明通顺
水平四	讲究逻辑，注重情感，能综合运用多种表达方式，从多个角度、多个方面表达自己的理解和感受，力求做到观点明确，内容丰富，思路清晰，感情真实健康，表达准确、生动
水平五	讲究语言运用，追求独创性，力求用不同的词语准确表达概念，用多种语句形式表达自己的判断和推理；喜欢尝试用多种文体、语体、多种媒介，多样地表达自己的思想和情感，追求表达的准确性、深刻性、灵活性、生动性

通过表 8–1 可以看出，课程标准中的这五个水平表述内容虽深度不一，但呈现出的都是可观测的内容。

第二，根据 SOLO 分类评价法，思维分类结构是一个由简单到复杂的层次类型，具体说来就是点—线—面—立体—系统的发展过程。义务教育语文课程标准针对课程目标和课程内容，描述了“六三”学制下的学业质量标准。随着学生学段的升高，对学生的学业质量要求提高。例如，在阅读部分，课程标准评价内容集中在语言学习与运用层面，不同的阅读学习内容与要求环环相扣、螺旋上升。

第三，SOLO 分类评价理论的焦点集中在学生回答问题的“质”，而不是回答问题的“量”。例如，传统高考题目中的主观题评卷，阅卷人习惯于把答案细分为若干个采分点来打分，这基本上是一种针对“量”的评价方法。SOLO 分类评价理论力求从学生的回答中分析出他能够达到哪一个思维层次。

第四，人的认识不仅在总体上有阶段性的特点，而且对具体问题的认识也呈现出阶段性的特点，学生学习能力的提高是一个从量变到质变的过程。

《普通高中语文课程标准（2017 年版 2020 年修订）》对同样的学习内容，根据不同的考试评价要求有不同的等级标准，将学生四个核心素养的学习结果分为五个水平：“水平二是语文学科高中学业水平考试的依据，水平四是高校考试招生录取的依据，水平五则是为对语文课程更有兴趣的学生所设的较高要求。”① 但不管是哪种水平，语文学科高中学业水平考试及高考命题的设计都要求以具体情境为载体。真实、富有意义的语文实践活动情境是学生语文学科核心素养形成、发展和表现的载体，在不同的情境下，学生的语文水平也在发生变化，由此可以清晰刻画出学生语文学业发展的进阶水平。

三、语文学业质量评价的特征

（一）综合性——学业质量评价内容丰富

学业质量评价是依托于具体情境的评价，学业水平考试与高考命题建议中语文实践活动情境主要包括个人体验情境、社会生活情境和学科认知情境，而不是单纯地等同于包括中考、高考在内的学业考试评价，学业质量评价可以作为命题的一部分参考依据，兼顾服务于学业考试测试。学生在具体情境中要做的语文实践活动是综合性的，所以在综合性的实践活动当中表现出来的核心素养的四个方面也是综合性的。

（二）层次性——学业质量评价过程具有一定阶段性

学业质量评价包括过程性评价和总结性评价，是各种评价的参照标准，是最基本也是最根本的评价，它能够满足不同类型评价和测量的要求。每种评价都随学生的学习而逐渐深入，因而在实施时要特别注重评价方式的前后勾连与多元整合。学业质量评价为评价学生的学业水平提供依据，在义务教育阶段，学段的划分体现出

① 中华人民共和国教育部．普通高中语文课程标准：2017 年版 2020 年修订［M］．北京：人民教育出版社，2020：39–40.

核心素养的阶段性要求，与之相对应的四个学段的学业质量也是相互衔接、逐层递进的。

（三）诊断性——在实践中的指导作用日益凸显

学业质量评价关注学生的情感、态度、品质在教学影响下的积极变化，使课程内容在开展和实施的过程中能够体现语文课程目标，也能检测教师所开展的每一堂语文是否落实了语文学科核心素养，“引导和帮助教师把握教学深度和广度，为教材编写、教学实施和考试评价等提供依据”。

总体看来，学业质量评价不仅促进学校课程设置的完善，而且是语文教师用来衡量自己的语文教育教学是否最终朝向语文学科核心素养的重要凭借，通过促进语文教师改善教学方法，进而促进学生的全面发展。

第三节 语文教学评价的内容

教学评价具有检查、诊断、反馈、激励和发展等多种功能，语文教学评价的目的除考察学生是否达到了相应的语文学习目标外，还应该成为检验和改进教师语文教学和学生语文学习的重要评价和反馈标准。在实际的语文教学评价过程中，不仅要评价教师、学生、师生关系，而且要评价教学过程以及整体的教学效果。

一、紧扣课标内容，注重语文学科核心素养的发展

现在的语文教学评价是以语文学科核心素养的四个维度为横轴，以四个维度不同的发展水平为纵轴建立起来的评价指标系统。开展学业质量评价需要依据新版语文课程标准中的学业质量标准要求，明确评价的语言运用、思维能力、审美创造和文化自信等与语文学科核心素养相对应的内容。

（一）对语用能力的评价

从字面意义上理解，语用能力就是语言运用能力，它是语文学科核心素养的重要组成部分，是人们在学习、工作和生活中进行交流和表达的工具。语用能力体现在语言积累与建构、语言表达与交流、语言梳理与整合等多个方面，它不仅是语文学科素养的核心，而且是思维素养、审美素养、文化素养的重要基础和集中体现。同时，语用能力的掌握也是学习其他学科的基础与前提，对语用能力的重视已呈现国际化趋势，许多发达国家或国际组织将语用能力作为评价个人与社会发展的重要指标。

因此，在语文学业质量评价中，要尤为注意对语用能力的考查。既要保证对学生语言知识体系的考查，如考查内容需要关注语言积累与整合、语感获得与语言规律把握、语境与交流等关键性因素等，又要保证对学生实际语言运用能力的考查，如口语交际能力的考查等，而且这种考查不只局限于时间和次数，应以多种形态在多方面的考察中体现出来。

（二）对思维能力的评价

未来新型人才的培养需要语文教学重视学生思维能力的发展，相应地，语文

学业质量评价应注重学生思维能力的考察。对学生思维能力评价的内容主要是关注学生的形象思维能力——学生是否能够“获得对语言和文学形象的直觉体验；在阅读与鉴赏、表达与交流、梳理与探究活动中运用联想和想象，丰富自己对现实生活和文学形象的感受与理解，丰富自己的经验与语言表达”，关注学生的逻辑思维能力——学生是否“能够辨识、分析、比较、归纳和概括基本的语言现象和文学现象，并能有理有据地表达自己的观点和阐述自己的发现”，能否“运用基本的语言规律和逻辑规则”及“运用批判性思维审视语言文字作品”，重点关注思维的品质。

思维能力是语文学科核心素养的一项重要内容，因此语文学科应充分发挥其自身的独特性，做到不仅要学习语言，而且要发展思维，更确切地说是在语言中发展学生的思维，在思维中发展学生的语言，最终在统一中实现二者的共同发展。因此，在语文学业质量评价中，应把思维能力的评价和语言能力的评价结合起来，以解决在传统的语文学业质量评价中，由于思维能力本身具有的隐蔽性而难以评价、现实教学中缺少相应的思维能力考核方法而导致的思维能力评价在语文学业质量评价中被弱化的问题。

（三）对审美能力的评价

审美能力是指一个人发现美、感受美、鉴赏美和创造美的能力。在对美的发现、感受、鉴赏和创造过程中，学生不仅心灵得到了净化，情感得到了愉悦，而且自我个性也得到了发展。语文教学不能忽视对学生审美能力的培养，审美能力成为语文学业质量评价的重要内容之一。

语文学科核心素养中的“审美”内容首先是语文教材中的文质兼美的名篇佳作，它们不仅本身具备极大的文学魅力，而且以丰富多样的形态与其他学科的内容产生联系，具备社会之美、人性之美、自然之美，广泛地涉及美的各个领域。

审美能力相对隐性，不易评价，而且传统的语文学业质量评价中，对学生审美能力的考查与重视程度也远远不够。因而我们需要在评价中突出审美能力这一重要指标，从而引起教师和学生的重视，在语文教学实践中以美怡情，增进学生对祖国语言文字的美感体验；以美启智，进行文学作品的鉴赏、美的创造和表达，进而以美悟真，提高学生的审美能力，最终促进学生的全面发展。

（四）对文化素养的评价

文化是一个民族的根，文化素养是一个国家公民的必备品质。在现代经济飞速发展的今天，我们国家已经更加意识到文化发展对民族复兴的重要意义，并把文化素养作为核心素养之一列入培养人才的目标当中，在最新颁布的语文课程标准中，“文化自信”居于核心素养的首位。语文学科本身与文化水乳交融，具有不可分割的关系，我们在语文学习中掌握语言文字、提升思维能力、进行审美体验的同时，文化教育就已经在不知不觉中悄然发生。

对学生文化素养的评价可分为以下三个方面：一是关注学生对中华文化的传承情况，学生是否“通过学习运用祖国语言文字，体会中华文化的博大精深、源远流长，体会中华文化的核心思想理念和人文精神，增强文化自信”，是否做到了“继承、弘扬中华优秀传统文化和革命文化”。二是关注学生能否理解多样文化，对

“不同民族、不同区域、不同国家的优秀文化”采取尊重和包容的态度，从而取其精华、为我所用。三是关注学生是否关注、参与了当代文化，做到以高度的文化自信参与到当代的文化传播与交流中，并在这个过程中“提高社会责任感，增强为中华民族伟大复兴而奋斗的使命感”。

二、把握课堂要素，以学生为中心、教师为主导评价教学成效

学生是学习的主体，因此教学评价内容需要以学生为中心，关注学生语文学习过程的参与程度，同时也要发挥语文教师的主导作用，用语文教师的“教”来促进学生的“学”，因此教育者在教学目标、教学程序、教学手段、教学方法等内容上达成的效果，也是语文教学评价的重要维度。

（一）教学目标的有效达成

语文教学目标是否达成，是语文教学评价的首要标准，也是对语文教学的有效性评价。在目标设置环节，语文教师不仅要设置好课堂教学的总目标和分阶段目标，而且要根据自己对学生的了解以及课堂实际授课情况设置基础目标和最高目标。在进行语文教学评价时，语文教师首先要判断教学目标是否达成、达成到何种程度、学生的学习情况、还有哪些内容需要补充。除此之外，语文教师还要关注学生之间的个体差异，关注不同学生之间学习能力、性格差异、知识储备、兴趣爱好等方面的区别，对每个学生的课堂教学目标达成计划进行个性化的调整，以实现语文教学目标的有效达成。

（二）教学程序的科学安排

教学程序指的是教师在设置课堂教学目标之后，要对课堂的流程与环节进行有组织的、程序化的安排与设计，包括教学思想、教学方法、教学手段等。教学程序安排是否科学是语文教学评价的一个层面。语文教师在教学程序上的有效设计，不仅对课堂教学起着推进与引导作用，而且体现着语文教师的专业素养和教学水平，反映了语文教师对文本、对学生的认识深度以及教师的控场能力等。语文教师要对教学目标、教学内容、教材认识、学情分析等因素进行综合分析和处理，安排科学的教学程序，从而保证课堂教学顺利、有序地进行。

（三）教学手段的合理运用

教学手段指的是教师和学生在课堂教学活动中用于信息传递或教学辅助的工具、媒体、设备等。合理使用教学手段是语文课堂教学高效化的催化剂。随着现代科技的不断发展，当今的语文课堂教学早已不是“一支粉笔走天下”，电脑、电视、投影仪、白板、直播设备等各种各样的新型教学手段已普及城市课堂教学之中，语文教师应当有效利用现有条件，积极学习新型教学手段。合理使用教学手段的确会对语文课堂教学效果的提升起到积极作用，但需要注意的是，我们不能因为在一堂语文课上教师没有使用现代教育技术工具而否定教师的整个课堂教学行为，也不能因为整堂语文课都在使用现代教育技术工具就评价这是一堂优质的语文课，教学评价应当将眼光放置于教学手段的运用是否对语文课堂教学起到促进作用。

（四）教学方法的恰当选择

教学方法指的是教师究竟采用何种方法来完成课堂教学过程。课堂教学活动具有多样性：班级之间的风格不同、学生的学习积极性不同、学生的学习基础不同、各地区的教育资源不同、教师擅长的领域不同……这些不同之处决定了教学方法必定是复杂多变的。学无定法、教无定法，我们评价一堂语文课中教师的教学方法使用是否恰当，主要是看该语文教师选取的教学方法是否科学、合理、并能有效地帮助自己完成教学任务、帮助学生实现教学预设，教学方法能否帮助语文教师驾驭整个课堂、是否能激发学生的学习积极性和探索未知的欲望。能否恰当地选择教学方法，是教师教学智慧的外在表现，只有适合当时、当地、本班的教学方法，才是优秀的教学方法。

（五）教材的有效把握与处理

对教材的把握与处理程度是语文教师教学思想的具体表现之一，也是语文教学评价的重要方面。评价一堂语文课的优劣，首先要看语文教师对《义务教育语文课程标准（2022 年版）》和《普通高中语文课程标准（2017 年版 2020 年修订）》的解读与把握是否到位，是否能在对语文教材的深度理解和高度把握中自如地完成语文课程标准的要求、贯彻语文课程标准的理念，要看语文教师能否恰当地把握语文教材中的重难点。对具体教学行为的评价可以围绕语文教师是否做到整体把握教材、处理好教材中局部和整体的关系，是否能够具体理解教材的选材意图、钻研教材内容并结合学情处理教材、安排教学内容、创造教学设计以及选择合理的教学策略等。

（六）教师的个性化教学风格

语文教师的个性化教学风格，指的是语文教师在长期的语文教学艺术实践中逐步形成的、具有强烈个性化特征的教学品质。形成独特而鲜明的、个性化的教学风格是众多语文教师的追求，所以语文教学评价也要着眼于语文教师是否将自己的个性化教学风格这一课堂教学的“亮点”发展到最大程度。如王崧舟老师的“诗意语文”课堂、李吉林老师的“情境”教学课堂、魏书生老师的民主教学风格、于漪老师的情感教学风格等，这些都是他们作为语文教师的个性魅力所在。通过教学评价发掘不同语文教师的个性特点，寻找语文课堂教学的“亮点”，可实现对其语文教学的激励和启示作用。

第四节　语文教学评价的实施

传统的语文教学评价重点主要在教师的“教”上，在新课改背景下，对“教师‘教’的效果究竟如何”这一问题，可以从学生的“学”这一方面予以体现。所以，学生的“学”是语文教学评价的重点，语文教学评价的具体策略主要有如下四点：

一、强调语文学业质量标准，明确指向核心素养的评价内容

开展学业质量评价的关键是用好《义务教育语文课程标准（2022 年版）》和

《普通高中语文课程标准（2017 年版 2020 年修订）》中的学业质量标准，我们需要依据学业质量标准，明确语文教学评价的语用能力、思维能力、审美能力和文化素养等与核心素养相对应的四个方面的内容。如果不能将学业质量评价与实际的语文课程目标相结合，那么就容易使得评价成为教师教学和学生学习中的“枷锁”，从而加重学生的课业负担，降低学生的学习兴趣。

学业质量评价要将质性和量化相结合，人文性评价与工具性评价相结合。人文性评价主要是指语文学科对学生文化素养、精神品质等方面的熏陶，是情感、态度和价值观方面的引领，在实施过程中相对较难。工具性的评价主要表现为考察学生识别记忆语文基础知识、文化常识和名句名篇等识记能力，领会并解释词语、句子、段落的意思等理解能力等，这些都属于易于量化的简单评价方式。语文是一门综合性学科，向教学提出要求的学业质量评价应率先体现语文课程学习由知识本位向人格本位的转化，不仅要考察学生是否知道某个知识，而且要使学生知道该知识是如何产生，最重要的是关注该知识的学习过程是否触及学生的内心。

二、强调多元评价，多位评价主体、多种评价方式形成合力

强化学业质量评价的应用意义，评价结果将与学校和教师的教学质量考核挂钩，促使学校和教师转变教育教学思维，从单纯追求学生分数转变为关注学生的核心素养。因此，在日常的教学与评价中，书面检测中要严格按照语文学科课程标准的内容，突出学科素养的考查，控制检测的题量和难度，杜绝偏题、难题，对学生的语文学习行为进行积极正面的评价。《义务教育语文课程标准（2022 年版）》对学业水平考试的命题做了详细指导，坚持素养立意、依标命题、科学规范的命题原则，要求考试命题以情境为载体，考察学生在真实情境下解决问题的能力，并且要求题目要选取具有时代性、典型性、真实性的材料，以问题或任务作为题目的主体部分，甚至细化到题干设计要规范，避免学生不必要的精力分散。

纸笔测验可以衡量学生的知识积累量，但是由于测试容量的限制，在一场测验中发现学生之间的所有差异是不可能的，因而需要通过学生对所积累知识的综合水平进行考察，以发现学生的个体情况。不仅如此，纸笔测验要与日常语文教学过程中学生语文素养的表现性评价并重，教师在其中发挥引导作用。表现性评价强化素养立意，语文教师通过以真实情境与学科任务结合的方式，设计开放性、情境性、体验性等带有团队合作性质、项目任务性质的作业，考查学生综合运用语文知识的能力。

同时，要增加日常评价的比重，注重过程性评价，实现学生学习的全阶段评价，提高学业质量评价的信度和效度，促进教学评一体化。语文教师要在课程标准从理论到方法、从评价工具选择到评价工具使用的指导下，通过编制系统化、结构化的学生语文学科核心素养观察量表，以书面测试、面试、作品展示、观察记录等方式，统筹兼顾不同文化背景、不同认知类型和不同个性特征的学生，由学生自评、互评、教师评和家长评相结合的方式完成学业质量评价，如小学阶段“写字、阅读量和综合性学习”主要采用过程性评价；“说话和朗读”主要采用面试评

价，口头表达测试以解决问题、呈现核心素养能力为命题主旨，杜绝使用单纯记忆内容，注重考查学生运用所学知识解决实际问题的思维和素养；“听力、基础知识、书面阅读和习作”采用书面考试评价，还有语文教师实施综合观察学生语文学习的兴趣、态度、习惯和方法等的评价，使多种评价方式共同发挥作用。

三、突出过程性教学评价，促进学生的全面发展

在语文课程评价体系中，分数决定论一直占据主导地位。虽然成绩在一定程度上的确具有检验学生知识掌握程度优良与否的作用，但对语文课堂教学评价来说，用考核或小测验的方式在课堂中对学生进行检验的方法受现实授课时间等众多因素的影响，并不具有普遍适用性。且分数往往具有局限性，尤其是课堂小测，因题目容量较小、内容涵盖较为片面的特点，只能检测学生在某一方面的知识掌握情况，并不能真实、全面地展现学生能力。

语文教学评价应充分发挥语文教学灵活性强的特点，将对学生进行评价的着眼点从关注分数转向关注能力，从而充分增强语文课堂教学的活力，增强学生进行创造的热情和自信心。

例如，有语文教师在讲授《长相思》一课时，在诵读环节就关注到学生能力的发展：

师：好，谁来读一读《长相思》。来，孩子。其他同学注意听，这首词当中的一个生字和一个多音字，听他有没有念错。

（学生朗读）

师：读得字正腔圆，真好。“风一更，雪一更”这个“更“字是个多音字。”聒碎乡心梦不成”中的“聒“是个生字，他都念准了。

……

师：真好，谁再来读一读《长相思》。其他同学听，特别注意听词句的中间，她是怎么停顿的，读得是不是有板有眼，听清楚了吗？好，开始。

（学生朗读）

师：真好，你们有没有注意到这位同学在读“身向榆关那畔行”的时候，在哪个地方停顿了一下？

生：她在“身向榆关”的后面停顿了。

师：你们还有没有注意到她在读“夜深千帐灯”的时候，在哪个地方又停顿了一下？

生：她在“夜深”后面停顿了一下。

师：真好，你们都听出来了吗？对！这叫读得有板有眼！我们齐读这两句词“身向榆关那畔行，夜深千帐灯”。预备起！

师：真好！同学们，读古代的诗词，我们不但要把它读正确，读得有节奏，而且要尽可能地读出它的味道来。

上述案例中的语文教师在设置本次诵读活动时，首先对学生提出了明确的要求。学生们在诵读之后，语文教师又用恰当的评价对学生进行精准的知识性定位。

通过语文教师的评价，学生不仅对自己的诵读技巧有了更清楚的了解，而且也掌握了古诗词的诵读技巧。语文教师在这里对学生的课堂教学评价，是对学生能力的最大肯定，是了解学生在本堂课中真实的学习状况，掌握学生能力发展水平，调节课堂进度的有效手段，是将语文课堂教学评价的眼光从分数转向能力的良好方式，是提高学生语言组织能力、思维想象能力、审美创造能力、文化内化能力的坚实抓手。

四、注重动态课堂评价，注重学生的感受与体验

在语文课堂教学评价中，每个学生都有自己的思考过程和发展过程，学生的思考过程往往是由浅入深、由易到难的，且每个学生尤其是较低年级的学生都有着不尽相同的智力发展水平，他们的语言组织能力正在发展中的特点也为我们在实际的语文课堂教学评价中进行动态评价提供了依据。

例如，有语文教师在教授《背影》一课时，在提问时这样引导学生：[①]

师：大家看下面一句话，我觉得这句话写得很有意思——“回家变卖典质，父亲还了亏空，又借钱办了丧事”，这句话写了几件事？”

生：三件。

师：同学们说三句话就写了三件事。好，让我们看一看，“回家变卖典质”写了几件事？回家是从徐州赶到扬州的家；变卖是把家里值钱的首饰卖掉一些；典质是把值钱的东西送到当铺里去换钱，这是几件事啊？

生（惊愕）：三件事。

师：那你们再看这三句话到底写了几件事？

生：六件？

师：六件！三句话写了六件事，哪六件？后边的“还了亏空”，还有“借钱”，借了钱再去“办丧事”。

面对“三句话写了几件事”这样的问题，答案是明确的。在学生并没有给出正确答案时，语文教师并没有马上否定学生，而是带领学生分析具体句子，注重学生的感受与体验，让学生在自主探究的过程中思考发现。

在语文教学评价中，语文教师需要注意的是，要将评价由静态向动态转换，循循善诱，引导学生思考。语文教师应当明确，语文课堂教学评价的目的在于使学生发现自己的不足并予以弥补，而不是对自己进行价值判断，所以，语文教师在设置有一定难度且需要思考的语文课堂教学问题时要给予学生思考的时间，允许学生对自己的回答进一步思考并加以完善，语文教师在看到学生的思考过程后，要适时给予鼓励，让学生感受到自己进步的过程，从而对自己产生信心。

同时，语文教师对待具有不同知识水平的学生要有不同的评价标准。语文教师在进行语文教学评价时应根据每位学生知识掌握和思考深度的个性特点给予适当的点评。例如，可以给认知比较深刻的学生思考难度较大的问题，让他们感受到语

---

① 潘庆玉 . 观澜叩寂：语文教育行思录［M］. 北京：中华书局，2021：338–339.

文教师对他们的重视；给中等生普通难度的问题，将问题设置在他们的最近发展区内，让他们感受到思考与破解难题的魅力，提升学习的积极性；同时语文教师不能在语文教学中忽视学习困难学生，应当给予他们思考的时间和机会，并适时予以鼓励，通过语文课堂教学评价提升学生在语文课堂中的体验感，从而促进全体学生在语文教学评价的指导下个性张扬地健康成长。

[本章小结]

本章主要介绍语文教学评价，首先说明语文教学评价的理念，即评价目的着眼于核心素养的整体发展，在评价过程中要全面把握学习任务群的特点，倡导评价主体的多元化，选用恰当的评价方式，明确必修课程和选修课程评价的重点和联系。其次分别阐述了语文教学评价的依据与特征，依据主要是SOLO分类评价理论，具有综合性、层次性、实践性三个特征。再次，明确了语文教学评价的内容，要紧扣课标内容，注重语文学科核心素养的发展；把握课堂要素，以学生为中心、教师为主导评价教学成效。最后，确定了语文教学评价的实施，要强调语文学业质量标准，明确指向核心素养的评价内容；要强调多元评价，多位评价主体、多种评价方式形成合力；要突出过程性教学评价，促进学生的全面发展；要注重动态课堂评价，注重学生的感受与体验。

[实践·思考·探究]

1. 请简述语文学业质量评价的特征及内容。
2. 请简述语文课堂教学评价的标准。
3. 请结合当今的语文教学现状，谈谈当前语文学业质量评价还面临哪些挑战。
4. 请你结合《义务教育语文课程标准（2022年版）》和《普通高中语文课程标准（2017年版2020年修订）》的相关内容，对语文课堂教学评价的策略进行展望。
5. 阅读下面的教学案例，运用本章所学习的语文课堂教学评价理论，分析下面的教学环节设置对我们进行语文课堂教学评价有哪些启示。

经典文本的教学，不是要受制于学情，而是要利用经典的传奇性唤醒积极的学情，营造开放的、主动的、建构性的学习情境。如《出塞》是“七绝圣手”王昌龄的代表作，这样的千古名篇，如何才能上成真正的经典，让诗歌语言焕发出诗意的光辉和精神的力量？首句“秦时明月汉时关”，运用了互文手法，如果在课堂上只作一般性的知识讲解，学生对这句诗的理解就会停留在语言表面，难以深入体会其中蕴含的时空张力和文化意义。在语文教学中，可以先让学生翻译这句诗，教师在学生遇到困难和疑惑时给出解释：秦时明月汉时关，其实是从“秦时明月秦时关”“汉时明月汉时关”每句中各取一个意象，交叠合成一个句子，就变成了“秦时明月汉时关”，前后两种意象交相修饰，以简约的语言表达了丰富的言外之意。

接下来，让学生思考，从秦汉时期到王昌龄生活的唐朝，经历了哪些朝代，这些朝代的边关上是不是也悬挂着同一轮明月？然后，师生合作，按照朝代的顺序，分工诵读大屏幕上的诗句和描述。[①]

[拓展阅读]

1. 深化新时代教育评价改革总体方案［M］. 北京：人民出版社，2020.
2. 彭斌柏. 新时代教育评价改革典型案例［M］. 北京：北京师范大学出版社，2022.
3. 迪伦. 融于教学的形成性评价：第2版［M］. 王少非，译. 南京：江苏凤凰科学技术出版社，2021.
4. 潘新和. 语文：表现与存在［M］. 福州：福建人民出版社，2017.
5. 张伟. 语文学习质量评价论纲［M］. 南宁：广西教育出版社，2017.

① 潘庆玉. 把经典上成经典：语文课堂培育“文化自信”的思考［J］. 语文建设，2022（10）：16–21.

第九章　语文教师专业发展

一个有学识的、善于思考的、有经验的教师，他并不花很长的时间去准备明天的课……但他确实一生都在为上好一节课而准备着。他的精神生活就是不断地丰富自己的头脑。①

——苏霍姆林斯基

[学习目标]

1. 理解新时代语文教师素养的构成，能结合语文学科特点诠释“四有”好老师的精神内涵和现实意义。

2. 了解当代语文名师于漪、李吉林先生的专业成长历程，感悟隐藏在其漫长的职业生涯背后的人格精神。

3. 明确教育研究对语文教师专业发展的价值和意义，掌握课题研究的一般流程、研究方法和研究报告撰写规范。

① 苏霍姆林斯基. 和青年校长的谈话［M］. 赵玮，等译. 上海：上海教育出版社，1983：80.

[知识导图]

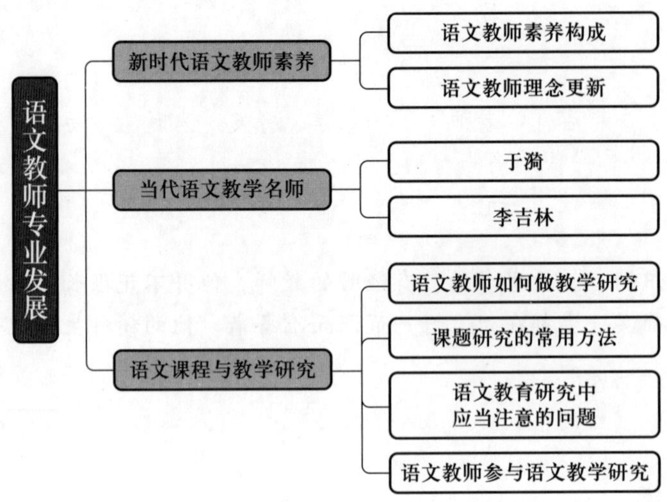
语文教师专业发展
新时代语文教师素养
语文教师素养构成
语文教师理念更新
当代语文教学名师
于漪
李吉林
语文课程与教学研究
语文教师如何做教学研究
课题研究的常用方法
语文教育研究中应当注意的问题
语文教师参与语文教学研究

[案例导入]

一个上三年级的小朋友，在一篇作文中写了这么一句话："月亮长胖了。"老师在这句话下面画了圈，并在旁边批了个"好"字。"好"字后面点了一个长长的叹号。

这位同学上中学后，给老师写了一封信，抒发了当时的激动心情：

"……当时我是何等的高兴啊！望着那长长的叹号，我想，它一定是您从高山顶上垂下来的一条绳索，好让我抓住它向上攀登。对，我应该登上去！从那以后，我开始喜欢作文了……"

就这么一个只要用一点红墨水点一下的叹号，竟产生了如此想象不到的巨大效力。这也许是那位批改作文的老师没有预料到的。①

这是特级教师于永正老师讲述的教学故事，一个"好"字、一个叹号，看似微不足道，但对学生却产生了难以估量的唤醒与激励作用。苏格拉底曾说："教育的真谛不是灌输而是点燃，一万次灌输不如一次真正的唤醒。"请结合上述案例，谈一谈你对语文教师专业素养的认识。

第一节 新时代语文教师素养

当今世界正在加速发展，新一轮科技革命和工业革命正在形成，给人们的思想、工作和生活创造了新的发展机遇，同时也带来了巨大挑战。新的时代背景下，我国人民对于公平而有质量的教育的向往更加迫切，这对教师素养提出了更高的要求。教师要"有理想信念""有道德情操""有扎实学识""有仁爱之心"，习近平总书记提出的"四有好老师"成为新时代教师素养的鲜明旗帜。新时代语文教师需要具备更加开阔的视野、更加深厚的学养，需要转变教育理念、提高育人能力，以适应时代要求，培养时代新人。

一、语文教师素养构成

新时代对语文教师提出了新的要求，语文教师需要具备更高的道德素养、人文素养、信息素养、科研素养，还要具备自我反思和终身学习的意识与能力。

（一）道德素养

国无德不兴，人无德不立，立德树人是教育的根本任务。"立德"在前，"树人"在后，所立之"德"，是社会主义道德，所树之"人"是社会主义建设者接班人。立德树人的基本内容是树立德业、培育人才。"立德"是教育的手段，"树人"是教育的目标，以德促人、修德成人是立德树人的价值遵循。② 新时代语文教师要

① 于永正．翘起大拇指［J］．广西教育，2001（10）：17–18.

② 李力，金昕．立德树人的历史进路、时代意涵和实践指向［J］．中国高等教育，2019（6）：37–39.

自觉加强思想政治素养与教师职业道德素养。

1. 思想政治素养

教师从事的是社会性活动，并不是生活在真空中，在任何时候都需要讲政治，自觉提高自身的思想政治素质。“只有教师各方面素质特别是思想政治素质提高了，教育才能兴旺发展。”[①] 立德先立己，育人先育己，新时代的语文教师要提高自己的思想政治素养，坚定自己的政治立场，树立正确的价值观念。同时，新时代语文教师要养成关心、关注时事的习惯，了解时政，学习相关政策，关心国家大事。教师还要坚持依法执教，用道德和法律约束自己的教育教学行为。

2. 教师职业道德素养

教师职业道德又称“教师道德”或“师德”，是教师行业特殊的道德要求。教师应具备的职业道德如下：坚定的教育信念，包括崇高的教育理想、坚定的教育意志和正确的教育观念；崇高的道德责任，包括认同教师职业、教育教学公平正直以及具有自我效能感；丰富的道德知识，包括学习德育知识和掌握德育理论；出色的道德能力，包括道德实践能力、道德教育方法和道德反思能力；具有道德领导能力，包括具有道德影响作用和道德引领作用。[②]

（二）人文素养

教师教学的对象是人，教学活动是一种与人打交道的活动，因此必须具有人文精神，体现对人的尊严、价值的关怀。语文教师的人文素养应当包含人文知识与人文精神、教育情怀。

1. 人文知识与人文精神

人文知识主要是人类在人文领域积累的知识，主要针对人的精神生活领域，包括文学知识、历史知识、法律知识、艺术知识等。新时代语文教师要想开展语文教育教学工作，仅具有专业课之内的知识是不够的，还要具有丰富的人文知识。同时语文教师还要具有深厚的中华传统文化知识，以传承中华优秀传统文化。

人文精神体现着对人的尊严、价值以及生命的关怀，体现着对个性与主体精神的肯定，体现着对自由、平等的追求。语文教师的教学要体现出人文精神与科学精神的兼容，关怀学生的全面发展，帮助学生形成具有人文关怀的价值观念。

2. 教育情怀

教育情怀是“教师对学生、对教育的一种关系性体验”[③]。教育情怀是一种特殊的情感，不仅体现在教师对学生、对教育事业的深厚感情，而且体现在教师对自身乃至国家的情感。新时代语文教师要厚植教育情怀，用平等仁爱之心对待每一个学生，呵护学生的心灵成长，以满腔热情对待语文教育事业，传承好中华优秀传统文化，关注时代和社会的发展。

---

① 郑金洲．新时代教师思想政治素质的新要求［J］．人民教育，2018（Z2）：18–22.

② 殷玉新，楚婷．优秀教师具有怎样的道德素养？基于对 71 名美国“年度教师”的深度分析［J］．比较教育学报，2021（4）：120–132.

③ 王萍．教师的教育情怀及其养成：基于教育现象学的视角［J］．当代教育科学，2020（9）：18–23.

（三）信息素养

我们处在信息高速发展的时代，以大数据、区块链以及人工智能为代表的信息技术改变了人们获取信息的方式。每天面对海量外界信息，新时代的语文教师只有提高自己的信息素养，才能适应时代的发展要求。新时代语文教师的信息素养包括信息意识、信息知识、信息能力和信息道德。

1. 信息意识

信息意识是语文教师信息素养的前提，是指语文教师意识到信息的重要性并产生获取信息的意识。语文教师在教育教学中要对外界的信息保持高度的敏感与注意，根据自身的信息需求，从外界获取信息应用于教学实践。

2. 信息知识

信息知识是语文教师获取外界信息的基础，是指语文教师掌握从外界获取信息的方法和手段，包括理论与实践两方面的知识。语文教师不仅需要掌握一定的信息理论，而且要掌握一定的信息技术手段，了解与获取信息相关的软硬件知识。

3. 信息能力

信息能力是语文教师信息素养的关键，是指语文教师获取信息的能力以及将获取的信息应用于教学的能力。教师要提高运用现代信息工具获取并处理信息的能力、共享信息的能力、甄别信息的能力以及应用信息的能力，同时语文教师还要培养学生的信息能力。

4. 信息道德

信息道德是语文教师信息素养的道德保障，是指语文教师在获取、传递信息的过程中遵守道德规范，保护学生以及自身的信息安全。语文教师在教育教学过程中要运用道德约束自己的信息观念与行为，对学生的信息活动进行正确的引导。

（四）科研素养

随着教育改革的深入进行，人们逐渐意识到教师也应当进行教育研究。教师进行教育研究具有天然的优势：教师是在真实的教育环境中进行教学的，比较了解教育中的问题；教师在与学生的交往中进行教育活动，比较了解教学改革的成效；教师具有大量的教学实践，为教育研究提供了基础。教师应当在自己的教育教学活动中对真实的教育问题主动进行研究，弥补理论与实践之间的鸿沟。

语文教师进行教育研究具有重要意义，主要表现在：教师研究的问题主要来源于自己真实的教学问题，对解决教育实际问题具有重要的意义；加强教师对课程改革的理解，使课程、教师与教学成为有机的整体；丰富教育理论，促进教育科学的繁荣与发展；通过不断解决遇到的教育问题，促进教师自身的专业成长。

（五）自我反思

叶澜说："一个教师写一辈子教案不一定成为名师，而如果一个教师写三年的反思却往往能成为名师。"① 自我反思是语文教师在教学实践中对自己的行为进行回顾、思考、反省和总结，从而改进、优化教学的过程。教师的自我反思不是简单的

---

① 徐吉志. 名师再成长的内因之源［J］. 中小学教师培训，2009（3）：15–16.

“回顾”，而是要思考教育教学过程中出现的问题。理论来源于实践，并且对实践具有重要的指导意义，语文教师的自我反思往往就是实践—反思、调整—再实践的循环往复过程。美国教育心理学家波斯纳提出了教师成长的公式：成长 = 经验 + 反思。这印证了教师反思的专业发展价值。

语文教师的自我反思不仅包括对教育过程的反思，而且包括对自身教育理念、教学能力、教学艺术等的反思。语文教师的自我反思对教师的教学信念和教学实践具有重要的意义。语文教师的自我反思有助于教师提高自己的教育教学水平，教师在教学前、教学中以及教学后都要进行反思；语文教师的自我反思能够增长教师的实践智慧，自我反思是教师形成实践性知识，增长实践智慧的重要环节。

新时代要求语文教师提高自我反思的意识和水平，在反思中提高自己的教学能力，适应时代变革，不断实现自我超越。

（六）终身学习

终身学习是世界教育的发展趋势，联合国教科文组织在 1972 年发布的《学会生存——教育世界的今天和明天》报告指出，人处于未完成的状态，只有不断地学习，才能实现自我完善。2020 年，联合国教科文组织发布的《拥抱终身学习的文化：对教育未来倡议的贡献》报告指出，只有建立一种面向全球的终身教育文化，才能应对各种危机与挑战，并提出 2050 年前建成终身学习型社会的愿景。

打造学习型社会的时代背景下，每个人只有不断地学习，才能适应社会的发展。教师作为学生学习的引导者，更要发挥好终身学习的榜样作用。同时，在信息大爆炸的时代，知识更新换代加速，获取信息更加方便高效，学生知识的需求面广，教师只有不断学习才能紧跟时代步伐，为学生答疑解惑。

语文教师要成为终身学习者，首先要不断学习专业知识，提升专业能力；其次，要广博地学习其他各类学科的知识能力；再次，必须不断提高自身的教学与管理能力；最后，要不断更新自身的教学观念，提高获取知识的能力。

二、语文教师理念更新

教育理念是指“教师在对教育工作本质理解的基础上形成的关于教育的观念和理性信念”①。教育理念对教师的教学工作有重要的影响，决定着教师教育工作的方向。在新时代的背景下，语文教师要更新自己的教育理念，主要有以下三个：要关注学生主体性，树立正确的学生观；以学生为本，促进学生全面发展；参与课程开发，树立正确的课程开发观。

（一）关注学生主体性，树立正确的学生观

教师具有什么样的学生观，就会对学生产生什么样的认识。我国传统的学生观将学生看作知识的被动接受者，忽视了学生学习的主体性，新时代的语文教师，要关注学生的主体性，树立正确的学生观。

首先我们必须认识到学生是学习的主体，语文教师在教学中要了解并认识学

① 叶澜．新世纪教师专业素养初探［J］．教育研究与实验，1998（1）：41–46，72.

生，研究学生的语文学习动机、已有知识水平、学习的态度和方法等，根据所了解的情况，设计并调整自己的教学活动。语文教师要做到从学生的发展出发，根据学生的发展需要引导学生进行语文学习；在教学中时刻关注学生的发展状况，帮助学生实现自我发展。语文教师要以发展的眼光看待学生，认识到学生具有巨大的发展潜力，不以成绩作为衡量学生的唯一标准，促进学生德、智、体、美、劳的全面发展。

语文教师应转变单向传递知识的态度，与学生建立民主平等的师生关系。民主平等的师生关系意味着语文教师与学生平等交流，以不同的主体地位和作用进行教育教学活动。语文教师与学生在教学过程中应相互尊重，相互理解，进行对话与交流，并相互接纳，相互合作。这样的师生关系能够激发学生学习的自主性和创造性。语文教师在教学过程中要主动与学生沟通，了解学生的情况。

语文教师要尊重每一位学生，公平对待学生；要对学生充满爱心，尊重学生的人格，保护学生的自尊心，维护学生的合法权益。这是语文教师热爱教育事业的重要体现，是语文教师对学生进行教育引导的感情基础。

（二）以学生为本，促进学生全面发展

语文教学中，教师要成为学生学习与发展的引导者、鼓励者和帮助者，使学生实现全面发展。语文教师要把教学的重点从关注课本转向关注学生，以学生为中心，充分发挥学生的主体性，激发学生兴趣，发挥学生的潜能。

语文教师要尊重学生的个性，善于发现学生身上的闪光点和优点，客观公正地对待学生，不能根据学习成绩区分学生，必须意识到学生是有独立个性和发展潜力的人。语文教师应主动与学生进行交流，鼓励并引导学生发掘自身潜能，促进学生全面发展，才能真正做到以学生为本。

以“学生为本”教育理念下的学生全面发展，应当是建立在学生主动性基础上的发展。知识经济背景下，要求学生具有主动获取知识的能力、自主思考的能力以及自主创新的能力。语文教师在教学中要鼓励学生主动发现问题、主动提问以及主动探究问题解决的途径，培养学生的思维能力与探究能力，促进学生的主动发展。

语文教师在教学中不能忽视学生的人文素养发展，应当促进学生的科学素养与人文素养共同发展。科学素养可以提升学生的理性思维与科学态度，人文素养能够帮助学生形成正确价值观、必备品格和关键能力，对人生的意义与人生的价值形成正确的理解。人文素养还能够净化学生的心灵，提高学生的思想境界和文化品行，将学生培养成具有人文关怀的个体。

（三）参与课程开发，树立正确的课程开发观

语文教师不只是教材的实施者，还是课程的开发者，应当树立正确的课程开发观。语文教师参与课程开发，对满足学生的个性需要与全面发展具有重要意义，同时还能提高课程开发的质量。语文教师参与课程开发主要有两个方面，一是现有教材的二次开发，二是参与校本课程开发。

为满足不同地区和不同学校学生的需要，语文教师在进行教学的过程中应当注重对教材的“二次开发”。它基于教材，又超越教材，是对教材灵活地、创造性地和个性化地运用；也是选择、整合、优化和自主开发其他教材资源。[①] 语文教师在教学中应当根据实际教学情境和学生的学习需要，补充教学资源、调整教材顺序以及重组教材内容，如进行群文阅读教学和专题教学。

语文教师应当树立参与校本课程开发的意识。语文教师参与校本课程开发，应当具有问题意识、生成意识与学生主体意识。教学问题是校本课程开发的重要起点。与传统课程相比，校本课程的预设性较弱，要求语文教师具有更强的生成意识、创新精神和实践能力。学生主体意识，要求语文教师在课程开发过程中充分尊重学生的个性、需要以及兴趣爱好。

第二节 当代语文教学名师

在现代语文教育发展历程中，涌现了一批又一批优秀语文教师，他们以自己辛勤的专业劳作、创造性的教学实践和丰硕的科研成果成就了蓬勃发展的语文教育事业。以语文特级教师为代表，他们在语文教学实践与理论建设方面都作出了重要贡献。于漪和李吉林就是其中的优秀代表。

一、于漪

于漪，女，汉族，1929 年 2 月 7 日出生，中共党员，上海市杨浦高级中学名誉校长，曾任全国语言学会理事、全国中学语文教学研究会副会长。长期躬耕于中学语文教学事业，坚持教文育人，主张教育思想和教学实践同步创新，撰写数百万字教育著述，许多重要观点被教育部门采纳，为推动全国基础教育改革发展作出突出贡献。曾荣获“全国先进工作者”“全国三八红旗手”“全国教书育人楷模”等称号，2019 年 9 月 17 日，国家主席习近平签署主席令，授予于漪“人民教育家”国家荣誉称号。

颁奖词：她已是 90 岁的耄耋老人，有着 60 年的教学生涯。她依然活跃在语文教学改革的第一线，坚守“在讲台上用生命唱歌”。她深爱着学生，痴迷着语文教学。“我做了一辈子教师，但一辈子还在学做教师！”她用这样的话语不断地鞭策着自己，也勉励着更多的青年教师。于漪，师者的楷模。

于漪的主要著作有：《于漪语文教育论集》《语文教苑耕耘录》《语文园地拾穗集》《学海探珠》《教你学作文》《语文教学谈艺录》《于漪文集》《于漪教育文丛》《于漪全集》等。

于漪对语文学科、对语文教育事业以及对学生都有深厚的情感，她深情地说：“我和语文也许是结下了不解之缘。在学生时代就深深地爱上了它，有时竟达到废寝忘食入了迷的地步。后来当了语文教师，与它朝夕相处，钻研它，理解它，感情就更深了。教中学生语文，成了我终身从事的高尚事业，我为此而感到无上的光荣

---

① 俞红珍. 教材的“二次开发”：涵义与本质［J］. 课程 · 教材 · 教法，2005（12）：9–13.

与自豪。”[①]在语文教学实践中，她处处践行“心中要有教文育人的蓝图”的理念，十分注意把自己对语文的热爱转化为学生的爱好，使学生不仅能较好地掌握语文知识和能力，而且会受到思想情感上的陶冶。

于漪十分重视培养学生热爱祖国语言文字的感情，认为这是学生热爱语文学习的重要前提，她指出：在教学中激发学生热爱祖国语言文字的感情，其意义绝不局限在语言文字本身。爱国主义、革命传统、民族的自信心、自豪感，都可以渗透于语言文字的教学之中，给学生的思想情感以熏陶感染。于漪老师讲杜甫的《闻官兵收河南河北》中的“即从巴峡穿巫峡，便下襄阳向洛阳”一句，巧妙地抓住“从”“穿”“下”“向”四个字，指出这几个字把作者的归程写得清清楚楚，写出了他一路顺畅而快速的情境，把喜出望外、急切回归的感情淋漓尽致地表现出来。

于漪十分重视语文课堂教学的设计。在她看来，导入新课就像一首乐曲的定调，一堂课开头开得好，就一下子抓住了学生的注意力，使他们想学、爱学。她善于在导入环节下功夫，常常运用直观演示、创设悬念、展示意境、激发情感的方法，用来激发学生的质疑或情感以导入新课。在课的结尾，她也往往巧做安排，使学生感到课虽尽而意无穷。于漪老师说：“我不断地反思，我一辈子上的课，有多少是上在黑板上的，有多少是教到学生心中的”[②]“我所上的课不能随着声波消失就销声匿迹了，课要教到学生的身上、心中，成为他素质的一个部分。”[③]

于漪退休后，虽然离开了一线讲台，但她仍然心系教育事业，她把自己的晚年时光无偿地奉献给一批又一批的青年教师。如今 90 多岁的于漪老师，仍在为培养青年语文教师奔忙着……

二、李吉林

李吉林，女，著名儿童教育家，全国著名的语文教育专家。李吉林于 1938 年 5 月出生，江苏省南通市人，中共党员。她 1956 年毕业于江苏省南通女子师范学校，毕业后任教于南通师范第二附属小学直至退休。李吉林是中学高级教师，江苏省首批特级教师、名教师，长期致力于小学儿童教育的改革与研究，创建了“情境教学”“情境教育”，研究成果令专家和教师瞩目，蜚声海内外，多次应邀出国讲学。

[微视频]
李吉林：情境教育特质及独特优势

李吉林在中国小学教育领域中是一面独特的旗帜，自 1956 年担任小学教师以来，她花费了半个世纪的时间探索小学教育的改革路径，探索情境教育的发展模式，被中国教育学会原会长顾明远先生誉为“有中国特色的、原创的教育思想流派”。李吉林曾被国务院授予“全国先进工作者”“全国劳模”“全国三八红旗手”“全国五一劳动奖章”等称号。2014 年，李吉林获得全国首届“基础教育国家级教学成果”特等奖第一名。

① 于漪．于漪语文教育论集［M］．北京：人民教育出版社，1996：2.
② 于漪．于漪全集　20：教育人生卷［M］．上海：上海教育出版社，2018：145.
③ 于漪．于漪全集　1：基础教育卷［M］．上海：上海教育出版社，2018：235.

从 18 岁走上教师岗位的那一刻开始，李吉林把所有的心血、情感、精力都投入小学教育中，也正是在这个过程中，李吉林创造出了对我国小学教育产生了巨大影响的情境教育。

1978 年，不惑之年的李吉林深深感到，中国教育长期受苏联凯洛夫教育思想的影响，过分偏重认知，忽略了情感与创造性的培养。她感到语文教学中存在诸多弊端，因此另辟蹊径，在语文教学上突破以往的条条框框，借着改革的时机帮学生卸下绑在身体和精神上的"枷锁"，鼓励他们发展活泼、善良的本性，通过亲近生活和大自然的方式学习、成长。于是，她向学校领导提出，从一年级起，对小学语文教学的全过程进行实验研究，从此，李吉林便走上了漫长而艰辛的改革创新之路。

一次偶然的机会，李吉林获得了外语情境教学的信息，便产生了"移植"的想法，她由"情境"联想到中国古诗词中的"意境"，于是开始学习中国古代文论"意境说"，学习哲学、心理学、美学，学习国外先进的教育理论，积极进行情境教学实验。① 在我国改革开放刚开始的年代，李吉林所坚持的改革之路是一次艰难但充满快乐的远航，她以女性特有的韧性与顽强，把语文教学创新实验坚持下来，创造出语文教育有效而崭新的模式。她将学生引入"形真、情切、意远、理蕴"的教学情境中，有效地激起了学生的学习愿望，促进了学生主动的、创造性的学习。

1983 年，李吉林带出了第一个接受过语文情境教学实验的班级，而这个实验班在由当地教育局、教研室开展的小学语文 10 种专项考核中交上了合格率 100%、优秀率 90% 的出色答卷。

之后，在随江苏普通教育考察团访问日本之际，李吉林悉心观察域外教育思路和教育状况，对比中外教育各自的优劣，以完善具有中国特色的情境教育方式；在实践探索过程中，她认真研究了现代教育教学理论，对与"情境"研究关系密切的移情心理、暗示心理和角色心理等深谙于心；李吉林还广泛阅读了哲学、美学、社会学的图书，她从中深受启发，并在不久之后将情境教学的理念向其他科目拓展延伸，并取得了骄人的成绩。

李吉林认为，情境教学法是指在教学过程中，教师有目的地引入或创设具有一定情绪色彩的、以形象为主体的生动具体的场景，以引起学生一定的态度体验，从而帮助学生理解教材，并使学生的心理机能得到发展的教学方法。情境教学法的核心在于激发学生的情感。李吉林提出了创设情境的 6 种基本途径：（1）生活展现情境；（2）实物演示情境；（3）图画再现情境；（4）音乐渲染情境；（5）表演体会情境；（6）语言描述情境。就这样，李吉林边研究边实践，逐渐形成了从科学理论到实践操作的完整体系。

1990 年，李吉林开始将情境教学的理念向思想品德课、音体美科目以及数学课进行渗透，并大胆提出"情境教育"实验已进入更为宏观的新范畴，构建了"拓

① 脚踏实地 追求卓越：访特级教师李吉林［J］. 教育研究，2001（12）：24–27.

宽教育空间”“缩短心理距离”“利用角色效应”“注重创新实践”的情境教育基本模式，并从哲学和心理学层面阐述了情境教育的基本原理。

在理论与实践步步为营的扎实基础上，李吉林仍然不忘教育是薪火相传的事业，是需要可持续发展的领域，因此她在花甲之年仍然热心于对年轻一代语文教师的辅导和演示，一批优秀的语文青年教师在她的悉心指导下，撰写了《情境语文》《情境数学》等著作，将情境教育的事业继续发扬光大。

于漪和李吉林是我们这个时代的大先生！她们在平凡的中小学语文教师岗位上作出了卓越的贡献，赢得了学生、家长和社会各界的尊重与景仰。她们用自己一生的倾情付出与教育智慧，完美地诠释了人民教师的含义，塑造了大国良师的人格形象。

第三节　语文课程与教学研究

教学研究能力是每一位教育工作者都应具备的一种基本能力，“教研工作是保障基础教育质量的重要支撑”①。新时代的教育工作者需要具备更高的教育研究能力。中小学语文教师应当如何进行教育研究？应当如何选择教育课题？应当用什么方法进行教育研究？其参与教学研究的途径有哪些？

一、语文教师如何做教学研究

教育研究不只是专家学者的事，“教师即研究者”，课题研究已经成为现代教师的必备素养。语文教师应当立足自身教育实践，发现教学过程中的教育问题，以研究的态度寻求解决问题的办法，提升自身素养。义务教育语文课程标准指出：“语文教师要勇于面对课程实施过程中遇到的新问题和新挑战，紧紧围绕课程标准实施和教材使用过程中出现的突出问题，立足学情，因地制宜，以研究的态度探索问题的解决办法，提高教学研究水平。”语文教师要掌握正确的课题研究方法。

（一）选择研究主题

研究始于问题，提出问题是语文教育研究的起点。如何找到语文教育研究的主题是语文教师进行教学研究的重要问题。选择研究主题，简称选题，语文教师需要掌握选题的方法和原则，了解语文教育研究主题的来源，学会在教学实践中形成自己的选题。

1. 选题的原则

什么样的问题可以成为语文教育研究的选题？语文教育研究的选题应当遵循一定的原则，选题原则就是作为语文教育研究主题应具备的特点。语文教育研究的主题应遵循价值性原则、科学性原则、可行性原则、创新性原则以及具体性原则。

价值性原则即语文教育研究的选题要具有研究的价值。价值性原则体现在两

---

① 中华人民共和国教育部．教育部关于加强和改进新时代基础教育教研工作的意见［J］．中华人民共和国教育部公报，2019（11）：24–26.

个方面：一是选题要具有应用价值，即研究的主题有利于解决语文教育中的实际问题，提高语文教育教学质量，促进学生的全面发展。二是选题要具有理论价值，即研究的主题要有利于语文教育本身的发展，有利于语文教育理论体系的构建和语文教育知识的产生。

科学性原则即选择的语文教育研究课题有科学的指导思想，立论科学合理、事实充分。科学的教育研究主题既要有实践依据又要有理论基础。选题的实践依据是指语文教育研究的主题要根据一定的事实经验确定，语文教师可以结合自身的教育实践选择研究主题。选题的理论基础是指所选择的语文教育研究课题要以科学理论为支撑，科学理论对选题具有导向、选择、规范以及解释的作用。没有科学理论作为根基，选题就会失去重点。

可行性原则即选题具有进行语文教育研究的可行性，选择的研究主题是能够被研究的。可行性主要体现在两个方面：一是主观上的可行性，语文教师可以根据自身的知识储备、理论储备、研究专长、研究经验和兴趣等进行选题研究。二是客观上的可行性，所研究的语文教育课题要具有人力、物力、财力以及研究时机的支持。

创新性原则即研究前人未曾研究的问题，或者用新视角、新方法对前人的研究进行完善。要想提出具有创新性的选题，需要语文教师广泛搜集资料，撰写文献综述，进行调查分析，了解选题的研究现状。只有站在前人的肩膀上进行语文教育研究，才能有所创新。

具体性原则即语文教育研究的问题清晰及研究对象具体明确。选题要有清晰的研究问题以及具体明确的研究对象，尽量做到“从大处着眼，从小处入手”。

2. 选题的来源

语文教育研究的主题主要来源于语文教育理论、语文教育实践以及二者的结合。

（1）语文教育理论

任何理论都是在一定的时代背景下产生的，并随着时代的发展逐渐丰富、完善。第一，语文教师要在已有理论研究的基础上进行更深入的研究，通过对已有教育理论的研究分析，发现新的问题，进行新的研究。第二，从已有理论的反面开拓新的研究领域，通过反驳前人的观点发现新的研究问题。第三，从已有理论的空白处或薄弱点入手，对已有理论进行完善。第四，从已有理论中一直有争议的问题入手，提出研究主题。第五，在不同的时代背景下，对某一已有理论进行重复研究。

（2）语文教育实践

从语文教育实践中选择主题是语文教育研究中重要的选题来源。解决教育改革与发展中的问题是教育活动的首要任务。语文教师要立足教育实践，在教育实践中观察并分析教育现象，提出教育问题。同时，教育研究行动也是一种实践，语文教师在进行研究的过程中也会形成新的问题。

（二）提出研究假设

当语文教育研究主题确定后，接下来便是提出研究假设。研究假设是根据一定的事实或科学原理，对教育研究问题的规律或原因作出的推测性论断和假定性说明。研究假设对教育研究具有方向性的指导作用，应当符合以下四个特征：（1）研究假设的提出必须以科学理论或客观事实为支撑；（2）研究假设必须具有可检验性；（3）研究假设必须具有预见性，明确指出研究变量之间的关系；（4）研究假设的表述应当具有逻辑性，清晰明确。

（三）进行教育文献检索

语文教师应当借鉴前人已经取得的成果，确定研究的问题，避免重复劳动，提高研究效率。文献检索应当贯穿整个教育研究的全过程。

文献检索常用的方法有以下三种：

1. 顺查法

顺查法是指按照时间顺序，从研究主题最初的文献开始，一直查找到最新的研究文献。顺查法的好处是一般可以查找全部文献，对研究主题形成比较全面的了解，但相对费时费力。

2. 逆查法

逆查法是指按照时间顺序，从与研究主题相关的最近文献开始，向前追溯。逆查法的优点是可以快速获得最新的研究资料。

3. 追溯检索法

追溯检索法是指追溯已经掌握的文献资料，据此列出相关的参考文献，不断扩大检索范围，进行“滚雪球”式的检索。追溯检索法能够快速获得某一研究领域中的文献资料，但不易查全。

（四）形成研究设计

研究设计是对研究主题提出的具体的研究方案，包括：课题名称、研究目的与意义、文献综述、研究内容、研究方法、预期研究进度以及参考文献等。

（五）收集、分析资料，得出研究结论

语文教师需要根据自己的选题选择合适的资料收集方法，如观察法、调查法、实验法。资料收集完成后，语文教师需要对收集到的资料进行编码等整理工作，运用定性研究或定量研究的方法进行分析，进而得出结论。

（六）撰写语文教育研究报告

语文教育研究报告是语文教师在研究完成后撰写的关于教育研究过程和研究结果的报告。撰写语文教育研究报告对教师自身素质以及教育教学质量的提高有积极意义，教育研究中必须重视教育研究报告的撰写。

教育研究报告的基本格式包括以下六点：

1. 题目

教育研究报告的题目通常是“选题名称 + 研究报告”的格式。语文教育研究报告的题目要简洁明了，一般不超过 25 个字。

2. 摘要

摘要是对语文教育研究报告的简要概述，要求高度凝练地概括出研究问题、研究对象、研究过程和研究结论。

3. 关键词

关键词又叫主题词，是从研究中选取的与选题高度相关的词，一般选择 3 ～ 5 个为宜。

4. 主体

主体即研究报告的正文部分，主要对研究过程，研究方法，研究的具体内容以及研究结果展开较全面的论述。

5. 研究结论

研究结论是对研究主题和研究内容得出的最后结果，对研究结果进行更精确的论述。

6. 参考文献及附录

参考文献是指对论文中引用前人的材料进行的标注明确，一般在论文结尾处列出，撰写研究报告时，我们要注意参考文献的格式正确。

附录是附在报告最后的图片、问卷、表格等资料。

二、课题研究的常用方法

（一）文献研究法

文献是“把人类知识用文字、图形、符号、音频、视频等手段记录下来的东西”①。语文教育文献是指：“用各种符号形式保存下来的对语文教育研究有一定历史价值的一切事实材料。”② 文献研究法又叫文献分析法，是对已有文献进行查询、鉴别、整理和分析的一种研究方法。在语文课程与教学研究中，文献研究法贯穿研究的全过程。文献研究法可以帮助研究者明确研究的目标、论证研究的问题是否合理、选择合适的研究方法、避免重复劳动并提高研究效率。教育文献主要包括图书、报刊、教育档案、非文字资料以及网络资源。

（二）教育观察法

教育观察法是研究者通过感官或者借助一定的辅助仪器，有目的、有计划地对研究对象进行系统观察，从而获取研究信息的一种研究方法。教育观察法不同于我们日常生活中的观察，而是具有一定的目的性、计划性和系统性。观察的情境、视角和主体不同，具有不同的教育观察法。根据观察的情境不同，可分为自然观察法和实验观察法；根据是否需要借助仪器，可以分为直接观察和间接观察；根据观察者是否参与观察对象的活动，可以分为参与观察与非参与观察；根据是否有严格的观察计划，可以分为结构式观察和非结构式观察。

教育观察法的步骤为：进行观察设计（明确观察目的和内容—制订观察计划—选择方法—编制观察记录表），实施观察，收集、整理及分析资料，撰写观察报告。

---

① 李秉德. 教育科学研究方法［M］. 北京：人民教育出版社，1986：129.

② 徐林祥. 语文教育研究方法［M］. 上海：华东师范大学出版社，2010：91.

（三）教育调查法

教育调查法是在教育理论指导下，通过问卷、访谈等形式，系统收集资料进行分析的一种研究方法。教育调查法分为问卷调查法和访谈调查法：问卷调查法是一种通过书面形式用经过严格设计的问题让被研究者填写，从而收集资料的一种研究方法；访谈调查法是一种通过口头形式让研究对象回答问题，从而获取资料的一种研究方法。

教育调查法的实施步骤为：进行调查设计（确定调查课题—选取调查对象—选择调查方法—制定调查计划—设计调查提纲），展开调查过程，收集、整理及分析资料，撰写调查报告。

（四）教育实验法

教育实验法是创设一定的教育情境，通过操纵或控制变量，从而探求教育现象因果关系、揭示教育规律的一种研究方法。教育实验法的基本目的是对教育现象中因果关系的揭示。教育实验法的主要功能是：对教育理论进行检验、修改和完善，促进教育实践的发展，为教育理论应用于教育实践提供准备。

教育实验法的基本步骤为：设计教育实验研究（提出研究问题、研究假设、研究对象以及实验方案）、实施教育实验，收集、整理及分析资料，撰写实验研究报告。

（五）教育行动研究

教育行动研究是教育工作者在真实的教育情境下，运用科学的教育研究方法，为解决教育实际问题进行的研究。教育行动研究具有以下三个特点：为了行动的研究，研究是为了解决教育教学中遇到的实际问题；在行动中研究，研究是在教师真实的教学情境中进行的；由行动者研究，研究的主体是实际的教育工作者，专家学者只是提供指导。

教育行动研究的实施步骤：（1）确定问题，找到问题，这是教育行动研究的第一步；（2）制定计划，包括研究的目的、意义以及方法等；（3）实施行动；（4）反思改进研究过程。

三、语文教育研究中应当注意的问题

语文教师参与教育研究时，应当注重研究规范，提高研究的科学性。

（一）对概念进行明确界定

语文教师在进行教育研究时，必须明确研究中的相关概念，概念的模糊性会影响教育研究的科学性，因此必须对概念的内涵和外延进行明确界定。概念界定常采用逻辑学中“属加种差”的方法。

（二）语文教育研究要有理论深度

任何一项研究都需要理论的支撑，但开展一项研究并不是理论越多越好，应当选择与研究主题最为相关的理论作为指导。同时要注意理论的深度，语文教师应将碎片化的经验上升到系统化的理论认识高度。

（三）参考文献引用规范

参考文献的规范引用关系教育研究的质量与价值。参考文献引用不能过多，否则会导致论文中全是其他人的观点，缺乏原创性。引用的他人文献要加注释，不加注释的随意引用属于学术越轨行为。

（四）提出有价值的对策建议

语文教育研究要提出具有价值的对策建议，语文教师要避免随意凭空想象，应立足教育实际，促进教育研究成果展示。

四、语文教师参与语文教学研究

《义务教育语文课程标准（2022年版）》在“课程实施”部分新增了“教学研究与教师培训”，对语文教师参与教学研究提出了更加明确的指导，系统地提出了八个方面的要求：坚持终身学习，提升专业素养；立足教学实践，提高教研水平；适应时代要求，提升信息素养；聚焦关键问题，推进校本教研；加强区域教研，推广典型实验；发挥制度优势，推进研修融合；依据课改理念，设计培训内容；采用多种形式，增强培训效果。这是从我国国情出发建立的、具有中国本土化特征的教研制度。教研的政策主体既包括基层的学校教研组，还包括地区的教研室和研修培训机构，并通过与高等教育研究机构的联合，形成学校、政府和高校合力促进教师专业发展的格局。[①]

（一）教育实践是语文教师教育研究的来源

语文教师要树立正确的研究观念，立足教育实践，在教育实践中发现教育研究的主题，如学习任务群与教学设计、学业质量标准与作业评价等问题。语文教师应根据发现的问题，选择合适的研究方法进行教育研究。同时，语文教师还要树立课例研究的意识，收集优秀教学课例，进行深入研读，切实提高自己的教学技能。

（二）语文学科的校本教研

学校要重视语文学科教研组的建设，从语文教师的需求出发，吸引语文教师主动参与校本教研。语文教师要关注课程改革中出现的问题进行校本教研，如学习任务群的研究、学业质量评价研究等。校本教研要结合本校教师的专业发展情况，关注课例研究，提高学校教研品质。

（三）“互联网 + 教研”

“互联网 + 教研”是借助互联网信息平台进行教学研究，是对传统教育研究方式的改进。“互联网 + 教研”不仅降低了教育研究的成本，提高了教育研究的效率，而且为教育研究活动带来了新的思路与启发。

（四）加强区域教研

地方教育部门应发挥统筹作用，合理调配教育资源，规划区域教研活动，促进校际合作，使区域内的教育资源有效整合。在资源配置的过程中，注意不应忽视薄

---

① 张鸿儒．新课标引领下的教研活动：方向、路径与模式：基于义务教育课程标准（2022）的政策文本分析［J］．广西师范大学学报（哲学社会科学版），2023，59（5）：64–73.

弱的学校和乡村学校。区域教研为校本教研提供了服务、管理与领导。

（五）推进研修融合

要发挥我国的制度优势，整合教育资源，构建教师专业发展共同体，将语文教师培训和语文学科教学结合起来。注重教育理论与实践的结合，将教学、研究和培训有机融合。注重将一线语文教师的经验运用到教师培训中，提高教师培训的实用性以及针对性。

[本章小结]

本章主要介绍语文教师的专业发展，包括新时代语文教师素养，主要介绍了语文教师素养构成及语文教师理念更新；包括当代语文教学名师的介绍，以于漪、李吉林为代表，她们用自己一生的倾情付出与创造性劳动，完美地诠释了人民教师的含义，塑造了大国良师的人格形象；还包括语文课程与教学研究，语文教师应立足实践问题，学会选择研究课题，正确运用研究方法开展语文教学研究。语文教师可通过研究促进教学，提升专业素养。

[实践·思考·探究]

1. 新时代语文教师素养由哪些方面构成？请对照自己的情况，明确下一步学习的方向。

2. 结合你所了解的优秀语文教师的事迹，谈谈“四有”好老师的精神内涵和现实意义。

3. 根据自己的研究兴趣，结合语文教学改革热点，查阅相关文献，设计一个语文教育研究的小课题，并尝试开展研究。

4. 语文教师的专业成长之路是曲折的。阅读特级教师薛法根的案例[①]，思考语文教师在专业发展过程中应注意哪些问题。

和许多教师一样，以前我只知道整天埋头于上课、批改作业，很少抬头正视现状、思考问题，更少“站在巨人的肩膀上”俯视课堂、洞察教学，终日忙忙碌碌却又一直碌碌无为。1998年，刚到而立之年的我被评为小学语文特级教师，然而，我的课堂教学水平并没有随着“特级教师”的名声高起来，反而越来越感到缺乏新意，似乎处在了教学研究与实践的“高原期”。从哪里突围？在困惑中，我翻阅《人民教育》，不经意间看到凡·高的一句话，当即就抄了下来：“当我想不出题材来画时，就仿米勒的作品，这给我带来很大的快乐。”于是我犹如孩童学习说话、走路，从模仿开始起步。

模仿，关键是要敏于发现他人的长处，尤其是要虚心学习和用心研究名家的教学艺术和教学思想。对杂志上刊登的教学案例，我细细地揣摩每一个精彩的段落，

① 薛法根．悄悄地长大［J］．人民教育，2005（9）：41–43.

发现独具匠心的构思，获得教学的灵感，积累成功的经验。

模仿，不是邯郸学步，而是要善于把他人的经验、“巨人”的理论移植到自己的教学实践中来，为我所用，融化成自己的东西。模仿，最终是要学会自己走路，走自己的路。

模仿，求的不是“形似”，而是“神似”，是在模仿、借鉴、融化的过程中凝结出自己的智慧之花、实践之果。

佛家悟禅有三个境界：山是山，水是水；山不是山，水不是水；山还是山，水还是水。教学不也有这样三个境界吗？发现、融合、创新，这是一条从模仿起步走向“灯火辉煌处”，最终悟到教学真谛的必由之路。

5. 有人说：“名师是大树，能改善一方环境，且在树叶间闪动精彩。”请走访调研本地的语文教学名师，了解他们专业成长的过程，从中寻找影响名师发展的关键事件、关键人物和关键节点，并从中总结语文教师专业发展的规律。

[拓展阅读]

1. 苏霍姆林斯基．给教师的100条建议［M］．北京：开明出版社，2022.

2. 张祖庆．给语文教师的新建议：如何从新手走向卓越［M］．武汉：长江文艺出版社，2020.

3. 余映潮．致语文教师［M］．上海：华东师范大学出版社，2013.

4. 李海林．语文教师如何做科研［M］．上海：上海教育出版社，2019.

5. 王荣生．语文教师专业发展十四讲［M］．上海：华东师范大学出版社，2015.

主要参考文献

一、课程标准

1. 中华人民共和国教育部．普通高中语文课程标准：2017 年版 2020 年修订［M］．北京：人民教育出版社，2020.

2. 中华人民共和国教育部．义务教育语文课程标准：2022 年版［M］．北京：北京师范大学出版社，2022.

3. 王宁，巢宗祺．普通高中语文课程标准（2017 年版 2020 年修订）解读［M］．北京：高等教育出版社，2020.

4. 郑国民，李宇明．义务教育语文课程标准（2022 年版）解读［M］．北京：高等教育出版社，2022.

二、著作

5. 苏霍姆林斯基．给教师的 100 条建议［M］．北京：开明出版社，2022.

6. 彭斌柏．新时代教育评价改革典型案例［M］．北京：北京师范大学出版社，2022.

7. 顾振彪．语文教材论［M］．济南：山东教育出版社，2021.

8. 迪伦．融于教学的形成性评价［M］．王少非，译．南京：江苏凤凰科学技术出版社，2021.

9. 潘庆玉．富有想象力的教学设计［M］．广州：广东教育出版社，2020.

10. 董旭午．我这样教古诗文［M］．北京：商务印书馆，2020.

11. 郑桂华．中学语文教学设计［M］．北京：高等教育出版社，2019.

12. 潘庆玉．富有想象力的语文课［M］．广州：广东教育出版社，2019.

13. 李海林．语文教师如何做科研［M］．上海：上海教育出版社，2019.

14. 于漪．于漪全集 1—20［M］．上海：上海教育出版社，2018.

15. 王荣生．阅读教学设计要诀［M］．北京：中国轻工业出版社，2016.

16. 肖培东．我就想浅浅地教语文［M］．武汉：长江文艺出版社，2016.

17. 荣维东．语文文本解读实用教程［M］．北京：北京大学出版社，2016.

18. 叶圣陶．叶圣陶语文教育论集［M］．北京：教育科学出版社，2015.

19. 叶嘉莹 . 叶嘉莹说晚唐诗［M］. 北京：中华书局，2015.

20. 王荣生 . 小说教学教什么［M］. 上海：华东师范大学出版社，2015.

21. 王荣生 . 散文教学教什么［M］. 上海：华东师范大学出版社，2014.

22. 耿红卫 . 中国语文教育史教程［M］. 济南：山东教育出版社，2013.

23. 陈日亮 . 如是我读：语文教学文本解读个案［M］. 上海：华东师范大学出版社，2011.

24. 潘庆玉 . 语文教育哲学导论［M］. 北京：教育科学出版社，2009.

25. 王崧舟 . 诗意语文［M］. 上海：华东师范大学出版社，2008.

26. 孙绍振 . 孙绍振如是解读作品［M］. 福州：福建教育出版社，2007.

27. 王先霈 . 文学文本细读讲演录［M］. 桂林：广西师范大学出版社，2006.

28. 王荣生 . 语文科课程论基础［M］. 上海：上海教育出版社，2005.

29. 顾黄初 . 中国现代语文教育百年事典［M］. 上海：上海教育出版社，2001.

30. 顾黄初，顾振彪. 语文课程与语文教材［M］. 北京：社会科学文献出版社，2001.

31. 张隆华，曾仲珊 . 中国古代语文教育史［M］. 成都：四川教育出版社，2000.

32. 李杏保，顾黄初 . 中国现代语文教育史［M］. 成都：四川教育出版社，1997.

33. 泰勒 . 课程与教学的基本原理［M］. 施良方，译 . 北京：人民教育出版社，1994.

34. 依塞尔 . 阅读活动：审美反映论［M］. 金元浦，周宁，译 . 北京：中国社会科学出版社，1991.

35. 赞科夫 . 教学与发展［M］. 杜殿坤，张世臣，等译 . 北京：人民教育出版社，1985.

36. 苏霍姆林斯基 . 和青年校长的谈话［M］. 赵玮，等译 . 上海：上海教育出版社，1983.

三、论文

37. 詹丹 . 实用类文本解读路径例说［J］. 语文建设，2022（17）：34–37.

38. 郑桂华 . 追求必备品格与关键能力的融合：统编高中语文必修上册第一单元教学设计［J］. 语文学习，2022（3）：25.

39. 潘庆玉 . 把经典上成经典：语文课堂培育“文化自信”的思考［J］. 语文建设，2022（10）：16–21.

40. 潘庆玉 . 论语文学科高阶思维的培养［J］. 语文建设，2021（23）：4–9.

41. 郑桂华 . 说明文写作教学：任务设计与策略选择［J］. 中学语文教学，2019（10）：34–40.

42. 王本华，朱于国 . 以立德树人为根本，以核心素养为依归，建设符合新时代需要的高中语文教材［J］. 课程・教材・教法，2019（10）：10–18

43. 郑桂华 .“整本书阅读与研讨”任务群；理念细究与实施推进［J］. 语文建设，2019（09）：4–9

44. 王丹霞，朱俊阳．“语言积累、梳理与探究”任务群课标设计详解［J］．语文建设，2019，(17)：4–8.

45. 刘春．变被动做题为主动做事：“梳理与探究”融入小学语文教学的尝试［J］．语文建设，2019，(18)：69–72.

46. 潘庆玉．激发教学想象力：语文教学设计的创新策略［J］．语文教学通讯，2019(12)：14–18.

47. 潘庆玉．群文阅读：由链接而群聚，因秘响而旁通［J］．语文建设，2018(1)：26–33.

48. 马磊，徐林祥．叶圣陶语文教材现代化思想的当代启示［J］．课程·教材·教法，2018，38(7)：54–60.

49. 郑金洲．新时代教师思想政治素质的新要求［J］．人民教育，2018(Z2)：18–22.

50. 孙丽曼．“语文课程与教学论”的价值认知与改革探索［J］．教育评论，2018，(7)：37–40.

51. 刘华．改进、典范、嵌入、创新：统编初中语文教材阅读部分的编写思路、体系特点及教学建议［J］．基础教育课程，2017(19)：13–19.

52. 潘庆玉．试论文学作品教学召唤结构的三重“隐喻”［J］．课程·教材·教法，2017，37(8)：46–51.

53. 倪文锦．语文核心素养视野中的群文阅读［J］．课程·教材·教法，2017，37(6)：44–48.

54. 潘庆玉．学会说理：论述类文本教学的核心价值［J］．语文建设，2016(22)：7–11.

55. 王家新，刘聪．把诗歌教成诗歌［J］．语文建设，2016(7)：4–8.

56. 张毅．六十年“语文”史论：1887—1950［J］．教育学报，2013，9(6)：118–125.

57. 于泽元，王雁玲，黄利梅．群文阅读：从形式变化到理念变革［J］．中国教育学刊，2013(6)：62–66.

58. 李静蓉．近代语文教育实验的历史回顾［J］. 中学语文教学参考，1997(4)：3–6.

59. 莫雷．中小学生语文阅读能力结构的发展特点［J］．心理学报，1992(4)：346–354.

60. 温儒敏．“部编本”语文教材的编写理念、特色与使用建议［J］．课程·教材·教法，2016，36(11)：3–11.

61. 王本华．从八大关键词看“部编本”语文教材的编写理念［J］．课程教学研究，2017(5)：31–35.

62. 吴欣歆．语文课程视野下的整本书阅读［J］．课程·教材·教法，2017，37(5)：22–26.

63. 申宣成．“语言文字积累与梳理”学习任务群的价值、内容与实施［J］．语文建设，2022(21)：4–9.

读者意见反馈

为收集对教材的意见建议，进一步完善教材编写并做好服务工作，读者可将对本教材的意见建议通过如下渠道反馈至我社。

咨询电话 400-810-0598

反馈邮箱 gjdzfwb@pub.hep.cn

通信地址 北京市朝阳区惠新东街 4 号富盛大厦 1 座
高等教育出版社总编辑办公室

邮政编码 100029